Pine/Gilmore
Erlebniskauf

Pine/Gilmore

Erlebniskauf

Konsum als Erlebnis, Business als Bühne, Arbeit als Theater

Aus dem Amerikanischen
von Stephan Gebauer

Econ

Die amerikanische Originalausgabe erschien 1999 unter dem Titel *The Experience Economy – Work is Theatre & Every Business a Stage*
Original work copyright © 1999 by Joseph Pine II und James H. Gilmore
Published by arrangement with Harvard Business School Press

Der Econ Verlag ist ein Unternehmen
der Econ Ullstein List Verlag GmbH & Co. KG

ISBN: 3-430-17508-9

© für die deutsche Ausgabe 2000
by Econ Ullstein List Verlag GmbH & Co. KG, München
Alle Rechte vorbehalten. Printed in Germany
Lektorat: Dunja Reulein
Gesetzt aus der Cheltenham und Frutiger bei Franzis print & media, München
Druck und Bindearbeiten: Bercker, Kevelaer

Inhalt

Treten Sie näher!

Die Lagerbestände sind zu hoch! Der Posten verkauft sich nicht! Na dann los: 10, 20, 30, 40 Prozent Rabatt. Alles zum halben Preis! Eins plus eins gratis. Gratisfinanzierung für ein Jahr. Garantierte Tiefstpreise! Räumungsverkauf wegen Geschäftsauflösung ... Mit einem Wort: Wir verkaufen Massenwaren.

In diesem Buch werden Sie erfahren, wie Sie sich der allzu einfachen Versuchung, sich über den Preis im Wettbewerb zu behaupten, entziehen können. Die Kunden lieben einen Abverkauf, doch die Unternehmen gehen zugrunde, wenn sie auf niedrige Preise angewiesen sind, um ihr Angebot an den Mann zu bringen. Die Methode funktionierte viele Jahre, ja sogar jahrzehntelang, solange die mit der Massenproduktion von Gütern und Dienstleistungen einhergehenden Größenvorteile den Unternehmen die Möglichkeit gaben, mit jeder weiteren Preissenkung auch entsprechende Kosteneinsparungen durchzusetzen. Doch in immer mehr Branchen ist dieses Wettbewerbssystem längst keine Gewähr mehr für Wachstum und Rentabilität. Sie wissen das, wir alle wissen das. Doch was tun wir, um uns aus dem Dilemma zu befreien?

Wir haben dieses Buch für jene geschrieben, die nach neuen Wegen suchen, um den Wert ihrer Unternehmen zu erhöhen. Wir sind uns der Tatsache bewusst, dass die Manager bereits mit einer Vielzahl

7

von Büchern bombardiert wurden, die eine Lösung für dieses Problem versprachen. Wir alle haben laufend Verbesserungs-, Reengineering- und Rationalisierungsprogramme über uns ergehen lassen. Wir vertrauten auf den »Zeitwettbewerb« und die »One-to-one-Zukunft«. Wir sind mittlerweile alle entmassifiziert, informationalisiert und digitalisiert, ja teilweise haben wir unser Massenangebot bereits individualisiert und sind obendrein in der Lage, vom Chaos zu profitieren. Jedes Unternehmen, das am Wettlauf um die Zukunft teilnimmt, ist kundenbezogen, kundenfokussiert, kundennah, kundenblablabla. Und was kommt nun?

Wie wäre es hiermit: Das *Erlebnis* stellt ein durchaus vorhandenes, bisher jedoch nicht beschriebenes *Genre der wirtschaftlichen Produktion* dar. Indem wir in der Auseinandersetzung mit dem, was Unternehmen erzeugen, das Erlebnis von der Dienstleistung abkoppeln, können wir Möglichkeiten für ein außergewöhnliches Wirtschaftswachstum erschließen – so wie im Angesicht des Niedergangs des industriellen Fundaments die Erkenntnis, dass die Dienstleistungen ein andersartiges und legitimes Angebot darstellten, die Grundlage für eine neue wirtschaftliche Blüte schuf. Und es entsteht tatsächlich ein neues Fundament. Aber vergessen Sie das vertraute Marktgeschrei, denn: Die Information ist *nicht* das Fundament der »neuen Wirtschaft«, weil Information kein wirtschaftliches Angebot ist. Wie unser Freund John Perry Barlow so gerne sagt: Information kann jedermann haben. Nur wenn sie von Unternehmen in Informations*dienstleistungen* umgewandelt wird – oder in Informations*güter* und Informations*erlebnisse* –, schafft Information wirtschaftlichen Wert. Nicht Formen der Informationsbeschaffung, sondern wirtschaftliche Angebote stellen jene Substanz dar, die ge- und verkauft werden kann.

Die Erkenntnis, dass Erlebnisse ein eigenständiges wirtschaftliches Angebot darstellen, ist, wie wir in Kapitel 1 erläutern werden, der Schlüssel zu zukünftigem wirtschaftlichem Wachstum. Der Wirtschaftspessimist Jeremy Rifkin hat durchaus Recht, wenn er erklärt, die Unternehmen würden in Zukunft weniger Arbeitskräfte benötigen, um ihre Dienstleistungen zu erbringen, so wie sie in der Vergangenheit aufgrund von Innovationen und Produktivitätssteigerungen die Zahl der Fabrikarbeiter verringern konnten, die ihre Produkte erzeugten. Mit derselben Gesetzmäßigkeit verringerte sich zuvor die Zahl der für die Erntearbeit benötigten Landarbeiter. Doch diejenigen, die den Verlust von Arbeitsplätzen in Landwirtschaft und industrieller Produktion beklagen, sind im Irrtum, wenn sie glauben, dass bald die Zahl der insgesamt verfügbaren Arbeitsplätze sinken wird. Die zukünftigen Wellen wirtschaftlicher Aktivität, die auf neuen wirtschaftlichen Angeboten beruhen, werden uns eine Vielzahl von Möglichkeiten eröffnen, um größeren Wohlstand und neue Arbeitsplätze zu schaffen – sofern die Unternehmen weiterhin dem Wettbewerb nachgehen können, ohne von Regierungen behindert zu werden, die der Meinung sind, bestimmte »geeignete« wirtschaftliche Angebote fördern oder schützen zu müssen.

Jene Unternehmen, die diese dramatische Verschiebung erkennen und richtig darauf reagieren, werden in der Lage sein, sich den Kräften, die ihre Angebote in Massenwaren verwandeln, zu entziehen und neuen wirtschaftlichen Wert zu schaffen. (Damit wollen wir nicht sagen, dass in Zukunft alle Unternehmen Erlebnisse anbieten müssen, um Gewinne zu erzielen. Hersteller von Massengütern können auch in Zukunft Geld verdienen, zumindest in der Wachstumsphase des Produktlebenszyklus. Allerdings müssen sie sich vor den Abschwüngen hüten! Im zweiten und dritten Kapitel beschäftigen wir uns mit der Frage, wie man verlockende und fesselnde Erlebnisse inszenieren kann. Um dies zu bewerkstelligen, muss man zwei Methoden anwenden, auf die wir beim Studium von Unternehmen aufmerksam wurden, die den Schritt in die Erlebniswirtschaft bereits erfolgreich vollzogen haben. Für jene, die noch nicht so weit sind, zeichnen wir einen zweiten Weg vor, der auf der Erkenntnis beruht, dass die »Individualisierung des Massenangebots« automatisch Güter in Dienstleistungen und Dienstleistungen in Erlebnisse verwandelt. Viele gute Produktions- und Dienstleistungsunternehmen müssen möglicherweise zunächst die Prinzipien der Individualisierung des Massenangebots verinnerlichen, die im vierten und fünften Kapitel behandelt werden. Nur so können sie dafür sorgen, dass ihre Kunden in der Interaktion mit ihnen und ihren Angeboten weniger Zugeständnisse machen müssen – die Voraussetzung für den Sprung in das Erlebnisgewerbe. (Und lassen Sie sich keineswegs das kurze Zwischenspiel entgehen.)

Diese neue Wirtschaft erfordert auch die Entwicklung neuer Modelle für die Arbeitswelt. Die Mitarbeiter auf allen Ebenen müssen verstehen, dass in der Erlebniswirtschaft jedes Unternehmen zur Bühne wird. Damit wird die Arbeit zum Theater. Das klingt möglicherweise seltsam, aber es ist wahr. In Kapitel 6 werden wir erklären, warum immer dann, wenn sich ein Kunde auf die Bühne Ihres Geschäfts verirrt, die Mitarbeiter zu Schauspielern werden. Anschließend wird beschrieben, welche Techniken man anwenden kann, um die Rollen der einzelnen Akteure richtig anzulegen. In Kapitel 7 behandeln wir vier Formen des Theaters und die Situationen, in denen diese Vorführungen angebracht sind. Kapitel 8 enthält einen grundlegenden Leitfaden für jene, welche die verschiedenen Rollen spielen müssen, die erforderlich sind, damit ein Unternehmen die von ihm verkauften Erfahrungen inszenieren kann. Es sollte allen Mitgliedern des Unternehmens – von den Spitzenmanagern bis zu den Mitarbeitern der ausführenden Ebene – möglich sein, sich in diesem Kapitel in einem ganz neuen Licht zu sehen. Eine besonders sorgfältige Lektüre dieses Kapitels empfehlen wir den Mitgliedern des Personalwesens und der Organisationsentwicklung, denn es gibt Aufschluss über die Veränderungen, die in der neuen Wirtschaft gefordert sind.

Selbstverständlich werden nicht alle unsere Ansicht teilen, dass wir an der Schwelle zur Erlebniswirtschaft stehen und dass diese Entwicklung zu begrüßen ist. Nehmen wir als Beispiel Las Vegas, die Erlebnishauptstadt der Vereinigten Staaten (obwohl auch Orlando, Los Angeles, Manhattan und sogar Branson in Missouri bei jeder Umfrage ihren Anteil an Stimmen gewinnen würden). Praktisch *alles* in Las Vegas ist ein gestaltetes Erlebnis: von den einarmigen Banditen am Flughafen bis zu den Spielkasinos entlang des Strip, von den Themenhotels und -restaurants bis zu den Musik-, Zirkus- und Zaubershows, vom Einkaufszentrum *Forum Shops*, in dem das alte Rom wiedererstanden ist, bis zu den Vergnügungsparks, Abenteuerfahrten, Videoarkaden und Karnevalsumzügen, die Gäste unter 30 anlocken und Eltern einen Grund geben, ihre Kinder mitzubringen.

Selbstverständlich hat die Las-Vegas-Erfahrung auch eine Kehrseite: das leicht zugängliche Angebot von Alkohol, Drogen, die zur Schau gestellten weiblichen Körper, die Prostitution. Unglücklicherweise sind diese Phänomene ebenso Bestandteil der Erlebniswirtschaft wie all die Unterhaltungsangebote und die Möglichkeiten zur Realitätsflucht. Gewiss: Der Übergang zu dieser Wirtschaft wird zur Folge haben, dass manche Menschen (vielleicht sogar eine wachsende Zahl) aufgrund der Allgegenwart exaltierter Erlebnisse, die als durchaus akzeptabel gelten, unkluge oder unmoralische Entscheidungen fällen. Und die meisten der oben erwähnten Erlebnisse sind, obwohl fesselnd und einprägsam, gewiss nicht tugendhaft. Darüber hinaus äußern viele Beobachter begründete Einwände gegen die Künstlichkeit von *Disney World*, gegen den Simulationscharakter der zahllosen auf Filmwirklichkeiten beruhenden Attraktionen und gegen die technozentrische Realitätsferne des Internets (obwohl das Angebot an derart »künstlichen« Erfahrungen bis zu einem gewissen Grad durch den mit ihnen einhergehenden Boom »echter« Erfahrungen – Camping im Yellowstone-Nationalpark, Eselsreiten durch den Grand Canyon, Kajakfahrten auf dem Colorado River und die in jüngster Zeit aufgetauchten »Extremsportarten« wie Rollerblading, Snowboarding, Skysurfing und dergleichen – aufgewogen wird).

Die wirtschaftlichen Verschiebungen in der Vergangenheit brachten wesentliche Verbesserungen der Arbeitsbedingungen und der medizinischen Versorgung sowie einen Anstieg der Lebenserwartung und des Lebensstandards mit sich. Dennoch zeitigten diese Verschiebungen auch negative Auswirkungen und führten vielfach zur Entwurzelung des Menschen. Wir sollten uns nicht der Illusion hingeben, dass derartige Begleiterscheinungen beim Übergang zur Erlebniswirtschaft ausbleiben werden. Die zuvor erwähnten Vorbehalte sind durchaus legitim und müssen ernst genommen werden. Doch wir müssen uns darüber im Klaren sein, dass wir die Entfaltung der Erlebniswirtschaft, die uns bereits überall umgibt, nicht verhindern können. Wir haben jedoch einigen Einfluss darauf, ob sie vorteilhaft oder zerstörerisch, anständig oder unmoralisch, natürlich oder künstlich sein wird. Und diese Entscheidungen werden fallen, während wir diese neue Wirtschaft aufbauen.

Die Gegner der vorhergehenden wirtschaftlichen Verschiebungen – der industriellen Revolution vor zwei Jahrhunderten und des Übergangs zur Dienstleistungswirtschaft vor zwei Jahrzehnten – konnten die Weiterentwicklung zu höherrangigen wirtschaftlichen Angeboten nicht aufhalten. Die Entwicklung setzte sich über ihre Proteste hinweg. Aus diesem Grund halten wir es für unangebracht, die Frage, ob die Unternehmen Erlebnisse in den Mittelpunkt ihrer Angebote stellen sollten, unter moralischen Gesichtspunkten zu betrachten. Will sie ihren wirtschaftlichen Wohlstand aufrechterhalten, so muss die moderne Gesellschaft Erlebnisse inszenieren, welche die volkswirtschaftliche Wertschöpfung ausreichend erhöhen, um der Masse Beschäftigungschancen zu eröffnen (Güter und Dienstleistungen sind nicht länger genug). Sehr wohl angebracht ist allerdings eine moralische Auseinandersetzung mit der Frage, *welche Art von Erlebnissen inszeniert werden soll.* Die Manager in den Unternehmen müssen sich letzten Endes wie jedermann mit den eigentlichen Zielen des Menschen auseinandersetzen. Damit werden wir uns in den Kapiteln 9 und 10 beschäftigen, in denen wir der Frage nachgehen, wie sich die Verwandlung der Erlebnisse in Waren auf die Geschäftswelt auswirken wird. Dort rückt das fünfte und letzte wirtschaftliche Angebot ins Rampenlicht: die Verwandlungen. Diese letzten beiden Kapitel sowie die Zugabe sollten Sie sich nicht entgehen lassen, denn die Auswirkungen der Entwicklung auf Ihr Unternehmen können unabhängig von seiner gegenwärtigen Position tiefgreifend sein. Und wir werden nicht davon ablassen, unsere Überzeugungen darzulegen, wenn wir dies für notwendig halten.

Wir hoffen, dem Leser ein klares Bild der neuen Wettbewerbslandkarte und der strategischen Optionen seines Unternehmens vermitteln zu können. Doch vor allem hoffen wir, dass Sie persönlich die Werkzeuge finden, die Sie benötigen, um überzeugende Erlebnisse zu inszenieren und die unerläßlichen Verwandlungen für Ihre gegenwärtigen und zukünftigen Kunden zu bewerkstelligen.

Joe Pine   Im Dezember 1998   Jim Gilmore
Dellwood, Minnesota   Shaker Heights, Ohio
Strategic Horizons LLP
P.O. Box 548
Aurora, OH 44202-0548 U.S.A.
+1 (330= 995-4680
pine&gilmore1customization.com

1 Willkommen in der Erlebniswirtschaft

Massenware. Kein Unternehmen möchte, dass dieses Wort auf seine Produkte oder Dienstleistungen angewandt wird. Die bloße Erwähnung des Wortes lässt Manager und Unternehmer erschauern. Die Differenzierung geht verloren, die Gewinnspannen schrumpfen, und die Kunden richten sich bei ihren Kaufentscheidungen nur noch nach dem Preis.

Doch sehen wir uns einmal an, was man aus einem echten Massengut alles machen kann. Ein ausgezeichnetes Beispiel ist die Kaffeebohne. Unternehmen, die Kaffee anbauen oder diese Ware auf den Terminmärkten handeln, verdienen gegenwärtig etwas weniger als einen Dollar pro Pfund, was etwa ein bis zwei Cent pro Tasse Kaffee entspricht. Wenn ein Hersteller dieselbe Menge Bohnen mahlt, verpackt und im Lebensmittelhandel verkauft – wenn er sie also in ein Handelsgut verwandelt –, steigt der Preis für den Endverbraucher auf 5 bis 25 Cents für eine Tasse (je nach Marke und Verpackungsgröße). Werden die gemahlenen Bohnen jedoch in einem Kaffeeladen an der Ecke aufgebrüht, so erreichen sie einen Wert, der irgendwo zwischen 50 Cents und einem Dollar pro Tasse liegt.

Das heißt, dass Kaffee je nachdem, was ein Unternehmen damit tut, die Form von drei wirtschaftlichen Angeboten annehmen kann: es kann ein Massengut, ein Gut oder eine Dienstleistung sein. In den

13

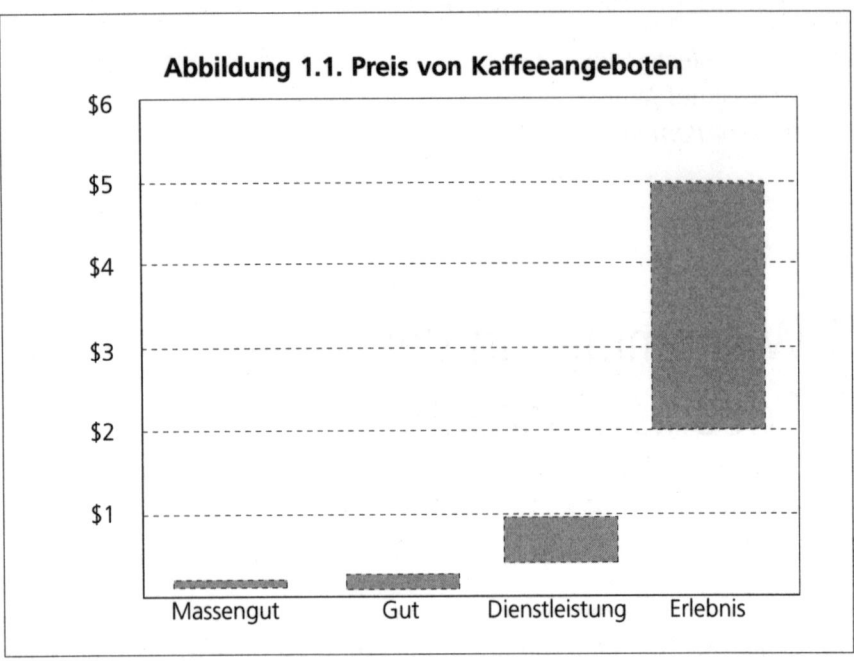

Abbildung 1.1. Preis von Kaffeeangeboten

Massengut　　Gut　　Dienstleistung　　Erlebnis

Augen des Käufers haben diese Angebote einen ganz unterschiedlichen Wert.

Doch da ist noch eine vierte Erscheinungsform dieses Produktes: Wird derselbe Kaffee in einem Fünfsternerestaurant oder in einem eleganten Café serviert, in dem Bestellung, Herstellung und Konsum des Produktes in einem gehobenen Ambiente stattfinden, das allen Beteiligten als Bühne dient, so zahlt der Käufer bereitwillig zwei – oder auch fünf – Dollar für eine Tasse. Unternehmen, die sich auf dieser vierten Wertebene bewegen (siehe Abbildung 1.1), verkaufen ein besonderes Erlebnis. Dies tun sie, indem sie Kaffee kaufen und seinen Wert (und damit seinen Preis) gegenüber dem ursprünglichen Massengut um zwei Größenordnungen erhöhen.

Oder auch um mehr. Ein Freund der Autoren, der gerade in Venedig eingetroffen war, fragte an der Hotelrezeption nach dem besten Café in der Stadt. Ohne zu zögern, empfahl ihm der Mann an der Rezeption das *Café Florian* auf dem Markusplatz. Kurze Zeit später saßen unser Freund und seine Frau in der frischen Morgenluft in besagtem Café, nippten an ihrem dampfenden Kaffee und genossen die wunderbare Atmosphäre der bemerkenswertesten Stadt der alten

14

Welt. Nach einer halben Stunde bat unser Freund um die Rechnung und musste feststellen, dass ihn diese Erfahrung 15 Dollar pro Tasse gekostet hatte! War der Kaffee so viel Geld wert gewesen, fragten wir? »*Assolutamente!*«, antwortete er.

Eine neue Quelle des Wertes

Erlebnisse stellen ein viertes wirtschaftliches Angebot dar, ein Angebot, das sich so deutlich von den Dienstleistungen unterscheidet wie diese von den Gütern. Dennoch ist dieses Angebot bisher weitgehend unbekannt geblieben. Erlebnisse gibt es seit jeher, doch die Verbraucher, Unternehmen und Wirtschaftswissenschaftler haben sie stets mit so ereignislosen Aktivitäten wie Trockenreinigungen, Autoreparaturen, Großhandel und Telefondiensten in einen Topf geworfen. Kauft ein Verbraucher eine Dienstleistung, so erwirbt er eine Reihe immaterieller Aktivitäten, die für ihn durchgeführt werden. Kauft er jedoch ein Erlebnis, so bezahlt er dafür, seine Zeit mit einer Reihe unvergesslicher Ereignisse ausfüllen zu dürfen, die ein Unternehmen wie in einem Theaterstück für ihn inszeniert, um ihn persönlich in das Erlebnis einzubinden.

Das Erlebnis steht seit jeher im Mittelpunkt der Unterhaltung, sei es im Theater, im Konzert, im Kino oder in einer Fernsehshow. Allerdings hat sich die Zahl der Unterhaltungsoptionen in den letzten Jahrzehnten explosionsartig vermehrt. Mittlerweile umfasst sie viele, viele neue Erlebnisse. Unserer Ansicht nach geht diese Vermehrung der Erlebnisangebote auf einen Mann und das von ihm gegründete Unternehmen zurück: *Walt Disney*. Nachdem er sich einen Namen gemacht hatte, indem er den Zeichentrickfilm durch immer neue Schichten von Erlebniseffekten erweitert hatte (er war ein Vorreiter in der Entwicklung des Synchrontons, des Farbfilms, der dreidimensionalen Hintergründe, des Stereotons, der Audioanimation usw.), krönte Disney sein Lebenswerk im Jahr 1955 mit der Eröffnung des kalifornischen *Disneyland*, einer beseelten Zeichentrickwelt, die den Besucher vollkommen in ihren Bann zog. Noch vor seinem Tod im Jahr 1966 hatte Disney die Pläne für *Disney World* ausgearbeitet, das fünf Jahre später in Florida die Pforten öffnete. Anstatt lediglich einen weiteren Vergnügungspark zu bauen, schuf Disney die ersten *Themenparks* der Welt, in denen die Gäste (die niemals als »Käufer« oder »Kunden« betrachtet werden) auf Reisen entführt werden, die nicht nur unterhaltend sind, sondern den Besucher auch in eine fesselnde Geschichte hineinziehen. Die Mitglieder des Ensembles (niemals »Angestellte«) sind Teil einer umfassenden Inszenierung, die Anblicke, Klänge, Düfte und Tasterlebnisse beinhaltet, welche sich zu einem einzigartigen Erlebnis zusammenfügen.[1] Die *Walt Disney Company* trägt das Erbe ihres Gründers weiter und inszeniert laufend neue Angebote, bei denen sie ihre Sachkenntnis in immer neue Erlebnisse einfließen lässt – vom *Disney Institute* zu den Club-Disney-Spielzentren, von den Broadway-Shows bis zur Disney-Kreuzfahrtlinie samt eigener Karibikinsel.

Lange Zeit war Disney der einzige Betreiber von Themenparks, doch heute sieht sich das Unternehmen in sämtlichen Geschäftsbereichen, seien sie nun traditionell oder experimentell, mit zahllosen Konkurrenzangeboten konfrontiert. Neue Technologien bringen vollkommen neue Erfahrungen, wie interaktive Spiele, Internetsites, »filmgestützte Aktivitäten«, 3-D-Filme und Virtual Reality, hervor. Der Wunsch nach immer größerer Rechnerleistung, die immer intensivere Erlebnisse ermöglicht, erhöht laufend die Nachfrage nach den Produkten und Dienstleistungen der Computerindustrie. Andrew Grove, der Chairman von *Intel*, erklärte im November 1996 in einer Rede auf der Computermesse *Comdex:* »In unserem Geschäft geht es nicht einfach nur um den Kauf und Verkauf von PCs [das heißt von Produkten]. In unserem Geschäft geht es um die Bereitstellung von Information [das heißt um Dienstleistungen] und lebensnahen interaktiven Erfahrungen.« So ist es.

> Die Erfahrungen unterscheiden sich so deutlich von den Dienstleistungen wie diese von den Verbrauchsgütern

Viele traditionelle Dienstleistungsbranchen, die mittlerweile mit diesen neuen Erfahrungen um dieselben Kunden kämpfen, werden ebenfalls zunehmend zu Anbietern von Erlebnissen. In Themenrestaurants wie *Hard Rock Café, Planet Hollywood, Dive!* und der *Bubba Gump Shrimp Co.* dient das Essen als Vorspeise für ein Angebot, das in der Branche als »Unterhaltungserlebnis« bezeichnet wird. Und Handelsketten wie *FAO Schwarz, Jordan's Furniture* und *Niketown* geleiten ihre Kunden durch Unterhaltungsaktivitäten und Promotionereignisse, die sie als »Shoppertainment« oder »Entertailing« bezeichnen.

Das bedeutet jedoch nicht, dass die Erlebnisse auf das Gebiet der Unterhaltung beschränkt wären: Die Unterhaltung ist nur ein Aspekt eines Erlebnisses. Vielmehr inszeniert ein Unternehmen immer dann ein Erlebnis, wenn es seine Kunden *einbindet* und auf eine persönliche Art, die den Käufern im Gedächtnis bleibt, mit ihnen interagiert. Viele Erfahrungen in Restaurants haben weniger mit dem Unterhaltungsmotiv oder mit der Berühmtheit der Geldgeber *(Planet Hollywood)* zu tun, sondern verschmelzen das Essen mit Theater, Kunst, Architektur, Geschichte oder Natur. Beispiele hierfür sind Restaurantketten wie *Pomp Duck and Circumstance, Iridium,* der *Cypress Club, Medieval Times* und das *Rainforest Café.*[2] In jedem dieser Restaurants stellt das Speiseangebot eine Bühne dar, auf der ein größeres Fest von Eindrücken inszeniert werden kann, um die Gäste zu fesseln.

»Unternehmen, die den Denkkategorien der Massenproduktion verhaftet sind«, gehen laut dem früheren Chairman von *British Airways,* Sir Colin Marshall, fälschlicherweise davon aus, »dass ein Unternehmen lediglich dazu da ist, eine Funktion zu erfüllen – in unserem Fall besteht diese darin, Passagiere pünktlich und zum niedrigsten möglichen Preis von Punkt A zu Punkt B zu transportieren«. *British Airways* hingegen »geht über diese Funktion hinaus und behauptet sich im Wettbewerb, indem es ein Erlebnis anbietet«[3]. Das Unternehmen nutzt seine grundlegende Dienstleistung (den eigentlichen Transport) als Bühne für eine Flugerfahrung, die sich deutlich von jener abhebt, welche die Konkurrenz anbietet, und dem Fluggast die Möglichkeit gibt, sich von der unvermeidlichen Anstrengung einer langen Reise abzulenken.

Selbst die gewöhnlichsten Transaktionen können in einprägsame Erlebnisse verwandelt werden. *Standard Parking of Chicago* spielt auf jeder Ebene seiner Parkgarage am Flughafen O'Hare eine Erkennungsmelodie und dekoriert die Wände mit den Symbolen eines lokalen Sportfranchise – der *Chicago Bulls* auf einem Deck, der *White Sox* auf dem nächsten usw. Ein Einwohner von Chicago sagte uns: »Du vergisst nie, wo du geparkt hast!« Der Weg in den Supermarkt, der für Familien oft mühselig ist, wird bei den Delikatessenmärkten von *Bristol Farms* in Südkalifornien zu einem aufregenden Erlebnis. Diese Supermarktkette von gehobener Qualität »führt ihre Geschäfte so, als wären sie Theaterbühnen«, heißt es in der Fachzeitschrift *Stores.*

Zum Angebot gehören »Musik, Live-Shows, exotische Umgebungen, Gratiserfrischungen, ein Amphitheater mit Videoausrüstung, namhafte Gaststars und eine umfassende Beteiligung des Publikums«[4]. Russell Vernon, Besitzer des *West Point Market* in Akron, Ohio – in dem die Regalgänge mit frischen Blumen und die Toiletten mit originellem Kunsthandwerk dekoriert sind und der Besucher von klassischer Musik begleitet wird – beschreibt seinen Supermarkt als »Bühne für unsere Produkte. Die Höhe unserer Räume, die Beleuchtung und die Farbgebung erzeugen eine theatralische Einkaufsumgebung.«[5]

Die Konsumenten sind nicht die Einzigen, die von Erlebnissen profitieren. Unternehmen bestehen aus Menschen, und auch im Geschäft zwischen Unternehmen bieten sich zahlreiche Gelegenheiten, um Erlebnisse zu inszenieren. Ein Unternehmen in Minneapolis, das Computer installiert und repariert, bezeichnet sich selbst als »*Geek Squad**«. Seine »Spezialagenten« tragen weiße Hemden mit schmalen schwarzen Schlipsen und lächerlichen Schutzeinsätzen aus Vinyl, um die Brusttaschen vor Kugelschreiberflecken zu schützen. Sie weisen sich mit Dienstmarken aus und fahren schrullige alte Autos. Auf diese Art verwandeln sie eine ganz gewöhnliche Dienstleistung in eine außergewöhnliche Begegnung. Viele Unternehmen engagieren Theatertruppen, um im Grunde alltägliche Veranstaltungen in improvisierte Happenings zu verwandeln (ein Beispiel ist das in Minneapolis ansässige Unternehmen *Interactive Personalities, Inc.*, das mit Personen aus dem Publikum einstudierte Stücke und »spontane Szenen« aufführt und sich computergenerierter Figuren bedient, die in Echtzeit interagieren).[6] Und im Handel zwischen Unternehmen werden zunehmend ausgefeilte Verkaufsveranstaltungen orchestriert. Beispielsweise eröffnete *Silicon Graphics* im Jahr 1996 in seiner Unternehmenszentrale in Mountain View, Kalifornien, das »VISIONARIUM Reality Center«, in dem Kunden und Softwareingenieure in einer Umgebung zusammentreffen, in der dreidimensionale Produktprojektionen in Echtzeit vorgeführt werden. Die Teilnehmer sehen, hören und fühlen die Produkte und können durch zahllose Produktsimulationen fahren, gehen oder fliegen. Der damalige

> Ein Unternehmen inszeniert ein Erlebnis, wenn es seine Kunden auf einprägsame Art in das Geschehen einbindet

---

* Übersetzt etwa: »Sonderkommando Schräge Vögel«

Chairman und CEO von *Silicon Graphics*, Edward R. McCracken, erklärte bei der Einweihung des Visionariums: »Dies hier ist das vollendete Computererlebnis. Noch bevor wir mit der Produktion beginnen, können sich unsere Kunden ansehen, wie ihr Produkt aussehen, sich anhören und anfühlen wird.«

Wertvolle Unterscheidungen

Die angeführten Beispiele – die den Verkauf an Verbraucher und Unternehmenskunden umfassen und vom Themenrestaurant bis zum Computerreparaturdienst reichen – vermitteln eine erste Ahnung von der neuen Bedeutung, die derartige Erfahrungen in der amerikanischen Wirtschaft erlangt haben und auch in anderen Industrieländern zu erlangen beginnen. Sie sind die Vorboten der entstehenden Erlebniswirtschaft.

Warum entsteht sie gerade jetzt? Die Antwort findet man zum Teil in der Technologie, die derart viele neue Erfahrungen ermöglicht, und zum Teil in der wachsenden Intensität des Wettbewerbs, der die Unternehmen dazu treibt, unermüdlich nach Möglichkeiten zur Differenzierung zu suchen. Doch die umfassendste Erklärung für diese Entwicklung liegt in der Natur des wirtschaftlichen Werts und seiner natürlichen Evolution, die vom Massengut über das Verbrauchsgut zur Dienstleistung und schließlich zum Erlebnis führt – wie am Beispiel der Kaffeebohne beschrieben. Ein weiterer Grund für die Entfaltung der Erlebniswirtschaft liegt selbstverständlich im wachsenden Wohlstand. Der Wirtschaftswissenschaftler Tibor Scitovsky hat darauf hingewiesen, dass die »wesentliche Reaktion des Menschen auf wachsenden Wohlstand darin zu bestehen scheint, die Zahl der Festmähler zu erhöhen; der Mensch schafft immer mehr besondere Gelegenheiten und Feiertage, die eines Festmahls würdig sind, und macht diese festlichen Gelegenheiten schließlich zur Routine – das typische Beispiel ist das Sonntagsessen«[7]. Dasselbe gilt auch für die Erlebnisse, für die wir bezahlen. Wir gehen immer häufiger auswärts essen, wobei wir dafür zunehmend Orte wählen, die uns ein besonderes Erlebnis vermitteln. Wir trinken sogar »festlicheren« Kaffee. Wie Tabelle 1.1

Tabelle 1.1 Wirtschaftliche Unterscheidungen

Wirtschaftliches Angebot	Massengüter (Rohstoffe)	Güter	Dienstleistungen	Erlebnisse
Wirtschaftssektor	Landwirtschaft	Industrie	Dienstleistung	Erlebnis
Wirtschaftliche Funktion	Gewinnung	Herstellung	Durchführung	Inszenierung
Natur des Angebots	Austauschbar	Materiell	Immateriell	Einprägsam
Schlüssel- eigenschaft	Natürlich	Standardisiert	Maßgeschneidert	Persönlich
Methode der Bereitstellung	Massengut- speicherung	Lagerung nach der Herstellung	Lieferung auf Nachfrage	Entfaltung im Lauf der Zeit
Verkäufer	Händler	Hersteller	Anbieter	Gestalter
Käufer	Markt	Benutzer	Kunde	Gast
Nachfrage faktoren	Eigenschaften	Merkmale	Nutzen	Wahrnehmungen

zeigt, unterscheidet sich jedes wirtschaftliche Angebot grundlegend von den vorhergehenden. Jede neue Form von Angeboten schafft einen höheren wirtschaftlichen Wert. Allzu oft behaupten Manager, ihr Unternehmen sei in einem »Massengeschäft«, obwohl ihr Produkt *an sich* kein wirkliches Massengut darstellt. Diese Einschätzung beruht zum Teil auf einer verselbstständigten Degradierung zum Massengut, die dann stattfindet, wenn sich ein Unternehmen der Unterschiede zwischen höherwertigen Angeboten und reinen Massengütern nicht richtig bewusst ist. (Und wenn ein Analyst oder ein Gelehrter erklärt, Ihr Unternehmen verkaufe ein Massengut, obwohl es das nicht tut, beleidigt er Sie und konfrontiert Sie mit der Herausforderung, sich auf eine höhere Ebene des wirtschaftlichen Werts zu begeben.) Wenn Sie fürchten, Ihr Angebot könnte zu einem Massengut degradiert werden, sollten Sie die folgenden einfachen Beschreibungen lesen. Und wenn Sie glauben, Ihr Angebot werde nie zu einem Massengut werden, sollten Sie noch einmal gründlich nachdenken. Hochmut kommt vor dem Fall (der Preise).

Massengüter (Rohstoffe)

Zu den echten Massengütern zählen die aus natürlichen Vorkommen gewonnenen Produkte: tierische Erzeugnisse, Mineralien, Pflanzen. Sie werden auf Weiden gezüchtet, aus dem Erdreich zutage gefördert oder auf dem Ackerboden angebaut. Im Anschluss an Schlachtung, Abbau oder Ernte werden diese Massengüter im Allgemeinen verarbeitet oder veredelt, um ihnen bestimmte Eigenschaften zu verleihen, und nach einer Zwischenlagerung zum Markt transportiert. Massengüter sind per definitionem *fungibel* – sie sind, was sie sind. Da Massengüter nicht differenzierbar sind, verkaufen die Händler sie zum Großteil auf namenlosen Märkten, wo sie ein Abnehmer für einen Preis kauft, der einfach aufgrund von Angebot und Nachfrage festgelegt wird. (Selbstverständlich liefern die Unternehmen verschiedene Kategorien von Massengütern, beispielsweise verschiedene Sorten Kaffee oder verschiedene Rohölsorten, doch innerhalb dieser Kategorien sind Massengüter vollkommen austauschbar.) Jeder Händler verlangt denselben Preis wie alle anderen, die dasselbe Produkt verkaufen, doch wenn die Nachfrage das Angebot deutlich übersteigt, erzielt er schöne Gewinne. Übersteigt jedoch das Angebot die Nachfrage, so wird es sehr schwierig, Profit zu machen. Kurzfristig besteht kein Zusammenhang zwischen den Gewinnungskosten und dem Preis von Massengütern, und langfristig wird die Preisentwicklung von der unsichtbaren Hand des Marktes gelenkt, der Unternehmen dazu bewegt, in das Geschäft einzusteigen oder sich vom Markt zurückzuziehen.

Landwirtschaftliche Massengüter stellten die Grundlage der Agrarwirtschaft dar, die der Familie und der kleinen Gemeinde jahrtausendelang eine Existenz durch Subsistenzwirtschaft ermöglichte. Auf dem Höhepunkt der Agrarwirtschaft im 18. Jahrhundert waren in den USA mehr als 80 Prozent der arbeitenden Bevölkerung in landwirtschaftlichen Betrieben tätig. Heute arbeiten weniger als drei Prozent der aktiven Bevölkerung in der Landwirtschaft.[8]

> Massengüter sind fungible Rohstoffe, die aus natürlichen Vorkommen gewonnen werden

Wie kam es dazu? Die ungeheure Produktivitätssteigerung während der Industriellen Revolution veränderte die Lebensumstände der Menschen vollkommen. Die Entwicklung nahm ihren Ausgang in der Landwirtschaft, erfasste jedoch sehr bald auch die Fabrik (so wie jene Nagelfabrik, die Adam Smith in seinem 1776 erschienenen Buch *The Wealth of Nations* berühmt machte). Auf der Grundlage der Erfolge, welche die englischen Unternehmen ab der Mitte des 18. Jahrhunderts feierten, führten amerikanische Fabriken eigene Neuerungen in der Produktion ein, die in den fünfziger Jahren des 19. Jahrhunderts als Amerikanisches Produktionssystem bekannt wurden.[9] Hersteller in aller Welt kopierten diese Methoden, wobei sie Millionen Arbeitsplätze wegrationalisierten und die Grundlage für alle modernen Wirtschaftssysteme schufen, die unwiderruflich zur Güterproduktion übergingen.

Güter

Unternehmen verwenden Massengüter als Rohstoffe, um Güter zu erzeugen und zu lagern – materielle Erzeugnisse, die an im wesentlichen anonyme Abnehmer verkauft werden, welche sie als Lieferposten, aus dem Katalog usw. kaufen. Da die Rohstoffe in den Produktionsprozessen, die der Erzeugung einer Vielzahl von Gütern dienen, tatsächlich verwandelt werden, haben die Unternehmen Spielraum, um den Preis sowohl aufgrund der Produktionskosten als auch aufgrund der Produktdifferenzierung zu gestalten. Heute gibt es beträchtliche Unterschiede zwischen den Merkmalen verschiedener Autos, Computer, Erfrischungsgetränke (und bis zu einem gewissen Grad auch Nägel). Und da sie einer unmittelbaren Nutzung zugeführt werden können – sie dienen dazu, einen Ort zu erreichen, Berichte zu schreiben, den Durst zu löschen und Dinge zu befestigen –, messen die Benutzer diesen Gütern größeren Wert bei als den Rohstoffen, aus denen sie hergestellt werden.

Zwar verwandeln die Menschen seit jeher Rohstoffe in brauchbare Güter[10], doch die zeitaufwendigen Methoden zur Gewinnung der Rohstoffe und die kostspieligen Methoden zur Gütererzeugung von Hand verhinderten lange Zeit, dass die Produktion eine beherrschende Stellung in der Wirtschaft einnehmen konnte. Dies änderte sich, als die Unternehmen lernten, die Güter zu standardisieren, um Größenvorteile zu erlangen. Die Menschen strömten vom Land in die Fabriken, und in den achtziger Jahren des 19. Jahrhunderts hatten die Vereinigten Staaten England als führendes Industrieland abgelöst.[11] Als sich mit dem ersten Fließband, das Henry Ford am 1. April 1913 in seiner Autofabrik in Highland Park, Michigan, in Betrieb nahm, die Massenproduktion durchsetzte[12], festigten die Vereinigten Staaten ihre Position als wirtschaftliche Führungsmacht.

Güter sind materielle Erzeugnisse, die von Unternehmen standardisiert und dann gelagert werden

Laufende Prozessinnovationen verringerten Schritt für Schritt die Zahl der zur Erzeugung eines Produktes benötigten Arbeitskräfte. Die Nachfrage nach Arbeitern pendelte sich auf einem gewissen Niveau ein und begann schließlich zu sinken. Gleichzeitig führten der vom Produktionssektor erzeugte große Wohlstand sowie die bloße Zahl der akkumulierten materiellen Güter dazu, dass die Nachfrage nach Dienstleistungen und damit nach Arbeitskräften im Dienstleistungssektor beträchtlich stieg. In den fünfziger Jahren überstieg die Zahl der in den Dienstleistungen beschäftigten Personen in den USA erstmals 50 Prozent der arbeitenden Bevölkerung, womit die Dienstleistungen die Industrie als beherrschenden Wirtschaftssektor ablösten. (Erkannt wurde diese Entwicklung allerdings erst sehr viel später.) Heute sind in den Vereinigten Staaten nur noch 17 Prozent der arbeitenden Bevölkerung im produzierenden Gewerbe tätig.[13] Die übrigen 80 Prozent gehen Tätigkeiten nach, welche die Wirtschaftswissenschaftler den Dienstleistungen zuordnen.

Dienstleistungen

Dienstleistungen sind immaterielle Aktivitäten, die auf die individuellen Wünsche bekannter Kunden zugeschnitten werden. Die Anbieter von Dienstleistungen verwenden Güter, um Tätigkeiten für einen bestimmten Kunden durchzuführen (beispielsweise einen Haarschnitt oder eine Augenuntersuchung) oder um etwas mit Dingen zu tun, die in seinem Besitz sind (Beispiele sind Rasenmähen oder Computerreparaturen). Die Kunden messen dem Nutzen der Dienstleistung normalerweise größeren Wert bei als den Gütern, die benötigt werden, um die Dienstleistung zu erbringen. Eine Dienstleistung dient dazu, spezifische Aufgaben zu erfüllen, die der Kunde erledigt wissen will, jedoch nicht selbst übernehmen möchte. Die Güter stellen lediglich Mittel zum Zweck dar.

So wie es zwischen Massengütern und Gütern zu Überschneidungen kommt (eine umfangreiche Verarbeitung und Veredelung reicht manchmal in den Bereich der Herstellung hinein), kann auch die Trennlinie zwischen Gütern und Dienstleistungen verschwimmen. Restaurants stellen materielle Produkte (Speisen) her, doch die Wirtschaftswissenschaftler ordnen ihre Aktivität den Dienstleistungen zu, weil ihr Angebot nicht standardisiert ist und auf Lager gehalten wird, sondern auf Bestellung eines individuellen Kunden bereitgestellt wird. Obwohl ein Fast-Food-Restaurant, das die Speisen im Voraus erzeugt, diese Kriterien nur zum Teil erfüllt und damit eher dem Bereich der Güterproduktion zuzuordnen ist als andere gastwirtschaftliche Betriebe, haben die Wirtschaftswissenschaftler nicht Unrecht, wenn sie die Beschäftigten von *McDonald's* dem Dienstleistungssektor zurechnen.

Obwohl der Dienstleistungssektor mittlerweile den Großteil der Beschäftigten absorbiert hat, ist die Produktion im Rohstoff- und Gütersektor nicht zurückgegangen. Heute ernten weniger Landwirte mehr, als ihre Vorfahren je für möglich gehalten hätten, und die Masse an Gütern, die von den Fließbändern kommt, würde selbst Adam Smith in Schrecken versetzen. Dank stetiger technologischer und betrieblicher Innovationen werden einfach immer weniger Arbeitskräfte benötigt, um Rohstoffe zu gewinnen und Güter zu erzeugen. Dennoch überwiegt der prozentuelle Anteil der Dienstleistungen am Bruttoinlandsprodukt (BIP) jenen der anderen Wirtschaftssektoren bei weitem. Nachdem viele Jahre die Befürchtung zu hören war, das industrielle Fundament der Vereinigten Staaten werde untergraben, gestehen die meisten Gelehrten heute ein, dass der Übergang zur Dienstleistungswirtschaft in den USA und den meisten hochentwickelten Ländern eine begrüßenswerte Entwicklung darstellt.

Mit dieser Verschiebung geht eine weitere Dynamik einher, die kaum wahrgenommen wird: In einer Dienstleistungswirtschaft *wünschen sich die Menschen Service.* Ob es sich nun um individuelle Konsumenten oder um Unternehmen handelt: Sie knausern und sparen bei den Gütern (sie kaufen bei *Wal-Mart* ein, der das Letzte aus seinen Lieferanten herauspresst), um sich Dienstleistungen leisten zu können (Essen im Restaurant, Kaffee trinken gehen), denen sie größeren Wert beimessen. Aufgrund dieser Entwicklung müssen so viele Hersteller heute entdecken, dass ihre Produkte zu Massengütern geworden sind. In einer Dienstleistungswirtschaft hat die Tatsache, dass es den Gütern in den Augen der Kunden an Differenzierung mangelt, zur Folge, dass die Produkte unter jenen ständigen Preisdruck geraten, der stets mit den Massengütern verbunden wird. Die Verbraucher lassen sich bei ihren Kaufentscheidungen immer häufiger ausschließlich vom Preis und von der Verfügbarkeit leiten.

> Dienstleistungen sind immaterielle Aktivitäten, die für einen bestimmten Kunden durchgeführt werden

Um dieser »Massengüterfalle« zu entkommen, gehen viele Hersteller dazu über, ihre Kernprodukte in Dienstleistungen zu verpacken. Auf diese Art können sie umfassende wirtschaftliche Angebote machen, die den Bedürfnissen der Kunden besser entsprechen.[14] So erweitern und verlängern die Autohersteller ihre Garantien und bieten Fahrzeugleasing an, und die Konsumgüterproduzenten übernehmen die Lagerlogistik für den Handel. Anfangs bieten die Hersteller diese Dienstleistungen fast immer gratis an, um den Absatz anzukurbeln. Vielfach entdecken sie später, dass die Kunden den Dienstleistungen so hohen Wert beimessen, dass diese separat in Rechnung gestellt werden können. Besonders gewiefte Hersteller lösen sich schließlich von der Produzentenmentalität und wandeln sich zu Unternehmen, die vorrangig Dienstleistungen anbieten. Ein Beispiel: Wer kauft heute noch ein Mobiltelefon? Mit Ausnahme jener, die unbedingt die letzte technologische Errungenschaft haben müssen, wartet fast jedermann, bis eine der Telefongesellschaften die Geräte praktisch gratis anbietet, um Kunden für ihre Dienstleistungen zu gewinnen.

Nehmen wir zum Beispiel *IBM*. In seiner besten Zeit in den sechziger und siebziger Jahren lautete der wohlverdiente Slogan des Hardwareproduzenten »IBM bedeutet Service«, denn das Unternehmen überhäufte jeden Kunden, der seine Produkte kaufte, mit Dienstleistungen. *IBM* plante Anlagen, schrieb Programme, integrierte von anderen Firmen gelieferte Ausrüstungen und reparierte seine eigenen Geräte so wunderbar, dass ihm kaum ein Konkurrent das Wasser reichen konnte. Doch im Lauf der Zeit verlor das Unternehmen in einer reifenden Industrie die Fähigkeit, die Dienstleistungsansprüche der Kunden kostenlos zu befriedigen (ganz zu schweigen von der Forderung des Justizministeriums, dass *IBM* seine Hardware von der Software trennen müsse). So begann der Konzern, ausdrücklich Geld für seine Dienstleistungen zu verlangen. Die Manager des Unternehmens entdeckten später, dass die Dienstleistungen, die man zuvor gratis angeboten hatte, von den

Kunden sogar am meisten geschätzt wurden. Heute, da die Mainframe-Rechner längst zur Massenware geworden sind, verzeichnet der Bereich Global Services zweistellige Zuwachsraten. Das Unternehmen verschenkt keine Dienstleistungen mehr, um seine Güter zu verkaufen. Vielmehr hat sich das Verhältnis umgekehrt: *IBM kauft* die Hardware seiner Kunden, wenn sie Global Services mit dem Management ihrer Informationssysteme beauftragen. *IBM* stellt noch immer Computer her, doch mittlerweile besteht sein *Geschäft* in Dienstleistungen. Ähnlich verhält es sich mit *General Electric*, dessen gewinnträchtigste Geschäftseinheit GE Capital ist. Auch die »Großen Drei« der amerikanischen Automobilindustrie verdienen heute mit ihren Finanzdienstleistungen mehr Geld als mit der Herstellung von Autos.

Das Verschenken oder Kaufen von Gütern zur Förderung des Dienstleistungsgeschäfts ist ein Vorzeichen dafür, dass die Entwicklung der Dienstleistungswirtschaft ein Stadium erreicht hat, das früher nicht für möglich gehalten wurde und in den Augen vieler auch nicht wünschenswert war. Tatsächlich waren noch vor wenigen Jahren klagende Stimmen jener Wissenschaftler und Experten zu hören, die es für schädlich hielten, dass sich die Dienstleistungen in die treibende Kraft des Wirtschaftswachstums verwandelten, da es sich keine Wirtschaftsmacht leisten könne, ihre Industriebasis einzubüßen. Einer Volkswirtschaft, die sich in einem solchen Maße auf die Dienstleistungen stütze, könne nur noch ein kurzes Dasein beschieden sein; sie sei dazu verurteilt, ihre Kraft und ihren privilegierten Platz unter den Nationen einzubüßen. Diese Einschätzung hat sich als offensichtlich falsch erwiesen.

Doch umso mehr bedroht die Massengüterfalle, welche die Produzenten zwang, ihr Angebot durch Dienstleistungen zu ergänzen, nun ihrerseits die Dienstleistungen. Die Telefongesellschaften verkaufen Ferngespräche heute ausschließlich über den Preis. Die Flugzeuge ähneln Viehtransportern und haben stets eine große Zahl von Gratispassagieren an Bord. Die Fast-Food-Restaurants werben allesamt mit »wertbezogenen« Preisen. (Tatsächlich agiert *McDonald's* mittlerweile auf einem derart heiß umkämpften Massengütermarkt, dass der *Economist* einen *Big Mac Index* ins Leben rief, um die Preisniveaus in verschiedenen Ländern aufgrund des Preises eines *Big Mac* in der jeweiligen Landeswährung zu vergleichen.[15]) Und im Bereich der Finanzdienstleistungen kündigt sich ein Preiskrieg an: Die Diskont-

und in der Folge die Internet-Broker drücken die Provisionen immer weiter hinab und verlangen teilweise nur noch acht Dollar für Dienstleistungen, die bei einem Broker mit umfassendem Serviceangebot über 100 Dollar kosten würden. Der Chairman der *AmeriTrade Holding Corp.*, J. Joe Ricketts, ging in einem Interview mit *Business Week* sogar so weit, folgende Ankündigung zu machen: »Ich sehe es kommen, dass wir einem Kunden mit einem gewissen Volumen auf dem Effektenkreditkonto keinerlei Provisionen mehr verrechnen werden. Unter Umständen werden wir ihm sogar etwas dafür bezahlen, dass er das Geschäft über uns abwickelt.«[16] Das klingt absurd? Nur, wenn man sich nicht vor Augen hält, dass es ein logischer Schritt ist, beim Übergang zu einem neuen Angebot von höherem Wert das alte, weniger wertvolle Angebot gratis dazuzugeben.

Das Internet ist der größte Wegbereiter für Massengüter in der Geschichte der Menschheit

Tatsächlich ist das Internet der größte Wegbereiter für die Umwandlung in Massengüter in der Geschichte der Menschheit, und zwar sowohl für Güter als auch für Dienstleistungen. Es kommt weitgehend ohne das menschliche Element aus, das den traditionellen Handel prägt. Im Internet ist es möglich, Transaktionen ohne die geringsten Reibungsverluste durchzuführen und augenblickliche Preisvergleiche zwischen zahllosen Anbietern vorzunehmen. Und die Fähigkeit zur raschen Durchführung dieser Transaktionen ermöglicht es den Kunden, sowohl Zeit als auch Kosten einzusparen. In unserer Welt der gehetzten Konsumenten und der von Geschwindigkeit besessenen Unternehmen verwandelt das Internet den Handel mit Gütern und Dienstleistungen zunehmend in einen virtuellen Massenmarkt.[17] Zu den im Web ansässigen Unternehmen, die eifrig darum bemüht sind, sowohl den Verkauf an den Konsumenten als auch den Handel zwischen Unternehmen in ein Geschäft mit Massengütern zu verwandeln, zählen die Folgenden:

- www.appliances.com (Haushaltsgeräte)
- www.priceline.com (Flugreisen)
- www.narrowline.com (Werbeflächen)
- www.necx.com (Computerbauteile)
- www.getsmart.com (Finanzdienstleistungen)
- www.insweb.com (Versicherungen)

- www.compare.com (Konsumgüter)
- www.energymarket.com (Erdgas und Elektrizität)
- www.netmarket.com (praktisch alle Güter und Dienstleistungen, die von Haushalten gekauft werden)

Abgesehen von dieser Tendenz zum Massengut sind die Dienstleistungsanbieter mit einer zweiten abträglichen Entwicklung konfrontiert, die den Güterproduzenten fremd ist: Es geht um die *Ausschaltung der Zwischenhändler.* Unternehmen wie *Dell Computer, Streamline, USAA* und *Southwest Airlines* umgehen zunehmend den Einzelhandel, den Vertrieb und die Agenten, um direkt mit ihren Endverbrauchern in Kontakt zu treten. Die Folgen sind durchwegs ein Rückgang der Beschäftigtenzahlen in diesen zwischengeschalteten Handelsbranchen sowie eine wachsende Zahl von Konkursen und Konsolidierungen. Und es gibt noch einen dritten Trend, der die Beschäftigung im Dienstleistungssektor zurückdrängt: das Schreckgespenst namens *Automatisierung,* das heute derart vielen Arbeitsplätzen im Dienstleistungssektor (in Telefonvermittlungen, Banken und dergleichen) mit derselben Verve den Garaus macht, mit welcher der technologische Fortschritt während des gesamten 20. Jahrhunderts dem güterproduzierenden Sektor zu Leibe rückte. Mittlerweile entdecken selbst professionelle Dienstleistungsanbieter, dass ihre Angebote »von Produkten absorbiert« werden – beispielsweise werden die Dienste von Steuerberatern in Softwareprogramme zur automatischen Erstellung von Steuererklärungen integriert.[18]

All dies führt uns zu einem unausweichlichen Schluss: Die Dienstleistungswirtschaft hat ihren Höhepunkt überschritten. Eine neue Wirtschaft bricht sich Bahn, eine Wirtschaft, die auf einer anderen Art von wirtschaftlichen Erzeugnissen beruht. Güter und Dienstleistungen sind nicht länger genug.

Erlebnisse

In jüngster Zeit ist immer häufiger zu beobachten, dass Unternehmen Erlebnisse anbieten. Dieses Angebot tritt dann in den Vordergrund, wenn ein Unternehmen bewusst Dienstleistungen als Bühne und Güter als Köder einsetzt, um einen Kunden an sich zu binden.

Während Massengüter austauschbar, Güter materiell und Dienstleistungen immateriell sind, besteht die wesentliche Eigenschaft von Erlebnissen darin, dass sie *einprägsam* sind. Die Käufer von Erlebnissen – wir werden uns an *Disneys* Wortwahl halten und sie als *Gäste* bezeichnen – wissen es zu schätzen, wenn das Unternehmen sie mit dem, was es ihnen über einen bestimmten Zeitraum hinweg vorführt, zu fesseln versteht. So wie die Konsumenten irgendwann beim Erwerb von Gütern zu sparen begannen, um mehr Geld für Dienstleistungen verfügbar zu haben, geben sie heute weniger Zeit und Geld für Dienstleistungen aus, um sich einprägsamere – und als wertvoller betrachtete – Erlebnisse leisten zu können.

Das Unternehmen – wir werden es als *Gestalter von Erfahrungen* bezeichnen – bietet nicht länger nur Güter oder Dienstleistungen an, sondern auch die mit dem Konsum dieser Angebote einhergehende Erfahrung, die beim Käufer eine Vielzahl von Sinneseindrücken erzeugt. Zu den vorhergehenden wirtschaftlichen Angeboten bewahrte der Käufer durchwegs angemessene Distanz, während die Erlebnisse inhärent persönlich sind. Tatsächlich finden sie in jedem Menschen statt, der auf emotionaler, physischer, intellektueller oder sogar spiritueller Ebene eingebunden wird. Das Ergebnis? Es gibt keine zwei Personen, die dasselbe Erlebnis haben können. Jedes Erlebnis entspringt dem Wechselspiel zwischen dem inszenierten Ereignis und dem vorherigen Bewußtseinszustand des einzelnen Gastes.

Dennoch wird mancher an der Einschätzung festhalten, Erlebnisse seien lediglich eine Unterkategorie der Dienstleistungen, nichts weiter als der neueste Trick, um die Menschen in unserer schnelllebigen Welt zum Kauf bestimmter Dienstleistungen zu bewegen. Interessanterweise vertrat der hochgeschätzte Adam Smith vor mehr als 200 Jahren in *The Wealth of Nations* dieselbe Ansicht. Er betrachtete die Dienstleistungen geradezu als notwendiges Übel – als »unproduktive Arbeit« –, nicht als ein wirtschaftliches Angebot, eben weil die Dienstleistungen nicht physisch gelagert werden können und daher kein greifbares Zeugnis dafür ablegen, dass eine Arbeit geleistet worden ist. Laut Smith war die unproduktive Aktivität nicht auf so verbreitete Tätigkeiten wie jene der Dienstboten beschränkt. Er nannte auch den »Staat« und andere »Diener der Öffentlichkeit«, die »Sicherung und Ver-

> **Erlebnisse sind Ereignisse, die den individuellen Kunden persönlich einbinden**

teidigung des Gemeinwohls« und eine Reihe weiterer Tätigkeiten («Kirchenbedienstete, Rechtsanwälte, Ärzte, Gelehrte jeder Art«), deren Arbeit der Markt heute sehr viel höher bewertet als die der meisten eigentlichen Arbeiter. Sodann listete Smith die Erfahrungsgestalter seiner Zeit («Schauspieler, Komödianten, Musiker, Opernsänger, Tänzer usw.«) auf und erklärte:

Die Arbeit der Gewöhnlichsten unter ihnen hat einen gewissen Wert, der an denselben Maßstäben gemessen wird wie der Wert jeder anderen Art von Arbeit; und jene der Edelsten und Nützlichsten bringt nichts hervor, was anschließend eine gleiche Menge von Arbeit erwerben könnte. So wie der Vortrag des Schauspielers, die Ansprache des Redners oder die Melodie des Musikers geht die Arbeit all dieser Menschen im selben Augenblick, da sie geleistet wird, verloren.[19]

Während die Arbeit des Erlebnisgestalters verloren geht, bleibt der Wert der Erlebnisse erhalten

Doch während die Arbeit des Erlebnisgestalters im Augenblick, da sie erbracht wird, tatsächlich verloren geht, bleibt der Wert des Erlebnisses in der Erinnerung der Person, die am Ereignis beteiligt ist, erhalten.[20] Die meisten Eltern fahren nicht um des eigentlichen Ereignisses willen mit ihren Kindern nach *Disney World*, sondern um das Gespräch in der Familie für Monate oder sogar Jahre durch das gemeinsam Erlebte zu bereichern. Zwar ist das Erlebnis an sich nicht greifbar, doch die Menschen messen diesem Angebot hohen Wert bei, da seine Substanz in ihnen selbst liegt, wo sie für lange Zeit bewahrt wird.

Jene Unternehmen, denen es gelingt, ihr Angebot um diesen wirtschaftlichen Wert zu bereichern, werden nicht nur einen Platz im Herzen des Konsumenten, sondern auch dessen Geld erhalten. Tatsächlich ist die Vorstellung, Inflation entstehe einfach dadurch, dass die Unternehmen erhöhte Kosten an die Konsumenten weitergeben, einfach falsch. Die Verlagerung der Nachfrage von Massengütern zu Gütern zu Dienstleistungen und heute zu Erlebnissen sollte zur Folge haben, dass diesen höherwertigen Angeboten ein größerer Stellenwert im prototypischen »Marktkorb« eingeräumt wird, doch die Statistiker hinken der Entwicklung hinterher: Im Jahr 1997 entfielen nur etwas mehr als 57 Prozent des amerikanischen Verbraucherpreisin-

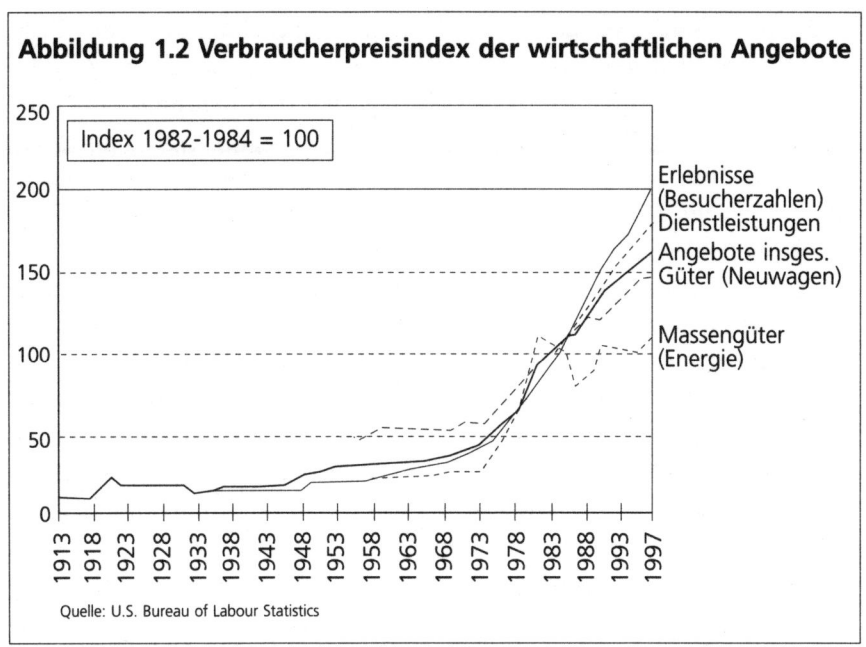

Abbildung 1.2 Verbraucherpreisindex der wirtschaftlichen Angebote

Index 1982-1984 = 100

Erlebnisse (Besucherzahlen)
Dienstleistungen
Angebote insges.
Güter (Neuwagen)

Massengüter (Energie)

Quelle: U.S. Bureau of Labour Statistics

dex' auf die Dienstleistungen[21], und bis 1995 waren die Dienstleistungen im Herstellerpreisindex überhaupt nicht berücksichtigt. Doch bei genauerer Betrachtung der Preisstatistik (siehe Abbildung 1.2) zeigt sich, dass der Verbraucherpreisindex der Massengüter weniger stark steigt als jener der Güter (wobei Neuwagen als Prototyp des Industrieerzeugnisses herangezogen werden). Der Preisindex für Güter steigt seinerseits langsamer als jener für Dienstleistungen, der wiederum weniger stark steigt als der Verbraucherpreisindex für jenes prototypische Erlebnis, das in den staatlichen Statistiken ausgewiesen ist: Gemeint ist die Zahl der Besucher von Freizeitveranstaltungen (Kino, Konzerte, Sport usw.).[22] Man beachte auch die Volatilität des Verbraucherpreisindex für Energie im Unterschied zu jenen der übrigen Angebote. Mit stärkeren Preisschwankungen aufgrund des wachsenden Einflusses der Marktkräfte müssen die Verkäufer all jener Güter und Dienstleistungen, die sich in *Massengüter* verwandeln, rechnen.[23] Hingegen erhöhen Unternehmen, die Erfahrungen inszenieren, den Preis ihrer Angebote sehr viel rascher als die Inflationsrate stieg, was einfach daran liegt, dass die Verbraucher den Erlebnissen einen größeren Wert beimessen.

31

Aus den Statistiken zur Entwicklung von Beschäftigung und Bruttoinlandsprodukt geht derselbe Effekt hervor wie aus dem Verbraucherpreisindex (Abbildung 1.3).[24] Ziehen wir den Zeitraum von 1959 bis 1996 heran, in dem die Daten für sämtliche Angebote einheitlich sind, so sehen wir dieselbe relative Position der aufeinander folgenden Angebote. Während die Produktion von Massengütern in den Vereinigten Staaten von 1959 bis 1996 mit einer durchschnittlichen Jahresrate von mehr als fünf Prozent zunahm, *sank* die Beschäftigtenzahl in diesem Sektor. In der Gütererzeugung stieg die Produktion stärker als in der Erzeugung von Massengütern, wobei die Beschäftigung geringfügig zunahm (wobei die relative Beschäftigtenzahl in diesem Sektor im selben Zeitraum jedoch deutlich zurückging). Die Dienstleistungen beherrschten die Statistik mit einem durchschnittlichen Anstieg der Beschäftigtenzahl von 2,7 Prozent und des BIP um über acht Prozent. Jene Branchen allerdings, die unzweifelhaft dem Erlebnisgewerbe zugerechnet werden können, wuchsen sogar noch schneller und verzeichneten eine fast doppelt so hohe Wachstumsrate bei der Beschäftigung und ein geringfügig höheres Wachstum des BIP.[25] Warum verlief das Beschäftigungswachstum im Erlebnisgewerbe und in den übrigen Dienstleistungen derart unterschiedlich? Der Grund für diese Entwicklung ist zunächst darin zu suchen, dass die Erlebniswirtschaft noch in den Kinderschuhen steckt und noch nicht von der Automatisierung erfasst worden ist, während im Dienstleistungssektor bereits weite Bereiche rationalisiert sind.

Es verwundert nicht, dass derart viele Unternehmen dazu übergegangen sind, ihre vorhandenen Güter und Dienstleistungen in Erlebnisse zu verpacken, um ihr Angebot von dem der Konkurrenz abzuheben. Die Dienstleistungsanbieter sind hier offensichtlich im Vorteil, da sie nicht an materielle Angebote gebunden sind. Sie können die Umgebung verbessern, in der die Kunden die Dienstleistung kaufen und/oder erhalten, sie können die vom Unternehmen kontrollierte Umgebung durch angenehme Empfindungen ergänzen, und sie können nach zusätzlichen Möglichkeiten suchen, wie sie die Kunden besser einbinden können, um die Dienstleistung in ein unvergessliches Erlebnis zu verwandeln.

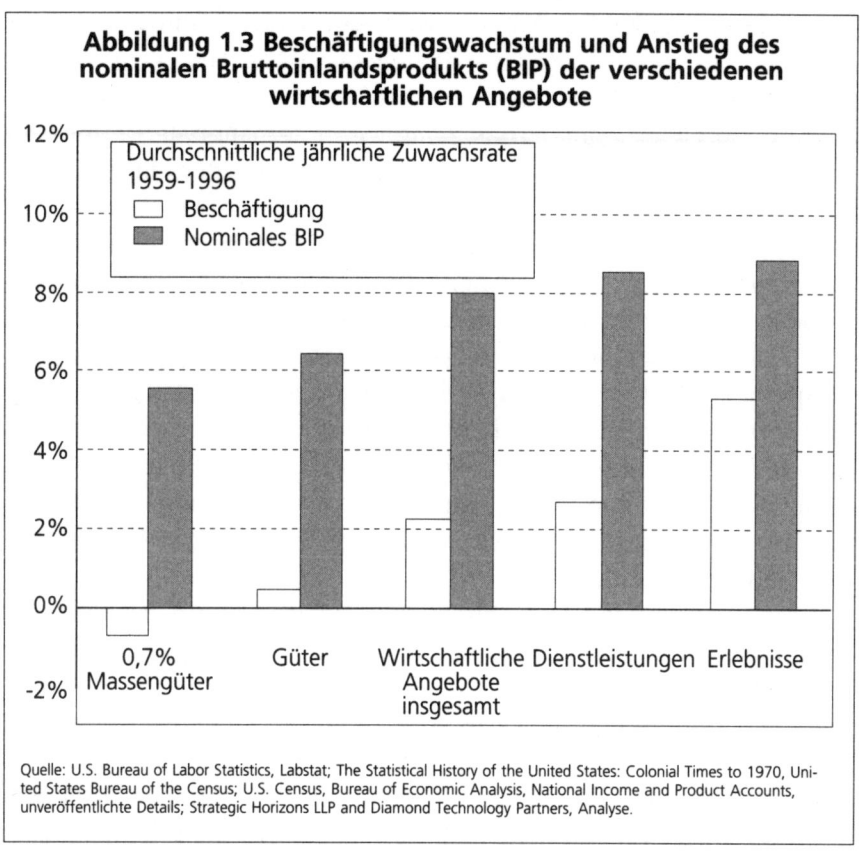

Abbildung 1.3 Beschäftigungswachstum und Anstieg des nominalen Bruttoinlandsprodukts (BIP) der verschiedenen wirtschaftlichen Angebote

Durchschnittliche jährliche Zuwachsrate 1959-1996
☐ Beschäftigung
■ Nominales BIP

Massengüter: 0,7%

Massengüter · Güter · Wirtschaftliche Angebote insgesamt · Dienstleistungen · Erlebnisse

Quelle: U.S. Bureau of Labor Statistics, Labstat; The Statistical History of the United States: Colonial Times to 1970, United States Bureau of the Census; U.S. Census, Bureau of Economic Analysis, National Income and Product Accounts, unveröffentlichte Details; Strategic Horizons LLP and Diamond Technology Partners, Analyse.

Verpack das Ding in ein Erlebnis

Was muss ein Güter produzierendes Unternehmen also tun? Da es zumeist nicht in der Lage ist, direkt den Sprung in das Erlebnisgewerbe zu vollziehen – eine ungemein schwierige Aufgabe für die meisten eingefleischten Hersteller –, muss es sich auf die Erfahrungen konzentrieren, welche die Kunden machen, während sie sein Produkt *gebrauchen*.[26] Die meisten Produktentwickler konzentrieren sich in erster Linie auf die innere Mechanik des eigentlichen Produkts – also darauf, wie *es* sich verhält. Doch wie wäre es, wenn sie ihre Aufmerksamkeit dem Gebrauch zuwendeten, den der Käufer von ihrem Produkt macht? Damit würde der Benutzer in den Mittelpunkt rücken

– also das Verhalten des Käufers, während er das Produkt *gebraucht*.

In der Erlebniswirtschaft versuchen die Menschen, eine Vielzahl verschiedenartiger Aktivitäten durchzuführen. *Fodor's Travel Publications*, ein Unternehmen, das zahlreiche internationale Reiseführer verlegt, gab vor kurzem Peter Guttmans »Sammelalbum für Realitätsflüchtlinge« heraus, in dem eine Reihe von Abenteuern beschrieben ist, in die sich ein Reisender stürzen kann. Die geschilderten Erlebnisse sind sehr unterschiedlicher Natur – manche alt, manche neu –, jedoch durchwegs sehr intensiv: Hausbootfahrt, Stromschnellen überwinden, Mountainbiking, Viehtrieb, Bobfahrt, Windjammerturns, Tornado-Jagen, Canyoneering, Fahrsicherheitstraining, Robben beobachten, Eisbergwandern, Rennautofahrt, Heißluftballonfahrt, Felsklettern, Höhlenwandern, Wildwasserrafting, Kanufahrt, Heli-hiking, Gipfelhüpfen, Wale küssen, Lamatrekking, Landsegeln, Wiederaufführung historischer Schlachten, Eisbootfahrt, Eisbären beobachten und Hundeschlittenfahrt.[27]

Einzelhändler wie *Bass Pro Shops Outdoor World, Recreational Equipment, Inc. (REI)* und *Cabela's* verkaufen Produkte, die bei derartigen Erlebnissen Verwendung finden, und sind Vorreiter in dem Bemühen, den Verkaufsstandort selbst ebenfalls zu einem Erlebnis zu machen. *Bass Pro Shops* holt die Natur in seine Geschäftsräume. *REI* hat einen 15 Meter hohen Berg errichtet, den die Kunden besteigen können, um die Kletterausrüstung zu testen. Bei *Cabela's* finden sich die Käufer vor einem zehn Meter hohen Bergdiorama wieder, das mit ausgestopften Wildtieren gefüllt ist. Güterproduzenten müssen ihre Produkte gezielt so gestalten, dass die Käufer auch eine reichhaltigere Erfahrung machen – sie müssen ihre Produkte *mit Erlebnissen verknüpfen* –, selbst wenn die Kunden weniger abenteuerlichen Aktivitäten nachgehen. Die Autoproduzenten tun dies, indem sie sich auf das *Fahrerlebnis* konzentrieren. Doch was kann ein Ventilhersteller tun, um das *Pumperlebnis* zu verbessern, was ein Möbelproduzent, um für ein intensiveres *Sitzerlebnis* zu sorgen, was ein Verlag, um das *Leseerlebnis* zu bereichern? Welche Veränderungen kann ein Hersteller von Haushaltsgeräten an seinen weißen Waren vornehmen, um das *Wascherlebnis*, das *Trocknererlebnis* oder das *Kocherlebnis* zu verbessern?

Es gibt einen Haushaltsgerätehersteller, dessen Manager bereits so denken. Bei *Maytag* regt William Beer, der Leiter des Bereichs Haushaltsgeräte, seine Mitarbeiter dazu an, Neuerungen einzuführen, die den Kunden begeistern. Gegenüber der Zeitschrift *Industry Week* erklärte er: »Das Esserlebnis kann mittlerweile überall dort stattfinden, wo sich ein Mensch gerade aufhält. Die Leute essen heute im Auto, auf dem Weg zur Arbeit oder vor dem Fernsehgerät.« Daraus zog Beer folgenden Schluss: »Die Menschen brauchen möglicherweise einen Kühlraum im Auto oder in ihrem Sessel.«[28] Derartige Innovationen würden das Esserlebnis wesentlich bereichern. Doch in die überkommenen Denkmuster der Branche würden sie niemals passen, denn dieses Denken kreist ausschließlich um die Frage, wie die Geräte funktionieren, anstatt sich damit zu befassen, was die Verbraucher beim Essen tun.

Viele Güter besitzen mehr als einen Erlebnisaspekt und eröffnen damit Möglichkeiten zur Differenzierung. Beispielsweise könnten sich die Bekleidungshersteller auf das *Trageerlebnis*, das *Reinigungserlebnis* und vielleicht sogar das *Aufhängerlebnis* konzentrieren. (Und so wie die Leute von

Die Hersteller müssen ihre Güter mit Erlebnissen verknüpfen

Fodor's sollten sie sich nicht davor fürchten, bei Bedarf neue Worte zu erfinden.) Andere Branchen könnten das *Briefkastenerlebnis*, das *Mülleimererlebnis* oder das *Isoliererlebnis* schaffen. Wenn Sie als Hersteller beginnen, in diesen Kategorien zu denken – Ihre Güter in Erfahrungen zu verpacken –, werden Sie bald in der Lage sein, Ihre Produkte in Dienstleistungen einzubetten, die den Wert der Nutzung erhöhen. Und später gelingt es Ihnen unter Umständen, diese Dienstleistungen in Erlebnisse einzubetten, die sie unvergesslich machen.

Jedes Produkt kann mit einem Erlebnis verknüpft werden. Nehmen wir zum Beispiel einen einfachen Baseball. Der Sportartikelhersteller *Rawlings* aus St. Louis, der einen Exklusivvertrag mit den amerikanischen Baseball-Profiligen hat, hat einen Ball auf den Markt gebracht, der das einfache Wurftraining zu einer fesselnden Beschäftigung macht. Dieser »Radarball«, in den ein Mikrochip eingebaut ist, zeigt digital an, mit welcher Geschwindigkeit er geworfen wurde. Der Ball kostet mehr als 30 Dollar und damit ein Vielfaches normaler Baseбälle, für die im Allgemeinen weniger als fünf Dollar bezahlt werden müssen. Die Fluggeschwindigkeit von Bällen kann seit langem per Radar ermittelt werden, doch Radarpistolen kosten etwa 1000 Dollar, sodass sich die wenigsten Baseballteams in Schulen oder Amateurligen ein solches Gerät leisten können. Mit dem Radarball wird es erschwinglich, die Wurfgeschwindigkeit eines Kindes zu messen. Doch sein eigentlicher Wert besteht darin, dass er zwei Personen, die sich den Ball zuwerfen, eine neuartige soziale Interaktion ermöglicht. *Rawlings* nutzte einfache Informationstechnologie, um das Wurfspiel zu einem erfüllenderen Erlebnis zu machen. Der Werfer muss sich auf den Fänger, nicht auf eine dritte Partei, die am Spielfeldrand steht, verlassen, will er seine Wurfgeschwindigkeit erfahren. Dank *Rawlings* fragen die Kinder im Garten nun: »Papa, wie schnell war der?«

Die Gedanken schweifen weiter zu technologisch anspruchsvolleren Bällen, die in Zukunft in der Lage sein werden, Drall, Steig- und Sinkphase, Wurf- und Fanghöhe usw. zu messen. (Eines Tages wird ein Kind fragen: »Papa, wie stark war der Schnitt diesmal?«) Solche Verbesserungen würden natürlich auch für ein intensiveres Wurferlebnis sorgen. Je umfassender die Anzeigen und je höher der Preis, desto wahrscheinlicher wird es, dass man einen solchen Ball nicht mehr selbst kauft, sondern sich an einen Ort begibt, an dem man das Wurferlebnis genießen kann (so wie Freizeitsportler keine eigenen Ballwurfmaschinen und Wurfkäfige besitzen, sondern entsprechende Sporteinrichtungen aufsuchen, wo sie dem sportlichen Vergnügen nachgehen können).

Die Informationstechnologie eröffnet eine Vielzahl von Möglichkeiten, um ein Produkt in ein Erlebnis zu verpacken. Darüber hinaus können sich die Hersteller einer Reihe weiterer Methoden bedienen, um mit *Erlebnisgütern* Nachfrage in der Erlebniswirtschaft zu schaffen.

Einbettung von Gütern in eine Erlebnismarke

In den Mittelpunkt des Markenimages rückt das Erlebnis, das der Kunde rund um den Erwerb, den Gebrauch oder den Besitz eines Produktes haben kann.[29] Ein ausgezeichnetes Beispiel dafür ist *Nikes* Fähigkeit, Sportschuhe im Wert von 20 Dollar in Crosslauf-Schuhe zu verwandeln, die fünfmal so viel kosten. Dasselbe gilt für die Art und Weise, in der *Intel* die Rechnerleistung seiner Chips mit »Intel Inside« (samt Erkennungsmelodie und mehrfarbigen Multimediaschriftzügen) vermarktet. *Coca-Cola* und *Pepsi Cola* sind laufend bemüht, einander in ihren Werbekampagnen zu übertrumpfen, um die Konsumenten davon zu überzeugen, dass derjenige, der ihre Cola trinke, das bessere Trinkerlebnis habe. Mittlerweile versucht jeder Getränkehersteller in den Vereinigten Staaten, die beiden Riesen in dieser Hinsicht auszustechen. Die Autoproduzenten verstehen es ausgezeichnet, ihre Fahrzeuge mit Erlebnissen zu verknüpfen. Schließlich versinkt der Kunde in diesem Fall ja buchstäblich im Produkt. *Infiniti* hat sogar den Slogan »Total Ownership Experience« schützen lassen, und *VW* scheint mit seinem Nostalgie-Käfer einen Volltreffer gelandet zu haben – die Besitzer berichten, dass sich auf der Straße alle Welt nach dem ungewöhnlichen Gefährt umdrehe. Doch das Unternehmen, dem es vielleicht am besten gelingt, seine Güter in ein umfassendes Erlebnis einzubetten, ist *Harley-Davidson*. Wie viele andere Unternehmen können von sich behaupten, dass sich Kunden ihr Markenzeichen auf den Arm tätowieren lassen?

Erzeugung von Gütern, die von den Erlebnisgestaltern benötigt werden

Mit steigender Nachfrage nach Erlebnissen wird auch die Nachfrage nach jenen Gütern steigen, die Erlebnisse ermöglichen. Zu diesen Gütern zählen Produkte, die auf die Sinne wirken (wie zum Beispiel gemaserte Materialien, Beleuchtung, Audiogeräte, Geschmacksingredienzen und Duftstoffe) sowie die gesamte Einrichtung, die den Hintergrund für das Erlebnis bildet, etwa die audioanimierten Tiere im *Rainforest Café*, die Baseballhandschuhe im *All Star Café* und die knappen Kostüme bei *Hooters*. Nicht zu vergessen die vielleicht größte, wichtigste Kategorie von Gütern, welche die Erlebnisgestalter benötigen: Souvenirs. Irgendjemand muss schließlich all die Kappen, T-Shirts, Becher, Stofftiere, Schlüsselanhänger, Spielzeuge, Kugelschreiber und das ganze Sortiment von Schnickschnack herstellen, das der Gast so gerne mitnimmt, um die Erinnerung an seine Erlebnisse zu vertiefen. Sie stellen keines dieser Produkte her? Dann haben wir gute Nachrichten für Sie: Viele der Güter, die traditionell als Erinnerungsstücke dienen, sind in langweiligem Überfluss vorhanden. Sie haben die Gelegenheit, Ihre Güter zu einer interessanten Alternative zu den gewöhnlichen Produkten zu machen, die im Allgemeinen angeboten werden.

»Sensualisierung« der Güter

Die vielleicht direkteste Methode zur Verknüpfung von Gütern mit Erlebnissen besteht darin, sie durch Elemente zu ergänzen, die eine intensivere *sensorische Interaktion* des Kunden mit dem Produkt ermöglichen. Einige Güter sprechen die Sinne allein durch ihre Beschaffenheit an: Spielwaren, Zuckerwatte, Videos, CDs, Zigarren, Wein usw. Der bloße Gebrauch dieser Güter erzeugt eine sensorische Erfahrung. Doch Unternehmen können jedes Produkt *sensualisieren*, indem sie die Sinneswahrnehmungen betonen, die mit dem Gebrauch des Produkts einhergehen.[30] Um das tun zu können, muss man allerdings wissen, welche Sinneseindrücke die größte Wirkung auf die Kunden haben, und das Produkt konsequent umgestalten, damit es die Sinne besser anspricht. Beispielsweise investieren die Autohersteller heute bei der Entwicklung neuer Fahrzeugmodelle Millionenbeträge, damit die Autotüren auch sicher mit jenem satten Geräusch zufallen. Die Verlage verbessern die Umschläge und Einbände und das Innere ihrer Bücher und Zeitschriften mit taktilen Innovationen (bossierte Buchstaben; rauhe, gewellte oder ultraweiche Papieroberflächen) und visuellen Reizen (durchscheinende Titelblätter, ausgefallene Schriftarten, geschickt montierte Fotografien, dreidimensionale Grafiken). Selbst die Textmarker für Präsentationen sind heute nicht mehr einfach nur farbig: *Sanford* verleiht ihnen obendrein eine Duftnote (Lakritz für Schwarz, Kirsche für Rot usw.).

Verknappung der Güter

Indem ein Unternehmen die Verfügbarkeit eines gefragten Produktes einschränkt, kann es den bloßen Besitz in ein Erlebnis verwandeln. Nehmen wir zum Beispiel die *Beanie Babies*. Das in Oakbrook, Illinois, ansässige Herstellerunternehmen *Ty Inc.* sorgt mit einer Reihe von Maßnahmen dafür, dass diese Stofftiere knapp bleiben. Es beschränkt die Gesamtproduktion jeder dieser knuddeligen Kreaturen, nimmt bestimmte, besonders beliebte Exemplare aus der Produktion und begrenzt die Verfügbarkeit der einzelnen Figuren in den Geschäften. Indem *Ty* seine Güter knapp hält, macht das Unternehmen allein schon die Erfahrung, eines der Stofftiere zu besitzen, zu einem Erlebnis. Von dieser Vorgehensweise können auch andere Güter profitieren. Was wäre, wenn *Nike* bei der Einführung der nächsten Generation des Basketballschuhs Air Jordan jedem Paar, das vom Fließband kommt, eine Nummer gäbe: Air Jordan 1, Air Jordan 2 usw.? Und könnte *Nike* nicht zulassen, dass sich ein Sekundärmarkt entwickelt, auf dem solche Produkte zu höheren Preisen gehandelt werden, sodass das Unternehmen die Preise für die Schuhe variabel gestalten könnte? (In Japan kosten gebrauchte Air Jordans bereits bis zu 400 Dollar.) *Nike* und andere Güter erzeugende Unternehmen könnten ein völlig neues Preisgestaltungsmodell entwickeln, um die Wertschöpfung eines einzelnen Produktionslaufs zu maximieren. (Wie hoch würde wohl der Air Jordan Nr. 23 taxiert?)

Bildung eines Güterklubs

Der wirtschaftliche Zwilling der Knappheit ist die Exklusivität. Indem sie einen Klub gründen, können Unternehmen den Kunden das Erlebnis in Rechnung stellen, ihre Güter zu *bekommen*. Allerdings sollte dieser Güterklub nicht wie viele jener Buch- oder Musikklubs aufgebaut sein, die es seit Jahrzehnten gibt. Diese Unternehmen bewegen die Kunden mit kostenlosen oder preisgünstigen Waren dazu, eine Mitgliedschaft einzugehen, und bieten dann eine Produktauswahl an, die akzeptiert oder abgelehnt werden kann, wobei der Kunde jedoch eine Mindestmenge von Gütern kaufen muss. Der Klub dient lediglich als Mechanismus zur Förderung des Absatzes von Gütern, welche die Kunden mögen oder auch nicht mögen.

Das am Lake Bluff, Illinois, ansässige Unternehmen *Merchant Direct* hat ein neues Modell entwickelt, um Alkohol und andere Erlebnisgüter mit einem sehr viel subtileren und anspruchsvolleren Effekt zu verkaufen. Der erste und größte Klub des Unternehmens, *Beer Across America*, versendet jeden Monat zwei Sechserpackungen Bier samt dem Newsletter *Something's Brewin'* an seine Mitglieder. Darüber hinaus erhalten die Mitglieder vierteljährlich ein Lifestyle-Magazin namens *DRINK*. *Merchant Direct* konzentriert sich ausschließlich auf Güter, die dem Konsumenten ein direktes Erlebnis verschaffen. Das Unternehmen betreibt auch die Klubs *Big Brew 22* (für Liebhaber von dunklem Bier), *International Wine Cellers* und *Prestige Wine Pro-*

gram, Cigar Affair, Coffee Quest und vor allem *Spa Discoveries*, einen Klub, der besonders intensive Erlebnisse vermittelt. Die monatlichen Mitgliedsgebühren liegen zwischen 16,95 und 39,95 Dollar bei zeitlich unbegrenzten Mitgliedschaften.

Der Erfolg derartiger Klubs hängt davon ab, ob die Erlebnisse so verpackt und beworben werden, dass der Verkauf der Güter automatisch erfolgt, da der Käufer wünscht (und dafür bezahlt), dass ein Experte seine private Erfahrung bereichert. Der nächste Schritt besteht darin, die Mitglieder des Klubs direkt oder virtuell miteinander in Kontakt zu bringen und einen Gedankenaustausch über die Auswahl der Angebote und darüber zu ermöglichen, wie man das Erlebnis am besten genießen kann. Derartige Kontaktforen können genutzt werden, um die Auswahl zu verbessern und unter Umständen sogar auf die Bedürfnisse der einzelnen Mitglieder abzustimmen.

Inszenierung eines Güterereignisses

Viele Hersteller inszenieren ihre eigenen Erlebnisse (wenn auch generell bisher nur als Nebentätigkeit), indem sie ihre Produktpalette durch Museen, Vergnügungsparks oder andere Attraktionen ergänzen. Die *Chocolate World* des Süßwarenherstellers *Hershey* ist das vielleicht berühmteste Beispiel, doch es gibt eine Reihe weiterer, darunter *Spamtown USA* von *Hormel Foods* in Austin, Minnesota, die *Goodyear World of Rubber* in Akron, Ohio, das *Crayola Factory Museum* von *Binney & Smith* in Easton, Pennsylvania und *Cereal City USA* von *Kellogg* in Battle Creek, Michigan.[31] Nicht jeder Hersteller verfügt über überschüssigen Platz, den er in ein Museum verwandeln kann, doch jedes Unternehmen kann die Produktionsabläufe in einer miniaturisierten Fabrik nachstellen und auf diese Art den alltäglichen Kauf und Verzehr eines Schokoladeriegels, eines Müslis oder eines Vitamingetränks in ein einprägsames Ereignis verwandeln. Das Ziel muss darin bestehen, den Kunden in den Prozess der Gestaltung, Verpackung und/oder Lieferung des Produkts einzubinden. Die Kunden messen der Art und Weise, wie sie ein Produkt erhalten, oft ebenso großen Wert bei wie dem Produkt an sich: Man sehe sich nur an, mit welchem Hochgefühl neue Besitzer des *Saturn* vom Parkplatz des Autohändlers fahren, nachdem sich alle Angestellten um den Wagen versammelt und für den Kauf applaudiert haben. (Man stelle sich vor, wie sich die *VW*-Kunden fühlen werden, wenn sie ihre Autos im Themenpark Autostadt abholen, der im Jahr 2000 in unmittelbarer Nachbarschaft des *VW*-Werks in Wolfsburg eröffnet wird.) Bazare, Versteigerungen, Flohmärkte und ähnliche Marktplätze, auf denen die Preise nicht

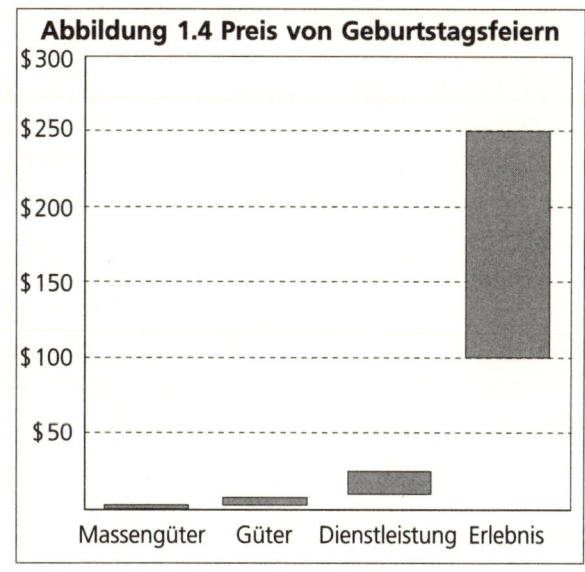

Abbildung 1.4 Preis von Geburtstagsfeiern

feststehen, machen den Erwerb von Gütern seit jeher zu einem außergewöhnlichen Erlebnis, das die einen anzieht, während es andere abstößt. Unternehmen wie *AUCNET*, *OnSale*, *Internet Shopping Network* und *eBay* haben diese uralten Handelsplätze ins Internet übertragen. Vielleicht machen sie die Produkte zu Massengütern, doch zumindest haben ihre Kunden Spaß beim Einkauf!

Die Entwicklung des wirtschaftlichen Werts

Auf der Plakette, die Rebecca Pine ihrem Vater zum Geburtstag überreichte, stand zu lesen: »Die besten Dinge im Leben sind keine Dinge.« Nehmen wir zum Beispiel jenes ganz gewöhnliche Ereignis, mit dem jeder von uns seit seiner Kindheit vertraut ist: das Geburtstagsfest. Die meisten Angehörigen der Babyboom-Generation erinnern sich an Kindergeburtstage, für die Mama selbst einen Kuchen backte. Was verlieh dieser Aktivität eigentlich ihre Bedeutung? Es war die Tatsache, dass die Mutter Massengüter wie Butter, Zucker, Eier, Mehl, Milch und Kakao tatsächlich selbst *berührte*. Und wie viel kosteten diese Zutaten damals? Nicht sehr viel.

Diese Massengüter verloren zunehmend an Bedeutung für die Konsumenten, als Unternehmen wie *General Mills* und *Procter & Gamble* damit begannen, die erforderlichen Zutaten zu Kuchenmischungen und fertigen Zuckergüssen zu verarbeiten. Und wie viel kosteten diese Güter, als sie in den sechziger und siebziger Jahren ihren Platz in den Supermarktregalen eroberten? Nicht viel, bestenfalls einen oder zwei Dollar, allerdings immer noch etwas mehr als die grundlegenden Massengüter. Der höhere Preis war das Entgelt für den höheren Wert der Güter, was Geschmack und Teigkonsistenz, einfache Zubereitung und allgemeine Zeitersparnis anbelangte.

In den achtziger Jahren hörten viele Eltern ganz damit auf, Kuchen zu backen. Mami und Papi riefen einfach im Supermarkt oder in der nächsten Bäckerei an, bestellten einen Kuchen nach Wahl, gaben die gewünschten Schriftzüge und Verzierungen und die Zeit an, wann der Kuchen abgeholt würde. Diese maßgeschneiderte Dienstleistung kostete zehn Mal so viel wie die Güter, die man benötigt hätte, um den Kuchen zu Hause zu backen, wobei der Preis der Zutaten immer noch weniger als einen Dollar ausmachte. Dennoch hielten viele Eltern die Bestellung eines fertigen Kuchens für ein ausgezeichnetes Geschäft, da sie so mehr Zeit und Energie für die Planung und Durchführung des eigentlichen Geburtstagsfestes hatten.

Und was tun die Familien am Ende des 20. Jahrhunderts? Sie vergeben die gesamte Party an Unternehmen wie *Chuck E. Cheese's, Discovery Zone, Club Disney* und *Creativities*. Diese Unternehmen inszenieren für 100 bis 250 Dollar ein Geburtstagserlebnis für Familie und Freunde (siehe Abbildung 1.4). Zu Elizabeth Pines siebtem Geburtstag fuhr die Familie aufs Land zu einer alten Farm, wo das Mädchen und 14 Freunde mit der alten Agrarwirtschaft Bekanntschaft machten und Kühe striegelten, Schafe streichelten, Hühner fütterten, Apfelwein herstellten und einen wilden Ritt durch die Wälder unternahmen.[32] Als alle Geschenke ausgepackt waren und der letzte Gast gegangen war, holte Elizabeth's Mutter Julie ihr Scheckbuch hervor. Als der Vater fragte, wie viel die Party gekostet habe, antwortete die Mutter: »146 Dollar – den Kuchen nicht mitgerechnet.«

Das einfache Beispiel des Geburtstagsfestes verdeutlicht den Fortschritt des wirtschaftlichen Werts (siehe Abbildung 1.5).[33] Mit der Weiterentwicklung der Angebote – bloße Zutaten (Massengüter), verpackte Mischungen (Güter), fertige Kuchen (Dienstleistung) und Ver-

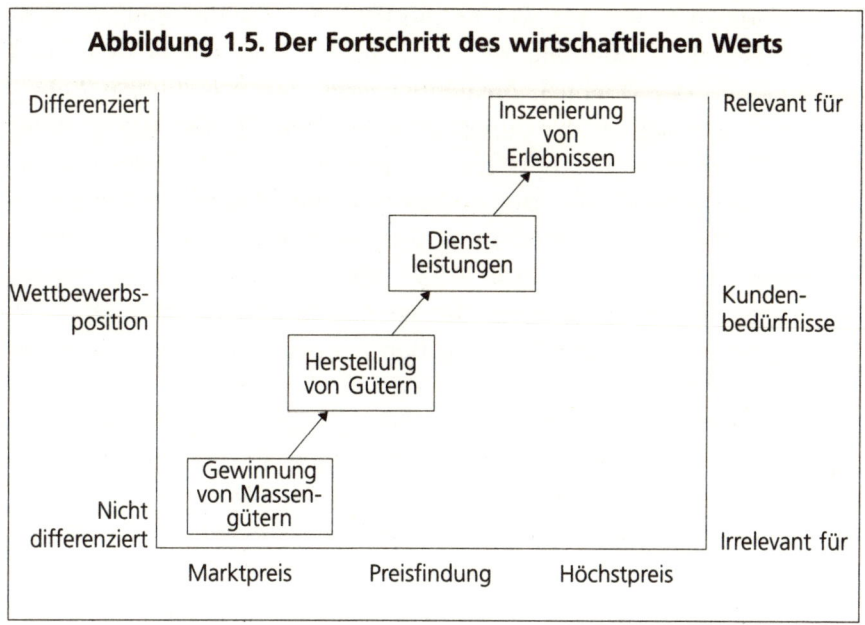

Abbildung 1.5. Der Fortschritt des wirtschaftlichen Werts

anstaltung der gesamten Party (Erlebnis) – steigt der Wert beträchtlich, da jedes folgende Angebot größere *Relevanz* für die eigentlichen Bedürfnisse des Käufers hat (in diesem Fall geht es darum, ohne große Mühe eine schöne Geburtstagsfeier zu veranstalten). Und da die Unternehmen derart viele verschiedene Arten von Erlebnissen inszenieren, können sie ihre Angebote leichter differenzieren und folglich einen auf dem einzigartigen Wert ihres Angebots beruhenden Höchstpreis verlangen, anstatt sich mit dem vom Wettbewerb bestimmten Marktpreis zufrieden geben zu müssen. Jene Mütter, die den Kuchen noch selbst backten, bezahlten nur ein paar Cents für die Zutaten. Desgleichen musste der landwirtschaftliche Betrieb früherer Zeiten relativ geringe Grenzkosten auf sich nehmen (ein paar Dollar für die Arbeitskräfte, ein wenig Futter und den vernachlässigbaren Gegenwert von ein oder zwei Stunden), um einen hübschen Gewinn zu erzielen.[34]

Ein Unternehmen, an dessen Beispiel sich das Konzept des fortschreitenden wirtschaftlichen Werts gut nachvollziehen lässt, ist die *Ogden Corporation*. Dieser Konzern, der einen Jahresumsatz von mehreren Milliarden Dollar erzielt, hat seine Wurzeln in zwei Unternehmen.[35] Das erste, *Allied*, wurde im Jahr 1888 von zwei dänischen

Einwanderern gegründet, welche die Wartung der Kerosinlampen in einem Bahnhof übernahmen (Reinigung, Wiederauffüllung und Zuschneiden der Dochte). Ausgehend von diesen einfachen Anfängen, in denen das Unternehmen eines der wichtigsten Massengüter des 19. Jahrhunderts bereitstellte, dehnte sich *Allied* auf Reinigungsdienste für Privathäuser, Büros, Kirchen und Theater aus und entwickelte nebenbei eine Reihe von Reinigungsprodukten. Das zweite Unternehmen, *Ogden*, wurde 1939 als Versorgungsunternehmen gegründet und erzeugte eines der wichtigsten Massengüter des 20. Jahrhunderts. Später wurde es im Bereich der Abwasserbehandlung tätig (ein weiteres wichtiges Massengut). Wie *Allied* drängte auch *Ogden* in die Dienstleistungen und spezialisierte sich auf Erlebnisangebote wie Gebäudereinigung, Essensservice, Eintrittskartenverkauf und Lautsprecheransagen im Yankee Stadium. (*Ogden* leistete sogar einen bleibenden Beitrag zum Kinoerlebnis, als es im Jahr 1940 erstmals Popcorn in einem Kino verkaufte.) Im Jahr 1982 fusionierten die beiden Unternehmen zu einem hochgradig diversifizierten Dienstleistungsunternehmen.

In den neunziger Jahren sah sich die *Ogden Corporation* dadurch bedroht, dass sich ihre Dienstleistungen zunehmend in Massengüter verwandelten. Als das Unternehmen erkannte, dass die Verbraucher selbst (nicht die von *Ogden* belieferten Unternehmen) zunehmend neue und vielfältige Erlebnisse forderten, entschloss sich *Ogden*, eigene Erlebnisangebote zu entwickeln. Der Konzern verlegte sich auf den Betrieb von Veranstaltungsorten für Sport, darstellende Künste und Unterhaltung, wobei er häufig Joint Ventures einging. *Ogden* gab sogar Künstlern Managementverträge und drang in die Konzertpromotion und in die Produktion von Fernsehsendungen, Broadway-Shows und Musikaufnahmen vor. Darüber hinaus begann das Unternehmen mit dem Betrieb von Unterhaltungskomplexen wie dem *Top of the World* im World Trade Center, wo die Gäste aus der Höhe eine Sightseeingtour durch New York unternehmen können. Im Jahr 1996 erwarb *Ogden* zwei Naturthemenparks, *Silver Springs* und *Wild Waters* in Ocala, Florida, und begann in einem Konsortium mit der Errichtung eines Themenparks im spanischen Sevilla.

Im selben Jahr vollendete *Ogden* seinen breit angelegten Vorstoß in die Erlebnisindustrie, indem es 100 Mio. Dollar in den Bau von acht Attraktionen investierte, welche die Bezeichnung *American Wilder-*

ness Experience erhielten. Dort tauchen die Gäste in Naturszenen ein, die lebende Tiere sowie Vegetation, Düfte und Klima verschiedener Orte umfassen.[36] Die erste *American Wilderness Experience* öffnete Ende 1997 im Ontario Mills Mall im kalifornischen San Bernardo ihre Pforten. Erwachsene zahlen 9,95 Dollar Eintritt für den Besuch von fünf Lebensräumen, in denen verschiedene Aspekte der Natur Kaliforniens dargestellt werden: Redwoods, Sierra, Wüste, Küste und Täler. In diesen Biotopen leben 160 Wildtiere, die 60 verschiedenen Spezies angehören, darunter Schlangen, Luchse, Skorpione, Quallen und Stachelschweine. Den Ausgangspunkt der Reise bildet eine als »Wild Ride Theater« bezeichnete Vorführung, die den Besuchern die Welt durch die Augen verschiedener Tiere zeigt – die Gäste streichen wie ein Berglöwe durch das Gebüsch und tanzen wie eine Biene über die Wiesen. Anschließend begegnen sie lebenden Wildtieren und können sich mit erfahrenen Wildhütern über die Natur unterhalten. Nachdem die Gäste für die Teilnahme an der *American Wilderness Experience* bezahlt haben, verdient *Ogden* natürlich auch mit dem Verkauf von Speisen im Wilderness Grill sowie mit seinen Souvenirs Geld.

Bringen Sie die Dinge ins Laufen

Das Management eines derart vielfältigen Unternehmens wie der *American Wilderness Experience* erweist sich stets als schwierig. Dies gilt insbesondere für den Übergang vom Verkauf an andere Unternehmen zur Vermarktung auf dem Verbrauchermarkt. Es wird sich zeigen, wie gut *Ogden* diese Aufgabe bewältigt. Ein Einkaufszentrum ist unerschlossenes Gebiet für eine derart intensive und teure Erfahrung, und es ist alles andere als leicht, aus einer imitierten Naturlandschaft mit echten Tieren die richtige Mischung aus sensorischen Hinweisen zu schaffen. (Obwohl die *American Wilderness Experience* vielleicht gar nicht so weit vom Geschäftsbereich Abfallbeseitigung entfernt ist, wenn man an die Notwendigkeit denkt, die Abluft des Grillrestaurants von den Tieren fern zu halten und umgekehrt.) Doch *Ogden* hat wie viele andere Unternehmen, die in die Erlebnisindustrie vordringen, erkannt, dass die Inszenierung von Erlebnissen ein wirksames Mittel gegen den Trend zum Massengut darstellt, der so viele Güter und Dienstleistungen ihrer Differenzierung, ihrer Relevanz und ihrer Gewinnspannen beraubt.

Selbstverständlich kann niemand gegen die Gesetze von Angebot und Nachfrage verstoßen. Ein Unternehmen, dem es nicht gelingt, wirklich fesselnde Erlebnisse zu inszenieren, das in Relation zum gebotenen Wert zu hohe Preise für die Erlebnisse verlangt oder das übermäßige Inszenierungskapazitäten aufbaut, wird natürlich unter Nachfrage- und/oder Preisdruck geraten. So musste beispielsweise einer der Protagonisten des Geschäfts mit Geburtstagsfeiern, *Discovery Zone*, einige schwierige Jahre überstehen, da die Veranstaltungen uneinheitlich inszeniert, die Spiele schlecht abgewickelt und das Erlebnis der Erwachsenen kaum berücksichtigt wurde, obwohl diese schließlich für die Veranstaltung bezahlen.[37] In jüngster Zeit ist der Absatz im *Rainforest Café* und bei *Planet Hollywood* rückläufig, weil es den beiden Ketten nicht gelungen ist, frische Erlebnisse zu inszenieren. Wer die Restaurants mehrmals besucht, sieht oder tut kaum etwas anderes als bei früheren Aufenthalten. Selbst *Disney* sah sich mit diesem Problem konfrontiert, als es zuließ, dass *Tomorrowland* in den letzten Jahrzehnten vollkommen veraltete. Doch dem Unternehmen gelang es, den Komplex in Orlando aufzufrischen, indem es im April 1998 mit dem *Animal Kingdom* den vierten und größten Themenpark in *Disney World* eröffnete.

> Viele der Unternehmen, die heute Erlebnisse inszenieren, werden während der Entfaltung der Erlebniswirtschaft auf der Strecke bleiben

Wenn sich die Erlebniswirtschaft im 21. Jahrhundert entfaltet, werden einige Unternehmen den Anforderungen nicht gewachsen sein. Beispielsweise ist es schwer vorstellbar, dass die vielen Themenrestaurants alle den Sprung ins wie Jahrtausend schaffen sollten. Doch solche Verwerfungen sind eine normale Begleiterscheinung jeder wirtschaftlichen Verschiebung. Es gab einmal über 100 Autohersteller im östlichen Michigan und mehr als 40 Frühstücksgetreidehersteller im Westen dieses Bundesstaates. Übriggeblieben sind nur die »Großen Drei« in Detroit und die *Kellogg Company* in Battle Creek, die allesamt zu den Großen der Industriewirtschaft zählen.

Das Wachstum der Industriewirtschaft wie auch der Dienstleistungswirtschaft brachte eine Vielfalt von Angeboten hervor, die nicht existiert hatten, bevor einfallsreiche Unternehmen damit begannen, sie zu erfinden und zu entwickeln. Auf dieselbe Art wird auch die Erlebniswirtschaft wachsen. Einige Unternehmen werden den mit der Erneuerung der Wirtschaft einhergehenden »Sturmböen der kreativen Zerstörung« (Joseph Schumpeter) standhalten. Jene Unternehmen, die lieber im schrumpfenden Reich der Güter und Dienstleistungen verharren, werden in die Bedeutungslosigkeit verschwinden. Wollen Sie diesem Schicksal entgehen, so sollten Sie lernen, für Ihre Kunden ein erfüllendes, fesselndes Erlebnis zu inszenieren.

2 Das Bühnenbild

In einer schwülen Augustnacht stehst du in Evanston, Illinois, an einer Straßenecke und begutachtest die Auslage eines Ladens mit dem Namen *LAN Arena*. Du fragst dich, was dort wohl verkauft wird, und trittst ein. Auf einer Plattform steht ein Angehöriger der Generation X im T-Shirt, auf dessen Namensschild du die Worte »Commander Francisco« liest. Er sieht zu dir herab und grüßt dich. Du nickst in seine Richtung, lehnst sein Angebot, die seltsame Umgebung zu erklären, jedoch ab und gehst einige Schritte in den Raum hinein.

Die Wände sind kahl, der Fußboden ebenfalls. Ein schwacher Geruch von feuchtem Zement nach einem sommerlichen Regenguss steigt dir in die Nase. Die Farbgebung ist einheitlich grau. Die Anblicke und Klänge lenken deinen Blick bald auf das Zentrum des Ortes unmittelbar vor der Plattform des Commanders, wo jetzt das von ihm regierte Reich vor deinen Augen auftaucht: 14 Computer mit großen Bildschirmen, Standardtastaturen sowie ein Reihe von Zubehör, zur Hälfte verbunden mit Menschen von unübersehbarer körperlicher und vermutlich auch geistiger Beweglichkeit. Jetzt erkennst du auch das Hintergrundgeräusch, das dich begleitet, seit du den Raum betreten hast: das unablässige Klick und Klack von Fingern, die über die Tastatur hetzen, verwoben mit dem weichen Geräusch gleitender Joysticks. In diesem Augenblick entfährt einer der sechs Seelen, deren Augen einen Bildschirm fixieren, ein Schrei: »Hau ab, du pomadiges Stück Affenhirn!« Unwillkürlich bringst du dich mit einem Satz hinter einer

48

Säule in Sicherheit. Doch dann begreifst du peinlich berührt, dass der Schrei nicht dir, sondern einem unsichtbaren Widersacher gegolten hat, der mit dem tatsächlich pomadigen Stück Menschenhirn ringt, das dir den Rücken zukehrt. Ein anderer Spieler murmelt: »Wer ist da drin? Vorsicht! Da kommst du nicht leicht raus!« Ein dritter stößt obszöne Schimpfworte aus.

Du gehst umher, da du dir die menschlichen Wesen und ihre kybernetischen Anhängsel etwas näher ansehen möchtest. Jeder PC hat ein Namensschild: Toby, Fergie, Grape Ape und – irgendwie hast du geahnt, dass das kommen würde – Larry, Moe und Curly. Der Schreihals ist mit Eastwood beschäftigt, der Murmelnde mit Buddha. Du siehst zu Commander Francisco hinüber und bemerkst zum ersten Mal, dass er vor einer Reihe von Regalen steht, die mit Softwareschachteln gefüllt sind. Von dort grüßen weitere Namen: Diablo, Red Alert, Warcraft II, Command & Conquer. Ach so! Diese Leute spielen gegeneinander Computerspiele. »Man nennt es Quake«, ruft der Commander, der dich bei deinem Erkundungsrundgang beobachtet hat und nun den Zeitpunkt für gekommen hält, Erklärungen zu geben. »Es ist so etwas wie eine elektronische Version von ‚Hol dir die Fahne‘.«

Endlich begreifst du, worin die Attraktion dieses Ortes besteht, und bald beginnst du, das Vergnügen der Spieler zu teilen. Sechs virtuelle Widersacher, die physisch nicht mehr als sechs Meter voneinander entfernt sind, kämpfen miteinander in einer virtuellen Arena, die mittels eines lokalen Netzwerks (Local Area Network, LAN) erzeugt wird. Du siehst die Spannung in den Gesichtern der Spieler, den fließenden Übergang zwischen Mensch und Maschine. Und schließlich hörst du die Freude im Triumphschrei des Siegers, der auch den letzten verbliebenen Widersacher besiegt hat. Die Verlierer, obwohl enttäuscht, nehmen hoffnungsvoll die nächste Runde in Angriff. Zögernd, ängstlich und zugleich von Vorfreude erfüllt, teilst du dem Commander mit, dass du mitspielen möchtest. Du setzt dich vor einen Bildschirm und tauchst selbst in das Erlebnis ein.

Diese Geschichte, erzählt in der in einer bestimmten Sorte von Computerspielen verbreiteten zweiten Person, beschreibt mit geringen Abweichungen die *LAN Arena*, wie wir sie erstmals kennen lernten. In diesen neuartigen Lokalen, die seit den späten neunziger Jahren überall in den Städten aus dem Boden schießen, zahlen die Besucher

Eintrittsgeld, um mit Gleichgesinnten Computerspielen frönen zu können. Commander Francisco Ramirez, der nicht nur unser Gastgeber, sondern auch einer von drei Geschäftsinhabern war, erklärte uns, dass der Eintritt zwischen fünf und sechs Dollar pro Stunde koste. Regelmäßige Besucher seines Lokals konnten eine Jahresmitgliedschaft erwerben, die zwischen 25 und 100 Dollar kostete. Mit dieser Mitgliedschaft sicherten sie sich Preisnachlässe sowie eine Eintragung im Verzeichnis *von LAN Arena* und konnten an gelegentlich veranstalteten Turnieren teilnehmen. Ramirez erklärte auch, dass das im Oktober 1996 mit zum Großteil geleaster Ausrüstung eröffnete Unternehmen bereits am Ende des Jahres 1997 einen Gewinn abwarf und um weitere Filialen erweitert werden sollte.

Trotz seiner Rentabilität konnten wir uns des Eindrucks nicht erwehren, dass *LAN Arena* Ähnlichkeit mit all diesen kleinen Videotheken hatte, die vor 15 bis 20 Jahren im ganzen Land wie Pilze aus dem Boden geschossen waren. Die lokale Videothek, die von ihren mittelständischen Besitzern geführt wird, ist mittlerweile eine historische Kuriosität – eine Interimslösung –, die dank des kreativen Zerstörungswerks alternativer Formate und innovativer Vertriebs- und Merchandisingprogramme größerer Unternehmen weitgehend verschwunden ist. Ganz zu schweigen von der Konsolidierung der Branche, die in dem großen Theater gipfelte, das *Blockbuster Video* im ganzen Land aufführte, um sich den Löwenanteil an den Erträgen in der wachsenden Branche zu sichern.

Desgleichen ist auch das Konzept von *LAN Arena*, in dem sich die Spieler an einem Ort versammeln, möglicherweise lediglich eine Zwischenlösung im Übergang von den früheren Spielen für den Hausgebrauch zu den im Cyberspace gespielten Spielen der Zukunft. Heute ist es billiger und einfacher, sich in die von *LAN Arena* angebotene fertig installierte Spielumgebung zu begeben. Die Spiele sind generell schneller als jene, die im Internet zugänglich sind. Heute nehmen bereits mehrere Spieler gleichzeitig online an einem Quake-Spiel teil. Da die Entwicklung der Bandbreiten unbeirrbar auf ein umfassendes und kostenloses Online-Angebot zusteuert, wird das Wettbewerbsfeld für Spielerlebnisse praktisch grenzenlos sein.[1]

Mit Sicherheit stellt das Konzept des direkten Online-Zugangs von zu Hause aus die Zukunft des Spielerlebnisses dar. Oder vielleicht doch nicht? Was ist mit dem Spiel außerhalb des Spiels, mit jener sozialen Interaktion, die so wichtig für das Vergnügen an all den alten Brettspielen ist und offensichtlich auch für die lautstarken Wettkämpfer in der *LAN Arena* große Bedeutung hat? Wird dieses Bedürfnis vielleicht auch solchen Unternehmen eine Rolle im Geschäft mit den Computerspielen sichern? Mit Sicherheit für eine Weile, und vielleicht für immer, doch die Technologien für die Übertragung von Ton-, Bild- und Tasteindrücken entwickeln sich rasant weiter und werden es uns möglicherweise in einigen Jahren ermöglichen, sämtliche Interaktionen – Schreie und Blicke, Hänseleien und Spott, ja vielleicht sogar Schupser und Stöße – *virtuell* zu erleben. Doch wie die Chatrooms und Direktmitteilungen bei *America Online* wird kein Cybergame-Erlebnis ohne die begleitende soziale Erfahrung vollständig sein.[2]

Aber wird das genügen, um interaktive Spielstandorte wie *LAN Arena* vom Markt zu fegen? Oder wird ein Unternehmen wie *Blockbuster* daherkommen und diese Spielbranche konsolidieren, eine einladendere soziale Schnittstelle zur Maskierung des technologischen Netzwerks gestalten und ihr Widerstandskraft verleihen? Die Antworten kann zum gegenwärtigen Zeitpunkt selbstverständlich niemand geben. Klar ist jedoch, dass nicht jedes Unternehmen, dass diese neuen Erlebnisse inszeniert, Erfolg haben wird, und zwar weder kurz- noch langfristig. Nur einige wenige Marktteilnehmer werden überleben. Allerdings wissen wir nicht, welche das sein werden. Denen, die sich behaupten können, wird dies gelingen, weil sie ihr wirtschaftliches Angebot nicht wie ein fantastisches Produkt oder eine gefeierte Dienstleistung, sondern wie ein reichhaltiges Erlebnis behandeln, das so inszeniert werden muss, dass der Kunde einbezogen wird und die Erfahrung in Erinnerung behält. Das bedeutet, einen Fehler zu vermeiden, den wir immer wieder beobachten. Dieser besteht darin, Erlebnisse mit Unterhaltung gleichzusetzen.

Bereicherung des Erlebnisses

Da derart viele Beispiele für inszenierte Erlebnisse aus jenem Bereich stammen, der in den Medien allgemein als Unterhaltungsindustrie bezeichnet wird, könnte man leicht zu dem Schluss gelangen, dass

Bei der Inszenierung von Erlebnissen geht es nicht darum, die Kunden zu unterhalten, sondern darum, sie zu fesseln

der Schritt in der Entwicklung des wirtschaftlichen Werts, der in die Erlebniswirtschaft führt, gleichbedeutend mit einer Erhöhung des Unterhaltungswertes vorhandener Angebote ist. Doch dies wäre eine sehr beschränkte Sicht der Dinge. Denken Sie daran, dass es bei der Inszenierung von Erlebnissen nicht darum geht, die Kunden zu unterhalten, sondern darum, sie *einzubinden*.

Ein Erlebnis kann die Gäste auf verschiedene Art und Weise einbinden. Nehmen wir zum Beispiel zwei der wichtigsten Erlebnisdimensionen, die in Abbildung 2.1 dargestellt sind. Die erste (auf der horizontalen Achse) entspricht dem Grad der *Beteiligung* des Gastes. Am einen Ende des Spektrums finden wir *passive Beteiligung*, bei der ein Gast keinen direkten Einfluss auf die Vorführung nimmt. Von passiver Beteiligung kann man beispielsweise bei einem Konzertbesucher sprechen, der das Ereignis als bloßer Beobachter oder Zuhörer erlebt. Am anderen Ende des Spektrums liegt die *aktive Beteiligung*. Mit aktiver Beteiligung hat man es dort zu tun, wo der Gast die Vorführung oder das Ereignis, auf

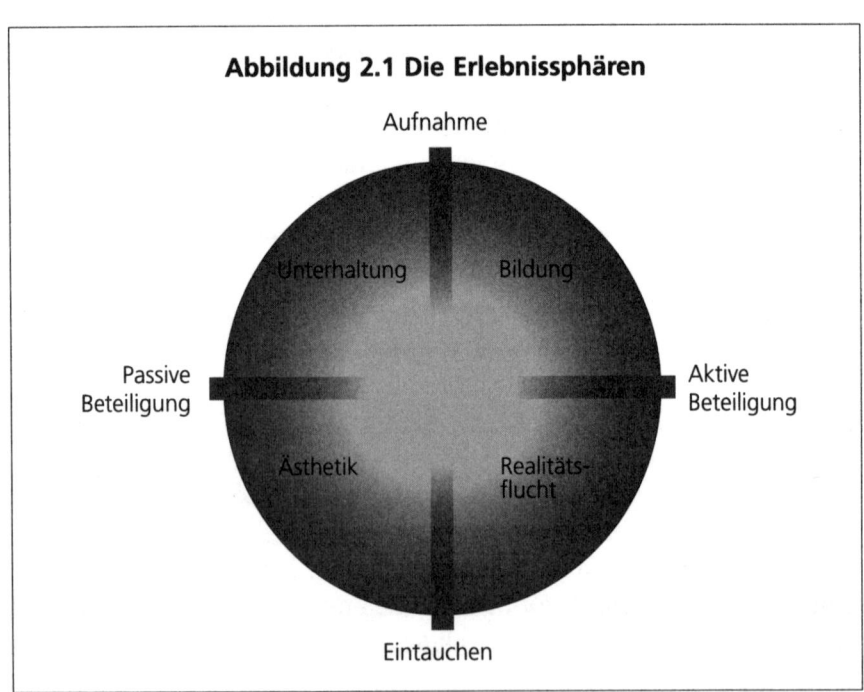

Abbildung 2.1 Die Erlebnissphären

Aufnahme

Unterhaltung   Bildung

Passive Beteiligung   Aktive Beteiligung

Ästhetik   Realitätsflucht

Eintauchen

dem sein Erlebnis beruht, persönlich beeinflusst. Zu nennen wäre hier beispielsweise ein Skifahrer, der aktiv an der Gestaltung seines Erlebnisses teilnimmt. Doch selbst ein Mensch, der ein Skirennen besucht, um es sich anzusehen, ist nicht vollkommen passiv, denn allein durch seine Anwesenheit trägt er zu dem Seh- und Hörereignis bei, das andere erleben.

Die zweite (vertikale) Dimension des Erlebnisses dient zur Beschreibung jener Art von *Verbindung* oder *Umweltbeziehung*, die zwischen dem Gast und dem Ereignis/der Vorführung entsteht. Am einen Ende des Spektrums befindet sich die *Aufnahme* – die Aufmerksamkeit einer Person wird in Anspruch genommen, indem ihr das Erlebnis zu Bewusstsein gebracht wird. Am anderen Ende finden wir das *Eintauchen* – der Gast wird physisch (tatsächlich) ein Teil des eigentlichen Erlebnisses. Mit anderen Worten: Geht das Erlebnis »in den Kunden hinein«, etwa wenn er fernsieht, so sprechen wir von Aufnahme. Geht hingegen der Kunde »in das Erlebnis hinein«, beispielsweise wenn er an einem Virtual-Reality-Spiel teilnimmt, so sprechen wir von Eintauchen.

Gäste, die sich das Kentucky Derby von der Tribüne aus ansehen, nehmen das Ereignis aus einer distanzierten Position auf. Diejenigen Zuschauer hingegen, die direkt an der Rennbahn stehen, tauchen in den Anblick, den Klang und den Geruch des Rennens sowie in die Aktivitäten der Zuschauer in ihrer Umgebung ein. Ein Student, der im Labor ein Physikexperiment durchführt, taucht tiefer in sein Erlebnis ein als einer, der demselben Experiment in einer Vorlesung beiwohnt. Ein Zuschauer, der einen Film im Kino inmitten eines großen Publikums auf einer großen Leinwand mit Stereoton sieht, wird sehr viel tiefer in das Erlebnis eintauchen als jemand, der sich denselben Film zu Hause auf Video ansieht.

In ihrem Zusammenspiel definieren diese Dimensionen die vier Sphären eines Erlebnisses: Unterhaltung, Bildung, Realitätsflucht und Ästhetik. Dabei handelt es sich um miteinander kompatible Bereiche, die häufig ineinander greifen und ganz persönliche Erfahrungen erzeugen. Jene Erlebnisse, welche die meisten Menschen als *Unterhaltung* bezeichnen, finden statt, wenn man ein Erlebnis mittels der Sinne *passiv aufnimmt*; dies ist im Allgemeinen der Fall, wenn man einer Vorführung beiwohnt, Musik hört oder ein Buch liest. Doch viele Erlebnisse, die unterhalten, sind nicht auf die *Unterhaltung* beschränkt, die als eine Handlung definiert werden kann, welche »die Aufmerksamkeit einer Person angenehm in Anspruch nimmt und ihrem Vergnügen dient«[3]. Die Unterhaltung stellt nicht nur eine der ältesten Formen der Erfahrung dar (Witze werden mit Sicherheit gemacht, seit sich der Mensch die Sprache angeeignet hat), sondern auch eine der am weitesten entwickelten und die heute verbreitetste und vertrauteste. (Die »unproduktiven Arbeiter« von Adam Smith waren allesamt Unterhalter: »Schauspieler, Narren,

Unterhaltung wird mittels der Sinne passiv aufgenommen

Musiker, Sänger, Tänzer usw.«). Mit fortschreitender Entwicklung der Erlebniswirtschaft werden sich die Menschen in neuen und andersartigen Bereichen nach ungewöhnlicheren Erlebnissen umsehen. Nur wenige dieser Erfahrungen werden nicht zumindest einige momentane Unterhaltungsbestandteile enthalten und die Menschen zum Lachen bringen oder ihnen auf andere Art Vergnügen bereiten. Doch die Unternehmen, die diese Erlebnisse inszenieren, werden auch die Möglichkeit haben, der Mischung einige Element aus den anderen drei Sphären (Bildung, Realitätsflucht und Ästhetik) hinzuzufügen.

Bildung

Wie bei den Unterhaltungserlebnissen nimmt bei den Bildungserlebnissen der Gast (oder Schüler, wenn Sie so wollen) die Ereignisse auf, die sich vor seinen Augen abspielen. Doch anders als die Unterhaltung erfordert die Bildung die aktive Beteiligung der betreffenden Person. Um einen Menschen wirklich zu informieren und sein Wissen und/oder seine Fertigkeiten zu erhöhen, muss das Bildungsereignis seinen Geist (bei einer intellektuellen Ausbildung) und/oder seinen Körper (bei einem physischen Training) aktiv einbinden. Stan Davis und Jim Botkin schreiben dazu in *The Monster Under the Bed*:

Der industrielle Zugang zur Bildung ... machte den Lehrer zum Akteur und den Schüler zum passiven Rezipienten. Im Gegensatz dazu wird die Bildung im aufstrebenden neuen Modell der von Unternehmen durchgeführten Ausbildung aus der Sicht des Marktes betrachtet und macht die Schüler zu Akteuren. Die Aktivität wird vom Anbieter auf den Benutzer, vom Lehrer auf den Schüler übergehen, und *der Bildungsvorgang wird zunehmend im aktiv Lernenden statt im Lehrer-Manager stattfinden.* Auf dem neuen Lernmarkt sind Kunden, Mitarbeiter und Schüler allesamt aktive Lernende, oder, um es genau zu sagen, interaktive Lernende.[4]

Judith Rodin, die siebte Präsidentin der University of Pennsylvania, ist sich ebenfalls der aktiven Natur der Bildung sowie der Tatsache bewusst, dass das Lernen nicht auf den Vorlesungssaal beschränkt ist. In ihrer Antrittsrede im Jahr 1994 erklärte sie: »Wir werden an dieser Universität eine neue Lernerfahrung im Grundstudium entwickeln. Diese beinhaltet nicht nur den eigentlichen Studiengang, sondern auch neue Formen der Unterbringung, neuartige Studentenservices und neue Betreuungsformen, um den Studierenden ein nahtloses Erlebnis zu ermöglichen, das vom Vorlesungssaal bis zur Unterkunft, vom Sportplatz bis zum Labor reicht. Ich bin entschlossen, dieses Angebot bereits jenen Studenten zu unterbreiten, die im Herbst 1997 ihr Studium bei uns beginnen werden. Dieser Jahrgang – der Abschlussjahrgang 2001 – wird der erste sein, der eine vollkommen neue Erfahrung macht – die Penn-Ausbildung des 21. Jahrhunderts.«[5]

> Bei Bildungserlebnissen nimmt ein Gast die Ereignisse, die sich vor seinen Augen abspielen, auf und nimmt aktiv daran teil

Die Bildung ist ein ernstes Geschäft, doch das bedeutet nicht, dass Bildungserlebnisse nicht unterhaltsam sein können. Um jene Erfahrung zu beschreiben, welche die Sphären der Bildung *(education)* und der Unterhaltung *(entertainment)* miteinander verbindet, wurde der Begriff des *Edutainment* geprägt.[6] In *Bamboola*, einer 2600 Quadratmeter großen Anlage im kalifornischen San José, wird ein Bildungserlebnis für Kinder im Alter bis zehn Jahre inszeniert. Den kleinen Besuchern wird alles zur Verfügung gestellt, was sie für ein »dem Entwicklungsstand angemessenes« spontanes Spiel benötigen. Gegen eine Gebühr von 8,95 Dollar (3,95 für Kleinkinder und nur 1,95 Dollar für Begleitpersonen) können die Kinder im Dschungelgarten und in der Sandgrube Fossilien, Kunstgegenstände und sogar ein Dinosaurierskelett in Originalgröße ausgraben. Sie bereiten in einer interaktiven Küche ihr eigenes Essen zu und verkleiden sich auf Großmutters Dachboden mit Kostümen. Darüber hinaus können sie Felsen erklettern und Dutzende Spiele spielen, in denen sie bestimmte Fähigkeiten erwerben.[7] Randy White, der Leiter von *White Hutchinson Leisure & Learning Group*, jenem in Kansas City ansässigen Unternehmen, das die Anlage entworfen hat, erklärte uns, dass die Kinder in *Bamboola* zwar sehr viel Spaß hätten, dass der eigentliche Zweck der Einrichtung jedoch darin bestehe, »den Kindern dabei zu helfen, auf eine Art und Weise zu lernen, die ihre kreativen Muskeln trainiert. Jeder Spielbereich bietet eine Vielzahl von Lernerfahrungen, darunter mathematische Konzepte im Theater und Orientierungstechniken im Irrgarten. Am Beispiel der Wasserabflussleiste können sie sogar physikalische Gesetze erlernen.«

Realitätsflucht

Der Gast eines Erlebnisses, das der Realitätsflucht dient, nimmt aktiv am Geschehen teil, in das er eintaucht

Bei einprägsamen Erfahrungen der dritten Art, bei *Erlebnissen der Realitätsflucht*, taucht der Gast sehr viel tiefer in die Erfahrung ein als bei Unterhaltungs- oder Bildungserlebnissen. Er versinkt völlig in dem Erlebnis und wird zum aktiv einbezogenen Teilnehmer.[8] Beispiele für Erlebnisse, die im Wesentlichen der Realitätsflucht dienen, sind Themenparks, Casinos, Virtual-Reality-Helme, Chatrooms oder auch ein Paintballspiel im Wald. Anstatt die passive Rolle des Fernsehzuschauers zu spielen, der lediglich anderen Akteuren zusieht, wird der Teilnehmer zum Akteur, der das eigentliche Ereignis beeinflussen kann.

Beispielsweise kann man den Unterhaltungswert eines Films nicht nur mithilfe von größeren Leinwänden, besserem Ton, gemütlicheren Sesseln, VIP-Räumen und Ähnlichem erhöhen, sondern auch, indem man die Kinobesucher tatsächlich an der spannenden Handlung *teilnehmen* lässt. Mittlerweile inszenieren zahllose Unternehmen derartige Erlebnisse mittels Bewegungssimulationen. Eine solche Attraktion ist Bestandteil der *American Wilderness Experience* in Kalifornien, wo ein Film, der die Welt aus der Sicht eines Tiers zeigt, durch das Gefühl ergänzt wird, vorwärts und rückwärts zu fliegen, abzusinken oder zu taumeln, zu erschauern, auf der Lauer zu liegen oder sich gar um die eigene Achse zu drehen.[9]

Bei den meisten derartigen Erlebnissen handelt es sich im Wesentlichen um simulierte »Thrill Rides«, die auf beliebten Abenteuer- oder Science-Fiction-Filmen beruhen. Weitere Beispiele sind »Back to the Future: The Ride« und »Terminator 2: Battle Across Time«, an denen man in den *Universal Studios* in Orlando teilnehmen kann, »Aladdins Zauberteppich« in *Disney World* und »Robocop« sowie »Days of Thunder«, die von *Iwerks Entertainment* in Burbank inszeniert werden.[10] Diese Fahrten sind ausgezeichnete Beispiele für den Übergang von der Dienstleistungs- zur Erlebniswirtschaft. Einst hieß es: »Nachdem Sie das Buch gelesen haben, müssen Sie sich unbedingt den Film ansehen!« Heute heißt es: »Nachdem Sie den Film gesehen haben, müssen Sie unbedingt den Thrill Ride erleben!«[11]

Obwohl diese Erlebnisse der Realitätsflucht dienen, *fliehen* Menschen dabei nicht nur *vor* einem Ort, sondern *reisen* auch zu einem bestimmten Ort und nehmen dort an einer Aktivität teil, die den Zeitaufwand wert ist. So vertreiben sich manche Urlauber, denen es nicht mehr genügt, in der Sonne zu braten, die Zeit mit Rollerblading, Snowboardfahren, Skysurfing, Wildwasserkanufahrten, Bergsteigen, Sportautofahren oder anderen Extremsportarten.[12] Andere versuchen ihr Glück beim Glücksspiel – in diesem Geschäft werden allein in den Vereinigten Staaten jedes Jahr mehr als 500 Milliarden Dollar umgesetzt –, wobei sie nicht nur ihre Sorgen vergessen, sondern auch den Nervenkitzel genießen, in einer opulenten Umgebung ihr Geld zu riskieren, um reich zu werden. Andere wollen ihrem Reichtum entfliehen, um zu sehen, wie es ist, mit Durchschnittsbürgern zu verkehren. So erklärte der Spielmacher der *Dallas Cowboys*, Troy Aikman, gegenüber der Zeitschrift *Sports Illustrated*, warum er häufig die Website von *America Online* besucht: »Ich gehe gern in den Texas Room und chatte mit den Leuten. Dort sind wir alle gleich. Es ist schön, ein normales Gespräch mit jemandem zu führen, der nicht weiß, wer ich bin.«[13] Während eine Berühmtheit möglicherweise eine Erfahrung zu schätzen weiß, die sie in eine normale Person verwandelt, dienen viele Erlebnisse der Realitätsflucht, etwa computergestützte Sportspiele, dazu, der Durchschnittsperson das Gefühl zu vermitteln, ein Superstar zu sein.

> Bei Erlebnissen, die eine Flucht aus der Realität ermöglichen, geht es nicht nur darum, einen Ort zu verlassen, sondern auch darum, einen anderen aufzusuchen

Der Cyberspace ist ein ausgezeichneter Ort für derartige Erlebnisse, was viele Unternehmen jedoch noch nicht verstanden haben. Stattdessen gehen sie in die Massengüterfalle, indem sie ihre ganze Aufmerksamkeit auf die Frage richten, wie sie die Güter und Dienstleistungen ihres Unternehmens besser über das World Wide Web verkaufen können, obwohl die meisten Menschen eigentlich im Internet surfen, um das Netz selbst zu erleben. Es überrascht ein wenig, dass Pete Higgins, Leiter der *Interactive Media Group* von Microsoft, gegenüber *Business Week* erklärte: »Bisher ist das Internet noch kein Ort für wirklich unbekümmerte Unterhaltung.«[14] Aber wer will denn, dass es dazu wird? Das Internet ist – anders als das Fernsehen – ein inhärent *aktives* Medium, das vielen Menschen die Möglichkeit eröffnet, eine *soziale* Erfahrung zu machen. Interaktive Unterhaltung ist ein Widerspruch in sich. Online finden die Menschen Wert, weil sie dort aktiv Kontakte knüpfen, Gespräche führen und Gemeinschaften bilden können.

Prodigy, *CompuServe* und *America Online* (die fälschlich als Anbieter von »Dienstleistungen« bezeichnet werden) machten das Internet, das einst das Reich kleiner Anbieter wie *The Well* war, den Massen zugänglich. *AOL* gewann den Kampf um die Mitglieder in erster Linie deshalb, weil das Unternehmen begriff, dass die Benutzer eine soziale Erfahrung wünschten und aktiv am Leben in der rund um sie entstehenden Online-Umgebung teilnehmen wollten. *Prodigy* ging irgendwann dazu über, die Zahl der E-Mails zu beschränken, die seine Mitglieder schicken durften, und *CompuServe* reduzierte die Identität der Mitglieder auf eine unpersönliche Ziffernreihe. *AOL* hingegen ermöglichte es seinen Mitgliedern, bis zu fünf Namen zu verwenden (um den verschiedenen Stimmungen und Rollen gerecht zu werden, die sie möglicherweise im Netz ausleben wollten[15]) und förderte aktiv die Nutzung von Angeboten, die geeignet sind, Menschen zu verbinden: E-Mail, Chatrooms, Instant messages, persönliche Profile und »Buddy-Listen«, anhand deren die Benutzer feststellen können, ob ihre Freunde ebenfalls online sind. Schon bevor *AOL* Ende 1996 zu einem Niedrigpreisschema überging, verbrachten seine Kunden mehr als 25 Prozent der 40 Millionen monatlich in Anspruch genommenen Verbindungsstunden in Chatrooms, wo sie miteinander interagierten.[16]

Für viele stellt der Cyberspace eine willkommene Erholung vom realen Leben dar, eine Möglichkeit, sich der eintönigen Alltagsroutine und der ständigen Eile zu entziehen. Doch es ist unklar, ob die Möglichkeit, mittels des Internet praktisch überall zur gleichen Zeit zu sein, das Bedürfnis der meisten Menschen nach einem physischen Ort abseits von Wohnung und Arbeitsplatz beseitigen wird. Der Soziologe Ray Oldenburg spricht in diesem Zusammenhang vom »dritten Ort«, an dem ein Mensch mit anderen interagieren kann, die er als Mitglieder derselben Gemeinschaft kennen gelernt hat.[17] Derartige Orte – Bars, Restaurants, Cafés, Kaffehäuser und dergleichen – gab es einst anscheinend in aller Welt an jeder Straßenecke, doch die Suburbanisierung der Gesellschaft hat die Menschen vielfach der Möglichkeit beraubt, auf diese Art zusammenzukommen. Daher suchen manche Menschen heute im Cyberspace nach Gesellschaft, während andere Urlaube in Themenparks nutzen, um mit vielen Menschen in Kontakt zu kommen.[18] Wieder andere suchen einen Mittelweg und besuchen *Starbucks* oder andere Espresso- oder Zigarrenbars. Oder auch *Barnes & Noble*, wo die innovative Verknüpfung einer Buchhandlung mit einem Kaffeehaus einen Ort geschaffen hat, an den zu fliehen sich lohnt, um ein wenig in Büchern zu schmökern, an einer Tasse Kaffee zu nippen und zu plaudern.

Ästhetik

Die vierte und letzte Erlebnissphäre, mit der wir uns beschäftigen wollen, ist jene des ästhetischen Genusses. Bei ästhetischen Erfahrungen taucht ein Mensch in ein Ereignis oder eine Umgebung ein, ohne selbst Einfluss darauf nehmen zu können. Die Umgebung bleibt (anders als die Person) im Wesentlichen unberührt. Eine ästhetische Erfahrung macht, wer am Rand des Grand Canyon steht, eine Kunstgalerie oder ein Museum besucht oder im *Café Florian* in Venedig sitzt. Ein Tribünenplatz beim Kentucky Derby gehört ebenfalls hierher. Während die Teilnehmer an einer Bildungserfahrung *lernen*, die Protagonisten einer Realitätsflucht *handeln* und die Teilnehmer an einem Unterhaltungserlebnis – nun, das beste Wort wäre wahrscheinlich *empfinden* – wollen, geht es jenen, die eine ästhetische Erfahrung machen, darum, einfach *dort zu sein*.[19]

> Wer eine ästhetische Erfahrung macht, taucht in das Erlebnis ein, bleibt dabei jedoch passiv

So finden sich beispielsweise die Gäste des *Rainforest Café* inmitten einer dichten Vegetation wieder, aus der Nebel aufsteigt. Sie sind von Wasserfällen umgeben und werden sogar Zeugen tropischer Gewitter. Sie können lebende tropische Vögel und Fische beobachten und sehen künstliche Schmetterlinge, Spinnen und Gorillas und bekommen, wenn sie genau hinsehen, ein schnappendes Krokodilbaby zu Gesicht.[20] Man beachte, dass das *Rainforest Café*, das den Speiseraum mit einem Laden verbindet und sich selbst als »wilden Ort zum Einkaufen und Essen« bezeichnet, nicht darauf aus ist, die tatsächliche Erfahrung eines Aufenthalts im Regenwald zu *simulieren*. Vielmehr versucht das Unternehmen, ein authentisches – und ästhetisches – Erleben des *Rainforest Café* zu inszenieren.

Einen weiteren wilden Ort zum Einkaufen findet man in Owatonna, Minnesota, bei *Cabela's*, einem Anbieter von Jagd-, Angel- und anderem Outdoorzubehör, dessen Verkaufsräume eine Fläche von 14 000 Quadratmetern bedecken. Anstatt ihre Geschäftsräume durch Unterhaltungselemente zu bereichern, verwandelten Dick und Jim Cabela sie in eine ästhetische Erfahrung, in deren (buchstäblichem) Mittelpunkt ein elf Meter hoher Berg mit einem Wasserfall steht. In den Räumen von *Cabela's* begegnet der Kunde über 100 ausgestopften Tieren, die zum Großteil von den beiden Brüdern und anderen Familienmitgliedern erlegt wurden. In diesem Teil des Geschäfts werden vier verschiedene nordamerikanische Ökosysteme nachgebildet. In einem anderen Verkaufsraum werden in zwei riesigen Dioramen afrikanische Szenen dargestellt, welche die fünf wichtigsten Ziele des Großwildjägers beinhalten: Elefant, Löwe, Leopard, Nashorn und Kaffernbüffel. In drei Aquarien werden zahlreiche wertvolle Fische gehalten, und in und um jede Abteilung sind fast 700 verschiedene Tierarten ausgestellt. Es ist tatsächlich so, wie Dick Cabela gegenüber der *St. Paul Pioneer Press* erklärte: »Wir verkaufen ein Erlebnis.«[21] Und das tun sie so gut, dass das umgestaltete Geschäft am Tag seiner Wiedereröffnung mehr als 35 000 Menschen anzog. Das Unternehmen rechnet mit über einer Million Besucher im Jahr.

Die Ästhetik eines Erlebnisses kann unabhängig davon, ob man durch einen im Wesentlichen von Menschenhand geschaffenen Nationalpark wandert, im *Rainforest Café* isst oder – irgendwo dazwischen – bei *Cabela's* einkaufen geht, vollkommen natürlich sein. So etwas wie ein künstliches Erlebnis gibt es nicht. Jedes in einem Menschen hervorgerufene Erleben ist echt, seien die Reize nun natürlich oder simuliert. Diese Ansicht vertritt auch der bekannte Architekt Michael Benedikt, der sich mit der Rolle beschäftigt, die der Architektur seiner Meinung nach bei der Verbindung der Menschen mit der »Echtheit« in den von ihnen erzeugten Umgebungen zukommt:

Derartige Erfahrungen, derart privilegierte Augenblicke können zutiefst bewegend sein; und ich denke, dass wir genau in solchen Augenblicken unseren besten und notwendigen Sinn für eine unabhängige, jedoch sinnvolle Realität entwickeln. Ich möchte diese Erfahrungen als *direkte ästhetische Erfahrungen des Wirklichen* bezeichnen und Folgendes vorschlagen: In unserer mit Medieneindrücken übersättigten Zeit kommt der Architektur die Aufgabe zu, die direkte ästhetische Erfahrung des Wirklichen in den Mittelpunkt ihrer Überlegungen zu rücken.[22]

Es mag sein, dass den Architekten eine Führungsrolle zukommt, doch auch alle anderen, die an der Inszenierung von ästhetischen Erfahrungen beteiligt sind, haben die Aufgabe, die Menschen mit der (immersiven) Realität zu verknüpfen, die sie direkt (wenn auch passiv) erleben, selbst wenn die Umgebung nicht unbedingt »echt« ist. Benedikt würde das *Rainforest Café* und ähnliche Orte wahrscheinlich als »unecht« bezeichnen und darauf beharren, dass deren Architekten »die Frage der Authentizität« in Angriff nehmen, »indem sie [das nicht Authentische als nicht Authentisches darstellen], und so gewissermaßen der Verfälschung Aufrichtigkeit verleihen«[23]. Um überzeugende ästhetische Erfahrungen zu inszenieren, müssen sich deren Gestalter der Tatsache bewusst werden, dass eine Umgebung, die dazu bestimmt ist, ein Erlebnis zu erzeugen, *nicht* real ist (das *Rainforest Café* ist *nicht* der Regenwald). Das heißt, sie sollten nicht versuchen, ihren Gästen vorzuspielen, diese Umgebung sei etwas, was sie in Wirklichkeit nicht ist.

Die Architekturkritikerin Ada Louise Huxtable nimmt eine ähnliche Unterscheidung vor, wenn sie erklärt, es werde »zunehmend schwierig, die echte Fälschung von der gefälschten Fälschung zu unterscheiden. Es liegt auf der Hand, dass nicht alle Fälschungen gleich sind: Es gibt gute und schlechte Fälschungen. Es geht nicht länger um die Frage, ob etwas echt oder falsch ist, sondern darum, wie gut die Imitation ist. Die guten Imitationen werden besser als die anderen, indem sie eine Verbesserung gegenüber der Realität darstellen.«[24] Um

Eine künstliche Erfahrung gibt es nicht

den Unterschied zu verdeutlichen, wollen wir uns mit zwei erfundenen Umgebungen beschäftigen, die von Huxtable ausgiebig kritisiert werden: dem *Universal City Walk* und dem fast allgegenwärtigen *Disneyland*.

Beim *City Walk* in Los Angeles handelt es sich um eine Ansammlung von Läden, Restaurants, Kinos, Hightech-Rides und Lowtech-Kiosken, die jeweils unterschiedliche Fassaden aufweisen. Man ist überall von kontrollierter Übertreibung umgeben, etwa von der vier Stockwerke hohen Gitarre, die das *Hard Rock Café* schmückt. Die Besucher schlendern entspannt durch eine Wasserfontäne, die in exakt bemessenen Intervallen emporschießt. Man entrichtet eine Gebühr für den Parkplatz (in L.A. geht niemand zu Fuß irgendwohin, doch hier bezahlen die Leute dafür, umhergehen zu dürfen), die nur erstattet wird, wenn man Geld in einem Restaurant oder Kino ausgibt (der Erwerb von Produkten ermöglicht keine Rückerstattung). Halb Themenpark, halb öffentlicher Platz, verschafft der *City Walk* den Gästen in erster Linie eine ästhetische Erfahrung, wie Huxtable bestätigt, da er »um seiner selbst willen besucht wird«[25]. Die Echtheit seiner Falschheit wird in dem Augenblick offensichtlich, in dem man das Auto auf dem schmucklosen Parkplatz abstellt. Die Gäste werden von der Rückseite der Gebäude begrüßt und bekommen auf diese Art gleich beim Eintritt die keineswegs schmucken Kehrseiten der Fassaden zu sehen. Draußen sieht man die Innenseite der Maske, drinnen die Außenseite. Die angrenzenden Gebäude, die nicht zum *City Walk* gehören, sind durch Gassen und andere Lücken zwischen den Häusern des Walk zu sehen. Die Ästhetik gesteht die Falschheit ein. Sein Rahmen macht *den City Walk* zu einer wahrhaft *echten* Fälschung.

Die Ästhetik der meisten *Disney*-Erfahrungen hingegen beruht auf dem Bemühen, alles Falsche zu verbergen: Niemand kann hinter den Vorhang sehen. Die Parkplätze gehen unmerklich in Shuttle-Busse, Begrüßungsstände und Drehkreuze über. Die Fassaden gehen nahtlos ineinander über, damit kein Gast die gefälschte dimensionale Verkleinerung erkennt. Mickey Mouse nimmt niemals die Maske ab, damit niemand den pickeligen Jugendlichen sieht, der dahinter steckt. Dies ist jene Art von falscher Fälschung, die Huxtable und andere Kritiker beklagen, eine Fälschung, die sich nicht zu dem bekennen will, was sie in Wirklichkeit ist.

Aber ist es nicht vielleicht eine *echte* falsche Fälschung? Andere Kritiker preisen *Disney* für seine Fähigkeit, Umgebungen zu schaffen, in die man vollkommen eintauchen kann, die in sich schlüssig und fesselnd sind. Einer schreibt: »... von welchem Blickwinkel auch immer, *nichts sieht gefälscht aus. Ja, sie sind künstlich, aber sie sind nicht gefälscht. Disneyland* ahmt keinen Ort nach, sondern ist ein ganz eigener Ort... Ich bin zu der Überzeugung gelangt, dass *Disneyland* nicht aufgrund seiner hübschen Fassade, sondern aufgrund der Konsequenz in der Auslegung genial ist.«[26] Was die Themenparks von *Disney* anbelangt, so sind die Meinungen geteilt (auch unter den Autoren dieses Buches). Doch eines steht außer Frage: Eine ästhetische Erfahrung muss sich selbst treu bleiben und auf die Gäste echt wirken.

Den Reichtum erleben

Ein Unternehmen kann die Echtheit eines Erlebnisses erhöhen, indem es die Grenzen zwischen den Erlebnissphären verwischt. Viele Erlebnisse ziehen den Gast in erster Linie in eine der vier zuvor beschriebenen Sphären hinein, doch die meisten überschreiten die Grenzen zwischen diesen Sphären. So inszeniert beispielsweise *British Airways* eine vor allem ästhetische Erfahrung: Das Personal verwöhnt die Gäste in einer Umgebung, in der sie nichts selbst tun müssen. Robert Ayling, der Sir Colin Marshall an der Spitze des Unternehmens nachfolgte, erklärt, dass *BA* gegenwärtig daran arbeite, das Unterhaltungsangebot an Bord zu verbessern und mit dem ästhetischen Genuss am Flug zu verknüpfen. Ayling glaubt, dass Kinofilme irgendwann mehr Zuschauer in der Luft haben werden als am Boden: »Die Langstreckenfluglinien verwandeln sich zunehmend von Transportsystemen in Unterhaltungssysteme.«[27]

American Express vermischt in seinem Programm *Unique Experiences*, das Bestandteil seiner Mitgliedervergünstigungen ist, ästheti-

sche und Bildungselemente.[28] Im Angebot für eine Veranstaltung –
»Bilder aus dem Regenwald – Photosafari in Costa Rica« – hieß es,
die Karteninhaber könnten »an einem unvergesslichen fünftägigen
Fotografie-Workshop mit den gefeierten Naturfotografen Jay Ireland
und Georgienne Bradly« in Costa Ricas farbenprächtigen Regenwald
teilnehmen. Das Unternehmen lockte die Karteninhaber mit der folgenden Beschreibung:

*Inmitten der Wildnis werden Sie fotografische Techniken und Berufs-
geheimnisse erlernen, die es Ihnen ermöglichen werden, erstaunliche Aufnahmen zu machen. Ob es sich nun um knuddelige Dreifin-
gerfaultiere, majestätische Silberreiher oder komische rotäugige
Baumfrösche handelt: Sie werden zahllose Gelegenheiten erhalten,
professionelle Fotos von exotischen Tieren zu schießen. Vom Bal-
kon des Hotels aus werden Sie den bezaubernden Blick auf die
umgebenden Wasserläufe genießen und mitten im Dschungel in
komfortablem Ambiente erstklassiges Essen zu sich nehmen. Gleichgültig, wie viel Erfahrung Sie als Fotograf besitzen: Dieses Abenteu-
rer wird Ihnen unvergesslich bleiben.*

Um den Einkauf unvergesslich zu machen, versuchen die meisten
Manager von Einzelhandelsketten und Erbauer von Einkaufszentren,
den Unterhaltungswert des Einkaufserlebnisses zu erhöhen. Doch
fortschrittliche Unternehmen bereichern das Angebot auch um Elemente aus den anderen Erlebnissphären. Um beispielsweise die
Anwohner und Touristen in den Unterhaltungsbezirk *Bugis Junction*
zu locken, der sich in Singapur über sechs Häuserblöcke erstreckt,
nahm die Designfirma *CommArts* aus Boulder, Colorado, Anleihen bei
der historischen Handelskultur Singapurs, um etwas zu gestalten, was
Vorstandsmitglied Henry Beer als »ästhetisch ansprechende Umgebung« bezeichnet und die »das Projekt fest mit der Kultur Singapurs
verknüpft«. Küstenarchitektur, Segel, Chronometer und ähnliche Motive prägen den Charakter der Anlage. In Leuchtschrift werden die
Gäste über die Geschichte der seefahrenden Händler von Singapur,
der Bugi, informiert. Für den Einzelhandelskomplex Ontario Mills entwarf *CommArts* Straßen und Viertel, die ein außergewöhnliches ästhetisches Erlebnis vermitteln, das sich aus dem reichen Erbe Südkali-
forniens speist. Dort siedeln sich traditionell keine großen Kaufhäuser

an, die Güter verkaufen, sondern Unternehmen, die große Erlebnisse inszenieren – ein *AMC*-Kinocenter mit 30 Sälen, das Restaurant *Dave & Buster* und ein Kino mit 3-D-UltraScreen. Einer der Flügel beherbergt Steven Spielbergs *Gameworks*, und auf der anderen Straßenseite sind die Abenteuer der *American Wilderness Experience* untergebracht. Henry Beer erzählte uns: »Der Wettbewerb im Einzelhandel macht es erforderlich, dass wir ein reichhaltiges Einzelhandelstheater erbauen, in dem die Produkte in Erlebnisse verwandelt werden.«

Die erfüllendsten Erlebnisse beinhalten Elemente aus allen vier Erlebnissphären

Die erfüllendsten Erlebnisse umfassen Elemente aus allen vier Erlebnissphären, die sich am »idealen Ort« für das Erlebnis zusammenfügen.[29] Der Erfolg von *America Online* beruht nicht auf einem einzelnen Element, sondern auf dem Gesamterlebnis, welches das Unternehmen seinen Mitgliedern bei der Reise durch die verfügbaren Optionen ermöglicht – und welches die Grenzen der Erlebnissphären überschreitet. Steve Case, der Präsident und CEO von *AOL*, antwortete auf die Frage, in welchen Bereichen des Online-Geschäfts das Unternehmen in Zukunft wachsen werde: »Wir schlüsseln unser Geschäft nicht in getrennte Bereiche oder Anwendungen auf. Vielmehr betrachten wir es als ein im Ganzen verpacktes Erlebnis, das wir den Konsumenten zugänglich machen wollen. Dieses Paket wird immer um neue Bereiche erweitert und beinhaltet ein wachsendes Angebot bereits vorhandener Dienstleistungen – Spiele für mehrere Teilnehmer, Einkauf und Finanzdienstleistungen. Doch die wirklich treibende Kraft wird das Gesamterlebnis sein.«[30]

Um ein erfüllendes, überzeugendes und fesselndes Erlebnis zu inszenieren, sollte man sich nicht für eine Erlebnissphäre entscheiden und dann auf diese beschränken. Vielmehr sollte man den Erlebnisrahmen (Abbildung 2.1) als Zusammenstellung von Anregungen verwenden, die eine kreative Erkundung jener Aspekte der einzelnen Sphären erleichtert, welche zur Bereicherung der angestrebten Erfahrung beitragen könnten. Wenn Sie ein Erlebnis gestalten, sollten Sie sich folgende Fragen stellen:

- Was kann ich tun, um den *ästhetischen* Gehalt des Erlebnisses zu erhöhen? Die Ästhetik bewegt Ihre Kunden dazu, einzutreten, sich hinzusetzen und dazubleiben. Denken Sie darüber nach, was Sie tun können, um die Umgebung einladender, interessanter oder angenehmer zu machen. Es geht darum, eine Atmosphäre zu erzeugen, in der sich Ihre Gäste wohl fühlen.

- Was sollen Ihre Gäste tun, wenn sie einmal eingetreten sind? Die Möglichkeit zur *Realitätsflucht* zieht Ihre Gäste in die Aktivitäten hinein. Konzentrieren Sie sich auf die Frage, zu welchen Aktivitäten Sie die Gäste bewegen sollten, damit sie sich in aktive Teilnehmer am Erlebnis verwandeln.
- Der *Bildungsaspekt* eines Erlebnisses ist wie der Aspekt der *Realitätsflucht* im Kern aktiv. Das Lernen erfordert, wie heute allgemein anerkannt wird, die uneingeschränkte Beteiligung des Lernenden. Was sollen Ihre Gäste aus dem Erlebnis »lernen«? Welche Informationen oder Aktivitäten werden dazu beitragen, sie zur Erkundung neuen Wissens und neuer Fähigkeiten zu bewegen?
- Der *Unterhaltungsaspekt* ist wie der ästhetische inhärent passiv. Wenn Ihre Gäste unterhalten werden, tun sie eigentlich nichts, sondern reagieren auf das Erlebnis (sie genießen, lachen usw.). Professionelle Redner spicken ihren Vortrag mit Witzen, um sich die Aufmerksamkeit des Publikums zu sichern und dafür zu sorgen, dass es sich ihre Argumente anhört. Wie können Sie Ihre Gäste unterhalten, damit diese »dableiben«? Wie können Sie dafür sorgen, dass das Erlebnis zu einem größeren Genuss wird?

Indem sie diese Gestaltungsfragen beantworten, entwerfen die Anbieter von Dienstleistungen das Bühnenbild, auf dessen Basis sie beginnen, sich am Wettbewerb im Erlebnismarkt zu beteiligen. Diejenigen, die bereits in die Welt der Erfahrungen vorgestoßen sind, werden davon profitieren, ihre Angebote um Elemente aus allen vier Sphären zu bereichern.

Nehmen wir zum Beispiel die *American Wilderness Experience*. Sie stellt zwar eine ausgezeichnete Bühne für eine Inszenierung von drei der vier Sphären dar, doch ihr Bildungsgehalt könnte erhöht werden, um das Erlebnis weiter zu bereichern. Der Anblick umhertollender Fischotter ist gewiss sehr unterhaltsam; im *Wild Ride Theatre* erfahren die Gäste, wie es wäre, die Welt mit den Augen eines Frosches, einer Eule oder eines Delphins zu sehen (Realitätsflucht in ihrer reinsten Form); und in die fünf kalifornischen Ökosysteme, die einen großen ästhetischen Genuss darstellen, können die Gäste vollkommen eintauchen. Doch es mangelt der Mischung eindeutig am Bildungsgehalt. Auf Schildern werden kurze Beschreibungen der einzelnen Spezies gegeben, doch die Lektüre dieser Erläuterungen wird bald zu einer monotonen Routine, die an einen Rundgang durch ein Museum erinnert. Es gibt keine Einrichtungen, in denen das Personal Kinder mit den Tieren bekannt machen könnte. Gelegentlich holt ein Pfleger aus Anlass eines Schulausflugs ein oder zwei Tiere hinter dem Glas hervor, doch auch bei diesen Gelegenheiten machen die Gäste keine dezidierte Bildungserfahrung. Das alles überrascht in Anbetracht der Tatsache, dass die vorhandene Verknüpfung von Unterhaltung, Realitätsflucht und Ästhetik geradezu ein Bedürfnis weckt, mehr über die Tiere zu erfahren. Dieser Wunsch ist ein vorrangiger Beweggrund für Familien, die *American Wilderness Experience* aufzusuchen. Eine Stärkung des Bildungselements würde den Wert dieses bereits heute lobenswerten Erlebnisses noch um einiges erhöhen. Derartige Unterlassungssünden kann man vermeiden, indem man systematisch die Möglichkeiten untersucht, die sich in den verschiedenen Erlebnissphären bieten.

> Entwerfen Sie ein gutes Bühnenbild, indem Sie sich mit den Möglichkeiten in den einzelnen Sphären beschäftigen

Der *Club Disney*, eine Spielanlage für Kinder bis zum Alter von zehn Jahren, zeichnet sich durch eine ausgezeichnete Mischung aller vier Sphären aus. Die erste derartige Anlage öffnete im Februar 1997 in Thousand Oaks, Kalifornien, ihre Pforten. Es handelte sich um ein freistehendes Gebäude in der Nachbarschaft eines gewöhnlichen Einkaufszentrums. Im *Club Disney* bezahlen die Gäste dafür, spielen zu dürfen. Sowohl Erwachsene als auch Kinder zahlen acht Dollar, um sich in neun Spielmodulen vergnügen zu dürfen: *Enchanted Forest* (Zauberwald), *Pooh 'N' You* (Winnie Pu und Du), *Mouse Pad, Jungle Climber, Mickey's Circus, Applaudville Theater, Character Creations* (Entstehung von Figuren), *Maddening Maze* (Das verrückte Labyrinth) und *Now Playing*. (Das Muster der Anlagen ist stets dasselbe, doch die Mischung der Spielbereiche wird von Standort zu Standort variiert.) Jeder Spielbereich ist nach dem Motto gestaltet, welches das Unternehmen beim Eingang verkündet: »Unsere Aufgabe ist es, einen Ort zu schaffen, an dem Kinder und ihre Erwachsenen Freude haben und gemeinsam an erfüllenden Aktivitäten und fantasievollen Spielen teilnehmen können.«

Und das ist *Disney* gelungen, was nicht zuletzt daran liegt, dass im Club alle vier Sphären wunderbar ineinander verschmelzen. Der *Club Disney* ist immer noch *Disney*, was bedeutet, dass das Erlebnis natürlich ein starkes Unterhaltungselement beinhaltet. So tauchen in regelmäßigen Abständen Disneys Zeichentrickfiguren auf Großbildschirmen auf. Doch an speziellen Kiosken können Kinder und Erwachsene auch die Geschichte dieser Disney-Klassiker nachvollziehen (eine Kombination der Erlebnissphären von Bildung und Unterhaltung). Direkter zugänglich ist die Bildung in den monatlichen Kunst- und Handwerkskursen. Zu vorgegebenen Zeiten schlüpfen die Kinder im *Applaudville Theater* in Kostüme und verwandeln sich in Figuren aus verschiedenen Disney-Geschichten. Dieses Erlebnis ermöglicht den Kindern eine einfache Realitätsflucht und dient gleichzeitig der Unterhaltung der Erwachsenen im Publikum.

Überall in diesem Spielreich teilen sich Kinder verschiedener Altersgruppen problemlos denselben Raum. Kinder und Erwachsene spielen zusammen oder getrennt: Die verschiedenen Veranstaltungen ermöglichen, ja erfordern ein unterschiedliches Maß an Interaktion zwischen Erwachsenen und Kindern. Doch jedes Element scheint alle vier Sphären eines fesselnden Erlebnisses zu berühren: Die Disney-Figuren unterhalten, die Kurse bilden, die Spielbereiche ermöglichen einen Rückzug aus der Wirklichkeit, und die Anblicke, Klänge und Tasterlebnisse des Ortes vermitteln eine klare ästhetische Botschaft. Daher wimmelt es im *Club Disney* von Kindern und erwachsenen Begleitern, die ins gemeinsame Spiel vertieft sind.

Sehen wir uns einmal an, wie *Club Disney* individuelle Geburtstagserlebnisse inszeniert. Im *Party Wonderland* können für Geburtstagsfeiern verschiedene Räume gemietet werden, in denen jeweils ein bestimmtes Thema behandelt wird. Da gibt es eine *Pooh-rific Party*, das *101 Dalmatians Bow-wow Bash*, die *Toy Story Search Party*, *Disney's Princess Tea* und das *Hercules Hero Hurrah*. Im Rahmen dieser Partyerlebnisse bewegen sich die Mitglieder des Betreuerteams durch die vier Sphären, um die Teilnehmer einzubeziehen. Die kleinen Gäste warten vor der Tür auf einer Bank mit wachsender Spannung auf den Beginn der Party *(Ästhetik)*. Nachdem man sie in den Partyraum hineingelassen hat, bringen »Feierspezialisten« anhand von Pappfiguren, die selbstverständlich dem Thema der Party entsprechen, *Bildungs*spiele in Gang. Anschließend bekommen die Kinder ein Stück Pizza. Schließlich begeben sie sich in einen weiteren Raum, wo sie Merlin begegnen *(Realitätsflucht)*, der sie mit einfachen Zauberkunststücken fesselt und mittels seiner Kristallkugel erneut die Figuren aus dem Partyraum heraufbeschwört. Eine Aktivität fehlt in diesem Ablauf völlig: das Öffnen von Geschenken durch das Geburtstagskind. Warum? Der Vorgang, in dem ein Kind vor den Augen seiner Spielkameraden Geschenke öffnet, vermittelt einfach keine ausreichend reichhaltige Erfahrung in den vier Sphären (fragen Sie einmal einen Fünfjährigen, ob es ihm gefällt, einem Freund beim Öffnen von Geschenken zuzusehen). Daher werden die Geschenke im *Club Disney* in eine Tüte gepackt, die das Geburtstagskind mit nach Hause nehmen kann.

Der Preis des Geburtstagserlebnisses im *Club Disney*? Der *Mindestpreis* für zwölf Kinder und zwölf Erwachsene beträgt 250 Dollar und beinhaltet eine Stunde Spiel, gefolgt von der einstündigen Party; dazu kommen ein Stück Pizza und ein Getränk für jeden Teilnehmer, ein Präsent pro Kind und natürlich der Kuchen. Die Reichhaltigkeit des Erlebnisses lässt sich am besten mit den Worten beschreiben, welche die Mitglieder der Crew den Gästen zum Abschied mitgeben. Anstatt Phrasen wie »Einen schönen Tag noch« oder »Danke für Ihren Besuch« zu verwenden, die für die meisten wenig einprägsamen Dienstleistungsinteraktionen charakteristisch sind, stellen sie eine Frage, die zu einem unvergesslichen Ereignis passt: »Hat dir der Tag Freude gemacht?«

Wenn sich im Rahmen eines Ereignisses alle vier Sphären ineinander fügen, dann und nur dann wird aus einem *beliebigen Ort* ein *einzigartiger Ort* für die Inszenierung eines Erlebnisses. Da sie sich über einen gewissen Zeitraum erstrecken, erfordern inszenierte Erlebnisse ein Ortsempfinden. Denn die Gäste müssen dazu bewegt werden, *mehr Zeit dort zu verbringen* und sich in die Inszenierung einbinden zu lassen. Die Konsumenten und Geschäftsleute von heute, die unter ständigem Zeitdruck stehen, wollen immer weniger Zeit mit Anbietern von Gütern und Dienstleistungen verbringen, und diese fügen sich diesem Wunsch auch bereitwillig. Man denke nur an die Fast-Food-Restaurants und die Callcenter von Unternehmen, in denen sich alles um die Frage dreht, wie man die *Sekunden* pro Dienstleistungsvorgang auf ein Mindestmaß reduzieren kann. Das Ziel der Entwicklung liegt auf der Hand: Am Ende werden die Kunden *überhaupt keine Zeit* mehr für die Anbieter von Gütern und Dienstleistungen aufbringen und lernen, ihre Zeit anderswo zu verbringen.

Aber wo? Natürlich an Orten, die einen größeren Zeitaufwand wert sind, an denen man sich einfach wohl fühlen, sich unterhalten, etwas lernen und sich aufhalten kann. Um das Wesen derartiger Orte besser zu verstehen, muss man sich nur ansehen, was ein Haus in ein Heim und einen beliebigen in einen besonderen Ort verwandelt. In seinem Buch *Home: A Short History of an Idea* beschäftigt sich Witold Rybczynski, Professor für Architektur an der McGill University in Montreal, mit fünf Jahrhunderten gestalteter Umgebung, vom Mittelalter bis zu den Wohnungseinrichtungen von Ralph Lauren. Rybczynski untersucht eine Reihe von Kulturen, doch seine besondere Aufmerksamkeit gilt dem »goldenen Zeitalter« der Niederlande und dem Wunsch und der Fähigkeit ihrer Bewohner, »das Heim zu einem separaten, besonderen Ort zu machen« [31]. Für die Niederländer »bedeutete ‚Heim' das Haus, jedoch auch alles im und um das Haus herum sowie die Bewohner und das Gefühl der Befriedigung und der Zufriedenheit, das all diese Bestandteile vermittelten. Man konnte das Haus verlassen, doch man kam stets heim.« [32] Um solche Heime zu schaffen, war die Möblierung eines Hauses strikt an den Nutzen der einzelnen Räume gebunden und definierte auf diese Art das Ortsempfinden. Außerhalb des Heims wiesen Gärten und andere Formen der Landschaftsgestaltung – so bescheiden diese in Anbetracht des Platzmangels in dem dichtbesiedelten kleinen Land auch sein mochten – den Weg vom gewöhnlichen Ort außerhalb des Hauses zum besonderen Ort innerhalb seiner Wände. Diese Begrüßung schuf die Grundlage für die Zusammenkunft mit Familie und Freunden.

> Um ein Erlebnis inszenieren zu können, muss der beliebige Ort in einen besonderen Ort verwandelt werden

Der ideale Ort für jedes fesselnde Erlebnis – ein ansonsten gewöhnlicher Ort, der mit Elementen der Unterhaltung, der Bildung, der Realitätsflucht und der Ästhetik erfüllt wurde – stellt auch ein mnemotechnisches Instrument dar, das die Erzeugung von Erinnerungen fördert, die das Angebot aus der normalen, ereignislosen Welt der Güter und Dienstleistungen heraushebt. Seine Gestaltung lädt dazu ein, einzutreten und wieder und wieder zurückzukehren. Dieser Ort steckt voller Annehmlichkeiten – Verkaufsanreize –, die vollkommen dem Zweck des Ortes entsprechen, und weist kein einziges Merkmal mehr auf, das dieser Funktion nicht dienen würde. Besuchen Sie einmal den *Club Disney*. Dort dreht sich alles um das Spiel. Alles, was den Besucher vom Spielerlebnis ablenken könnte – und sei es das Öffnen von Geburtstagsgeschenken –, wird eliminiert. Das Ergebnis ist, dass *Disney* ein zusätzliches Geschäft in sein Portfolio aufgenommen hat. Dennoch hat *Disney* kein Monopol in der entstehenden Erlebniswirtschaft: Es werden mit Sicherheit noch viele Unternehmen in diesen Markt vordringen. Diese werden keine besseren Disneys als Disney sein, doch sie werden Erlebnisse anbieten, die früheren Wirtschaftsepochen unbekannt waren.

3 The show must go on

Conrad hatte sich entschlossen, ein eher ungewöhnliches Geburtstagsgeschenk für seinen älteren Bruder Nicky zu kaufen. Da er das Gefühl hatte, Nicky sei in seinem Managerdasein allzu gesetzt und langweilig geworden, wandte sich Conrad an *Consumer Recreation Services (CRS)*, um ein ganz besonderes Erlebnis zu inszenieren. Nicky musste kein Geschenkpapier aufreißen, denn sein Bruder drückte ihm einfach eine Karte von *CRS* in die Hand, auf der Nicholas Van Orton eingeladen wurde, am »Spiel« teilzunehmen. Als Nicky das Geschenk einlöste, tauchte er in eine eigene Welt ein, in der er von faszinierenden Figuren in anscheinend lebensbedrohliche Situationen verwickelt wurde, die auf seltsame Art in seine Alltagsabläufe integriert waren. Jedesmal, wenn er glaubte, verstanden zu haben, worum es ging, nahm die Entwicklung einen anderen Lauf, während die Ereignisse mit wachsender Geschwindigkeit ihrem Höhepunkt zustrebten. Um »das Spiel« durchzuführen, musste *CRS* eine perfekt orchestrierte Show inszenieren. Bisher ist es keinem Unternehmen, *Disney* eingeschlossen, gelungen, derart perfekte Erlebnisse zu gestalten – reichhaltige, überzeugende, in sich geschlossene, fesselnde und einprägsame Ereignisse. Das fiktive Unternehmen *CRS* stammt aus dem Thriller *The Game* (mit Michael Douglas als Nicholas und Sean Penn als Conrad), der 1997 in den Kinos für Furore sorgte. Doch es wird der Tag kommen, da derartige Inszenierungen in der realen kommerziellen Aktivität eine Massenware darstellen werden.

Sie meinen, das sei weit hergeholt? Wie heißt es doch in dem Broadway-Musical *Rent:* »Das wirkliche Leben wird der Fiktion jeden Tag ähnlicher.« Sehen Sie sich einmal um. *Court TV* überträgt wirkliche Gerichtsprozesse als Unterhaltung; in anderen Gerichtssendern entscheiden sich die Streitparteien statt für Staatsbeamte für Berühmtheiten als Richter. Oder sehen Sie sich einmal einen Zusammenschnitt der Höhepunkte eines Basketballspiels aus früheren Jahren an und vergleichen sie die nüchterne Handlung mit heutigen Sportinszenierungen, die geprägt sind von farbenfroh dekorierten Hallenböden, verschwenderischen Rahmenprogrammen und schillernden Heldenfiguren. Die NBA von heute schenkt uns Dennis Rodman, die Personifizierung einer lebensnahen Fiktion. Die Videotechnik macht es möglich, alltägliche Ereignisse an ganz gewöhnlichen Orten – von Reparaturwerkstätten bis zu Entbindungsstationen – ins Internet zu transportieren, wo ihnen jeder Mensch an jedem Ort der Welt beiwohnen kann. (Vielleicht hat das wirkliche Leben weniger Ähnlichkeit mit *The Game* und mehr mit der *Truman Show* – in diesem Film aus dem Jahr 1998 spielt Jim Carey eine reale Person, die ohne ihr Wissen in einer für das Fernsehen konstruierten Welt lebt.)

Irgendwann wird die Gestaltung von Erlebnissen ein ebenso selbstverständlicher Teil des Wirtschaftslebens sein, wie es die Gestaltung von Produkten und Dienstleistungen heute ist. Die Anzeichen dafür, dass diese Wirtschaft bereits entsteht, sind überall zu sehen. In Restaurants und Einzelhandelsgeschäften, in Klassenzimmern und Parkgaragen bereiten Pionierunternehmen den Boden für die zukünftige Entwicklung. Bisher gibt es noch keine genauen Rezepte, an die sich ein Gestalter von Erlebnissen halten könnte, denn dieser Wirtschaftsbereich befindet sich noch in der Embryonalphase seiner Entwicklung. Doch die Methoden und Ergebnisse der Pionierunternehmen, die mit größtem Eifer bei der Sache sind, stellen einen geeigneten Ausgangspunkt für jene dar, die ergründen wollen, worin die Wesensmerkmale erfolgreich inszenierter Erlebnisse bestehen. Fest steht jedenfalls: It's show time!

Finden Sie ein Thema für das Erlebnis

Schon wenn wir den Namen eines Themenrestaurants hören – *Hard Rock Café, House of Blues, Dive!* oder *Medieval Times*, um nur einige zu nennen –, wissen wir, was uns an diesem Ort erwartet. Die Eigentümer haben den ersten, entscheidenden Schritt zur Inszenierung eines Erlebnisses getan, indem sie ein klares *Thema* dafür gefunden haben.[1] Ein schlecht durchdachtes Thema gibt dem Kunden keine Möglichkeit, seine Eindrücke zu ordnen, weshalb das Erlebnis keine bleibende Erinnerung erzeugen kann. Ein wenig schlüssiges Thema ist wie Gertrude Steins Oakland: »Es gibt dort kein Dort.«

Einzelhändler verstoßen häufig gegen dieses Prinzip. Sie sprechen vom »Einkaufserlebnis«, sind jedoch nicht in der Lage, ein Thema zu finden, das die unterschiedlichen Verkaufspräsentationen zu einem umfassenden Erlebnis verknüpfen würde. Beispielsweise beweisen Haushaltsgeräte- und Elektronikeinzelhändler kaum thematische Vorstellungskraft. Die langen Reihen von Waschmaschinen und Trocknern verdeutlichen nur, dass die Märkte der verschiedenen Unternehmen alle gleich sind. Sollte nicht etwas Einzigartiges an einer Einrichtung sein, die sich *Circuit City* nennt?

Zu den Einzelhändlern, die etwas vom Einkaufserlebnis verstehen, zählt Leonard Riggio. Als der Geschäftsführer von *Barnes & Noble* begann, die Buchhandelskette in Supermärkte zu verwandeln, entschied er sich für das einfache Thema »Theater«. Riggio erkannte, dass die Kunden Buchhandlungen aus demselben Grund aufsuchen, der sie ins Theater lockt: wegen der *sozialen* Erfahrung.[2] Also ordnete er die Märkte vollkommen diesem Thema unter: die Architektur, das Auftreten der Verkäufer, das Dekor und die Einrichtung. Und natürlich eröffnete er die Cafés, in denen die Besucher vom Schmökern und Einkaufen »Pause machen« konnten.

Ein anderes Beispiel ist das Einkaufszentrum *Forum Shops* in Las Vegas, das vom Erschließungsunternehmen *Sheldon Gordon* gestaltet und gemeinsam mit der in Indianapolis ansässigen Immobiliengesellschaft *Simon Property Group* errichtet wurde. Das ungewöhnliche Thema von *Forum Shops* – ein Markt im alten Rom – ist bis ins letzte Detail ausgearbeitet und wird mit einer Vielzahl architektonischer Effekte zum Leben erweckt: Marmorböden, weiße Säulen, Brunnen, lebende

Bäume, Cafés »unter freiem Himmel«, wobei dieser Himmel in Wirklichkeit an die Decke gemalt wurde und regelmäßig von Gewittern samt Blitz und Donner verdunkelt wird. In jedem Eingang und in jedem Schaufenster wird liebevoll das alte Rom heraufbeschworen. Einmal pro Stunde erwachen am Haupteingang Statuen von Cäsar und anderen berühmten Römern zum Leben und sprechen. Immer wieder ertönt der Ruf »Heil Cäsar!«, und hin und wieder marschieren römische Zenturios vorbei, die auf dem Weg zum Spielkasino *Caesar's Palace* sind. Sogar in einigen Geschäften wird an das Thema angeknüpft. So findet man in den Auslagen eines Juweliers Schriftrollen, Schreibtafeln, römische Zahlen und Golddraperien. Das Thema verspricht Opulenz, und der Umsatz von mehr als 1000 Dollar pro Quadratfuß Verkaufsfläche im Jahr 1997 (ein normales Einkaufszentrum erreicht nicht einmal 300 Dollar) deutet darauf hin, dass das Erlebnis wirkt.

> Der erste Schritt besteht darin, sich ein gut definiertes Thema auszudenken

Walt Disneys Idee für *Disneyland* entsprang seiner Unzufriedenheit mit den vorhandenen Vergnügungsparks, die lediglich unverbundene Sammlungen von Abenteuerfahrten, Spielen und Erfrischungen für die Jugend darstellten. Seinem Biografen Bob Thomas erzählte Disney: »Alles begann damit, dass ich mit meinen kleinen Töchtern an den Sonntagen in Vergnügungsparks fuhr. Ich setzte mich auf eine Bank, aß Erdnüsse und sah mich um. Und ich dachte mir: Verdammt, gibt es denn keinen besseren Ort, an dem du gemeinsam mit deinen Kindern Spaß haben kannst?«[3] Aus diesem Gedanken entwickelte sich das Grundkonzept für *Disneyland* – Disney beschrieb es als »Zeichentrickfilm, in den das Publikum eintauchen kann«. Daraus entwickelte sich eine Reihe perfekt orchestrierter *Theme Rides* – das König-Arthur-Karussell, Peter Pans Flug und das Mark-Twain-Paddelboot (lauter Dinge, »die man nie zuvor in einem Vergnügungspark gesehen hatte«[4]), die in separaten *Themenbereichen* – wie Fantasyland und Frontierland – untergebracht waren. All das entstand im ersten *Themenpark* der Welt, der in einer Werbebroschüre als »ein neuartiges Unterhaltungserlebnis« beschrieben wurde.[5] Worin bestand das übergeordnete Thema des *Disneyland*-Erlebnisses? Der Vorschlag, den Disney im Jahr 1953 seinen potenziellen Investoren unterbreitete, begann mit einem ganz einfachen, jedoch sehr fesselnden Thema, das in griffigen Worten erläutert (und bald darauf auch verwirklicht) wurde:

Die Disneyland *zugrunde liegende Idee ist einfach. Es wird ein Ort sein, an dem die Menschen Freude und Wissen finden.*

Es wird ein Ort sein, an dem Eltern und Kinder miteinander eine schöne Zeit verbringen können, ein Ort, an dem Lehrer und Schüler bessere Wege entdecken werden, um Dinge zu verstehen und Neues zu lernen. Hier kann die ältere Generation in der nostalgischen Erinnerung an vergangene Tage schwelgen, und hier kann die jüngere Generation Bekanntschaft mit den Herausforderungen der Zukunft machen.[6]

Die Beschreibung eines Ortes, »an dem die Menschen Freude und Wissen finden können«, beschwor ein derart schönes Bild herauf, dass Disney rasch Geldgeber für sein Projekt fand. Nach nicht einmal zwei Jahren öffnete der Park, *der ein Thema hatte*, seine Tore und lockte mehr Besucher an, als sich irgendjemand vorzustellen gewagt hätte.

Nehmen wir als Modell ein häufig in Romanen und Filmen verwendetes Thema: Verbrechen zahlt sich nicht aus. Diese fünf Worte sagen alles. Oder man nehme das Fernseh-Gasthaus *Cheers*, »wo jeder deinen Namen kennt«. Unternehmen, die Erlebnisse inszenieren, müssen sich gleichermaßen griffige Themen suchen. Selbstverständlich benötigen die Unternehmen, da sie sehr unterschiedliche Erlebnisse inszenieren wollen, auch sehr unterschiedliche Themen. Ein Einkaufszentrum könnte einen »Spaziergang durch die Straße der Erinnerung« anbieten. Ein Schönheitssalon, der sich auf niveauvolle Körperpflege spezialisiert hat, könnte das Thema »Eine kostbare Pause von der Eintönigkeit des Alltags« oder »Moderne Methoden, um alle Sinne zu verwöhnen« wählen. Eine Bank könnte sich als »unerschütterliches Bollwerk« oder als »Quelle fortschrittlicher Geschäfte« bezeichnen. Krankenhäuser könnten unter dem Thema einer »zivilisierten Pflege für bessere Gesundheit« arbeiten oder sich als Orte darstellen, »an denen die Hoffnungslosen geheilt und ihre Lieben getröstet werden«. Das skurrile Thema eines Einsatzkommandos von schrägen Vögeln (*The Geek Squad*), das sich durch seine wirkungsvolle Einfachheit auszeichnet, passt ausgezeichnet zu einer Computerreparaturfirma. Das knappe Motto »Freundlich betreuen« passt zu *Mobils* Rückgriff auf die nostalgische Kombination Krämerladen/Tankstelle. Und das »Sergeant's Program« ist ein perfektes Thema für jenes in Washington, D.C. ansässige Fitnessstudio, das einem Ausbildungslager der Armee nachempfunden ist.

Ein gut gewähltes Thema erzählt eine Geschichte, die ohne die Beteiligung der Gäste unvollständig wäre.[7] *Disney* verwendet solche Geschichten für seine Themenfahrten, die vielfach auf Filmen oder aktualisierten Märchen beruhen. Mit dem Thema »Eintritt in die große Weite« zieht die *American Wilderness Experience* ihre Gäste in die Erzählung eines zehn Jahre alten Jungen, der sich über alles wünscht, große Gebäude zu erbauen, dann jedoch erkennt, dass er die Tiere vergessen hat. *Bamboolas* Thema »Insel für Spiel, Abenteuer und Vergnügen« versetzt die kleinen Gäste in eine Fantasiegeschichte, in der zwei Kinder auf hoher See verloren gehen und von Riesenschildkröten gerettet werden, die sie auf die Insel Bamboola bringen. Die Kinder entdecken die Schönheit der Natur sowie große Mengen von Treibgut, das an den Strand gespült wird. Ihre Aufgabe besteht nun darin, die Insel zu reinigen, damit die Seeschildkröten wieder im Sand Eier legen können.[8]

> Ein Erlebnis mit einem Thema zu versehen, bedeutet, eine Geschichte zu schreiben, die den Besucher zum Beteiligten macht

Es ist schwierig, ein geeignetes Thema für ein Erlebnis zu entwickeln. Ein möglicher Ausgangspunkt sind allgemeine Themenkategorien. In seinem kenntnisreichen, wenn auch ziemlich akademischen Buch *The Theming of America* nennt der Soziologieprofessor Mark Gottdiener zehn Themen, die sich häufig in der »gestalteten Umwelt« manifestieren und die er als in Szene gesetzte Erfahrungen bezeichnet[9]:

1. Status
2. Tropisches Paradies
3. Wilder Westen
4. Klassische Zivilisation
5. Nostalgie
6. Arabische Fantasie
7. Urbanes Motiv
8. Festungsarchitektur
9. Modernismus und Fortschritt
10. Darstellungen des nicht Darstellbaren (ein Beispiel ist der *Memorial Wall*, der an die im Vietnamkrieg gefallenen amerikanischen Soldaten erinnert)

Die Marketingprofessoren Bernd Schmitt und Alex Simonson beschreiben in ihrem lehrreichen Buch *Marketing Asthetics* neun »Bereiche«, in denen Themen zu finden sind:[10]

1. Geschichte
2. Religion
3. Mode
4. Politik
5. Psychologie
6. Philosophie
7. Physische Welt
8. Populäre Kultur
9. Künste

Doch gleichgültig, in welcher Liste man sein Thema entdeckt: Um ein Erlebnis erfolgreich mit einem Thema zu versehen, muss man herausfinden, was sich tatsächlich als überzeugend und fesselnd erweisen wird. *Die Entwicklung eines solchen Themas erfordert die Beachtung von fünf Prinzipien:*

Erstens muss ein fesselndes Thema das Realitätsempfinden des Gastes verändern. Gottdieners Themen verändern durchwegs irgendeinen Bereich des menschlichen Erlebens, sei es die Zeit, den Ort, die Umwelt (vertraut/fremd, gefährlich/sicher), die soziale Zugehörigkeit oder das Selbstbild. Die Schaffung einer Realität, die sich von der alltäglichen unterscheidet – was das Tun, Lernen, Dableiben und Dasein anbetrifft –, ist die Grundlage für den Erfolg eines Themas und steht im Mittelpunkt der Entwicklung eines Ortsempfindens.

Zweitens sind die reichhaltigsten Orte mit Themen versehen, die das Wirklichkeitsempfinden *vollkommen* verändern, indem sie sich auf das Erleben von Raum, Zeit und Materie auswirken. Die Parkgarage ist ein Ort, den wir alle kennen. Die typischen Parkplatzmarkierungen nehmen nur in einer einzigen Dimension Raum ein und dienen lediglich dazu, einen Parkplatz zu identifizieren – und üblicherweise erkennt ein Autofahrer einen Parkplatz eher beim Einparken, als dann, wenn er wieder zurückkehrt. Schilder liefern ein zweidimensionales Bild und helfen dem Fahrer zu *sehen*, wo er geparkt hat. Die nach Themen geordnete Gestaltung der Parkgarage am Flughafen O'Hare in Chicago ermöglicht es dem Besucher hingegen, die Parkplätze in 3-D-Perspektive zu *erleben*. Hier besteht die Absicht tatsächlich darin, den Vorgang des Parkens mit Energie und Bewegung zu bereichern. Die Folge ist, dass die Gäste bei ihrer Rückkehr keine Zeit damit vergeuden, auf der Suche nach ihrem Auto in der Garage umherzuirren.

Auch in jenem neuen Erlebnis, das der Sportsender *ESPN* am Hafen von Baltimore inszeniert, empfindet der Besucher die Zeit anders. *ESPN Zone* ist keine gewöhnliche Sportbar, sondern »ein Ort, an dem der Jubel niemals verebbt«. Hier wird das Gespür des Fans für die Gegenwart verändert. Es wird nicht einfach ein Spiel übertragen, sondern auf 300 Fernsehschirmen ist fast jeder sportliche Wettbewerb zu sehen, der irgendwo übertragen wird. Es gibt *immer* etwas zu bejubeln. Ähnlich verändern auch das *VISIONARIUM* von *Silicon Graphics* und das modernisierte Tomorrowland in Disneyland das Zukunftsempfinden, während das *Hard Rock Café* die Vergangenheit manipuliert.

> Die reichhaltigsten Orte verändern das Erlebnis von Zeit, Ort und Materie

Auch dem Material muss bei der Gestaltung eines überzeugenden Themas ausreichende Aufmerksamkeit gewidmet werden. Abhängig vom Thema können Größe, Form und Substanz der Ausstattung schwanken. Das Thema »Willkommen in meiner Welt« von *FAO Schwarz* verspricht den Gästen eine Begegnung mit einer anderen Art von Spielzeug; die Outdoor-Themen von *Cabela's* und dem Konkurrenten *Bass Pro Shops* transportieren die Objekte der Begierde eines Sportsmanns mittels ausgestopfter Tiere und anderer Formen der Hintergrundgestaltung und bringen dabei das Wild näher zum Jäger. Die *American Wilderness Experience* verknüpft echtes (Tiere), falsches (künstliche Bäume) und virtuelles Material (Filmattraktionen), um den Gästen den Weg zu seinem postmodernen Thema («Komm herein zum großen Freilufterlebnis«) zu ebnen.

Und der Raum ist wichtig. Das Thema der *American Wilderness Experience* von *Ogden* machte es erforderlich, die Position und die geeignete Distanz zwischen den einzelnen Lebensräumen, Tierarten und Gästen genau zu studieren, damit das Erlebnis einen Sinn erhielt. Der neugegründeten *LAN Arena* mangelt es an einem klaren Thema; kein Wunder, dass die Wände kahl und die Einrichtungsgegenstände undefinierbar sind. Auf der anderen Seite tun auch riesige Fluglinien nur wenig, um das Gefühl der Überfüllung zu beseitigen, das den durchschnittlichen Reisenden bei den meisten Gesellschaften überkommt. Der Kreativitätsexperte und ehemalige Dekan der Disney University, Mike Wance, erzählt in Vorträgen, dass er auf Reisen eine Tasche mit persönlichen Gegenständen dabeihabe, die er als »Küche des Geistes« bezeichnet – Familienfotos, Papiere und anderen ausgewählten Krimskrams, den er insbesondere auf langen Flügen verwendet, um an seinem Platz Rücklehne, Klapptablett und Fensterjalousie zu dekorieren. Selbstverständlich sehen ihn die Stewardessen so an, als hätte nicht die themenlose Fluglinie, sondern er ein Problem.[11]

Drittens verschmelzen fesselnde Themen Raum, Zeit und Materie zu einem in sich geschlossenen, realistischen Ganzen. Wie das funktioniert, können wir uns am Beispiel einer theologischen Arbeit ansehen. In seiner Apologetik des Christentums erklärt Dr. Henry M. Morris: »Es ist nicht so, dass das Universum eine *Triade* aus drei verschiedenen Einheiten darstellt [Zeit, Raum und Materie], die, wenn man sie zusammenfügt, das Ganze ergeben. Vielmehr ist jedes von den dreien selbst das Ganze, und das Universum ist eine echte Trinität, keine Triade. Der Raum ist unendlich und die Zeit endlos, und überall im Raum und in der Zeit geschehen Dinge, laufen Prozesse ab, existieren Phänomene. Die Trinität des Universums weist eine bemerkenswerte Analogie zum Wesen seines Schöpfers auf.«[12] Hier liegt die Macht des Geschichtenerzählens und anderer Erzählformen als Vehikel zur Darlegung von Themen. Große Bücher und gute Filme fesseln ihr Publikum, indem sie vollkommen neue Wirklichkeiten erschaffen und jedes Detail der Lektüre und des Kinoerlebnisses verändern. *Lori's Diner*, eine kleine Restaurantkette in San Francisco, inszeniert ein authentisches Fünfziger-Jahre-Abendessen samt Jukebox, Spielautomaten, Telefonzelle und Bedienung in Uniform – vor der Tür steht sogar ein Page, der die Passanten einlädt, die Treppen hinaufzugehen und in diese vergangene Welt einzutreten.[13] Warum kann man nicht auch mit Bankfilialen und Shuttle-Bussen, Hotels und Fluglinien auf diese Art verfahren?

Viertens vertieft man ein Thema, indem man mehrere Orte innerhalb eines Ortes schafft. Die fünf Lebensräume in der *American Wilderness Experience* gehorchen diesem Prinzip. Der Wechsel der Szenerie von Redwoodwäldern zu Hochebene, Wüste, Küste und

Tiefland erweitert die Geschichte, in die der Besucher mittels eines Videos und einer simulierten Rundfahrt eingeführt wurde. Der Gast wird in Bewegung gesetzt. Dieses Konzept des »Ortes im Ort« stellt einen wesentlichen Unterschied zwischen einem *Club Disney* und einer *Discovery Zone* dar. Beide machen eine Abwandlung des »Spiels« zu ihrem Thema, doch *Disneys* meisterhafte Gestaltung neuer unterschiedlicher Spielbereiche an einem einzigen Ort ermöglicht es Kind und Erwachsenem, seine eigene Spielgeschichte zu entwickeln. Bei *Discovery Zone* ist praktisch jeder Winkel des Ortes von allen Standorten aus sichtbar. Durchsichtige Netze trennen die Bereiche voneinander, wobei die so genannte »Ballspielattraktion« häufig im Mittelpunkt der Aktivität steht. Zwar erleichtert es diese Gestaltung den Eltern, den Aufenthaltsort ihres Nachwuchses zu kontrollieren, doch das Konzept erinnert eher an Gottdieners Festungsarchitektur und ein Überwachungsthema als an ein Spiel um des Spiels willen.

> Starke Themen schaffen mehrere Orte innerhalb eines Ortes

Fünftens sollte ein Thema dem Charakter des Unternehmens entsprechen, welches das Erlebnis inszeniert. Arthur Rubloff, der Leiter der Stadtplanung in Chicago, prägte im Jahr 1947 den Begriff der »Magnificent Mile«, um eine bekannte, von Geschäften gesäumte Strecke entlang der North Michigan Avenue im Geschäftsviertel von Chicago zu beschreiben. Hier handelt es sich um ein großartig konstruiertes Thema, das Jahrzehnte überstanden hat, weil es so gut zu dem *Fußmarsch* passt, den die Besucher auf sich nehmen müssen, um dort einzukaufen und zu essen. Ein Sprung zur Politik liefert ein Beispiel für ein Thema, das der Aufgabenstellung nicht gerecht wird: In dem Augenblick, da Michael Dukakis, der damalige Gouverneur von Massachusetts, einen Helm aufsetzte und für ein Foto in einen Panzer stieg, verlor er die amerikanische Präsidentenwahl im Jahr 1988. Das Thema des »Kämpfers« passte nicht zu seiner Rolle als Kandidat – und die Wähler wussten das. Damit ein Thema erfolgreich sein kann, muss es vollkommen dem Wesen des Angebots entsprechen. Jedes Thema, das dieser Aufgabe nicht gerecht wird, erscheint unaufrichtig und lenkt eher von dem Erlebnis ab, als es zu vertiefen.

Ein wirkungsvolles Thema muss präzise und überzeugend sein. Ein Übermaß an Details beeinträchtigt seine Effektivität als Ordnungsprinzip für die Inszenierung von Erlebnissen. Bei einem Thema handelt es

Ein Thema sollte zum Charakter des Unternehmens passen, welches das Erlebnis inszeniert sich nicht um einen Einsatzplan oder einen Marketingslogan. Es muss nicht öffentlich verkündet werden – so wie der Begriff der »Trinität« in der Heiligen Schrift nirgendwo auftaucht –, damit seine Gegenwart unverkennbar ist. Das Thema muss alle Gestaltungselemente und inszenierten Ereignisse zu einer Geschichte verschmelzen, die den Kunden vollkommen in ihren Bann schlägt. Das ist das Wesen eines Themas; alles Übrige dient lediglich der Unterstützung.

Verknüpfen Sie die Eindrücke mittels positiver Hinweise

Das Thema stellt die Grundlage eines Erlebnisses dar, doch dieses muss durch unauslöschliche *Eindrücke* bereichert werden. Die Eindrücke sind die »Mitbringsel«, die der Gast von einem Erlebnis mit nach Hause nimmt: Die schlüssige Verknüpfung einer Reihe von Eindrücken wirkt sich auf den Besucher aus und erfüllt damit die thematische Aufgabenstellung. Die Wahl der Eindrücke geht von der Frage aus, welche Beschreibung des Erlebnisses man gern von den Gästen hören möchte: »Ich hatte das Gefühl...« oder »Es war, als wäre...« Die Professoren Schmitt und Simonson haben auch diesbezüglich eine hilfreiche Liste zusammengestellt, in der sie sechs »Dimensionen allgemeiner Eindrücke« anführen:[14]

1. Zeit: traditionelle, zeitgenössische oder futuristische Darstellungen des Themas.
2. Raum: Land/Stadt, Ost/West (man könnte noch Nord/Süd hinzufügen), Privatleben/Beruf und Innenraum/Freiluft.
3. Technologie: handgefertigte/maschinell erzeugte und natürliche/künstliche Darstellungen.
4. Authentizität: originelle oder imitierende Darstellungen.
5. Ausgestaltung: verfeinerte/unbehandelte oder luxuriöse/billige Darstellungen.
6. Umfang: Darstellung des Themas als groß oder klein.

Anhand dieser Dimensionen können die Gestalter von Erlebnissen darüber nachdenken, wie sie die enormen Möglichkeiten nutzen wollen, um ein Thema mit unauslöschlichen Eindrücken zu vermitteln. Der Zusammenhang mit Raum-Materie-Zeit liegt auf der Hand.

Doch diese Liste wirft nur ein erstes Licht auf die Beziehung zwischen den Eindrücken und dem von ihnen unterstützten Thema. Die vielleicht umfassendste Liste vorstellbarer Eindrücke liefert Peter Mark Rogets Zusammenfassung der Kategorien: *Roget's International Thesaurus* (vierte Aufl.) enthält 1042 Einträge von »Existenz« bis »Religiöse Gebäude«, die acht Klassen und 176 Unterklassen zugeordnet sind. Der eigentliche *Thesaurus* enthält 250 000 Worte und Phrasen.[15] Dies ist die reichhaltigste Quelle für jeden, der die exakten Worte zur Beschreibung der Eindrücke sucht, mit denen er seine Gäste nach Hause schicken will.

Selbstverständlich genügen Worte allein noch nicht. Um die erwünschten Eindrücke zu erzeugen, muss ein Unternehmen ein Netz aus Hinweisen spinnen, die gemeinsam das Wesen des angestrebten Erlebnisses unterstreichen. Jeder dieser Hinweise muss dem Thema entsprechen, und *kein einziger* sollte davon ablenken. Sir Colin Marshall erzählt, dass *British Airlines* bei der Gestaltung seines Flugerlebnisses, in dessen Mittelpunkt das Thema eines geradezu verschwenderischen persönlichen Service steht, sämtliche Elemente seiner Dienstleistung so arrangiert, »dass sie in ihrer Gesamtheit ein besonderes Erlebnis erzeugen. Wir versuchen darüber nachzudenken, welche Art von Eindruck oder Empfindung jede Interaktion zwischen dem Unternehmen und einem Kunden hervorrufen wird«[16]. Aus diesem Grund laden die Stewardessen nicht einfach Speisen und Getränke beim Fluggast ab, um dann im Heck der Maschine zu verschwinden. Vielmehr sind sie den Passagieren jederzeit behilflich, wenn sie darum gebeten werden. Der Zweck dieser Vorgehensweise besteht darin, »zusätzliche persönliche Kontakte mit dem Kunden herzustellen«[17].

George Harrop, Gründer von *Barista Brava*, einer Kaffeebarkette in Washington, D.C., wirbt für Franchises mit dem urheberrechtlich geschützten Slogan »Unser Geschäft besteht darin, dem Kunden ein Erlebnis zu vermitteln... unsere Branche ist der Kaffeeverkauf!« Das zugrunde liegende Thema einer »Verschmelzung der italienischen Espressobar mit dem dynamischen amerikanischen Lebensstil« wirkt sich auf das gesamte Design aus. Die Inneneinrichtung beschwört die alte Welt herauf, und das sorgfältig gestaltete Muster der Fußbodenfliesen sowie das Design des Tresens bewegen die Kunden dazu, sich in der Schlange anzustellen, ohne dass die üblichen Hinweiszeichen oder Absperrseile benötigt würden, die vom Thema ablenken würden. Die Kunden gewinnen den richtigen Eindruck von einer schnellen Dienstleistung in einer beruhigenden Umgebung. Darüber hinaus hält Harrop die Angestellten an, sich die Gesichter der Gäste zu merken, damit sie den Stammkunden ihre »übliche« Bestellung liefern können, noch bevor sie dazu aufgefordert werden. Gegenwärtig hält der Barkeeper Christoper Mathis, der den Künstlernamen »The Amazing Marceau« trägt, den Rekord, da er sich an 62 Kunden nacheinander erinnern konnte!

Im Jahr 1997 führte der Bereich Campus-Dienstleistungen von *ARAMARK* eine neue Cafeteria-Erfahrung ein, die den Namen *Pan Geos* erhielt. Marketingleiter Doug Martinedes spricht vom »nächsten Schritt in der Evolution der Gastwirtschaft: ein Markterlebnis für praktisch jeden Geschmackstyp«. Um dem Thema der »frischen Gaumenfreuden aus aller Welt« gerecht zu werden, entschied sich das Entwicklungsteam für eine Kombination von Eindrücken, die als »The Five F's and a W« bezeichnet werden. Sieben Module enthalten jeweils unterschiedliche Speisen aus aller Welt samt einer Auslage voller frischer (*f*resh) Zutaten, aus denen sich das Gericht des Tages zusammensetzt. Die kostümierten Köche bereiten die Vorspeisen schnell (*f*ast) und offen (*f*ortright) vor Ort zu. Alles geschieht unter den Augen des Kunden, eine abgetrennte Küche gibt es nicht. Inmitten einer Explosion von Farben und Düften stimmen die Köche jede Mahlzeit auf den persönlichen Geschmack, *f*ür den Kunden ab, wobei sie mit den Gästen plaudern und scherzen, was das Erlebnis sowohl für die Köche als auch für die Gäste zu einem Vergnügen (*f*un) macht. Das Ergebnis ist ein unüberhörbares *W*ow!

Es liegt auf der Hand, dass unterschiedliche Erfahrungen vielfach auf ganz unterschiedlichen Eindrücken beruhen. Das *East Jefferson General Hospital* in Metairie unweit von New Orleans wurde von CEO Peter Betts und seinem Führungsteam rund um die Eindrücke von Wärme, Fürsorglichkeit und Professionalität neu gestaltet. Diese drei Schlüsseleindrücke werden vermittelt, indem man die Mitarbeiter des Krankenhauses mit leicht lesbaren Namensschildern ausstattet, auf denen die Berufsbezeichnung und die Ausbildung angeführt sind. Bevor ein Mitarbeiter das Zimmer eines Patienten betritt, klopft er an. Jeder Bereich des Krankenhauses, der für Gäste zugänglich ist – zu denen nicht nur die Patienten selbst, sondern auch Familienmitglieder, Geistliche und andere Besucher gezählt werden –, ist als »vor dem Vorhang« gekennzeichnet. Unangenehme Aktivitäten (wie der Transport von Blut) und »Gespräche auf dem Gang« werden auf die Bereiche »hinter dem Vorhang« beschränkt. Die Bereiche »vor dem Vorhang« sind sorgfältig gestaltet und enthalten Hinweise, die geeignet sind, das Erlebnis des Aufenthalts angenehmer zu gestalten. Zu diesem Zweck wurde die Rehabilitationsstation, wo die Patienten häufig auf dem Rücken liegend trainieren, mit Deckenbildern ausgestattet. Die verschiedenen Örtlichkeiten sind an unterschiedlichen Bodenbelägen zu erkennen (in den Aufenthalts-

> Ein Unternehmen muss für Hinweise sorgen, die das Wesen der Erfahrung unterstreichen

räumen wurden Teppiche verlegt, die Wege zu den Speiseräumen bestehen aus Schieferplatten und jene zu den Besprechungszimmern aus Tonfliesen).[18]

Lewis Carbone, Präsident der *Experience Engineering Co.* in Bloomington, Minnesota, hat ein hilfreiches Konstrukt zur »Gestaltung« von Erfahrungen entwickelt, die Präferenzen erzeugt. Carbone unterteilt die Eindrücke (oder »Anhaltspunkte«, wie er sie nennt) in »mechanics« und »humanics«. Um es anders auszudrücken: Er unterscheidet zwischen leblosen und belebten Eindrücken. Bei den ersten handelt es sich um »Anblicke, Gerüche, Geschmacksempfindungen, Klänge und Tasteindrücke von *Dingen*, etwa der Landschaft, grafischen Darstellungen, Düften, Musikaufnahmen, Handleisten und so weiter. Im Gegensatz dazu gehen die ,humanics‘ von *Menschen* aus. Diese Anhaltspunkte gestaltet man, indem das Verhalten definiert und choreographiert wird, das die Mitarbeiter im Kontakt mit den Kunden an den Tag legen sollen.«[19]

Bei *Disney* räumt das Management dem Eindruck der Sauberkeit höchste Priorität ein, um jede Assoziation mit ungehobelten lokalen Karnevalsfesten oder abgewirtschafteten Vergnügungsparks zu vermeiden. Die Gestalter haben dieses Prinzip in folgende Hinweise umgesetzt: Es ist dafür gesorgt, dass stets ein Abfallbehälter in Sichtweite ist (mechanics), und es steht eine große Zahl von Mitarbeitern bereit, deren einzige Aufgabe darin besteht, jeden Abfall wegzuräumen, der es nicht bis zu einem Behälter schafft (humanics). Nun ja, ganz so beschränkt ist ihre Funktion auch wieder nicht: Natürlich haben auch diese Mitarbeiter die Aufgabe, Blickkontakt herzustellen und jeden Gast anzulächeln, der ihnen näher als drei Meter kommt, um den Eindruck der »Fröhlichkeit« zu verstärken.

Die Hinweise lösen Eindrücke aus, die das Thema im Geist des Kunden verankern. Allein dadurch, dass irgendein Gestaltungselement übersehen, vernachlässigt oder nicht ausreichend mit den anderen koordiniert wurde, kann ein Erlebnis unangenehm werden. Ungeplante oder unbewusste visuelle und über das Gehör aufgenommene Hinweise können dazu führen, dass beim Kunden Verwirrung oder ein Gefühl des Verlorenseins entsteht. Ist es Ihnen jemals passiert, dass Sie nicht wussten, wie Sie Ihr Hotelzimmer finden sollten, obwohl man Ihnen den Weg an der Rezeption genau erklärt hatte? Bessere, klarere Hinweise entlang des Weges hätten Ihnen ein angenehmeres Erlebnis vermittelt.

Unterschiedliche Erfahrungen stützen sich auf unterschiedliche Eindrücke

Beseitigen Sie negative Hinweise

Um dem Kunden ein insgesamt angenehmes Erlebnis zu verschaffen, genügt es nicht, ein Netz positiver Hinweise zu knüpfen. Die Gestalter von Erlebnissen müssen alles beseitigen, was die Aufmerksamkeit beeinträchtigt oder vom Thema ablenkt. An den meisten von Menschenhand geschaffenen Orten – in Einkaufszentren, Büros, Gebäuden oder Flugzeugen – finden die Gäste eine Umgebung vor, die mit sinnlosen oder nebensächlichen Botschaften beladen ist. Die Kunden brauchen manchmal durchaus Anleitung, doch die Anbieter von Dienstleistungen machen allzu oft unzureichende Angaben oder wählen ein ungeeignetes Medium wie beispielsweise jenes Schild, das wir auf einem Sessel in einem *Wyndham Garden Hotel* sahen: »Für Ihr Wohlbefinden hat dieser Sessel eine bewegliche Rückenlehne.« Der kognitive Psychologe Donald Norman, der sich als Kritiker von

Industriedesign einen Namen gemacht hat, hat eine »Faustregel für die Erkennung schlechten Designs« gefunden: »Halten Sie Ausschau nach angeschlagenen Anleitungen.«[20] Diese eignen sich ausschließlich dazu, einen schlechten Eindruck zu erwecken.

Anscheinend nebensächliche Fingerzeige können sich nachteilig auf jedes Erlebnis auswirken. Beispielsweise deuten die Gäste die Ankündigung »Ihr Tisch ist fertig«, die sie in den meisten Restaurants am Empfang zu hören bekommen, lediglich als Hinweis darauf, dass sie ein durchschnittliches Mahl zu erwarten haben. Dieser Satz klingt mittlerweile so vertraut, dass er keinen Eindruck mehr macht. Im *Rainforest Café* hingegen bereitet der Gastgeber das Feld für das kommende Erlebnis, indem er für alle hörbar verkündet: »Für die Familie Smith kann das Abenteuer jetzt beginnen!« Ist die Familie Smith bis zum dritten Ausruf nicht aufgetaucht, so teilt der Gastgeber den übrigen Gästen mit, dass die »Safari der Familie Smith ohne sie begonnen hat«.

> Gute Gestalter von Erlebnissen beseitigen alles, was vom Thema ablenkt

Um Hinweise zu vermeiden, die sich nicht mit den Themen der Parks vertragen, spielen die Ensemblemitglieder von *Disney* stets ihre Rolle, ohne sich jemals von ihrer Figur zu lösen, während sie auf der Bühne stehen. Nur hinter dem Vorhang, in einem Bereich, zu dem die Gäste keinen Zutritt haben, dürfen sich die Ensemblemitglieder miteinander unterhalten. Viele Historienorte wie *Old Sturbridge Village* und *Plimoth Plantation* in Massachusetts verlangen ebenfalls von ihren Mitarbeitern, sich an ihre Figur zu halten (Farmer aus dem 18. Jahrhundert in Sturbridge, Pilger und Indianer in Plimoth). Andere derartige Orte, wie *Colonial Williamsburg* und *Jamestown* in Virginia, schmälern die Integrität ihrer Erlebnisse beträchtlich, indem sie ihren in historischen Kostümen auftretenden Mitarbeitern erlauben, die Sprache ihrer zeitgenössischen Gäste zu sprechen.

Das Konzept »rollengemäßer« Kleidung und Verhaltensweisen kann auch auf Menschen mit alltäglicheren Jobs angewandt werden. Im *East Jefferson General Hospital* müssen sämtliche Mitarbeiter den »EJ Look« personifizieren. Dabei handelt es sich um eine Reihe von Bekleidungsregeln, die potenziell negative Hinweise eliminieren. Verboten sind beispielsweise Freizeithemden ohne Krawatte bei Männern, überlange Fingernägel und bestimmte Lidschatten bei Frauen sowie starke Parfums bei beiden. Der »EJ Look« hilft den Mitarbeitern dabei, den vom

Krankenhaus angestrebten Eindruck der »Professionalität« zu erzeugen, und hat sich als derart wirkungsvoll erwiesen, dass sie von Menschen, denen sie außerhalb des Krankenhauses begegnen, häufig sofort als Angestellte des East Jefferson erkannt werden.

Zu viele aufs Geratewohl angehäufte Hinweise können ein Erlebnis zerstören

Auch zu viele Hinweise können ein Erlebnis beeinträchtigen, vor allem wenn sie aufs Geratewohl angehäuft wurden. Ein Beispiel ist ein *Übermaß* an Service im Namen der Kundennähe. In einem Artikel in *Fortune* wurden die Vorzüge privat vermieteter Apartments gegenüber Hotels gepriesen: »Es gibt kein Check-in, kein Check-out, keine Rechnungen, die man enträtseln muss, keine aufgeblähten Telefongebühren (man wählt direkt und erhält später eine Liste zugesandt, in der alle Anrufe aufgeschlüsselt sind) und nur ein Zwei- oder Drei-Nächte-Minimum. Und noch besser ist, dass es diese *Aufdringlichkeit der Dienstleistungsbranche* nicht gibt: kein Ausrufer, der auf sein Trinkgeld wartet, keine Zimmermädchen, die herumlungern, um einen Blick auf den Fernseher zu erhaschen, keine Agenten, die in der Nacht hereinschleichen, um Schokolade in deinem Bett zu verstecken.«[21] Wenn sie ihre Kunden nicht langsam an das schönere Erlebnis in irgendeinem Gastzimmer verlieren wollen, sollten sich die Hotelketten doch anstrengen, die negativen Hinweise zu beseitigen: Sie sollten damit aufhören, Couchtische, Schränke und Kommoden mit Servicebroschüren vollzustopfen; sie sollten Personal für die Telefonvermittlung abstellen, damit die Mitarbeiter am Empfang nicht ständig das Gespräch mit zahlenden Gästen unterbrechen müssen, um Telefonanrufe weiterzuleiten; sie sollten dafür sorgen, dass die Ausrufer und Zimmermädchen ihre Arbeit verrichten, ohne die Gäste zu belästigen. Nur so werden sich ihre Gäste bei ihnen wirklich wie zu Hause fühlen.

Bereichern Sie das Angebot um Erinnerungsstücke

Seit jeher erwerben die Menschen bestimmte Güter in erster Linie wegen ihres Erinnerungswerts. Urlauber kaufen Postkarten, um besonders schöne Anblicke nach Hause mitzunehmen, Golfer erwerben Polo-Shirts oder Kappen mit aufgenähten Logos, um sich an einen bestimmten Platz zu erinnern, Eheleute kaufen Grußkarten, um wichtige Tage zu feiern, und Jugendliche sammeln bedruckte T-Shirts, um sich an Rockkonzerte zu erinnern. Diese Erinnerungsstücke dienen als greifbare Manifestationen der Erlebnisse, an die sich die Käufer erinnern wollen.

Solche Dinge gehören oft zu den am sorgsamsten gehüteten Besitztümern eines Menschen und sind ihm viel mehr wert, als der Gegenstand an sich gekostet hat. Nehmen wir beispielsweise etwas so Einfaches wie eine Eintrittskarte, jenes natürliche Nebenprodukt sehr vieler Erlebnisse. Vielleicht haben Sie die eine oder andere (gemeinsam mit anderen wertvollen Dingen) ganz unten in einem Schmuckkästchen versteckt, oder Ihre Kinder haben einige Karten in ihren Zimmern an die Pinwand gehängt. Warum heben wir diese oft zerrissenen Stückchen bedruckten Papiers auf? Weil sie für eine wertvolle Erinnerung stehen. Für den ersten Besuch bei einem Baseballspiel, für das Lieblingsmusical, für eine ganz besondere Verabredung im Kino – allesamt Ereignisse, die ohne dieses greifbare Erinnerungsstück in Vergessenheit zu geraten drohen.

> Die Menschen kaufen Souvenirs als greifbare Manifestationen der Erlebnisse, an die sie sich erinnern möchten

Selbstverständlich ist das nicht der einzige – und vielleicht nicht einmal der vorrangige – Grund dafür, dass wir Souvenirs kaufen. Noch wichtiger ist möglicherweise unser Bedürfnis, anderen vorzuführen, was wir erlebt haben, um ein Gespräch in Gang zu bringen und, auch dies ein nicht unwesentlicher Faktor, um Neid zu wecken.[22] Dies ist weiteres Material für den aufmerksamen Erlebnisgestalter. Bruno Giussani, der beim Weltwirtschaftsforum in Davos für den Themenbereich Internetstrategie zuständig ist, erzählte uns: »Souvenirs stellen eine Möglichkeit zur ‚Sozialisierung‘ des Erlebnisses dar, zur Weitergabe eines Teils davon an andere – und für Unternehmen, die in das Erlebnisgewerbe einsteigen, sind sie ein Mittel, neue Gäste anzulocken.«

Die Menschen geben bereits heute jedes Jahr Milliarden Dollar für diese Art von Gütern aus, deren Preis normalerweise weit über dem ähnlicher Produkte liegt, welche jedoch nicht an einen Ort oder an ein Ereignis erinnern. Der Besucher eines Konzerts der Rolling Stones wird einen hohen Preis für ein offizielles T-Shirt zahlen, auf dem das Datum des Konzerts und der Veranstaltungsort festgehalten sind. Der Grund dafür ist, dass der Preis weniger ein Indikator für die Kosten eines Produktes, sondern vielmehr für den Wert ist, den der Käufer der Erinnerung an das Erlebnis beimisst. Nicht nur, dass er einen hohen Preis für T-Shirts aus Massenproduktion verlangt, das *Hard Rock Café* bringt seine Gäste auch dazu, mehrere Artikel einzukaufen, einfach indem es den Standort des speziellen Cafés auf seine T-Shirts druckt (eine Methode, die das *Rainforest Café* mittlerweile nachahmt und die auch andere mit einem Thema versehene Einrichtungen gewiß übernehmen werden). *The Ministry of Sound*, ein britisches Unternehmen, das Nachtklubs betreibt und sich seit einiger Zeit verstärkt im Mediengeschäft engagiert, erzielte im Jahr 1997 Erträge von 40 Millionen Dollar, von denen jedoch nur 6 Millionen tatsächlich mit dem Betrieb der Nachtklubs verdient wurden. Der Großteil der Einnahmen stammt aus dem Verkauf von Souvenirs.[23]

Der Verkauf von mit einem Erlebnis verknüpften Souvenirs stellt eine Möglichkeit zur Erweiterung eines Erlebnisses dar. Eine weitere besteht darin, Gegenstände, die ein fester Bestandteil des Erlebnisses sind, in personalisierte Souvenirs zu verwandeln. Sport-Themenrestaurants könnten die Unterschrift eines Gastes auf der Kreditkarte einscannen und auf einem Baseball direkt unter jene eines legendären Spielers setzen. Bei *Planet Hollywood* könnte die Unterschrift eines Gastes als Fußzeile in einer digital manipulierten Filmszene erscheinen, in welcher der Gast neben seinem bevorzugten Filmstar steht, dessen Unterschrift bereits auf dem Foto erscheint.

Ein dritter Zugang besteht darin, Souvenirs nicht zu verkaufen, sondern zu verschenken. Als das *Ritz-Carlton* in Naples, Florida, ein neues computergestütztes Sicherheitssystem installierte, in dem Magnetkarten an die Stelle der herkömmlichen Schlüssel traten, entschloss sich das Management, die alten Türknäufe an die Gäste zu verschenken, anstatt sie zu verkaufen oder wegzuwerfen. Man gravierte in jeden der 463 Knäufe das klassische Ritz-Carlton-Emblem mit Löwe und Krone ein, machte Briefbeschwerer daraus und verschenkte sie an jene unter den mehr als 6000 interessierten Gästen, deren Geschichte über ein Erlebnis im *Ritz* die Mitarbeiter, welche jeden einzelnen Antrag lasen, am tiefsten berührte. Die nur in begrenzter Zahl vorhandenen Türknäufe wurden zu physischen Erinnerungen an einen einprägsamen Aufenthalt, und, wie das *Ritz-Carlton* mit

Sicherheit hoffte, zu einem Fingerzeig zur Wiederholung dieses Erlebnisses in der Zukunft. Das Gefühl der Verpflichtung, das man in den Gästen geweckt hatte, war sehr viel mehr wert als das Geld, welches das Hotel mit dem Verkauf der Türknäufe verdient hätte.

Ein vierter möglicher Zugang besteht in der Entwicklung einer ganz neuen Art von Souvenirs. Beispielsweise entwickelte *Hillenbrand Industries* aus Batesville, Indiana, ein neues Souvenirkonzept für die Bestattungsbranche. Dieses ging von der in vielen Bestattungsunternehmen gepflegten Praxis aus, von Hand »Gedächtnistafeln« anfertigen zu lassen, die bei Gedenkveranstaltungen ausgestellt

> Der Preis hängt davon ab, welchen Wert die Erinnerung an das Erlebnis hat

wurden. *Hillenbrand* wollte den Prozeß effizienter gestalten, gleichzeitig jedoch auch die eigenwilligen Collagen erhalten, welche die Familien zusammenstellten, um an das Leben ihrer Liebsten zu erinnern. Also entwickelte *Hillenbrand* ein System, das es erlaubte, vorgefertigte Collagen mit dem von den Kunden bereitgestellten Material für den Ausdruck auf Papier und für die Videobearbeitung zu digitalisieren, zusammenzustellen und zu drucken.

Doch diese Collagen geben lediglich den Anstoß zu jenem Erlebnis, das *Hillenbrand* eigentlich anbietet. Dabei handelt es sich um einen sorgfältig gestalteten Prozess, in dem Familie, Freunde oder Mitarbeiter ihre eigenen Erinnerungen entwickeln können. Gary Bonnie, der das Projekt leitete, erklärt dazu: »Wir verkaufen das als *lifescaping* bezeichnete Erlebnis, sich mit anderen zu treffen, alte Fotos und andere Erinnerungsstücke zu durchstöbern und schöne Erinnerungen wieder zu erwecken. Die Collage ergibt sich lediglich daraus. Den wirklichen Wert finden die Teilnehmer darin, den Prozess zu durchlaufen, den wir vorgezeichnet haben.« Dementsprechend verlangt *Hillenbrand* eine Gebühr für das Erlebnis der gemeinsamen Erinnerung, gleichgültig, ob die Leute anschließend die Collage kaufen oder nicht.

Wenn die Rahmenbedingungen stimmen, kann jedes Unternehmen Souvenirs in sein Angebot integrieren. Wenn Dienstleistungsunternehmen wie Banken, Lebensmittelläden und Versicherungsgesellschaften keine Nachfrage für ihre Souvenirs finden, so liegt das daran, dass sie nichts anzubieten haben, an das sich irgendjemand erinnern möchte. Würden solche Unternehmen mit Themen versehene Erlebnisse anbieten, die mit positiven Hinweisen besetzt und von negativen gereinigt wurden, dann würden ihre Gäste für Souvenirs zahlen, um sich an ihre Erfahrungen zu erinnern. (Wollen die Gäste dies nicht tun, so bedeutet dies wahrscheinlich, dass das Erlebnis doch nicht ganz so großartig war.) Beispielsweise inszenieren die Spezialagenten der *Geek Squad* rund um Computerreparaturen ein derart ungewöhnliches Erlebnis, dass die Kunden sogar online T-Shirts und Anstecker des Unternehmens bestellen. Wären die Fluggesellschaften wirklich im Geschäft der Erlebnisgestaltung, so würden wahrscheinlich mehr Passagiere in den an Bord verteilten Katalogen nach Erinnerungsstücken suchen. Desgleichen könnten Hypothekenbanken Geschenke für den Haushalt verkaufen, und an den Supermarktkassen könnten statt billigen Produkten für den Spontankauf Souvenirs angeboten werden.

Beschäftigen Sie alle fünf Sinne

Die sensorischen Stimulanzien, die ein Erlebnis begleiten, sollten dessen Thema unterstützen und verstärken. Je wirkungsvoller ein Erlebnis die Sinne einbindet, desto besser wird es im Gedächtnis haften bleiben. Schuhputzer verstärken den Geruch der Poliercreme, indem sie das Tuch ausschlagen, womit Düfte freigesetzt und Geräusche erzeugt werden, die den Schuhen zwar nicht mehr Glanz verleihen, das Erlebnis jedoch fesselnder machen. Gewiefte Friseure verwenden Shampoos und Pflegelotionen nicht einfach nur für das Styling, sondern weil sie das Erlebnis des Kunden bei der Anwendung dieser Produkte durch taktile Sinneserfahrungen bereichern können. In besseren Lebensmittelmärkten zieht aus den Backöfen der Duft frischen Brots durch die Regalgänge, und in einigen Supermärkten wird das Sprengen des Obstes von den Anblicken und Klängen simulierter Gewitter begleitet, um ein fesselnderes Erlebnis zu erzeugen. Der einfachste Weg, um eine Dienstleistung sinnlicher zu machen, besteht zumeist darin, Geschmacksempfindungen zu ergänzen, indem man Speisen und Getränke serviert. Die Cafés von *Barnes & Noble* haben sich als wunderbare Ergänzung der Buchhandlung erwiesen, denn sie bewegen die Kunden dazu, sich länger dort aufzuhalten, womit die Wahrscheinlichkeit steigt, dass sie weitere Bücher kaufen.

Das von Russ Vernon gegründete Unternehmen *West Point Market* in Akron, Ohio, war eines der ersten, das seinen Kunden in einem Lebensmittelmarkt Spezialitäten servierte. Der Einzelhandelsguru Leonard Berry von der Texas A&M University beschreibt diesen für anspruchsvollere Kundenschichten bestimmten Markt als »Meer von Farben, eine abenteuerliche Entdeckungsreise, einen Ort der Versuchung mit seinem mörderischen Gebäck, seinen Walnuss-Bosheiten und seinen Erdnussbutteraufstrichen, die einen verrückt machen«.[24] Berry zitiert den PR-Chef Kaye Lowe, der erklärt hat: »Wir zögern nicht, die Kunden ein Produkt kosten zu lassen. Manche Leute kommen am Samstag herein und essen sich durch das ganze Geschäft. Der Lieblingsspruch von Russ lautet: Komm vorbei, genieße diesen Anblick, sauge die Düfte der Köstlichkeiten auf und schmecke die Wunder von WPM.«[25]

> Je sinnlicher ein Erlebnis ist, desto besser wird es sich einprägen

Dienstleistungen verwandeln sich in fesselnde Erlebnisse, wenn sie um sensorische Phänomene bereichert werden. Wie dieser Vorgang funktioniert, ist bereits im frühen Lebensstadium eines Menschen zu beobachten. Nehmen wir beispielsweise die Aufgabe, ein Kleinkind zu füttern: Eines Tages stieß der damals elf Monate alte Evan Gilmore beim Abendessen die Hand seiner Mutter weg und verweigerte den angebotenen Brei. Also wurde die Aufgabe, dem Sprössling Nahrung zuzuführen, Daddy übertragen. Und in einem Vorgang, den zuvor schon zahllose Eltern durchgespielt hatten, wanderte der Löffel nicht mehr direkt vom Napf zum Mund. Stattdessen zog er sich einen halben Meter zurück und stieg in die Luft auf. Dann stieß das Flugzeug, begleitet von den Motorgeräuschen aus Vaters Mund, herab, und Babys Lippen öffneten sich weit wie die Tore eines Hangars, um die fliegende Nahrung aufzunehmen.

Ob Sie es glauben oder nicht: Dieses Fütterspiel enthält die Quintessenz der Aktivitäten eines Unterhaltungsanbieters, der eine gewöhnliche Dienstleistung in ein prickelndes Erlebnis für zahlende Erwachsene verwandelt. Im Grunde geht es darum, genau die richtigen *Sinneswahrnehmungen* zu verwenden, um Hinweise auf das Thema zu geben, das die Gäste angelockt hat. Bei Evan passte alles zum Thema des »fliegenden Essens« und vermittelte ihm den Eindruck, dass ein sicherer Landeplatz für die Mahlzeit benötigt wurde. Der Gestalter eines Erlebnisses beseitigt negative Hinweise (wie die strenge Anweisung »Iss dein Essen«) und stimmt alle positiven (die visuellen, die über das Gehör und den Tastsinn aufgenommenen Hinweise sowie die Geschmackstöne und Aromen) aufeinander ab, um die Eindrücke zu einem glaubwürdigen und ansprechenden Thema zu verschmelzen.

Um das Thema des *Rainforest Café* besser zu vermitteln, spricht der Nebel alle fünf Sinne des Besuchers der Reihe nach an: Zunächst hört man das Zischen. Dann sieht man den Nebel von den Steinen aufsteigen und spürt, wie er sich sanft und kühl auf die Haut senkt. Schließlich kann man die satte Tropenluft riechen und ihre Frische schmecken (oder sich vorstellen, es zu tun). Es ist unmöglich, sich diesem einfachen, mit Sinneserfahrungen beladenen Hinweis zu entziehen.

Manche Hinweise vertiefen ein Erlebnis, indem sie auf verblüffend einfache Art einen einzigen Sinn ansprechen. Die *Cleveland Bicentennial Commission* investierte vier Millionen Dollar, um in der Umgebung einer für ihr Nachtleben bekannten Zone acht Auto- und Eisenbahnbrücken über den Cuyahoga River zu beleuchten. Niemand bezahlt dafür, diese Brücken sehen oder überqueren zu dürfen, doch die Stadtverwaltung setzt die dramatisch beleuchteten Strukturen mittlerweile ein, um Touristen anzulocken, denen bei einem Besuch in Cleveland ein einprägsames nächtliches Spektakel angeboten werden kann.

Allerdings kann ein einziger, einfacher Sinneseindruck auch genügen, um vollkommen von einem Erlebnis abzulenken. Nehmen wir beispielsweise die Tonbandansagen, die heute überall zu hören sind – wenn man an ein Voicemail-System gerät, ein Telemarketing-Gespräch beginnt, in Busse ein- oder aussteigt, im Flugzeug die Startvorbereitungen über sich ergehen lässt oder im Hotel einen Weckruf bestellt. Die Kunden übertönen diese monotonen Stimmen so rasch, weil sich die Unternehmen nicht die Mühe machen, nach alternativen, kreativeren Methoden zu suchen, um dieselben Ziele zu erreichen, ohne auf diese negativen sensorischen Hinweise zurückzugreifen. Hier kann man sich mit den vier in Kapitel 2 beschriebenen Erlebnissphären beschäftigen, um einen Plan zur Vertiefung der Sinneswahrnehmungen zu entwickeln. Wie könnte eine automatisierte

Stimme unterhalten – vielleicht mittels Humor? Wie könnte sie genutzt werden, um nicht nur zu informieren, sondern auch zu bilden? Wie könnte sie zum Handeln bewegen, um eine Realitätsflucht zu ermöglichen? Und wie könnte der Klang der Stimme oder könnten die umgebenden Klänge ästhetisch derart angenehm gestaltet werden, dass sich die Gäste ein Tonband bereitwillig anhören?

Um einem Erlebnis sensorische Phänomene hinzuzufügen, müssen Unternehmen natürlich Techniker einsetzen, die wissen, wie man die menschlichen Sinne anspricht.[26] Unternehmen, die Erlebnisse verkaufen, werden architektonische und musikalische Fähigkeiten benötigen, und zwar nicht nur, um Gebäude zu entwerfen und geeignete Musik auszuwählen, sondern auch, um das Erlebnis durch sinnvolle Sinneserfahrungen zu bereichern. (In Zukunft werden Hotels für Konferenzen keine Audio/Video-Techniker mehr zur Verfügung stellen, sondern »Sensorikspezialisten«.) Nicht alle Sinneswahrnehmungen sind geeignet, und manche Kombination wird nicht funktionieren. *Barnes & Noble* hat wahrscheinlich festgestellt, dass sich Aroma und Geschmack von Kaffee gut mit dem Duft von frisch gebackenem Brot vertragen, doch *Duds n' Suds* scheiterte mit dem Versuch, einen Münzwaschsalon mit einer Bar zu verbinden – anscheinend passen die Gerüche von Phosphaten und Hopfen nicht so recht zusammen.

Ein Unternehmen, das überzeugende Erlebnisse inszenieren möchte, sollte von den hier skizzierten Prinzipien ausgehen, um die sich bietenden Möglichkeiten zu nutzen. Es muss darüber entscheiden, welches Thema das Erlebnis haben und welche Eindrücke dieses Thema den Gästen vermitteln soll. Vielfach stellen die Erlebnisgestalter eine Liste von Eindrücken zusammen, welche die Gäste im Idealfall mit nach Hause nehmen sollten, und machen sich ausgehend davon Gedanken über die verschiedene Themen und Kernaussagen, die diese Eindrücke zu einem schlüssigen Erzählstrang zusammenfügen. Dann reduzieren sie die Eindrücke auf eine zu bewältigende Zahl und wählen nur genau jene aus, welche die Kernaussage vermitteln. Anschließend wenden sie sich den beseelten und dinglichen Hinweisen zu, die den jeweiligen Eindruck vermitteln könnten, wobei sie sich an den einfachen Grundsatz halten, die positiven Hinweise hervor-

Ein einfacher Hinweis, der einen einzelnen Sinn anspricht, kann ein Erlebnis vertiefen

Viele Erlebnisgestalter beginnen mit einer Liste von Eindrücken und entwickeln ausgehend davon das Thema

zuheben und die negativen zu beseitigen. Sodann müssen sie sich eingehend mit der Wirkung beschäftigen, die jeder einzelne Hinweis auf die fünf Sinne – Gesichtssinn, Gehörsinn, Tastsinn, Geschmackssinn und Geruchssinn – haben wird, wobei darauf zu achten ist, dass die Gäste nicht mit einem Übermaß an Sinneseindrücken erdrückt werden. Schließlich werden der Mischung noch Souvenirs hinzugefügt, um das Erlebnis dauerhaft im Gedächtnis des Kunden zu verankern.

Selbstverständlich ist es zur Zeit noch eine Kunst, diese Prinzipien richtig in die Tat umzusetzen. Doch jene Unternehmen, die herausfinden, wie man Erlebnisse gestalten kann, die überzeugend, fesselnd, unvergesslich – und erfüllend – sind, können sich im Wettlauf um eine gute Position in der Erlebniswirtschaft einen Startvorsprung sichern.

Du bist, was du in Rechnung stellst

Der Übergang beginnt, wenn Erlebnisse verschenkt werden, um das vorhandene Angebot zu verkaufen

Der Übergang zu einer Wirtschaft, in der die Erlebnisse den Wachstumsmotor ankurbeln, wird in vielen Fällen ähnliche Umwälzungen mit sich bringen, wie der Übergang von der Industrie- zur Dienstleistungswirtschaft. In der Frühphase dieses Übergangs *verschenken* Unternehmen Erlebnisse, um das vorhandene Angebot besser zu verkaufen. So verschenkten *IBM* und andere anfangs ihre Dienstleistungen, um ihre Produkte zu verkaufen. Die Anbieter von Dienstleistungen erkennen bewusst oder unbewusst, welchen Wert ihre Klienten dem Erlebnis beimessen, doch anstatt dieses getrennt in Rechnung zu stellen, umgeben sie lediglich ihre Kerndienstleistungen mit Erlebniseffekten. So stellen beispielsweise die Themenrestaurants immer noch die Speisen in Rechnung, obwohl ihre Kunden wegen des Erlebnisses kommen.

Nehmen wir beispielsweise *Chryslers* neuen Schauraum im *Mall of America* am Stadtrand von Minnepolis. Dieser trägt den Titel »Großartige Autos, großartige Lkws«. Die Besucher erfahren etwas über die Geschichte *Chryslers* und des Automobils und bekommen unter anderem ein verführerisches Modellauto zu sehen. Sie können in einem Simulator an einem Autorennen teilnehmen, bekommen den Klang verschiedener Motoren zu hören und dürfen sich in einer Dodge Viper fotografieren lassen. Der Manager des Autosalons erklärte uns, *Chrysler* habe diesen Schauraum gestaltet, um »den Verbrauchern in einer Umgebung, in der sie nicht fürchten müssen, in ein Verkaufsgespräch verwickelt zu werden, klarzumachen, was für großartige Autos und Lkws *Chrysler* baut«. Auf unseren Vorschlag, das Unternehmen solle Eintritt für dieses Erlebnis verlangen, erwiderte er: »O nein – würden wir das tun, so bekämen die Kunden das Gefühl, ein Recht zu haben, uns zu sagen, was sie hier gerne tun möchten.« Genau das sollte sich das Unternehmen von seinen Kunden wünschen!

Letzten Endes wird ein Unternehmen durch das definiert, was ihm seine Einnahmen sichert, und Einnahmen erzielt es nur mit dem, was es zu ändern bereit ist. Eigentlich verkauft man ein bestimmtes wirtschaftliches Angebot erst dann, wenn man seine Kunden auffordert, für eben dieses Angebot zu bezahlen. Bei Erlebnissen bedeutet dies, dass man *Eintrittsgeld verlangt.* Indem Sie die fünf Sinne Ihres Kunden ansprechen, erhöhen Sie möglicherweise seine Neigung, Ihr Angebot dem der Konkurrenz vorzuziehen, doch zu einem *wirtschaftlichen* Angebot wird ihr Angebot erst, wenn Sie dem Kunden etwas dafür verrechnen, dass er es an einem *Ort*, den Sie kontrollieren, *nutzt* – nicht besitzt. Gleichgültig, wie fesselnd das Erlebnis ist, das Sie rund um Ihr Dienstleistungsangebot oder an Ihrem Verkaufsstandort inszenieren: Erst wenn Sie wie Konzertveranstalter, Themenparks und andere Unternehmen des Erlebnisgewerbes von den Besuchern Geld dafür verlangen, dass sie an den Aktivitäten aktiv oder als Zuschauer teilnehmen können – also dafür, dass sie Ihren Ort aufsuchen[27] – bieten Sie ein wirtschaftlich genutztes Erlebnis an.[28]

Selbst wenn Sie zum gegenwärtigen Zeitpunkt den Gedanken, Eintritt zu verlangen, ablehnen – sei es aus Furcht, Unsicherheit oder Zweifel –, sollten Sie sich bei der Gestaltung des Erlebnisses an diesem Kriterium orientieren. Stellen Sie sich folgende Frage: *Was würden wir anders machen, würden wir Eintritt verlangen?* Diese Übung wird Sie dazu zwingen herauszufinden, welches Erlebnis die Gäste wirklich fesseln wird. Schlussfolgerung: Das von Ihnen angebotene

Erlebnis wird erst dann Eintrittsgeld *wert* sein, wenn Sie herausfinden, wie Sie damit aufhören können, es zu verschenken.

Man verkauft ein Erlebnis erst dann wirklich, wenn man Eintritt dafür verlangt

Kinos, deren Besitzer seit jeher wissen, dass sie im Showbusiness tätig sind, verlangen von ihren Gästen Eintritt dafür, dass sie die Filme sehen dürfen – doch was ist mit dem Kino selbst? Jim Loeks, einer der Besitzer des *Star*-Kinokomplexes in Southfield, Michigan, erklärt: »Allein schon der Eintritt in das Kino sollte den Preis des Films wert sein.« Heute kann Star jedes Jahr von drei Millionen Besuchern 25 Prozent mehr Eintritt als ein lokaler Konkurrent verlangen, da der Kinokomplex ein Vergnügungszentrum beinhaltet, in dem die Besucher Loeks zufolge »ein Ortsempfinden entwickeln und das Bedürfnis haben, jede Woche hierher zurückzukehren.« In Zukunft soll der Komplex um 6000 Quadratmeter an Restaurant- und Geschäftsflächen vergrößert werden, und dann wird *Star* möglicherweise unabhängig davon, ob die Besucher einen Film sehen wollen, Eintritt verlangen.[29]

Sehen wir uns zwei Einzelhändler an, die bereits kurz davor stehen, sich in Anbieter von Erlebnissen zu verwandeln: *Sharper Image* und *Brookstone*. Diese Unternehmen bieten ihren Kunden einen Ort, an dem sie mit den neuesten Hightech-Geräten spielen können. Wenn man den Kunden zusieht, die sich in einem der Läden drängen, fällt Folgendes auf: Viele von ihnen würden nicht im Traum daran denken, die ausgestellten Produkte zu Hause oder im Büro tatsächlich zu nutzen, geschweige denn, sie zu erwerben. Doch man sehe sich an, wie viele Besucher mit großem Vergnügen mit diesen überkandidelten Anlagen spielen, Musik aus miniaturisierten Hifi-Geräten hören, Massagesessel und -tische ausprobieren und dann wieder gehen, *ohne für das bezahlt zu haben, was ihnen den Besuch wert war* – nämlich das Erlebnis.[30]

Könnte ein solches Unternehmen Eintritt verlangen? Gegenwärtig würde wahrscheinlich kaum jemand allein dafür bezahlen, einen dieser Einzelhandelsmärkte betreten zu dürfen. Mit Sicherheit wäre die Besucherzahl nicht hoch genug (jedenfalls nicht in Anbetracht des gegenwärtigen Managementkonzepts), um das Unternehmen mit den Eintrittsgebühren zu erhalten. Doch würde sich *Sharper Image* dazu durchringen, Eintrittsgeld zu verlangen, so wäre das Unternehmen *gezwungen*, ein sehr viel besseres und für die Gäste attraktives Erlebnis zu inszenieren. Das Warenangebot würde häufiger wechseln müssen, vielleicht täglich oder sogar stündlich. Vorführungen, Schauräume, Wettbewerbe und eine Vielzahl weiterer Erlebnisattraktionen würden das bereicherte Erlebnis eines Besuchs bei *Sharper Image* abrunden. Es wäre sogar eine Flucht aus der Wirklichkeit des Shoppings im übrigen Einkaufszentrum. Die Folge wäre, dass dieser Einzelhändler durchaus mehr Produkte verkaufen könnte.

Oder nehmen wir *Niketown*. Es quillt über von Erlebniselementen, darunter Exponate früherer Schuhmodelle, *Sports-Illustrated*-Titelblätter, auf denen Sportstars in Nike-Kleidung zu sehen sind, ein nutzbares halbes Basketballfeld und Videoclips von bekannten Sportlern, die in einem kleinen Kinosaal angesehen werden können. In einer Pressemitteilung des Unternehmens aus Anlass der Eröffnung des ersten *Niketown* in Chicago hieß es, dieser Laden solle als »Theater dienen, in dem die Kunden das Publikum bilden, das in die Vorstellung eingebunden ist«[31]. Mit diesen Geschäften als Flaggschiff will *Nike* seine Markenreputation erhöhen und den Verkauf an anderen, nicht firmeneigenen Standorten ankurbeln. Und obwohl in *Niketown* Schuhe und Sportbekleidung verkauft werden, womit zwangsläufig bis zu einem gewissen Grad der Umsatz anderer Einzelhändler geschmälert wird, legt *Nike* Wert auf die Feststellung, dass diese »Theater« nicht mit seinen Einzelhandelspartnern konkurrieren sollen.

Wenn dem so ist, warum verlangt man dann nicht ausdrücklich Geld für den Eintritt in *Niketown*? Eine Eintrittsgebühr würde das Unternehmen zwingen, im Inneren fesselnde Erlebnisse zu inszenieren. Möglicherweise würde man sogar Gäste sehen, die das Basketballfeld benutzen, vielleicht, um sich in einem Spiel »Eins gegen eins« mit einem früheren NBA-Star zu messen. Nachher könnte der Gast ein T-Shirt

> Das Erlebnis wird erst dann ein Eintrittsgeld wert sein, wenn Sie aufhören, es zu verschenken

erwerben, dessen Aufdruck an das Datum des Erlebnisses und an das Ergebnis des Spiels erinnert – samt Foto vom Kunden in Aktion. Man könnte interaktive Kioske aufstellen, an denen sich die Besucher lehrreiche und unterhaltsame Informationen über sportliche Heldentaten aus der Vergangenheit holen könnten. Mittels Virtual-Reality-Apparaten könnten sich die Besucher in Tiger Woods verwandeln und sich dann mit den Worten »Ich war Tiger Woods«

auf Video aufzeichnen lassen. Die Sportstars mit Ausrüsterverträgen von *Nike* könnten über ihre schönsten Augenblicke im Sport berichten, Technikkurse abhalten und Autogrammstunden geben.

Wir sind davon überzeugt, dass *Nike* in *Niketown* mit Eintrittsgeldern ebenso hohe Einnahmen erzielen könnte wie *Disney*. Zugegeben, eine Eintrittsgebühr wird es schwieriger machen, die Leute zu einem *ersten Besuch* zu bewegen («Sie wollen sagen, dass ich bezahlen muss, um dort hinein gehen zu können und mir ein Essen zu kaufen?»), doch sie wird die Aufgabe erleichtern, die Gäste zur Wiederkehr zu bewegen. Und Eintrittsgebühren haben einen weiteren Vorteil. Jene Erlebnisgestalter, denen es schwer fällt, die Gäste zu mehrmaligen Besuchen zu bewegen (beispielsweise Themenrestaurants), erhöhen durch die Eintrittsgebühr den Wert des Gesamtangebots in den Augen des Kunden. Denn wenn Restaurants versuchen, sämtliche Kosten für die Inszenierung eines Erlebnisses allein mit den Einnahmen aus dem Verkauf von Speisen abzudecken, gewöhnen sich die Gäste rasch daran, das Erlebnis als Gratisangebot zu betrachten, was zur Folge hat, dass sie die Preise der Speisen bald für übertrieben hoch halten. Warum sollten sie also an diesen Ort zurückkehren? Eine Eintrittsgebühr korrigiert diesen Wahrnehmungsfehler und verhilft den Gästen zu der Erkenntnis, dass die einzelnen Angebote – Güter, Dienstleistungen und Erlebnisse – jedes für sich einen angemessenen Preis haben. Dasselbe Prinzip gilt auch für Direktproduzenten, Website-Betreiber, Versicherungsagenten, Finanzmakler, für Unternehmen, die an andere Unternehmen verkaufen, und für andere Anbieter, die keine Hinweise geben und kostspielige Güter oder Dienstleistungen in kostenlose Erlebnisse verpacken. Insbesondere viele Einzelhändler würden sehr davon profitieren, Eintrittsgebühren zu verlangen: *Warner Bros, FAO Schwarz,* das *Imaginarium, Oshman's, Victoria's Secret, Nature Company* und selbstverständlich auch *Disney.*

Disneys Vorstoß in den Einzelhandel ist enttäuschend verlaufen. Abgesehen davon, dass im Hintergrund *Disney*-Videos laufen, sehen die Einzelhandelsmärkte des Unternehmens eigentlich so aus wie alle anderen Einzelhandelsmärkte auch. Dies liegt zweifellos daran, dass *Disney* es unterlassen hat, Eintritt zu verlangen. Da niemand dafür zahlt, hineinzukommen, bietet *Disney* statt einer magischen Abenteuerreise eine gewöhnliche Einkaufstour an. Auch wenn das Unternehmen sehr viel Mühe auf die bauliche Gestaltung und die Einrichtung legt – etwa bei seinem Flaggschiff-Kaufhaus in Manhattan, wo man beim Eintreten für einen Augenblick das Gefühl hat, in *Disney World* gelandet zu sein –, verzichtet es auf eine Harmonisierung der Hinweise. Beispielsweise wirkt der Aufzug sowohl von innen als auch von außen wie ein Eingang in Schneewittchens Schloss, doch ist man einmal eingestiegen, so wird man von lärmender Rockmusik in die Wirklichkeit zurückgeholt. Und überall stößt man auf kostümierte Angestellte (hier verdienen sie die Bezeichnung »Ensemblemitglieder« nicht), die ihren Rollen überhaupt nicht gerecht werden, sondern miteinander Alltagsgespräche führen. Vielleicht ist dies nicht *Disneys* Absicht. Vielleicht ist nur die Ausführung schlecht. Doch diese mangelhafte Ausführung steht in direktem Zusammenhang mit dem Fehlen einer Eintrittsgebühr (die man ja auch beim Kauf von Waren zurückerstatten könnte) und schmälert gewiss die Reputation der Marke *Disney*, da sie der großen Sachkenntnis des Unternehmens im Geschäft mit Erlebnissen nicht gerecht wird.

Vielleicht besteht der richtige Weg zur Erhebung von Eintrittsgebühren darin, sie nur für einen *Teilbereich* zu verlangen. *Jordan's Furnitures* inszeniert in vier mit Vergnügungen vollgestopften Filialen in Neuengland zahllose Erfahrungen (von audio-animierten Nachbildungen der Eigentümer Barry und Eliot Tatelman bis zu einer Fastnacht mit Bourbon-Street-Thema). Barry und Eliot verschenken diese Erlebnisse immer noch, doch in ihrem Markt in Avon, Massachusetts, verlangen sie Eintrittsgeld für die *Motion Odyssey Machine*, die das Publikum zu einer packenden Fahrt entführt, in deren Verlauf eine Achterbahn, ein Dünenbuggy, ein außer Kontrolle geratener Lkw usw. simuliert werden, und zwar samt Wind- und Wassereffekten. Wie Barry zu sagen pflegt: »There's no business that's not show business.«

Nicht nur Einzelhandelsmärkte, sondern ganze Einkaufszentren werden Eintritt verlangen

In der voll entfalteten Erlebniswirtschaft werden nicht nur Einzelhandelsmärkte, sondern ganze Einkaufszentren von ihren Kunden Eintritt verlangen.[32] Das gibt es sogar schon. *Disneys* Erzrivale *Universal Studios* verlangt für den *City Walk* ebenso Eintritt (in Form einer Parkgebühr) wie der *Opryland* Hotelkomplex in Nashville. Dasselbe gilt auch für das *Minnesota Renaissance Festival*, das *Gilroy Garlic Festival* in Kalifornien, das *Kitchener-Waterloo*-Oktoberfest im kanadischen Ontario und eine Vielzahl weiterer Festivals, bei denen Eintritt für Veranstaltungen verlangt wird, die eigentlich als *Freiluft-Einkaufszentren* bezeichnet werden können. Die Verbraucher sind der Ansicht, dass diese Festivals den Eintritt wert sind, weil ihre Veranstalter rund um besonders anziehende Themen ausgefallene Erlebnisse gestalten und dann eine Unmenge von Aktivitäten durchführen, welche die Gäste vor, während und nach dem Einkaufen in ihren Bann schlagen.

Beim *Minnesota Renaissance Festival* vor den Toren von Minneapolis begrüßen stattliche Ritter und holde Maiden die Besucher im neun Hektar großen Reich von King Henry und Queen Katherine, drücken den Gästen einen auf Pergament-Imitat gedruckten Führer mit dem Titel *Neuigkeiten aus dem Königreich* in die Hand und laden sie ein, sich der Festlichkeiten dieses Tages zu erfreuen. Den ganzen Tag über gehen fröhliche Figuren in Renaissancekostümen – Zauberer, Gaukler, fahrende Händler, Sänger, Tänzer und sogar zwei aufgeblasene Beamte namens Puke und Snot – unter den (vielfach ebenfalls in Renaissancekostüme gekleideten) Besuchern umher, um sicherzustellen, dass sie, ihre Gefährten und überhaupt jedermann in Hörweite eine wunderschöne Zeit verbringen. Zu den zahlreichen Aktivitätenkategorien, die dem Vergnügen der Gäste dienen – und die zu jedem Erlebnis passen würden –, zählen die Folgenden:

- Regelmäßige *Vorführungen* (in diesem Fall Herstellung von Rüstungen, Glasbläserei, Buchbinderei usw.)
- *Handwerkliche* Übungen für die Gäste (Messing polieren, Kerzen drehen, Kalligraphie)
- *Spiele, Wettbewerbe* und andere *Herausforderungen*, bei denen Preise verteilt werden (Bogenschießen, Irrgarten, Strickleiterklettern)
- *Rundritte* auf Elefanten, Pferden (keine Fahrten mit elektrisch angetriebenen Fahrzeugen)
- *Speisen* (Truthahnkeulen, Apfelküchlein, florentinisches Eis)
- *Getränke* (Bier und Wein, jedoch auch – dies ein Zugeständnis an die modernen Bedürfnisse – Soda und Kaffee)
- *Shows, Zeremonien, Paraden* und mannigfaltige *Festlichkeiten* (Zauberer, Puppenspieler, Ritterturniere)

Ganz zu schweigen von Hunderten Verkaufsständen mit Renaissancethemen, die allesamt von Hand gefertigte Produkte anbieten, die zur Epoche passen, darunter Edelsteine, Töpfe, Glas, Kerzen, Musik-instrumente, Spielzeug, Kleidung, Pflanzen, Parfums, Wandteppiche und Skulpturen. Dazu kommen Dienstleistungen wie Schminken, Wahrsagerei, Porträts und Karikaturen. Da fast jeder Gast mit ein oder zwei Tüten voller Einkäufe nach Hause geht, lassen die Kunden beim *Renaissance Festival* augenscheinlich Einkaufsgeld, das andernfalls in herkömmlichen Einkaufszentren und anderen Einzelhandelsmärkten ausgegeben würde.

Zum Glück für ihre konventionellen Konkurrenten werden solche Festivals nicht ganzjährig veranstaltet ... jedenfalls noch nicht. Bei-spielsweise öffnet das *Minnesota Renaissance Festival* sein Tore von Mitte August bis Ende September an Wochenenden und Feiertagen. Aufgrund seiner Intensität und seiner ungewöhnlichen Atmosphäre wiederholen die meisten Leute eine solches Erlebnis nicht oft genug, als dass es sich lohnen würde, es jeden Tag zu inszenieren. Doch wenn geeignete Grundstücke und Anlagen zur Verfügung stünden, könnten die Konsumenten wieder und wieder an denselben Ort gelockt werden, sofern sich dort unterschiedliche Angebote abwech-seln würden. *Mid-America Festivals*, der Betreiber des *Minnesota Renaissance Festival* und ähnlicher Einrichtungen in anderen Staaten, rief vor kurzem am selben Ort Veranstaltungen mit dem Thema Hal-loween (Trail of Terror, Gargoyle Manor und BooBash) sowie ein Gourmet-Dinner samt Unterhaltung (Weihnachtsthema) mit der Bezeichnung *Fezzwieg Feast* ins Leben. Einkaufszentren, die den Schritt ins Erlebnisgewerbe wagen, müssen wie vor langer Zeit die Theater lernen, wie man sich wiederholende Produktionen inszenie-ren kann, welche die Menschen dazu bewegen, wieder und wieder Eintritt zu zahlen.

Sie glauben, es wäre verrückt, für das Einkaufserlebnis im örtlichen Einkaufszentrum zu bezahlen? Stellen Sie sich die Reaktion vor, wenn Sie den Menschen vor einigen Jahrzehnten – sagen wir: kurz nach dem Zweiten Weltkrieg, als die amerikanische Wirtschaft boomte, die heim-kehrenden Soldaten Häuser in den Vorstädten kauften, ihre Garagen mit neuen Autos und ihre Küchen mit dem neuesten Haushaltsschnick-schnack füllten – erzählt hätten, dass die *Durchschnitts*familie in naher Zukunft jemand anderen dafür bezahlen werde, bei ihrem Auto das Öl zu wechseln, den Geburtstagskuchen für ihre Kinder zu backen, ihre Hemden zu waschen, ihren Rasen zu mähen und eine Vielzahl weiterer

Dienstleistungen zu erbringen, die heutzutage in den Vereinigten Staaten ganz gewöhnlich sind. Mit Sicherheit hätten die Leute Sie für verrückt erklärt! Oder stellen Sie sich vor, einige 100 Jahre in die Vergangenheit zu reisen und den Bauern zu erzählen, dass die meisten Menschen in den kommenden Jahrhunderten nicht mehr ihr eigenes Land bestellen würden, ihre Häuser nicht mehr selbst bauen, die zum Verzehr bestimmten Tiere nicht mehr selbst töten, nicht mehr selbst Holz hacken, ja nicht einmal mehr ihre Kleidung und Möbel selbst herstellen würden. Selbstverständlich wären Sie auch von diesen Gesprächspartnern für verrückt erklärt worden.

Wirtschaftlicher Fortschritt bedeutet, dass Geld für etwas verlangt wird, was bisher kostenlos war. In der voll entwickelten Erlebniswirtschaft werden wir, anstatt – wie bisher zu allen Zeiten – vollkommen auf uns selbst angewiesen zu sein, um das Neue und Erstaunliche zu erleben, zunehmend Unternehmen dafür bezahlen, dass sie die Erlebnisse für uns inszenieren, so wie wir heute Unternehmen dafür bezahlen, dass sie Dienstleistungen übernehmen, die wir einst selbst erbrachten, dass sie Güter erzeugen, die wir einst selbst herstellten, und dass sie Rohstoffe fördern, die wir einst selbst gewannen.

Dass die Unternehmen dazu übergehen werden, Eintrittsgebühren für Erlebnisse zu verlangen, bedeutet jedoch nicht zwangsläufig, dass sie aufhören werden, Güter und Dienstleistungen zu verkaufen. (Obwohl einige tatsächlich dazu übergehen werden, ihre weniger wertvollen Angebote zu verschenken, um ihre gewinnträchtigen Erlebnisse besser verkaufen zu können, so wie die Telefongesellschaften heute Mobiltelefone an Konsumenten verschenken, die sich vertraglich an sie binden.) Die *Walt Disney Company* verdient in ihren Themenparks gewaltige Summen mit Parkplätzen, Restaurants und anderen Dienstleistungen sowie mit all den Produkten, die sie als Souvenirs verkauft. Doch ohne die inszenierten Erlebnisse (gemeint sind nicht nur die Themenparks, sondern auch die Zeichentrick- und Kinofilme sowie Fernsehproduktionen) gäbe es nichts, an was man sich erinnern könnte – *Disney* hätte keine Figuren, mit denen es Geld verdienen könnte. Zwar begann *Disney* mit dem Erlebnis, das später durch Angebote von untergeordnetem Wert ergänzt wurde, doch das

Prinzip gilt auch für jene, die sich ausgehend von Gütern und Dienstleistungen in den Bereich der Erlebnisse begeben. In der Erlebniswirtschaft stellen die Erlebnisse den Motor der Wirtschaftstätigkeit dar und erzeugen damit einen Großteil der Nachfrage nach Gütern und Dienstleistungen. Daher sollten Sie herausfinden, welches Erlebnis *Sie* fesselnd genug inszenieren könnten, um Ihre gegenwärtigen Kunden dazu zu bewegen, tatsächlich Eintritt dafür zu bezahlen und anschließend noch zusätzlich Ihre Dienstleistungen zu kaufen oder einen höheren Preis für Ihre Güter zu akzeptieren, da sich diese in Souvenirs verwandelt haben. Damit würden Sie dem Vorbild *Disneys*, des *Minnesota Renaissance Festival*, der *American Wilderness Experience*, *Bamboolas* und einer Vielzahl anderer Unternehmen folgen, die bereits in das Erlebnisgewerbe vorgedrungen sind.

Dasselbe Prinzip gilt auch für Unternehmen, die ausschließlich Unternehmenskunden betreuen: Sie werden die Nachfrage nach ihren gegenwärtigen Gütern und Dienstleistungen ankurbeln, indem sie für ihre Kunden Erlebnisse inszenieren. Schließlich gibt es im Verkauf an Unternehmen ein Äquivalent zum Einkaufszentrum: die Messe als Ort, an dem man nach Angeboten sucht, Informationen darüber sammelt und sie, sofern ein Bedürfnis besteht, erwirbt. Die Messeveranstalter verlangen bereits Geld für den Eintritt (und könnten noch mehr dafür verlangen, würden sie bessere Erlebnisse inszenieren). Dasselbe gilt für einzelne Unternehmen. Wenn ein Unternehmen eine lohnende Erfahrung inszeniert, werden die Kunden bereitwillig dafür bezahlen, dass man ihnen etwas verkauft.

Diamond Technology Partners aus Chicago bewerkstelligt dies mit einem Erlebnisangebot, das die Bezeichnung *Diamond Exchange* trägt. Dabei handelt es sich um eine dreimal im Jahr stattfindende Zusammenkunft von Führungskräften, »Gefährten« (Vertreter wichtiger Unternehmenspartner sowie angesehene außenstehende Fachleute, darunter zum Beispiel der Computerpionier Alan Kay, Wirtschaftswissenschaftler von der University of Chicago und der Psychologieprofessor Marvin Zonis)[33] und »Wissensführern« von *Diamond*. Bei dem Treffen wird die Frage behandelt, wie sich die »digitale Zukunft« auf die Unternehmen der Gäste auswirken wird.[34] Der Direktor von *Diamond Exchange*, Chunka Mui, spricht von einem »langfristigen Gespräch zwischen Spitzenmanagern und einigen der weltweit besten Köpfe auf den Gebieten Strategie, Technologie,

Beim Verkauf an andere Unternehmen sollten Sie Erlebnisse inszenieren, bei denen Ihre Kunden Sie dafür bezahlen, dass Sie ihnen etwas verkaufen

Betriebsabläufe und Lernen. Die Ausgangsfrage lautet, wie sich unsere Mitglieder in einer Welt behaupten können, die zunehmend von der Technologie verwandelt wird.« Die gegenwärtigen und potenziellen Klienten zahlen bereitwillig Zehntausende Dollar pro Jahr für die Teilnahme an *Diamond Exchange*, und zwar aus dem einfachen Grund, dass der Nutzen, den sie aus den ausdrücklich inszenierten Erlebnissen ziehen – neue Erkenntnisse, aufschlußreiche Selbsterkenntnis und fesselnde Interaktionen –, die Investition *wert ist*. Und indem *Diamond* seine Fähigkeiten in einer Umgebung unter Beweis stellt, in der es nicht um den Verkauf geht (das Unternehmen untersagt bei diesen Veranstaltungen strikt jedes Gespräch über mögliche Beratungsengagements), erhöht es seine Chancen beträchtlich, seinen Mitgliedern in Zukunft in einer Beratungsbeziehung dabei helfen zu dürfen, das Gelernte weiter zu vertiefen.

Wird jedes Unternehmen in der Lage sein, Eintrittsgebühren zu verlangen? Nein. Dies ist nur jenen möglich, die wie *Diamond* oder der *Club Disney* die richtigen Voraussetzungen schaffen, indem sie reichhaltige Erlebnisse inszenieren, die alle vier Erlebnissphären abdecken (Unterhaltung, Bildung, Realitätsflucht und Ästhetik), und die zuvor beschriebenen Prinzipien anwenden, um fesselnde, unvergessliche Begegnungen zu ermöglichen. Eintritt zu verlangen ist der letzte Schritt: Zunächst müssen Sie ein Erlebnis gestalten, welches das Eintrittsgeld *wert ist*.

4 Setzen Sie das Stück richtig zusammen

Erinnern Sie sich an das letzte Mal, als Sie in einem Restaurant, in einer Autowerkstatt oder am Schalter einer Fluglinie besonders schlecht betreut wurden? Vielfach bleiben uns gerade derart unangenehme Erfahrungen besonders gut im Gedächtnis und prägen das Bild, das wir uns von einem Unternehmen machen – und oft liefern solche Erlebnisse die besten Geschichten für ein Gespräch an der Bar. Wir erinnern uns an gelegentliche Unglücksfälle, während wir Dienstleistungen, die stets zuverlässig erbracht werden, vergessen. Unternehmen, die an der Servicefront versagen, machen die Erfahrung auf schmerzhafte Art: Der einfachste Weg, um eine Dienstleistung in ein Erlebnis zu verwandeln, besteht darin, sie mangelhaft durchzuführen und eine einprägsame Begegnung der unangenehmsten Art daraus zu machen.

Die beste Methode, schlechten Service zu liefern, besteht darin, sämtliche Kunden durch stets gleich bleibende, mechanische und unpersönliche Routineabläufe zu schleusen, gleichgültig, wer der einzelne Kunde ist oder was er eigentlich braucht. Den Kunden ist eine solche Behandlung vertraut, seit sich die Anbieter von Dienstleistungen dieselben Prinzipien der Massenproduktion aneigneten, die den Herstellern von Gütern beträchtliche Kostensenkungen ermöglicht hatten. Zusätzlich verschlimmert wird die Situation dadurch, dass der Prozess, in dem sich die Güter in Massengüter verwandelten, mittlerweile auch die Dienstleistungen erfasst hat. Also gestalten die

Um eine Dienst-leistungen in ein Erlebnis zu verwandeln, muss man sie nur mangelhaft erbringen

Dienstleistungsanbieter die Abläufe in ihren Call-centern neu, um die Gesprächszeiten zu verkürzen, und verringern den Personalstand der bereits überlasteten Kundendienstabteilungen weiter, um die Fix- und Gemeinkosten zu senken. Das Resultat: Die Mitarbeiter verbringen weniger Zeit mit den Kunden, und das Niveau der in der verbleibenden Zeit erbrachten Dienstleistungen sinkt. Indem sie sich zulasten der Bedürfnisse ihrer Kunden auf die Kosten konzentrieren, machen solche Unternehmen ihr eigenes Angebot zum Massengut. Warum sollten die Kunden einen höheren Preis für einen nachweislich schlechteren Service bezahlen?

Dieses Prinzip kann jedoch auch umgekehrt werden: Die Anpassung einer Dienstleistung an die Bedürfnisse des einzelnen Kunden kann eine sichere Methode sein, um ein positives Erlebnis zu erzeugen. Dabei kann in der Individualisierung, in der auf den einzelnen Kunden zugeschnittenen Gestaltung des Angebots, gewiss nicht das endgültige Ziel bestehen; vielmehr sollten sich die Unternehmen dieser Methode bedienen, um einen *kundenspezifischen Wert* zu schaffen, der als Tor dienen kann, durch das die Erlebnisse die einzelnen Kunden erreichen. Ein wirtschaftliches Angebot hat einen kundenspezifischen Wert, wenn es:

- *spezifisch* dem individuellen Kunden unterbreitet wird – das heißt, wenn es in einem bestimmten Augenblick für exakt diesen Kunden vorbereitet wird;
- *persönliche* Charakteristika aufweist – wenn es so gestaltet ist, dass es die individuellen Bedürfnisse dieses Kunden erfüllt (wobei durchaus auch andere Kunden dieselben Bedürfnisse haben und daher dasselbe Angebot annehmen können);
- einen ganz besonderen, einen *singulären* Zweck für diesen Kunden erfüllt – wenn es also ausschließlich und exakt das ist, was der Kunde wünscht, nicht mehr und nicht weniger.

Indem ein Unternehmen einen solchen kundenspezifischen Wert anbietet, tut es einen wesentlichen ersten Schritt zur Gestaltung unvergesslicher Interaktionen, die sich deutlich von den Routineabläufen abheben, welche die Massenproduzenten ihren Kunden aufzwingen.

Die Schadensregulierer von *Progressive Insurance*, einem in Cleveland ansässigen Versicherungsunternehmen, sind in Vans unterwegs, die mit einem PC, einer Satellitenverbindung und allem anderen ausgerüstet sind, was sie möglicherweise benötigen, um den *singulären* Zweck zu erfüllen, einen Versicherungsanspruch am Unfallort zu klären. Während der andere am Unfall Beteiligte unter Umständen Tage oder

> Die Individualisierung einer Dienstleistung kann eine sichere Methode darstellen, um ein positives Erlebnis zu erzeugen

Wochen darauf warten muss, bis ihn der kostenbewusste Schadensregulierer seiner Versicherung in seinem Zeitplan unterbringen kann, werden die *persönlichen* Bedürfnisse der bei *Progressive* versicherten Person an Ort und Stelle sofort berücksichtigt. Der Versicherungsnehmer erhält nicht nur einen Scheck, sondern auch eine Tasse Kaffee, kann sich bei Bedarf ein paar Minuten auf der Couch im Van ausruhen und über das Mobiltelefon des Schadensregulierers (kostenlos) seine Familie anrufen, um sich abholen zu lassen oder die Angehörigen zu beruhigen. Da *Progressive* seine Dienstleistung *spezifisch* auf den einzelnen Versicherungsnehmer zuschneidet, übersteigt sein Angebot das erwartete Serviceniveau und verschafft dem Kunden ein Erlebnis, das seinen physischen und emotionalen Bedürfnissen angemessen ist.

Automatischer Aufstieg

Derselbe Effekt funktioniert auch bei Gütern: Die Maßschneiderung oder Individualisierung eines Gutes verwandelt es automatisch in eine Dienstleistung. Nehmen wir beispielsweise das neue Angebot Live Well, mit dem *General Nutrition Center (GNC)* Kunden gewinnen will, die ansonsten aufgrund der Fülle der in einem normalen *GNC*-Markt angebotenen Vitaminpräparate, Extrakte und dergleichen die Orientierung verlieren würden. Indem es die Bestellungen von Vitaminen, Trainingsprogrammen, Ernährungsergänzungen und ähnlichen Produkten individualisierte, verwandelte *GNC* seine Produktlinie in eine Möglichkeit, um persönliche Ernährungs-, Erholungs- und Trainings-

Die Individualisierung verwandelt ein Produkt automatisch in eine Dienstleistung

bedürfnisse zu erfüllen. Erwirbt ein Kunde beispielsweise ein Custom VitaPak, so wird ihm eine Broschüre mit neun Basispaketen vorgelegt, die jeweils auf Bedürfnisse zugeschnitten sind, die verschiedenen Lebensstilen entsprechen («Wieder auf Achse» für Personen, die viel reisen, »Vitaler mit 55« für ältere Konsumenten usw.). Anschließend wird der Kunde aufgefordert, jenes Paket auszuwählen, das seinem persönlichen Profil am ehesten entspricht.

Als Nächstes erläutert der Mitarbeiter die Kombination von vier bis sieben Vitaminen, die *GNC* für das ausgewählte Profil vorschlägt. Gemeinsam mit dem Berater kann der Kunde ein oder zwei Elemente austauschen oder auch ganz von vorn anfangen – bis das Gesamtpaket genau das enthält, was dieser bestimmte Kunde wünscht. Nun wird die Wahl des Kunden in den Computer eingegeben, um zu überprüfen, ob auch keine Nahrungsergänzung überdosiert wurde. Kurze Zeit später kann der Kunde zusehen, wie seine täglichen Ergänzungsstoffe aus großen Behältern in eine lange Plastikröhre strömen. Dann hört er, wie eine Maschine die Präparate in 30 Tagesrationen abfüllt, die jeweils einen Aufdruck mit seinem Namen und Informationen über den Inhalt erhalten. *GNC* speichert die Kundenprofile, sodass das VitaPak auf Wunsch jeden Monat automatisch aufgefüllt werden kann, um es dem Kunden dann mit *UPS* zuzustellen.

Sehen wir uns nun an, was die Custom VitaPaks von *GNC* für die klassische Unterscheidung zwischen Gütern und Dienstleistungen bedeuten: »Güter sind standardisierte Angebote für anonyme Kunden, während Dienstleistungen speziell auf eine bestimmte Person zugeschnitten sind.« Demnach ist das VitaPak eine Dienstleistung. »Güter werden auf Lager gehalten, während Dienstleistungen auf Anforderung bereitgestellt werden.« Das VitaPak ist eine Dienstleistung. Und schließlich: »Güter sind materiell, während Dienstleistungen immateriell sind.« Es ist ein fester Bestandteil von *GNCs* Angebot, dass das Unternehmen jedem Kunden dabei hilft, genau jene Kombination von Vitaminen zu finden, die er benötigt – eine immaterielle Dienstleistung. (Die automatische Auffüllung der VitaPaks kleidet das Angebot in eine weitere Dienstleistung.) Obwohl also materielle Güter (Vitamine) im Mittelpunkt der Transaktion stehen, stellt der Verkauf der maßgeschneiderten VitaPaks eine Dienstleistung dar. Da es wie bei allen

Dienstleistungen zu den inhärenten Charakteristika dieses Angebots zählt, dass es den Bedürfnissen des individuellen Kunden angepasst werden kann, versetzt *Live Well GNC* in eine bessere Position, dem individuellen Kunden ein Erlebnis zu vermitteln. Tatsächlich erklärte uns Richard Rakowski, Leiter von *New Paradigm Ventures* in South Norwalk, Connecticut, des Unternehmens, das den Prototypen des *GNC*-Marktes (mit dem Namen Alive!) entwarf, dass sich die Verbraucher heute nach Erlebnissen sehnen: »Und die sicherste

Um im Erlebnisgewerbe Fuß fassen zu können, müssen Sie zunächst Ihre Güter und Dienstleistungen auf den individuellen Kunden zuschneiden

Methode, ihnen ein Erlebnis zu vermitteln, ist ein individualisiertes Angebot wie jenes, das sie früher beim Fleischer oder Bäcker um die Ecke bekamen. Dieses Konzept steht im Mittelpunkt aller Angebote, die wir gestalten.«

Es läßt sich also sagen, dass sowohl Güter als auch Dienstleistungen automatisch auf eine höhere Ebene des wirtschaftlichen Werts aufsteigen, wenn sie maßgeschneidert werden. In Abbildung 4.1 ist diese Entwicklung grafisch dargestellt. (Verwehrt bleibt dieser Aufstieg allerdings echten Massengütern, die, da sie austauschbar sind, nicht materiell verändert, geschweige den individualisiert werden können.)

Abbildung 4.1 Der Fortschritt des wirtschaftlichen Werts

Die Folge ist, dass Unternehmen Angebote entwickeln, die den Wünschen und Erfordernissen der individuellen Käufer besser entsprechen. Sie heben ihre Güter und Dienstleistungen von der Masse austauschbarer Konkurrenzangebote ab, was ihren Wert erhöht und den Unternehmen die Möglichkeit gibt, von Benutzern und Kunden einen höheren Preis zu verlangen. Unternehmen, die sich der Degradierung ihrer Güter und Dienstleistungen zu Massengütern entziehen wollen, indem sie den Schritt in die Erlebniswirtschaft tun, sollten zuerst ihre Hausaufgaben machen und ihre Angebote individualisieren.

Individualisierung des Massenangebots

Unternehmen wie *GNC* und *Progressive* individualisieren ihr Massenangebot. Mit einem *individualisierten Massenangebot* können die Kunden effizient persönlich betreut werden, wobei die im turbulenten Wettbewerbsumfeld der Gegenwart gleichrangigen Imperative »niedriger Kosten« und »individuelle Anpassung des Angebots« miteinander in Einklang gebracht werden.[1] Selbstverständlich erfüllt die von Fall zu Fall vorgenommene Individualisierung, bei der ein Unternehmen jedesmal, wenn es die Abläufe ändert, entscheiden muss, was es anders machen will, denselben Zweck, allerdings zu höheren Kosten. Unternehmen, welche die Vorteile beider Konzepte – der »Masse« und der »Individualisierung« (Maßanpassung) – nutzen wollen, müssen ihre Güter und Dienstleistungen in Module zerlegen. So können sie effizient standardisierte Module erzeugen, diese jedoch auf unterschiedliche Art und Weise kombinieren, um sie den Bedürfnissen verschiedener Käufer anzupassen. Genau das tut *GNC* mit den Vitaminen, die es in seine Custom VitaPaks verpackt.

Um das Konzept der Modulbauweise zu verdeutlichen, können wir das Beispiel der Lego-Bausteine heranziehen. Was kann man mit Legos bauen? Die Antwort lautet natürlich: Alles, was man will. Ermöglicht wird dies durch die vielen verschiedenen Größen, Formen und Farben der Bausteine sowie durch das einfache, elegante System von Steckern und Löchern, die eine mühelose Kombination der Steine ermöglichen. Diese beiden Elemente – eine *Reihe von Modulen* und ein

Verbindungssystem, das eine dynamische Kombination der Bausteine ermöglicht – stellen die Grundlage für jene *modulare Architektur* dar, die ein Unternehmen in die Lage versetzt, eine individualisierte Massenbetreuung anzubieten.[2] Diese Architektur entscheidet darüber, welches Spektrum von Vorteilen ein Unternehmen seinen Kunden generell und welche spezifische Kombination von Vorteilen es einem bestimmten Kunden zu einem bestimmten Zeitpunkt anbieten kann. Im Fall der Custom VitaPaks von *GNC* bestehen die Module

Unternehmen, die ihren Kunden ein individualisiertes Massenangebot unterbreiten, zerlegen ihre Güter und Dienstleistungen in Module

aus den standardisierten Vitaminpillen und ist das Verbindungssystem die Verteilung der in den Sammelbehältern gespeicherten Pillen auf die einzelnen Pakete, deren Zusammensetzung von Kunde zu Kunde sehr unterschiedlich ausfallen kann.

Unternehmen wie *Progressive Insurance*, die ihre Dienstleistungen in ein individualisiertes Massenangebot verwandeln, errichten ihre modularen Architekturen nicht mit materiellen Komponenten, sondern mit Prozessmodulen. Nehmen wir beispielsweise das Unternehmen *Healthcare Support Services*. Es hat ein Programm namens INTERSERV entwickelt, das Krankenhäusern maßgeschneiderte, integrierte, nichtklinische Unterstützungsdienste anbietet. Das Unternehmen arbeitet mit seinen Klienten zusammen, um die spezifischen Prozessmodule zu gestalten, die in den Bereichen Essensdienste (Catering, Verteilung von Mahlzeiten usw.), Verteilung (Patiententransport, Bereitstellung von Bettwäsche usw.), Wartung (Heizungsraum, Zimmerei usw.) und Umwelt (Entsorgung und Reinigung usw.) gewünscht werden. Dann überarbeiten Vertreter des Unternehmens gemeinsam mit dem Kunden die übermäßig spezialisierten Methoden, deren sich die Krankenhäuser traditionell bedienen und welche die Zersplitterung begünstigen, und ersetzen sie durch eine maßgeschneiderte, integrierte, modulare Architektur für den Kunden. Schließlich bauen *Healthcare Support* und das Krankenhaus gemeinsam einen umfassend geschulten Mitarbeiterstab auf, der aus Krankenhauspersonal, Mitarbeitern von *Healthcare Support* oder, was häufig der Fall ist, einer Kombination von beiden besteht.

Die Datenbank eines örtlichen Logistikzentrums des Mutterunternehmens *ARAMARK* enthält Beschreibungen aller Mitglieder des

Betreuerteams sowie sämtlicher vom Krankenhaus in Anspruch genommenen Prozessmodule und eine Liste der Teammitglieder, die für die einzelnen Module zuständig sind. Darüber hinaus werden die Prozessmodule verschiedenen Kategorien zugeordnet, je nachdem, ob sie Teil eines langfristigen Ablaufplans sind oder nicht und ob sie unterbrochen werden können oder nicht. So hat das Krankenhauspersonal die Möglichkeit, viele Aufgaben langfristig zu planen und gleichzeitig dafür zu sorgen, dass bestimmte Tätigkeiten – etwa »Verlegung des Patienten X in die Röntgenabteilung« – jederzeit in Auftrag gegeben und durchgeführt werden können. Bei Bedarf stellt die Software im Logistikzentrum (das Verbindungssystem von INTERSERV) augenblicklich fest, welches Teammitglied über die erforderlichen Kenntnisse verfügt, eine Tätigkeit ausführt, die unterbrochen werden kann, und sich in der Nähe des Einsatzortes aufhält. Dieser Mitarbeiter erhält dann über Pager die Anweisung, seine gegenwärtige Tätigkeit zu unterbrechen und die dringendere Aufgabe zu übernehmen.[3] So passt sich *ARAMARK* laufend den sich wandelnden Bedürfnissen der betreuten Einrichtung an und hilft dem Krankenhaus, den Aufenthalt seiner Patienten wesentlich angenehmer zu gestalten.

Neben einer modularen Architektur erfordert ein individualisiertes Massenangebot auch eine *Umweltarchitektur*, die sich ebenfalls aus zwei Elementen zusammensetzt: aus einem *Gestaltungswerkzeug*, das die Fähigkeiten des Unternehmens den Erfordernissen des Käufers anpasst, und aus einer *gestalteten Interaktion*, in deren Rahmen das Unternehmen ein Gestaltungserlebnis inszeniert, das dem Kunden dabei hilft, exakt zu bestimmen, was er will. Fehlt eine solche Umweltarchitektur, so überrollen die Unternehmen potenzielle Käufer vielfach mit derart vielen Modulkombinationen, dass die Kunden nicht mehr in der Lage sind herauszufinden, welche die für sie geeigneten sind. Gestaltungswerkzeuge wie die Verwaltungssoftware von *ARAMARK* und die VitaPak-Broschüre von *GNC* erleichtern die Bewältigung jener Komplexität, die auf der einen Seite das Unternehmen in die Lage versetzt, seine Produkte den individuellen Erfordernissen anzupassen, auf der anderen Seite jedoch die Kunden daran hindert, festzustellen, was genau sie wollen.

Anfang der neunziger Jahre entwickelte der Fensterhersteller *Andersen Corp.* aus Bayport, Minnesota, ein Multimedia-Gestaltungswerkzeug namens *Window of Knowledge*, um dem Handel die Zusammenarbeit mit den Verbrauchern zu erleichtern. Mithilfe dieser Software können über Symbole mehr als 50 000 mögliche Fensterkomponenten abgerufen werden. So können sich Kunden und Verkaufsberater genau ansehen, wie die potenziellen Designs aussehen werden. (Mit dieser Software kann auch ein blauer Himmel im Hintergrund aufgerufen werden, was so manchem Kunden einen Ausruf des Entzückens entlockt.)

Doch die Bereitstellung des Gestaltungswerkzeugs allein genügte nicht. *Andersen* gelangte zu der Überzeugung, dass es die Händler darin schulen musste, die Software zu verwenden und sie, was ebenso wichtig war, in einer persönlichen Interaktion mit den Kunden zu nutzen. Im Lauf der Jahre erhöhten jene Händler, die in der Verwendung des Gestaltungswerkzeugs gut geschult waren, den Umsatz mit *Andersen*-Fenstern um mehr als 20 Prozent, während die Umsätze jener Händler, welche die Software entweder nicht akzeptierten oder die Schulung ablehnten, zurückgingen. Der Reiz von *Andersens* Ansatz liegt in der einfachen Anwendung: Die Kunden können ohne Mühe eine anscheinend unbegrenzte Zahl von Möglichkeiten durchgehen. Müssten ihnen hingegen sämtliche Optionen vorgeführt werden, so würde das Erlebnis mit Sicherheit unangenehm werden.

Dort, wo die Möglichkeiten eher beschränkt sind, kann ein Unternehmen seinen Kunden sämtliche möglichen Kombinationen vorführen und ihm zumuten, sich alle Varianten anzusehen. Ein solches »Riesenmenü« muss nicht unbedingt unangenehm sein. Tatsächlich kann ein Unternehmen eine solche Interaktion in ein einzigartiges Erlebnis verwandeln, indem es zum Beispiel das Durchblättern eines Katalogs bereichert. So bringt *Land's End* in seinen Katalogen Post-it-Merkzettel an, damit die Kunden die Seiten, auf denen sie interessante Artikel finden, leicht markieren können.

Ein Unternehmen kann sämtliche angebotenen Kombinationen enthüllen oder verbergen

Ein zweiter Zugang zur gestalteten Interaktion besteht darin, die angebotenen Optionen mithilfe von unterteilten Katalogen, Formularen, Auswahlmenüs, Konfigurations- oder Gestaltungswerkzeugen wie jenem von *Andersen* oder auch mit dem sprichwörtlichen »leeren Blatt Papier« *progressiv zu enthüllen*. *GNC* verwendet zur Zusammenstellung seiner VitaPaks Profile, die aus Checklisten bestehen, enthüllt jedoch auch sämtliche Vitaminoptionen für jene, die über die empfohlenen Profile hinausgehen wollen. Wer seine Möglichkeiten noch eingehender studieren will, findet in den *Live-Well-Märkten* auch einen Computerstand, an dem er sich darüber informieren kann, inwieweit die zahllosen Behauptungen der Hersteller bezüglich der vorteilhaften Wirkungen ihrer Produkte durch Forschungsergebnisse gedeckt sind. Gestaltungswerkzeuge wie dieses versetzen die Kunden in die Lage, die Auswahl so lange anzupassen, bis sie exakt das gefunden haben, was sie suchen.

Der dritte und letzte Zugang zur gestalteten Interaktion besteht darin, das Gestaltungswerkzeug bewusst vor den Kunden zu *verbergen*. Doch warum sollte ein Unternehmen, das ein individualisiertes Massenangebot unterbreitet, so etwas tun? Weil die Kunden manchmal einen kundenspezifischen Wert wünschen, jedoch nicht allzu eng in die Entscheidung eingebunden werden wollen. Dies ist zum Beispiel bei der Umweltarchitektur der Fall, die das Logistikzentrum von *ARAMARK* umgibt. Die Krankenhäuser, die *ARAMARK* diese Aufgaben übertragen, haben kein Interesse daran, in die einzelnen Entscheidungen über die Einteilung des Betreuungsteams eingebunden zu werden. *ARAMARK* verwendet sein Gestaltungswerkzeug, um in jedem Krankenhaus genau die richtige Kombination von Ressourcen einzusetzen, ohne die Patienten oder Mitarbeiter des Krankenhauses zu belästigen. Das Versicherungsunternehmen *Progressive* behält sein automatisiertes System zur Schadensabwicklung ebenfalls für sich. Indem die Schadensregulierer die häufig aufgeregten, geschockten oder völlig verzweifelten Versicherungsnehmer nicht mit Details belästigen, verwandeln sie eine normalerweise äußerst unangenehme Interaktion in ein Erlebnis, für das der Kunde dankbar ist.

Für diese Unternehmen stellt das individualisierte Massenangebot eine neue Bühne dar, auf der sie wertvolle Erlebnisse für ihre Kunden inszenieren können. Sie sind sich der Mängel vorhandener, zu Massengütern verkommener Güter und Dienstleistungen bewusst und haben die individuellen Charakteristika ihrer Kunden analysiert, um eine modulare Architektur zu entwickeln, die es ihnen ermöglicht, ihre Kunden effizient persönlich zu betreuen. Und schließlich haben sie eine Umweltarchitektur entwickelt, die sich der Individualisierung bedient, um auf eine höhere Ebene des wirtschaftlichen Werts aufzusteigen. Die Folge ist, dass sie nunmehr die Güter und Dienstleistungen hinter sich lassen können, um ihren Kunden anzubieten, was diese wirklich wollen.

Was wollen die Kunden denn nun wirklich?

Die meisten Unternehmen sträuben sich noch immer gegen eine Individualisierung ihres Massenangebots. Stattdessen versuchen sie, »die Lieferkette zu managen«, indem sie die Vielfalt ihrer Vertriebskanäle stetig erhöhen und es den Käufern überlassen, sich im Angebot zurechtzufinden. Die Hersteller halten große Lagerbestände an Fertiggütern, und die Dienstleistungsanbieter versuchen mit überschüssigem Personal und umfangreichen Vorkehrungen eine immer schwerer zu bewältigende Zahl potenzieller Kundenforderungen zu befriedigen. Doch derartige Praktiken stellen eine sichere Methode dar, um die Abläufe zu verteuern und umständlicher zu machen.

Noch schlimmer ist, dass sich die Kunden mit einer Vielzahl von Alternativen beschäftigen müssen, um eine zu finden, die ihren Vorstellungen auch nur annähernd entspricht. Ein vielfältigeres Angebot ermöglicht es vielleicht einigen wenigen zusätzlichen Käufern, ein Produkt oder eine Dienstleistung zu finden, die ihren Wünschen sehr nahe kommt; allerdings müssen sie mehr Zeit aufwenden, um sich mit den Alternativen zu beschäftigen – und dies ist keine unwesentliche Einschränkung, wenn man daran denkt, dass ein durchschnittlicher Supermarkt 35 000 Artikel in den Regalen hat. Der großen Mehrheit der Käufer gelingt es jedoch immer noch nicht, genau das Richtige zu finden. Sie machen eine schlechte Erfahrung nach der anderen.

Die Erzeugung eines immer vielfältigeren Angebots in Vorwegnahme einer potenziellen, jedoch ungewissen Nachfrage stellt häufig einen letzten verzweifelten Versuch dar, im Angesicht einer rasanten Fragmentierung der Märkte die Massenproduktion aufrechtzuerhalten. *Doch ein vielfältiges Angebot ist nicht dasselbe wie ein individualisiertes Angebot. Vielfalt* bedeutet, immer neue Produktvarianten zu erzeugen und zu vertreiben, in der Hoffnung, dass sich Kunden dafür finden werden. *Individualisierung* hingegen bedeutet, in Reaktion auf die Wünsche eines bestimmten Kunden zu produzieren. So oft überwältigen Unternehmen ihre Kunden mit einer derart großen Zahl von Produkten, dass die Käufer verzweifelt den Kopf schütteln und wieder gehen, bevor sie sich einem Entscheidungsprozess unterziehen, in dem sie weitgehend auf sich gestellt wären. Im Grunde wollen die Kunden *nicht* vor die Wahl gestellt werden: Sie möchten einfach, dass

Die Kunden wollen nicht vor die Wahl gestellt werden: Sie möchten, dass man ihnen einfach genau das gibt, was sie wollen

man ihnen genau das gibt, was sie wollen. Die gestaltete Interaktion zwischen einem Unternehmen, das sein Massenangebot individualisiert hat, und jedem einzelnen Kunden stellt das geeignete Mittel dar, um die Erfordernisse des Kunden effizient und (weitgehend) ohne Anstrengung festzustellen. Um auf eine höhere Ebene des wirtschaftlichen Werts aufzusteigen – sei es von Gütern zu Dienstleistungen oder von Dienstleistungen zu Erlebnissen –, muss ein Unternehmen diese Interaktion suchen, um herauszufinden, was genau der Kunde will.

Diese Information über die Wünsche eines Kunden müssen sie dann direkt in effiziente Produktionsabläufe oder Dienstleistungen auf Anforderung umsetzen, wobei sie die alte Lieferkette in eine *Nachfragekette* umwandeln müssen. Denken Sie daran, dass Individualisierung des Massenangebots nicht bedeutet, alles für alle zu tun; vielmehr erfordert dieses Konzept, dass man *ausschließlich* und *exakt* das tut, was der einzelne Kunde will. Möglicherweise sind beträchtliche Investitionen nötig, um die erforderlichen Produkte, Abläufe, Mitarbeiterfähigkeiten und Technologien zu entwickeln, doch individualisierte Massenangebote dürften letzten Endes nicht mehr kosten als Erzeugnisse aus herkömmlicher Massenproduktion. Und manchmal werden sie sogar billiger sein.

Nehmen wir beispielsweise das *1 Club Gold Program* von *Hertz*. Die Club-Gold-Mitgliedschaft kostet im Prinzip 50 Dollar im Jahr, wobei das erste Jahr gratis ist. Das Mitglied erhält grundsätzlich dieselben Fahrzeuge wie alle anderen Kunden auch, muss sich jedoch am Schalter nicht in der Schlange anstellen und braucht dem Fahrer des Shuttle-Busses nur seinen Namen zu nennen. Er wird im überdachten *Gold*-Bereich abgesetzt, wo sein Name auf einem großen Schirm aufleuchtet, der ihm den Weg zum exakten Standplatz seines Wagens weist. Wenn der Kunde bei seinem Wagen eintrifft, steht der Kofferraum bereits offen. Der Name des Mitglieds ist unübersehbar auf einer persönlichen Mietvereinbarung angebracht, die am Rückspiegel hängt. Wenn es das Wetter erfordert (und wenn es die örtlichen Umweltschutzbestimmungen zulassen), läuft der Motor, und die Heizung oder die Klimaanlage ist eingeschaltet. Indem *Hertz* nichts tut, bis der Kunde in den Bus steigt und seinen Namen nennt, und dann exakt das tut, was der Kunde verlangt, hat das Unternehmen ein Erlebnis entwickelt, dessen Kosten sogar *geringer* sind als jene der Standarddienstleistung. Aus diesem Grund kassiert *Hertz* niemals die Mitgliedsgebühr von 50 Dollar, was in unseren Augen ein Fehler ist. Das Unternehmen sollte seine Kunden nicht für die ihm entstandenen Kosten, sondern für den gelieferten

Die Unternehmen sollten den Kunden nicht für ihre Kosten, sondern für den gelieferten Wert bezahlen lassen

Wert bezahlen lassen. Darüber hinaus könnten diese Einnahmen verwendet werden, um *Hertz Gold* zu einem noch reichhaltigeren Mietautoerlebnis zu machen.

Selbstverständlich ist es keine leichte Aufgabe festzustellen, welche Art von Individualisierung einen Spitzenpreis wert wäre. Welche Merkmale oder Vorteile des Angebots sollten individualisiert werden, wo sollte das Standardangebot aufrechterhalten bleiben (im Fall von *Hertz* beispielsweise das Auto)? An welchen Punkten in der Wertkette werden die Käufer der Individualisierung den größten Wert beimessen? An welchen Punkten muss man ansetzen, um die Gegenleistung für den Preis wesentlich zu erhöhen? Und welche modularen und Umweltarchitekturen sind am besten geeignet, um den Kunden unvergeßliche Erlebnisse zu verschaffen?

Um diese Fragen zu beantworten, starten viele Unternehmen Umfragen zur Erhebung der Kundenzufriedenheit oder bedienen sich anderer Methoden der Marktforschung, die geeignet erscheinen, aussagekräftige Daten zu sammeln. Die so gesammelten Informationen eignen sich hervorragend, um die *generellen Bedürfnisse* der Kunden zu verstehen. Doch sie sind unzureichend, wenn es darum geht festzustellen, wo ein Unternehmen eine Individualisierung des Massenangebots vornehmen sollte. Schließlich können Daten zur Kundenzufriedenheit nur Aufschluss über die Zufriedenheit des *Marktes*, nicht jedoch über jene der einzelnen Kunden geben. Die wenigsten Manager machen sich die Mühe, die individuellen Resultate aufzuschlüsseln. Sie sehen sich lediglich ein paar Zahlen an, die angeblich Aufschluss über das Verhalten verschiedener Marktsegmente spiegeln. Sie entwerfen Studien, die eine Tabellarisierung ermöglichen sollen, doch dabei geht es ihnen nicht um wirkliche Einblicke in kundenspezifische Wünsche und Erfordernisse. Und jeder Kunde, der an einer solchen Umfrage teilnimmt, weiß, dass er keinen direkten Vorteil davon haben wird.

Dazu kommt, dass in kaum einer Umfrage zur Kundenzufriedenheit überhaupt nach den persönlichen Bedürfnissen und Wünschen des Interviewpartners gefragt wird. Vielmehr werden die Käufer durchwegs aufgefordert, Angaben dazu zu machen, wie gut das Unternehmen oder seine Mitarbeiter in einer Reihe von Kategorien abschneiden. Dass die Manager sehr wenig über die wirklichen Wünsche und Erfordernisse ihrer Kunden erfahren, wird offensichtlich, wenn man sich die Frage ansieht, die allem Anschein nach im Mittelpunkt der meisten derartigen Umfragen steht: Wie gut sind *wir*? Die Kunden werden unentwegt mit Umfragen bombardiert, die wenig Einfluss auf die Erfüllung ihrer tatsächlichen Bedürfnisse haben. In einer derartigen Umfrage, die von einer Fluglinie in Auftrag gegeben worden war, wurde tatsächlich folgende Aufforderung an die Reisenden gerichtet: »Helfen Sie uns, unsere Fluglinie neu zu erfinden.« Ein unglaubliches Angebot, das entweder die Wirkung derart allgemeiner Willensäußerungen der Kunden überschätzt oder der Neugestaltung des Unternehmens nur sehr geringen Wert beimisst.

Ein einprägsamerer Maßstab

Wie Dave Power III. von *J.D. Power & Associates* sagt: »Wenn wir die Kundenzufriedenheit messen, messen wir in Wirklichkeit den Unterschied zwischen dem, was ein Kunde *erwartet*, und dem Resultat, das er *wahrnimmt*.«[4] Mit anderen Worten:

Kundenzufriedenheit = Erwartetes Resultat – Wahrgenommenes
Resultat

Die Messung der Kundenzufriedenheit konzentriert sich im Wesentlichen auf das Verständnis und die Steuerung der Erwartungen, welche die Kunden bezüglich der aktuellen Leistungen eines Unternehmens hegen. Sie dient nicht dazu, festzustellen, was die Kunden eigentlich wollen. Solche Messungen haben durchaus ihren Zweck, doch wenn ein Unternehmen eine effektive Individualisierung seines Massenangebots anstrebt, muss es mehr tun, als bloß zu messen, wie seine Leistungen vom Markt wahrgenommen werden. Es muss verstehen, welches *Zugeständnis sein Kunde* macht, das heißt, es muss herausfinden, welche Lücke zwischen dem Angebot, mit dem sich der Kunde *abfindet*, und dessen *exaktem Bedürfnis* klafft:

Kundenzugeständnis = Das, was der Kunde – Das, womit sich der
exakt will   Kunde abfindet

Welches Zugeständnis ein Kunde macht, verstehen wir dann, wenn wir den Unterschied zwischen dem, was der Kunde *akzeptiert*, und dem, was er *wirklich braucht*, erkennen – selbst dann, wenn der Kunde selbst nicht weiß, was er wirklich braucht, oder nicht in der Lage ist, es zu artikulieren.

Die Unternehmen müssen nicht nur TQM-Techniken anwenden, um die Kundenzufriedenheit zu erhöhen, sondern auch Techniken zur Individualisierung des Massenangebots, um dem Kunden geringere Zugeständnisse abzuverlangen. Und während TQM-Programme geeignet sind, den in der Massenproduktion von Gütern und Dienstleistungen anfallenden Ausschuss zu verringern – indem sie überflüssige Tätigkeiten, Engpässe und andere Effizienzmängel beseitigen –, trägt die Konzentration auf Zugeständnisse an den Kunden dazu bei, den Ausschuss zu beseitigen, der jedesmal anfällt, wenn ein Unternehmen eine Aktivität durchführt oder Ressourcen einsetzt, die ein bestimmter Kunde nicht will. Tatsächlich haben TQM-Programme gerade deshalb, weil sie so oft zur Entwicklung neuer (Produkt-) Eigenschaften oder (Dienstleistungs-) Dimensionen führen, welche die Zufriedenheit des hypothetischen »Durchschnittskunden« erhöhen sollen, vielfach zur Folge, dass dem Kunden nur noch mehr Zugeständnisse abverlangt werden. Gleichgültig, wie viele Verbesserungen vorgenommen werden: Es wird stets allen Kunden dasselbe Angebot unterbreitet.

Ausschuss fällt bei der Durchführung von Aktivitäten oder beim Einsatz von Ressourcen an, die ein bestimmter Kunde nicht will

Doch die exakte Kombination der gewünschten Merkmale oder Leistungen ist von Kunde zu Kunde unterschiedlich. Die Kunden müssen ständig zwischen Vor- und Nachteilen abwägen und versuchen festzustellen, ob ein Produkt oder eine Dienstleistung genug vorteilhafte Komponenten beinhaltet, um die nebensächlichen hinzunehmen und die unerwünschten wettzumachen. Nur selten entsprechen die Wünsche und Erfordernisse *exakt* dem einen Paket, das ein Unternehmen anbietet. Wann immer also ein Kunde ein Produkt oder eine Dienstleistung erwirbt, das oder die der Massenproduktion entstammt, akzeptiert er mit den erwünschten Komponenten auch unerwünschte. Das bedeutet, das Unternehmen hat in der Erzeugung des Produktes oder in der Erbringung der Dienstleistung Ressourcen verschwendet. Beispielsweise fügen die Hersteller von Videorekordern und Videokameras ihren Produkten ständig zusätzliche Eigenschaften hinzu, in der Hoffnung, eines der neuen Merkmale möge sich als wünschenswerte Neuerung erweisen. Dieselbe Dynamik kommt zum Tragen, wenn ein Hotel sämtliche Zimmer mit Bügeleisen und Bügelbrett ausstattet, die bei 99 von 100 Nächtigungen ungenutzt bleiben, oder wenn der Großteil der Brezelpackungen und Getränkedosen, die eine Stewardess auf ihren Getränkewagen lädt, am Ende wieder in die Kombüse zurückkehrt.

> Die Kundenzugeständnisse haben ihren Ursprung in der Entwicklung für den hypothetischen Durchschnittskunden

Die Kundenzugeständnisse haben ihren Ursprung in der Entwicklung für den Durchschnitt, denn jedes Produkt aus der Massenfertigung beinhaltet ein Paket von »Nimm-es-oder-lass'-es-bleiben-Eigenschaften«, die allen Kunden angeboten werden. Je mehr Eigenschaften gebündelt werden, desto größer ist die Wahrscheinlichkeit, ein Element in das Produkt zu packen, welches das Angebot in den Augen eines bestimmten Käufers disqualifiziert (weil er das Element einfach nicht will oder weil er nicht bereit ist, den vermuteten Preisaufschlag für ein irrelevantes Element zu bezahlen). Ähnlich verhält es sich mit der in vielen Unternehmen propagierten »Entwicklung für den Kunden«, die in Wirklichkeit bedeutet, dass für den »*durchschnittlichen* Kunden« entwickelt wird – mithin für einen Kunden, der tatsächlich gar nicht existiert. Solange die Unternehmen ihren Blick nicht auf bestimmte Kunden – auf reale, spezifische und bekannte Personen – richten, führen derartige Bemühungen lediglich dazu, dass Aktivitäten durchgeführt und Ressourcen eingesetzt werden, ohne zu wissen, wie viel davon der individuelle Kunde tatsächlich benötigt.

Nehmen wir beispielsweise die Fluglinien. Bei jedem Flug machen die Passagiere ungezählte Zugeständnisse in verschiedensten Servicedimensionen. Sehen wir uns der Einfachheit halber lediglich nur eine von vielen Dimensionen an: den zuvor erwähnten Getränkewagen. Sobald eine Maschine eine sichere Flughöhe erreicht hat, tauchen die Stewardessen mit den Getränkewagen auf und fragen: »Möchten Sie etwas trinken?« Ein eingefleischter Pepsi-Trinker wird natürlich eine Pepsi verlangen und die Gegenfrage »Wäre auch eine Coke in Ordnung?« zu hören bekommen. Der Kunde wird im Allgemeinen auf seinen wirklichen Wunsch verzichten und die Coke akzeptieren. Er macht ein Zugeständnis. Auf den nächsten zwei, drei, vielleicht auch vier Flügen mit derselben Fluglinie wiederholt sich der Vorgang: dieselbe Frage, derselbe Wunsch, dieselbe Antwort. Schließlich kommt der Kunde dahinter und fragt – wonach wohl? – nach Coca-Cola! Wenn er begreift, dass die Fluglinie sein Lieblingsgetränk einfach nicht anbietet, hat sie ihn endlich darauf trainiert, etwas anderes zu *erwarten*. Erst jetzt kann die Fluglinie seine Erwartung erfüllen. (Und selbstverständlich müssen bei den wenigen Fluglinien, die Pepsi Cola anbieten, die Coke-Anhänger ein Zugeständnis machen.)

Je weniger Zugeständnisse vom Kunden verlangt werden, desto eher wird aus einer gewöhnlichen Dienstleistung ein einprägsames Ereignis

In den Augen der Fluglinie ist dieser Passagier ein weiterer zufriedener Kunde, da er ja *immer* erhält, was er erwartet. Doch unter der Oberfläche dieser unechten Zufriedenheit schlummert ein Potenzial für Innovationen, die den gewöhnlichen Service einer Fluglinie in ein einprägsames Ereignis verwandeln können: Hier bietet sich die Gelegenheit, den Kunden weniger Zugeständnisse abzuverlangen. Jedes Mal, wenn der Anbieter eines Produktes oder einer Dienstleistung mit einem Kunden interagiert, erhalten beide Seiten eine Chance, etwas zu lernen. Schließlich wird eine Seite aufgrund dieser Lernerfolge ihr Verhalten ändern. Unglücklicherweise ist dies allzu oft der Kunde. Er beginnt, etwas anderes zu verlangen als das, was er eigentlich will. Doch vielleicht geht er auch einfach zu einem anderen Anbieter.

5 Verlangen Sie Ihren Kunden weniger Zugeständnisse ab

Manche Wirtschaftsexperten betrachten es als Erfolg versprechende betriebliche Praxis, die Kunden dazu zu bewegen, sich mit weniger abzufinden, als sie eigentlich wollen (das heißt, sie dazu zu zwingen, ihre Erwartungen einzuschränken). Dies gelte insbesondere dann, wenn es einem Unternehmen gelinge, seine Kosten zu senken, ohne die Kunden übermäßig zu enttäuschen. Doch ein solches Vorgehen stellt nur eine weitere sichere Methode dar, um die eigenen Produkte oder Dienstleistungen zu Massengütern zu degradieren, denn es verleitet ein Unternehmen dazu, seinen internen Kosten übertriebene Aufmerksamkeit zu schenken und die Bedürfnisse seiner Kunden zu vernachlässigen. Wer meint, es werde den Kunden »schon nichts ausmachen«, wird zwangsläufig zu betrieblichen Praktiken greifen, die seinen Kunden zahlreiche Zugeständnisse abverlangen. Auch *steigen* die Kosten, wenn sich das Unternehmen eine Gelegenheit entgehen lässt, Klarheit über die individuellen Bedürfnisse der Kunden zu gewinnen und Praktiken zu eliminieren, die Ressourcen verschwenden.

Es gibt ein Unternehmen, das sich bemüht, den individuellen Vorlieben seiner Kunden auf den Grund zu gehen, und zwar nicht nur in Bezug auf Getränke, sondern auch hinsichtlich Speisen, Zeitschriften und anderer Annehmlichkeiten. Dieses Unternehmen ist nicht zufällig auch jenes, das sich am meisten auf das Erlebnis seiner Gäste konzentriert: *British Airways.* Im Jahr 1998 ist die Catering-Abteilung von *BA* mit einem neuen Softwareprogramm von *Industri-Matematik Inter-*

national online gegangen und beobachtet genau, was auf weltweit mehr als 1200 Routen, die 160 Flughäfen verbinden, benötigt wird, um die Lieferungen von mehr als 300 Lieferanten zu koordinieren. Im nächsten Schritt werden die individuellen Vorlieben der besten Kunden erfasst, um jedem Einzelnen von ihnen exakt den Service anzubieten, den er wünscht. Hierbei handelt es sich um eine echte Individualisierung eines Massenangebots: Indem *British Airways* ausschließlich und exakt das tut, was der individuelle Kunde will, verwandelt es nicht nur seine individualisierte Dienstleistung in ein individualisiertes Erlebnis, sondern *senkt obendrein die Kosten...* Wie das funktioniert? Unter anderem, indem die Fluglinie darauf verzichtet, überflüssige Speisen, Getränke und weitere Produkte mit an Bord zu nehmen, denn in einem Flugzeug erhöht jede zusätzliche Ladung den Treibstoffverbrauch. Indem *British Airways* die Nachfragekette auf diese Art verknüpft, hofft das Unternehmen zwischen fünf und acht Millionen Dollar jährlich einzusparen und die Rentabilitätsschwelle der Investition schon im ersten Jahr zu überschreiten – das heißt, noch bevor es überhaupt beginnt, aus der Individualisierung des Erlebnisses Nutzen zu ziehen.[1]

Auf der Suche nach Einzigartigkeit

Die Kunden sollten sich nicht länger mit standardisierten Gütern und Dienstleistungen abfinden, wenn die Unternehmen in der Lage sind, exakt das zu liefern, was jeder einzelne Kunde wünscht. Wenn sich Ihr Unternehmen sträubt, dies zu tun, wird es mit Sicherheit bald irgendein Konkurrent tun und die Wettbewerbsdynamik Ihrer Branche für alle Zeiten verändern. Doch jenen Unternehmen, die diesen Schritt als Erste tun, fällt es vielfach schwer herauszufinden, worin die Bedürfnisse der Kunden denn nun eigentlich bestehen. Denn die wirklichen Bedürfnisse werden in den zahllosen Umfragen unter dem Motto »Wie gut machen wir es?« nicht zutage gefördert. Tatsächlich haben die Kunden so lange Zugeständnisse machen müssen, dass es ihnen häufig schwer fällt, über ihre exakten Wünsche zu sprechen. Selbst wenn man ihnen das Konzept des Zugeständnisses erklärt, sind die meisten Kunden nicht imstande zu artikulieren, wie sich die Angebote, mit denen sie sich abfinden, von ihren tatsächlichen Bedürfnissen unterscheiden.

Manche Skeptiker sehen in dieser Schwierigkeit einen Beleg dafür, dass die Kunden nicht die geeigneten Ansprechpartner für ein Unternehmen sind, das nach neuen Ideen und Innovationen sucht. Doch das Problem mit den Beiträgen der Kunden wurzelt nicht in deren Unfähigkeit, ihre Wünsche und Erfordernisse zu definieren, sondern in dem Kontext, in dem die Unternehmen um diese Beiträge bitten. Die Menschen antworten zumeist auf die Fragen, die ihnen gestellt werden. Daher stellen ihre Antworten häufig weniger einen genauen Ausdruck ihrer Bedürfnisse dar, sondern fügen sich eher in das Konzept der Massenproduktion, welches die Fragen prägte. Die Professoren Dorothy Leonard und Jeffrey F. Rayport von der Harvard Business School, die sich zu den Verfechtern des »einfühlenden Designs« zählen (gemeint ist eine Produktentwicklung, die von der Beobachtung der Kunden in *deren* Umgebung ausgeht), erklären es so: »Manchmal sind die Kunden so daran gewöhnt, die Angebote von Unternehmen unter den gegenwärtigen Bedingungen zu nutzen, dass sie nicht auf den Gedanken kommen, nach einer neuen Lösung zu fragen – selbst wenn sie reale Bedürfnisse haben, auf die man reagieren könnte.«[2]

Die herkömmlichen Erhebungstechniken – wie Fokusgruppen, »Zukunftszenarien«, Conjoint-Analysen und natürlich Umfragen – können durchaus genutzt werden, um Kundenzugeständnisse zutage zu fördern. Man muss sich nur

Analysieren Sie Ihre Studien erneut und suchen Sie nach Einzigartigem

die letzten Studien noch einmal ansehen (bei denen es wahrscheinlich um die Suche nach *Gemeinsamkeiten* ging, die lediglich auf gemeinsame Erwartungen der Kunden hinweisen). Analysieren Sie die Ergebnisse erneut, allerdings aus einer anderen Perspektive: Suchen Sie nach dem *Einzigartigen* in den Antworten, das auf Zugeständnisse hindeutet, die zuvor unbemerkt blieben oder irrtümlich für unbedeutend gehalten wurden. Sogar eine einzige Interaktion mit einem Kunden kann Hinweise auf ansonsten nicht artikulierte Zugeständnisse in Bereichen geben, in denen sich sämtliche Kunden mit weniger (oder mehr) abfinden, als sie eigentlich wollen. Insbesondere jene Angaben, die für statistische »Ausreißer« gehalten wurden, können auf Zugeständnisse hindeuten, die der »durchschnittliche« Kunde einfach nicht artikulieren konnte.

Die Unternehmen müssen auch neue Verfahren entwickeln, um dem Kundenverhalten auf den Grund zu gehen, und fragen: »Was wollen Sie?« Diese Verfahren müssen an die Stelle der Umfragen zur Kundenzufriedenheit treten, in denen lediglich gefragt wurde: »Wie beurteilen Sie unsere Leistungen?« Beispielsweise fordert das in Troy, Michigan, ansässige Unternehmen *Ross Controls*, das Druckventile herstellt, seine besten Kunden (Autoproduzenten, Hersteller von Fördermaschinen usw.) auf, in Zusammenarbeit mit seinen Ingenieuren (die als »Integratoren« bezeichnet werden, weil sie die normalerweise getrennten Funktionen von Entwicklung, Herstellung und Vermarktung effektiv miteinander verbinden) exakt jenes Ventilsystem zu gestalten, das die Leistungen der Fließbänder des Kunden nachhaltig verbessern würde. Der »Integrator« konzentriert sich auf die Zugeständnisse, die der Kunde gegenwärtig beim Design der Fließbänder machen muss, und entwickelt anhand eines Katalogs von Modulen den Prototyp eines Ventilsystems. Entspricht der erste Prototyp nicht vollkommen den Erfordernissen des Kunden, so nimmt der Integrator so lange Anpassungen daran vor, bis ein maßgeschneidertes Ventilsystem sämtliche bekannten Zugeständnisse des Kunden eliminiert. Irgendwann will *Ross* seinen Ross/Flex-Service online anbieten, um die Kosten der Zusammenarbeit zu senken und die Kunden an der Gestaltung ihrer Ventile teilnehmen zu lassen.[3]

> Der Cyberspace stellt einen ausgezeichneten Ort dar, um Zugeständnissen auf den Grund zu gehen

Tatsächlich stellt der Cyberspace aufgrund seines inhärent interaktiven Charakters einen ausgezeichneten Ort dar, um Zugeständnissen auf den Grund zu gehen. Beispielsweise ist die E-Mail ein wunderbar kostengünstiges Medium für die Interaktion mit den Kunden, um herauszufinden, wo sie Zugeständnisse machen müssen. So sendet beispielsweise die *NewsEDGE Corporation* aus Burlington, Massachusetts,. an jedem Werktag den Unternehmen, die ihre *NewsPage* abonniert haben, eine maßgeschneiderte Datenbank voller Online-Nachrichten, Artikel und Pressemitteilungen zu mehr als 1200 Themen. Die einzelnen Benutzer legen individuelle Profile an, um die rund 20 000 Artikel (aus Hunderten Originalquellen) zu durchforsten und jene zehn bis zwölf herauszufiltern, die am ehesten ihren Bedürfnissen entsprechen.

Diesem Zugang liegt der Gedanke zugrunde, dass es ein beträchtliches Zugeständnis ist, zahlreiche Artikel speichern, ansehen und lesen (oder zumindest überfliegen) zu müssen, die für die eigenen Erfordernisse irrelevant sind. Um seinen Kunden dieses Zugeständnis zu ersparen, hilft *NewsEDGE* gegen eine Gebühr dabei, individuelle Filterprofile für die Datenbank des Unternehmens zu gestalten und diese Profile alle ein bis zwei Wochen auf der Basis der Artikel, welche die Benutzer relevant beziehungsweise irrelevant fanden, anzupassen. Anstatt wie bei den meisten derartigen Diensten mit einem einmal erstellten Profil leben zu müssen, können die Unternehmenskunden von *NewsPage* verfolgen, wie die Relevanz der übermittelten Artikel stetig zunimmt, bis *NewsEDGE* schließlich sein Ziel erreicht hat, 80 bis 90 Prozent an relevanten Artikeln zu schicken. Würde das Unternehmen versuchen, eine Rate von 100 Prozent zu erreichen, so würden die Abonnenten eine zweite Form von Zugeständnis machen müssen – sie würden wahrscheinlich eine große Zahl relevanter Artikel nie zu Gesicht bekommen, da die Selektionssoftware von *NewsEDGE* dieses Material als nebensächlich einstufen würde.[4] Indem es seinen Kunden mit einem individualisierten Angebot einige Zugeständnisse erspart, kann *NewsEDGE* eine engere Beziehung zu jedem einzelnen Kunden aufbauen.

Die Pflege von Lernbeziehungen

Ein rasch wachsendes Arsenal interaktiver Technologien – E-Mail, Pager, elektronische Kioske, Online-Dienste, Fax-Antwort und das World Wide Web – ermöglicht es den Unternehmen, die spezifischen Wünsche, Erfordernisse und Präferenzen von Tausenden und potenziell Millionen einzelner Kunden kennen zu lernen. Die Kombination der individualisierten Massenproduktion mit dem, was die Marketinggurus Don Peppers und Martha Rogers als *One-to-one-Marketing* bezeichnen, bildet die Grundlage für eine *Lernbeziehung*, die im Lauf der Zeit enger und lebendiger wird.[5] Je mehr der Kunde dem Unternehmen beibringt, desto besser kann dieses genau das bereitstellen, was er braucht – und desto schwieriger wird es für die Konkurrenten, diesen Kunden abzuwerben. Selbst wenn es einem Konkurrenten gelänge, dieselben Fähigkeiten zu entwickeln, müsste ein Kunde, der bereits in einer Lernbeziehung zum Unternehmen steht, sehr viel Zeit und Energie aufwenden, um diesem Konkurrenten all das beizubringen, was sein gegenwärtiger Partner bereits weiß. Aus diesem Grund zeigen die Kunden von *Ross Controls* so große Treue zu Ross/Flex. Ein Unternehmensbereich von *General Motors* (jenes Unternehmen, das anscheinend ein Patent auf das Ausquetschen von Lieferanten hat) kauft keine Druckventile von einem anderen Anbieter und lässt auch seine Zulieferbetriebe nirgendwo anders hingehen. James Zaguroli Jr., der Präsident von *Knight Industries*, erzählt, dass er einem Konkurrenten, der ihn von *Ross* weglocken wollte, folgende Antwort gab: »Warum sollte ich zu Ihnen wechseln? Sie sind bereits fünf Produktgenerationen hinter dem zurück, was wir gemeinsam mit Ross entwickelt haben.«

Individualisierung des Massenangebots und One-to-one-Marketing ermöglichen die Entwicklung von Lernbeziehungen

Unternehmen, die sich der Individualisierung ihres Massenangebots verschrieben haben und derartige Lernbeziehungen pflegen, bewegen sich auf einer neuartigen Lernkurve abwärts (siehe Abbildung 5.1). Jedermann kennt die alte Lernkurve: Die Kosten sinken mit wachsendem Produktionsvolumen, eine Entwicklung, welche die Grundlage der Massenproduktion darstellt. In der neuen Lernkurve sinkt aufgrund der Interaktion zwischen dem Anbieter und seinem Kunden im Lauf der Zeit die Zahl der Zugeständnisse, die vom Kunden verlangt werden.[6] Nehmen wir das Beispiel von *News-EDGE*. Wenn ein Abonnent den *News-Page*-Dienst erstmals in Anspruch nimmt, sind möglicherweise nicht mehr als 30 Pro-

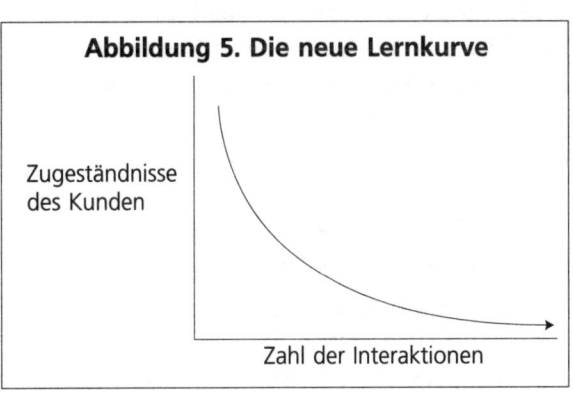

Abbildung 5. Die neue Lernkurve

Zugeständnisse des Kunden

Zahl der Interaktionen

129

Das Ausmaß der Zugeständnisse sollte sinken, wenn ein Unternehmen mit seinen Kunden interagiert

zent der Artikel für ihn interessant. Das bedeutet, dass 70 Prozent der Artikel *irrelevant* sind. Diesen Wert könnten wir als Maß des Zugeständnisses am Beginn dieser Lernkurve bezeichnen. Doch da die Kunden *NewsEDGE* Feedback geben, nimmt die Relevanz zu, während das Zugeständnis geringer wird – so lange, bis die Kurve verflacht und das Maß an Zugeständnissen nur noch 10 bis 20 Prozent beträgt (80 bis 90 Prozent Relevanz).

Nun stellen Sie sich vor, sie wären ein *NewsPage*-Abonnent. Ein Konkurrent Ihres Partners tritt an Sie heran. Er bringt *exakt dieselben Fähigkeiten* mit wie *NewsEDGE*, hat Zugang zu denselben Quellen, kann die Artikel auf dieselbe Art liefern. Er kann sogar Ihr Feedback verarbeiten und die Relevanz im Lauf der Zeit auf dieselbe Art erhöhen wie *NewsEDGE*. Würden Sie wechseln? Um keinen Preis! Es würde *Monate* dauern, bis Sie diesem neuen Partner beigebracht hätten, was *NewsEDGE* bereits weiß. In der Zwischenzeit würden Ihnen jene relevanten Artikel entgehen, die das neue Unternehmen nicht herausfiltern könnte, da es ja erst lernen müsste, was genau Sie benötigen.

Daher kann ein Unternehmen seine Kunden buchstäblich für immer an sich binden, wenn es zwei Bedingungen erfüllt: Erstens darf es die Preise nicht übertrieben in die Höhe treiben oder den Service einschränken, wenn die Lernbeziehung einmal gefestigt ist. Zweitens darf es die nächste Welle der technologischen Entwicklung nicht verpassen. (Beispielsweise wäre ein Service wie *NewsPage*, der sich ausschließlich auf die Übermittlung der Artikel per Fax konzentrierte, zum Tode verurteilt, würde er das Fax nicht rechtzeitig durch das Internet ersetzt.) Die Vorteile dieses Zugangs verbessern die Ausgangslage eines Unternehmens in mehrerlei Hinsicht:

- *Spitzenpreise.* Da das Angebot genau auf die Erfordernisse der Kunden abgestimmt ist, steigt sein Wert, weshalb die Kunden bereitwillig einen Spitzenpreis bezahlen werden.
- *Geringere Preisnachlässe.* Jedesmal, wenn ein Unternehmen ein Angebot mit einem Preisnachlass verkauft, *bezahlt* es seinen Kunden eigentlich dafür, dass er größere Zugeständnisse machen muss. Je weniger Zugeständnisse vom Kunden verlangt werden, desto

geringer wird die Notwendigkeit, das Produkt über den Preis zu verkaufen.

- *Höherer Ertrag pro Kunde.* Da das Unternehmen mehr über jeden seiner Kunden weiß als irgendein Konkurrent, wenden sich die Kunden jedesmal an das Unternehmen, wenn sie etwas kaufen wollen, was auch dieses Unternehmen anbietet.
- *Größere Zahl von Kunden (zu niedrigeren Akquisitionskosten).* Da die Kunden eine derart angenehme Erfahrung machen, empfehlen sie das Unternehmen weiter. Die neuen Kunden werden es ebenfalls empfehlen usw.
- *Größere Kundentreue.* Je mehr ein Kunde dem Unternehmen über seine individuellen Wünsche, Erfordernisse und Präferenzen beibringt, desto schwerer wird es ihm fallen, einen Konkurrenten zu finden, der ihm eine gleichermaßen wertvolle Leistung anbieten kann.

Vor allem aber verschaffen jene Unternehmen, welche die den Kunden abverlangten Zugeständnisse systematisch verringern – und damit die Beziehung von negativen Hinweisen säubern –, den Kunden ein angenehmes Erlebnis bei der Nutzung ihrer Güter und Dienstleistungen. Und damit erfüllen sie Bedürfnisse, die von ihren der Massenproduktion verhafteten Konkurrenten nicht befriedigt werden.

Der Umgang mit verschiedenartigen Zugeständnissen

Die Individualisierung des Massenangebots erfordert den Rückgriff auf ein Axiom, das in der gleich geordneten Welt der Massenproduktion häufig außer Acht gelassen wird: *Jeder Kunde ist einzigartig* und verdient es, zu dem Preis, den er zu zahlen bereit ist, exakt das zu bekommen, was er will. Früher waren die Kunden bereit, ihre Einzigartigkeit hintanzustellen, um von den niedrigen Preisen standardisierter Angebote zu profitieren. Doch das hat sich geändert. Die Unternehmen müssen nunmehr Wege finden, um die Zugeständnisse ihrer Kunden effizient und systematisch zu verringern. Zu solchen Zugeständnissen kommt es jedes Mal, wenn ein einzigartiges Individuum

Jeder einzelne Kunde verdient es, zu dem Preis, den er zu zahlen bereit ist, exakt das zu bekommen, was er will

mit standardisierten Gütern oder Dienstleistungen konfrontiert wird, die für einen imaginären Durchschnittskunden entwickelt wurden. Selbstverständlich gibt es keinen allgemeingültigen Zugang zur Eliminierung von Kundenzugeständnissen – denn dieser würde dem Konzept des individualisierten Massenangebots widersprechen. Vielmehr müssen wir uns mit vier verschiedenen Kategorien von Zugeständnissen auseinander setzen. Jedes dieser Zugeständnisse lenkt auf ganz spezifische Art und Weise von der Erfahrung des individuellen Kunden mit dem Angebot eines Unternehmens ab und erfordert damit einen eigenen Individualisierungszugang.

In Reaktion auf die individuellen Zugeständnisse ihrer Kunden können Unternehmen, die ein individualisiertes Massenangebot unterbreiten, verschiedene Änderungen vornehmen. Erstens können sie das *Produkt an sich* ändern, also die Funktionen eines Gutes oder die Dimensionen einer Dienstleistung. Oder sie können die *Darstellung* des Produkts ändern: seine Beschreibung oder Verpackung, das Werbematerial, die Platzierung, die Garantiebedingungen, den Namen, die Anwendungsvorschläge und alles andere, was außerhalb des eigentlichen Guts oder der Dienstleistung liegt. (So wie die modulare Architektur eines Unternehmens das Produkt an sich betrifft, betrifft die Umweltarchitektur seine Darstellung.) Wie aus Abbildung 5.2 hervorgeht, bringen diese strategischen Entscheidungen vier unterschiedliche Zugänge zur Individualisierung hervor: kooperativ, adaptiv, kosmetisch und unmerklich. Diese vier Zugangsweisen eignen sich jeweils zur Verringerung einer anderen Art von Zugeständnis, was wiederum die Grundlage für eine bestimmte Art von Erlebnis darstellt.[7]

Kooperative Individualisierung: Das Erlebnis der Erkundung

Kunden machen Zugeständnisse, wenn sie gezwungen werden, schwierige und mehrere Bereiche betreffende *Entweder-Oder-Entscheidungen* zu fällen: lang oder breit, komplex oder funktionell, umfassende oder relevante Information. Da sie bei Angeboten aus der Mas-

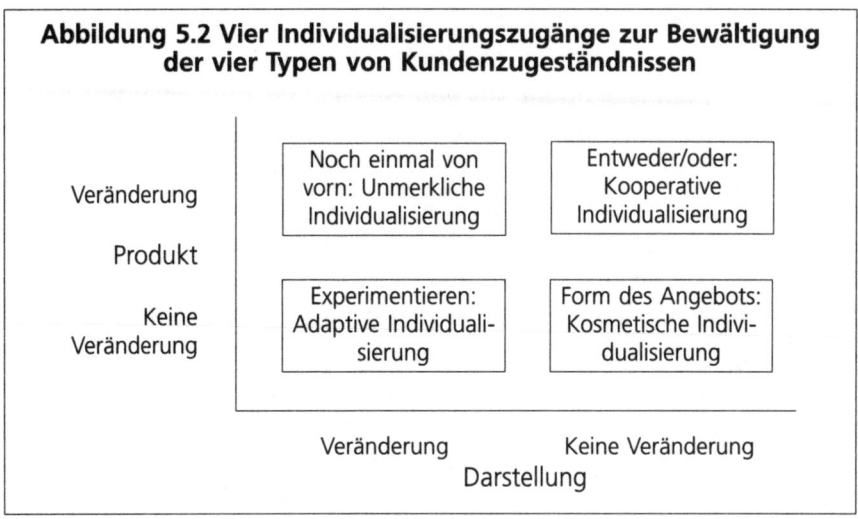

Abbildung 5.2 Vier Individualisierungszugänge zur Bewältigung der vier Typen von Kundenzugeständnissen

Veränderung Produkt	Noch einmal von vorn: Unmerkliche Individualisierung	Entweder/oder: Kooperative Individualisierung
Keine Veränderung	Experimentieren: Adaptive Individuali-sierung	Form des Angebots: Kosmetische Indivi-dualisierung

Veränderung   Keine Veränderung

Darstellung

senproduktion nicht in der Lage sind zu entscheiden, welche Zugeständnisse am ehesten ihren Interessen entsprechen, gehen viele Kunden dazu über, mit individualisierten Massenanbietern wie *GNC Live Well, Andersen Windows, Ross Controls* und *NewsEDGE* zusammenzuarbeiten. All diese Unternehmen bedienen sich der *kooperativen Individualisierung*, eines Prozesses, in dem ein Unternehmen in direkter Kooperation mit seinen Kunden herausfindet, was diese benötigen, und es dann für sie bereitstellt. Unternehmen, welche die kooperative Individualisierung praktizieren, lassen ihre Kunden nach Wegen suchen, wie sie ein erwünschtes Produktelement erhalten können, ohne ein anderes opfern zu müssen.

Die Kunden von *NewsEDGE* müssen sich nicht länger sämtliche Artikel zuschicken lassen, um einen für sie interessanten zu finden, sondern lesen Artikel mit zunehmender Relevanz, wobei sie insgesamt immer weniger Texte durchgehen müssen. Und sie können sogar mit dem Feedback experimentieren, dass sie *NewsEDGE* geben, um herauszufinden, wie sich ihre Angaben auf die zukünftige Auswahl der Artikel auswirken. Die Kunden von *Ross Controls* müssen nicht länger mehrere Monate auf eine Designspezifikation warten, sondern erkunden anhand sukzessiver, rasch hergestellter Prototypen, die sie gemeinsam mit ihrem »Integrator« von ROSS/FLEX entwickeln, mögliche Verbesserungen in ihren Abläufen. Und die Kunden von *Andersen Windows* müssen nicht mehr auf die Fertigstellung ihrer Häuser warten, um beurteilen zu können, wie die Fenster aussehen werden. Stattdessen können sie sich das Endergebnis auf dem Computerbildschirm ansehen, nachdem sie gemeinsam mit dem Händler ungezählte Möglichkeiten durchgespielt haben. Eine Reihe sehr erfolgreicher Unternehmen – *Dell* bei PCs, *The Hartford* bei Versicherungen, *Levi's* mit seinen Original Spin-Jeans, um nur einige zu nennen – bedienen sich der kooperativen Individualisierung, um die Zugeständnisse zu verringern, die unvermeidlich sind, wenn die Kunden mit zu großer Auswahl und unnötigen Abwägungen konfrontiert werden. Das Ergebnis ist eine neue Art von Designerlebnis.

Nehmen wir beispielsweise den Kauf einer Brille. Kaum jemand, der im Brillenladen vor den aufeinander getürmten Reihen leerer Gestelle steht, kann sofort entscheiden, welche Brille die exakt richtige für ihn ist. Doch das japanische Unternehmen *Paris Miki* entwickelt anhand der kooperativen Individualisierung in jedem Kundengespräch eine exakte Spezifikation der passenden Brille.

Das in Tokio ansässige Unternehmen, das zu den größten Brilleneinzelhändlern der Welt zählt, verbrachte fünf Jahre mit der Entwicklung seines Mikisimes-Designsystems. Dieses Gestaltungswerkzeug enthebt den Kunden der Mühe, zahllose Optionen zu begutachten, und verwandelt die Designinteraktion in ein *Erkundungserlebnis*. Zunächst macht der Optiker eine digitale Aufnahme vom Gesicht des Kunden, die dann vom Mikisimes-System auf distinktive Merkmale hin analysiert wird. Das System berücksichtigt auch eine Reihe von Adjektiven, die der Kunde auswählt, um das gewünschte Aussehen zu definieren (förmlich, traditionell, natürlich, sportlich, elegant usw.). Dann empfiehlt das System eine spezifische Glasform und -größe und kombiniert die Gläser mit dem digitalen Bild des Gesichts. Doch das ist erst der Ausgangspunkt der Erkundungsreise. Als Nächstes machen sich Kunde und Optiker gemeinsam daran, Form und Größe der Gläser anzupassen (indem sie sie drehen, vergrößern oder sogar mit der Maus eine neue Linie ziehen), bis sie ein Design finden, das beiden zusagt. Dann wählen sie gemeinsam aus einer Reihe von Optionen die Brücke, die Scharniere und die Bügel aus, bis der Kunde *exakt* die Brille gefunden hat, die er wünscht. Der abschließende Schritt besteht darin, dass der Optiker ein Bild in Fotoqualität ausdruckt, auf dem der Kunde mit einer Brille zu sehen ist, die erst noch erzeugt werden muss! (Obendrein erhält der Kunde sein individualisiertes Massenprodukt innerhalb von nur einer Stunde.)

Ein Unternehmen, das sich der kooperativen Individualisierung bedient, arbeitet mit dem individuellen Kunden zusammen, um zunächst die Darstellung des Produkts und, sobald der Kunde Klarheit über seine wirklichen Bedürfnisse hat, das Produkt selbst zu ändern. So legen Kunde und Anbieter gemeinsam fest, welcher Wert erzeugt werden soll. Ein Unternehmen, das sein Massenangebot individualisiert, gibt die Kontrolle über den Prozess teilweise ab und räumt dem Kunden die Möglichkeit ein, direkt an der Entscheidungsfindung und sogar an einem Teil der Einrichtungsarbeit teilzunehmen. Greg Horn, der Marketingleiter von *GNC*, berichtet folgendes: »Mit der im Geschäft angebotenen Erfahrung binden wir die Kunden an die von ihnen gestalteten Produkte und erzeugen bei ihnen ein individuelles Bekenntnis zu ,ihrem' Produkt, das mit keiner anderen Methode geweckt werden kann.« Die Abwägungen, die bei der Auswahl und Verwendung der meisten Güter aus Massenproduktion unvermeidlich zu sein schienen, verschwinden, wenn ein Kunde seine einzigartigen Bedürfnisse derart intensiv erlebt. Im Idealfall erhält der Kunde nicht nur genau, was er will, sondern entdeckt Wünsche und Erfordernisse, deren er sich bisher nicht bewusst war.

> Ein Unternehmen, das sich der kooperativen Individualisierung bedient, stellt gemeinsam mit seinem Kunden fest, was dieser benötigt, und erzeugt es dann für ihn

Adaptive Individualisierung: Das Experimentiererlebnis

Eine zweite Art von Zugeständnissen wird dem Kunden dort abverlangt, wo er mit zu vielen Fertiggütern oder zu vielen Komponenten konfrontiert wird und sich auf einen aufwendigen *Auswahlprozess* einlassen muss. In einem solchen Fall sollte ein Unternehmen den Zugang der *adaptiven Individualisierung* wählen. Bei dieser Form der Individualisierung werden weder das Produkt an sich noch seine Darstellung für den individuellen Kunden verändert. Vielmehr passt der Kunde das Gut oder die Dienstleistung seinen Bedürfnissen an, indem er die bereits in das Angebot eingebettete individualisierbare Funktionalität nutzt.

Wenn die Forderungen der Kunden ein breites Spektrum von Möglichkeiten umspannen, ist irgendeine Form adaptiver Individualisierung unausweichlich. So stellt beispielsweise *Lutron Electronics* aus Coopersburg, Pennsylvania, Steuerelemente für Beleuchtungen (Schalter, Dimmer usw.) her, die zahlreiche Anpassungen an die spezifischen Bedürfnisse der Kunden erlauben. Mit Ausnahme einheitlich gestalteter Gebäude wie etwa Franchise-Restaurants entziehen sich die Anwendungsumgebungen der Kunden jedem Standardisierungsversuch. Form, Einrichtung und Position der Fenster unterscheiden sich von Raum zu Raum. Dazu kommt, dass sich die Wetterbedingungen, die sich auf die Außenbeleuchtung auswirken, von Tag zu Tag und von Stunde zu Stunde ändern; dasselbe gilt auch für die im Raum anwesenden Personen und den Gebrauch, den diese Personen vom Raum machen. Daher arbeitet *Lutron* in einigen Fragen mit seinen Kunden zusammen (beispielsweise in der Abstimmung der Farben von Schaltplatten), bedient sich ansonsten jedoch der adaptiven Individualisierung, indem es die Kunden in ihrem eigenen Büro oder in ihrer Wohnung mit dem Beleuchtungssystem experimentieren lässt. Beispielsweise verbindet das Grafik Eye System verschiedene Lampen in einem Raum und gibt dem Benutzer die Möglichkeit, unterschiedliche Beleuchtungseffekte für Partys, romantische Abende oder ein geruhsames Leseerlebnis zu testen und zu programmieren. Anstatt für jede Anwendung verschiedene Lichtschalter anpassen zu müssen, können die Kunden die Einstellungen im Voraus programmieren, bis sie die richtige Kombination gefunden haben. Von da an erzielen sie den erwünschten Effekt, indem sie jedesmal, wenn sie den Raum nutzen, einfach den Programmcode eingeben.

Unternehmen, die sich der adaptiven Individualisierung bedienen, bieten ein Produkt an, das so gestaltet ist, dass die Kunden es selbst verändern können

Die Kooperation ist der richtige Zugang, wenn jeder Kunde aus einer großen Zahl von Elementen oder Komponenten auswählen muss, um die erwünschte Funktion oder das angestrebte Design zu erreichen. Doch wenn es möglich ist, alternative Kombinationen in das Produkt einzubauen, wird die adaptive Individualisierung zu einer viel versprechenden Alternative, um jedem einzelnen Kunden eine Vielzahl unterschiedlicher Optionen zugänglich zu machen. Und das

Experimentieren mit diesen Möglichkeiten wird zu einem eigenständigen Erlebnis. Beispielsweise entwickelt und produziert das in Minneapolis, Minnesota, ansässige Unternehmen *Select Comfort* Luftkammermatratzen, die sich automatisch der Körperkontur des Benutzers anpassen. Mittels einer Fernsteuerung können die Kunden verschiedene Grade der Festigkeit ausprobieren, und Paare können sogar unterschiedliche Stufen in den beiden Hälften des Bettes einstellen. *Peapod*, ein in Evanston, Illinois, ansässiger Lebensmittelzustellservice, erspart seinen Kunden das Zugeständnis, in den Lebensmittelmarkt gehen und Regal um Regal nach geeigneten Produkten durchsuchen zu müssen. Seine PC-Software und sein Online-Service ermöglichen es den Kunden, zuerst jene Artikel, die sie regelmäßig verwenden wollen, in einer oder mehreren persönlichen Einkaufslisten festzuhalten. Diese Listen können augenblicklich abgerufen werden, während die Kunden zu jenen Produkten, die sie seltener einkaufen, anhand verschiedener Auswahlkriterien (Preis, Marke oder Nährstoffgehalt) Informationen abrufen können.

Bei der adaptiven Individualisierung zieht der Kunde selbstständig seinen persönlichen Nutzen aus dem Angebot. Anpassungsfähige Steuerelemente wie jene in *Lutrons* programmierbaren Einstellungen, *Select Comforts* Fernsteuerung und *Peapods* Software ermöglichen es dem Kunden, mit immer wieder neuen Kombinationen und Abwandlungen zu experimentieren. Hat er alle Varianten einmal durchgespielt, so muss er nicht mehr jedes Mal, wenn er das Produkt verwenden oder die Dienstleistung nutzen will, sämtliche Alternativen durchsuchen. Joel Spira, der Chairman von *Lutron Electronics*, der auch Erfinder ist und als Erster einen Mikroprozessor in eine Beleuchtungssteuerung einsetzte, erklärt: »Die Entwicklung anpassungsfähiger Steuerelemente hebt uns von der Konkurrenz ab, und die Art und Weise, wie wir es tun, ermöglicht es den Kunden, ohne Schwierigkeiten und mit viel Vergnügen nach den für sie geeigneten Einstellungen zu suchen.« Dieser Zugang zur Individualisierung eines Massenangebots, der sich grundlegend von der kooperativen Individualisierung unterscheidet, erzeugt darüber hinaus auch einen kundenspezifischen Wert.[9] Die Anpassungsfähigkeit der gestalteten Interaktion mit dem eigentlichen Produkt begünstigt das Experimentieren, das erforderlich ist, um den persönlichen Nutzen des Angebots zu entdecken.

137

Kosmetische Individualisierung:
Das Erlebnis, persönliche Aufmerksamkeit zu genießen

Dort, wo die Kunden nicht nur bei den grundlegenden Funktionen eines Produktes, sondern auch bei seiner Form Zugeständnisse machen müssen – bei der Form der Verpackung oder Präsentation, bei Ort oder Zeitpunkt der Lieferung –, kann sich ein Unternehmen der *kosmetischen Individualisierung* bedienen. Ausgehend von dem, was wir als *Form*zugeständnis bezeichnen, besteht dieser dritte Zugang darin, ein Standardgut oder eine Standarddienstleistung unterschiedlichen Kunden unterschiedlich zu präsentieren. Das Produkt wird in diesem Fall nicht maßgeschneidert (wie bei der kooperativen Individualisierung) oder so hergestellt, dass es angepasst werden kann (wie bei der adaptiven Individualisierung). Vielmehr wird ein standardisiertes Angebot für jeden Kunden speziell *verpackt*. Indem das Unternehmen die Darstellung jedes einzelnen Produkts individualisiert – beispielsweise mittels individueller Verpackung, maßgeschneiderter Marktetingmaterialien, persönlicher Platzierung bei der Lieferung, persönlicher Kennzeichnung oder Personalisierung anderer Elemente –, vermittelt es jedem Kunden das befriedigende Erlebnis eines Angebots, das »nur für mich bestimmt ist«.

Diese Methode wendet *Hertz* in seinem *1 Club Gold Program* an. Jedes individualisierte Element verändert lediglich die Darstellung seines Produkts, nicht jedoch das Produkt an sich. Dennoch macht der Kunde eine befriedigende Erfahrung, da die individualisierte Verpackung deutlich zeigt, dass ihn das Unternehmen zu schätzen weiß. Ähnlich geht das in Menlo Park, Kalifornien, ansässige Unternehmen *Austin-James* vor, das ein einfaches, jedoch ungemein effektives Gestaltungswerkzeug für die Individualisierung von Abbildungen auf T-Shirts, Kappen, Taschen und ähnlichen Artikeln entwickelt hat. Mit der Software *Hanes T-Shirt-Maker* (die in Zusammenarbeit mit dem berühmten T-Shirt-Produzenten *Hanes* entwickelt wurde) kann der Kunde zu Hause seine ganz persönlichen T-Shirts herstellen. Auf seinem Computerbildschirm sieht der Kunde das Bild eines T-Shirts, auf dem die für die Abbildung verfügbare Fläche markiert ist. Anhand der Software kann der Benutzer dann eines oder mehrere Bilder (aus einem mitgelieferten Bildersatz oder aus selbst eingescannten Bildern) sowie den Begleittext (mit verschiedenen Optionen für

Schriftart, Farben und Effekten) auswählen. Die ganze Zeit über kann der Benutzer die sich wandelnde digitale Darstellung seiner sich entwickelnden Arbeit verfolgen, bis die Abbildung schließlich seinen Vorstellungen entspricht. Anschließend wird die Illustration auf eine Spezialfolie gedruckt (mit dem Laser- oder Tintenstrahldrucker des Kunden), die auf das mitgelieferte T-Shirt aufgebügelt werden kann. Ganz schnell, ganz einfach, ganz »ich«.

Ein Unternehmen, das sich der kosmetischen Individualisierung bedient, präsentiert ein standardisiertes Angebot für jeden Kunden anders

Im Geschäftsverkehr zwischen Unternehmen hat die *Whirlpool Corporation* ihr Standardangebot an Küchengeräten (Whirlpool, KitchenAid und Roper) erfolgreich in ein Lieferprogramm namens Quality Express verpackt, um einen kundenspezifischen Wert anbieten zu können. Ursprünglich konnten die Händler jede beliebige Menge von Geräten bestellen – solange diese einen Lkw füllten. Das bedeutete, dass die Händler ihren Kunden nicht immer genau sagen konnten, wann ihre Geräte geliefert würden, da der Zeitpunkt davon abhing, was und wann andere Kunden bestellen würden. Heute plant *Whirlpool* für jeden Händler abhängig vom Jahresabsatz fünf, vier, drei, zwei oder eine Lieferung pro Woche ein und liefert genau die bestellte Zusammenstellung von Geräten. Ermöglicht wird dies durch ein ausgefeiltes Logistiksystem, das Produktionsanlagen, regionale Umschlagplätze, lokale Vertriebszentren und die Fahrzeuge der Lieferunternehmen mittels Echtzeitinformationen verknüpft. Und da *Quality Express* jeden Tag liefern kann, nutzt *Whirlpool* den Service, um auch jene Händler zu bedienen, die ein Gerät außerhalb des normalen Lieferplans benötigen. Das Unternehmen legt großen Wert darauf, jedem Händler das Gefühl zu geben, etwas Besonderes zu sein. Um jede Lieferung zu einem persönlichen Erlebnis zu machen, fügt *Quality Express* noch weitere maßgeschneiderte Dienstleistungen hinzu. Beispielsweise werden auf den Baustellen privater Hausbauer von uniformierten Fahrern Kisten geöffnet, Gefrierschränke installiert und Scharniere eingestellt, noch bevor die Hypotheken eingetragen sind. Und die Fahrer rufen von unterwegs vom Mobiltelefon aus an, um sicherzustellen, dass die Händler auf die Lieferung vorbereitet sind.

Für viele Unternehmen stellt die kosmetische Individualisierung einen Ausgangspunkt dar, um ihren Kunden ein personalisiertes

Erlebnis zu verschaffen. Unternehmen, die sich der kosmetischen Individualisierung bedienen, verändern die grundlegende Funktion des Produktes nicht, signalisieren jedoch, dass sie sich darüber klar sind, dass die Kunden unterschiedliche Erwartungen bezüglich der »Form des Angebots« hegen. Sie verschieben viele Aktivitäten, um sie unter den kritischen Blicken des Kunden durchführen zu können, der auf diese Art das Gefühl erhält, einer ganz speziell für ihn inszenierten Vorstellung beizuwohnen. Ralph Hake, der bei *Whirlpool* für die Betriebsabläufe zuständig ist, sagt über *Quality Express*: »Der Wert, den wir unseren Händlern anbieten, wird jedesmal sichtbar, wenn sie unseren Lkw die Straße herunterkommen sehen und wenn wir für sie, mit ihnen oder vor ihren Augen einen zusätzlichen Service bieten.« Ob es nun darum geht, Küchengeräte an den Handel zu liefern, Aufdrucke auf T-Shirts anzubringen oder einen Kunden zu seinem Mietwagen zu führen: Dieser Zugang befriedigt den in uns allen schlummernden Wunsch, beachtet zu werden. Indem es die Darstellung eines standardisierten Angebots individualisiert, schenkt ein Unternehmen seinen Kunden persönliche Aufmerksamkeit.

Unmerkliche Individualisierung: Das kaum greifbare Erlebnis

Dort, wo die Kunden mehrfach dieselbe Tätigkeit ausführen oder wiederholt dieselbe Information bereitstellen müssen, müssen sie das Zugeständnis der *wiederholten Durchführung* machen. Derartige Zwänge ärgern die Kunden lediglich und lenken vom Gesamterlebnis ab. In solchen Fällen kann die *unmerkliche Individualisierung* zum rettenden Anker werden, denn sie ermöglicht es, jedem einzelnen Kunden ein maßgeschneidertes Angebot zu unterbreiten, *ohne* ihm (durch Änderungen an der Darstellung) ausdrücklich mitzuteilen, dass es individuell auf ihn zugeschnitten wird.

ChemStation, ein Unternehmen, das industrielle Reinigungsprodukte erzeugt und vertreibt, individualisiert unmerklich die Zusammensetzung der einzelnen Erzeugnisse für eine Vielzahl betrieblicher Anwendungen – von Autowaschstraßen und Lkw-Depots bis zu Restaurantküchen und Papierfabriken. Doch *ChemStation* belästigt seine Kunden nicht mit Details bezüglich der spezifischen Bestandteile, die dazu dienen, die Reinigungserfordernisse eines bestimmten Kunden zu erfüllen. Stattdessen stellt es stillschweigend exakt die richtige Mischung für jeden Kunden her und präsentiert sämtliche maßgeschneiderte Produkte einheitlich als »die Lösung von *ChemStation*«. Bei den Kunden wird sogar durchweg dasselbe Firmenlogo auf die Speichertanks gedrückt. Die Folge ist, dass sich die Kunden mehr auf die Sauberkeit ihrer Anlagen konzentrieren als auf die spezifischen Merkmale des Produkts, dessen genaue Eigenschaften schwer zu fassen bleiben.

Unternehmen, die sich der unmerklichen Individualisierung bedienen, erfüllen die individuellen Bedürfnisse ihrer Kunden, ohne das dies erkennbar wäre. Anstatt von den Kunden zu verlangen, ihre Zeit zu opfern, um ihre Bedürfnisse zu beschreiben, beobachten solche Unternehmen – zu denen beispielsweise *Barista Brava* (Kaffeeproduktion) und *GNC Live Well* (maßgeschneiderte Nahrungsergänzungen) zählen – das Verhalten ihrer Kunden, um vorhersehbare Präferenzen festzustellen und diesen dann präzise zu entsprechen. Selbstverständlich braucht ein Unternehmen Zeit, um die Kenntnis seiner Kunden zu vertiefen und sich Schritt für Schritt der Erfüllung der individuellen Präferenzen zu nähern. Um die unmerkliche Individualisierung zu beherrschen, muss ein Unternehmen auch über eine Standardverpackung verfügen – über eine *Barista-Brava*-Kaffeetasse, eine *UPS*-Schachtel oder einen *ChemStation*-Tank – die es mit den maßgeschneiderten Merkmalen oder Komponenten des Produkts füllen kann. In dieser Hinsicht ist die unmerkliche Individualisierung das genaue Gegenteil der kosmetischen, bei der ein standardisierter Inhalt in einer maßgeschneiderten Verpackung verkauft wird.

Zu den Unternehmen, die den Schritt zur unmerklichen Individualisierung wagen können, zählen all jene, deren Kunden sich nicht der Mühe einer direkten Kooperation unterziehen wollen, was häufig daran liegt, dass das Unternehmen von ihnen verlangt, bereits gemachte Angaben zu wiederholen. Beispielsweise entwickelte die Hotelkette *Ritz-Carlton* eine weniger lästige Methode, Informationen über die persönlichen Bedürfnisse ihrer Gäste zu sammeln, um sie nicht bei jedem Check-in in einem ihrer Häuser mit denselben Standardfragen belästigen zu müssen («King Size oder zwei Doppelbetten? Raucher oder Nichtraucher?»). Die Mitarbeiter *beobachten* die Vorlieben, welche die einzelnen Gäste während jedes Aufenthalts zeigen oder

Unternehmen, die sich der unmerklichen Individualisierung bedienen, bieten ein maßgeschneidertes Produkt an, ohne ihren Kunden zu sagen, dass sie es deren persönlichen Bedürfnissen angepasst haben

äußern, ob es sich nun um antiallergische Kopfkissen, um die Frequenzen von Jazzsendern oder um Pepsi statt Cola in der Zimmerbar handelt. Das Unternehmen speichert diese Informationen in einer Datenbank und verwendet sie, um in der Beziehung zu diesem individuellen Gast stetig weiterzulernen und ihm störende Fragen bei späteren Besuchen zu ersparen. Je häufiger sich ein Gast in Hotels von *Ritz-Carlton* aufhält, desto mehr lernt das Unternehmen über ihn und desto bessere maßgeschneiderte Güter und Dienstleistungen kann es in seinem standardisierten Gästezimmer unterbringen, womit das Haus für den Gast attraktiver wird.

Das *Ritz* wählte die unmerkliche Individualisierung dezidiert, weil sein Management seine Fähigkeit, die individuellen Wünsche seiner Gäste zu erfüllen, mit einem »Geheimnis« umgeben wollte. Wie es dem Hotel gelingt, mag ihnen entgehen, doch die Gäste bemerken, dass sie im *Ritz-Carlton* stets eine besonders angenehme Erfahrung machen. Auch der Gründer von *ChemStation*, George Homan, kam auf diese Form der Individualisierung, als er erkannte, dass seine potenziellen Kunden durchweg einen Betrieb zu führen hatten und nicht daran interessiert waren, sich mit Reinigungsfragen zu beschäftigen: »Wir wollen, dass sie den von uns gelieferten Nutzen entdecken, wenn sie unsere Reinigungsmittel verwenden, anstatt darüber nachdenken zu müssen, was darin enthalten ist. Wir wollen, dass unsere Kunden überhaupt nie darüber nachdenken, wie unser Produkt zu ihnen kommt. Sie sollen nur wissen, dass es stets da ist.« Jede Bestellung eines Reinigungsmittels ist ebenso wie jede Bitte in einem Hotel ein routinemäßiges Zugeständnis. In jeder Branche eliminieren jene Unternehmen, die sich der unmerklichen Individualisierung bedienen, unerwünschte Einmischungen, indem sie die Interaktionen vereinfachen, um den Kunden die eigentliche Natur ihres Angebots vor Augen zu führen.

Die Wahl des richtigen Zugangs

Welchen Zugang sollten Sie wählen? Es gibt keine einfache Antwort auf diese Frage. Wie aus Tabelle 5.1 hervorgeht, betrifft nicht nur jede der vier Formen der Individualisierung eine andere Art von Zugeständnis, sondern schafft auch die Grundlage für eine andersartige Erfahrung. Hersteller und Dienstleister müssen die Einzigartigkeit ihrer Angebote herausarbeiten, Klarheit über die gegenwärtigen Zugeständnisse ihrer Kunden gewinnen und ausgehend davon herausfinden, mit welcher Form der Individualisierung sie die besten Resultate erzielen können. Vielfach bedarf es einer Kombination der Zugänge, um komplexe Zugeständnisse eliminieren zu können.

Tabelle 5.1 Charakteristika der Individualisierungszugänge

Charakteristikum	Zugang			
	Kooperativ	Adaptiv	Kosmetisch	Unmerklich
Zu beseitigendes Zugeständnis	Entweder/oder	Auswahl	Form des Produkts	Wiederholung
Natur des Angebots	Individualisiert	Individualisierbar	Verpackt	Kann verpackt werden
Natur des Werts	Gemeinsam festgelegt	Unabhängig empfunden	Sichtbar vorgeführt	Nicht wahrnehmbar erfüllt
Charakteristika des Prozesses	Teilbar	Anpassbar	Verschiebbar	Vorhersehbar
Natur der Interaktion	Direkt	Indirekt	Offenkundig	Verdeckt
Lernmethode	Gespräch	Anfrage	Anerkennung	Beobachtung
Grundlage des Erlebnisses	Erkundung	Experiment	Wertschätzung	Entdeckung

Noch wichtiger ist jedoch die Frage, warum man ein Angebot überhaupt individualisieren sollte? Aus einem ganz einfachen Grund: Unternehmen, die ihr Angebot individualisieren, ermöglichen ihren Kunden vollkommen andersartige Erfahrungen. Sie machen das Ding zu einem Erlebnis. Die kooperativen Individualisierer *NewsEDGE* (Medienservice) und *Paris Miki* (Brillen) erzeugen ein neues *Lese*erlebnis beziehungsweise ein neues *Seh*erlebnis. Die adaptive Individualisierung bringt das einzigartige *Beleuchtungs*erlebnis von *Lutron*, das *Schlaf*erlebnis von *Select Comfort* und das *Einkaufs*erlebnis von *Peapod* hervor. *Hertz* verschafft seinen Kunden mittels kosmetischer Individualisierung ein einzigartiges *Mietauto*erlebnis, und *Whirlpool* wählt denselben Zugang, um Händlern und Hausbauern ein revolutionäres neues *Liefer*erlebnis zu verschaffen. *ChemStation* bedient sich der unmerklichen Individualisierung, um das *Reinigungs*erlebnis zu verbessern, während das *Ritz-Carlton* denselben Zugang wählt, um seinen Gästen ein unvergessliches *Aufenthalts*erlebnis zu verschaffen.

Alle Unternehmen, die ihr Massenangebot individualisieren, schaffen neuen Wert im Erlebnisgewerbe. Die mit ihnen konkurrierenden Massenproduzenten, die nicht über eine eigenständige Methode verfügen, um ihren Kunden bestimmte Zugeständnisse zu ersparen, werden bald vor dem Problem stehen, dass ihre Angebote zu Massengütern degradiert werden. Am besten drückte es ein Spitzenmanager von *Pennzoil Products* aus, der die Befürchtung äußerte, dass die Konsumenten eines Tages sagen würden: »Ein Motoröl ist wie das andere.« Dasselbe Schicksal erwartet jedes Unternehmen, das nicht in der Lage ist, seinen Kunden einige Zugeständnisse zu ersparen.

Ein erfrischendes Erlebnis

Als sich Sir Colin Marshall der Tatsache bewusst wurde, dass *British Airways* eigentlich im Geschäft mit Erlebnissen tätig war, glaubte er, der »Abnutzungszeitraum« der Marke *British Airways* sei etwa fünf Jahre lang. »Doch mittlerweile bin ich zu der Überzeugung gelangt, dass fünf Jahre wohl der längste Zeitraum sind, den man verstreichen lassen darf, ohne eine Marke zu erneuern.«[1] Tatsächlich müssen die Gestalter von Erlebnissen die angebotenen Erfahrungen laufend erneuern: Sie müssen Elemente austauschen oder hinzufügen, die das Angebot neu und aufregend machen und dem Kunden ein Erlebnis verschaffen, für das es sich lohnt, immer wieder zu bezahlen. Ein Unternehmen, das diese Erneuerung unterlässt, entwertet sein Angebot. Statt eines Erlebnisses, das bei einem zweiten Besuch unverändert ist, möchten die Kunden lieber ein neues ausprobieren, bei dem sie nicht genau wissen, was sie erwartet, und von dem sie angenehm überrascht zu werden hoffen.

Dies ist der Grund dafür, dass die Zahl der Wiederholungsbesuche in Themenrestaurants wie dem *Rainforest Café* und *Planet Hollywood* so gering ist: Die Gäste wissen genau, was sie erwartet, und zwar sowohl in den Restaurants als auch in den Geschäften. Der Restaurantunternehmer T. Scott Gross, der eine Reihe kenntnisreicher Bücher über das geschrieben hat, was er als »positiv unerhörten Service« bezeichnet, beschreibt eine verblüffend einfache Methode, um die Gäste in einem Restaurant zu überraschen. Er erzählt von Philip Romano, dem Gründer von *Fuddrucker's* und dem Fastfood-Restaurant *eatZi's*, der ein ausgefallenes italienisches Restaurant namens *Macaroni's* eröffnet hatte.[2] Anstatt Bons für verbilligte Speisen zu verteilen, um neue Gäste anzulocken (eine heutzutage bei den Restaurantketten verbreitete Praxis, welche die Erwartungshaltung der Kunden verstärkt), lud Romano einmal im Monat an einem Montag oder Dienstag sämtliche Gäste seines Restaurants auf die konsumierten Speisen und Getränke ein. An welchem Tag diese Vergünstigung eingeräumt wurde, wurde nicht bekannt gegeben. Doch am betreffenden Tag legten die Kellner allen Gästen statt der Rechnung einen Brief vor, in dem zu lesen stand, wie peinlich es sei, seine Gäste für das Essen bezahlen zu lassen, weshalb sie auf diese Mahlzeit eingeladen würden. Während sich die meisten Restaurants nur derart großzügig zeigen, wenn die Kunden schlecht bedient wurden oder wenn das Essen schlecht war (wenn also eine Entschädigung erwartet wird), verhielt sich Romano nur so, wenn die Gäste sehr gut gespeist hatten (und nichts anderes erwarteten, als die Rechnung vorgelegt zu bekommen). Die angenehme Überraschung weckte in den Gästen sowohl ein Gefühl der Verpflichtung als auch den Wunsch, immer wieder bei *Macaroni's* essen zu gehen. Gross rechnete aus, dass es Romano vielleicht 3,3 Prozent seiner monatlichen Einnahmen kostete, die Gäste auf diese Art zu überraschen, während die Wirkung dieser Praxis sehr viel größer war als die eines entsprechend hohen Werbebudgets oder eines generellen Preisnachlasses von 3,3 Prozent. Die Methode verwandelte einen bereits guten Speiseservice in ein einprägsames Erlebnis.

Die Inszenierung von Überraschungen

Um die Zugeständnisse der Kunden mit einer Individualisierung des Massenangebots zu verringern, muss ein Unternehmen Klarheit über die Bedürfnisse des individuellen Kunden und über die aus diesen Bedürfnissen resultierenden Verhaltensweisen gewinnen. Hat sich ein Unternehmen diesbezüglich ein genaues Bild gemacht, so kann es bewusst und systematisch den nächsten Schritt zu Angeboten mit einem höheren Erlebniswert tun, indem es sie durch *Überraschungen für den Kunden* bereichert. Diese Überraschungen stellen das vielleicht wichtigste Instrument für einen Hersteller oder Dienstleistungsanbieter dar, der damit beginnen will, einprägsame Erlebnisse zu inszenieren.

Im Gegensatz sowohl zur Kundenzufriedenheit als auch zum Kundenzugeständnis nutzt ein Unternehmen, das Überraschungen für seine Kunden inszeniert, die Lücke zwischen der Leistung, welche die Kunden *erwartet haben*, und jener, die sie *wahrnehmen*.

Kundenüberraschung = Wahrnehmung − Erwartung
des Kunden des Kunden

Anstatt lediglich bestehende Erwartungen zu erfüllen (den Kunden zufrieden zu stellen) oder neue zu wecken (die Zugeständnisse zu verringern), kann ein Unternehmen bewusst versuchen, über die Erwartungen *hinauszugehen* und in neue (und unerwartete) Bereiche vorzustoßen. Damit ist nicht gemeint, dass ein Unternehmen die Erwartungen »übertreffen« sollte, denn damit würde es sich lediglich in einer bekannten Wettbewerbsdimension verbessern. Ebenso wenig bedeutet es, neue Wettbewerbsdimensionen zu erschließen, denn dies ist der Bereich von Zufriedenheit und Zugeständnissen. Vielmehr bedeutet es, das *Unerwartete* zu inszenieren.

Die Basis für die Inszenierung derartiger Erlebnisse bildet selbstverständlich die Auseinandersetzung mit der Kundenzufriedenheit und den Zugeständnissen der Kunden. Wie aus Abbildung Z.1 hervorgeht, fehlt die Grundlage für die Überraschung des Kunden, wenn keine konzertierten und fruchtbaren Bemühungen unternommen werden, um die Kundenzufriedenheit zu erhöhen und das Maß an Zugeständnissen zu verringern. Unternehmen, die das in dieser Abbildung dargestellte Modell übernehmen, müssen sich von der Frage »Wie gut sind wir?« lösen und sogar über die Frage »Was möchten Sie?« hinausgehen, um ihre Kunden zu fragen: »Woran *erinnern* Sie sich?«

Die einprägsamsten Flugerlebnisse haben nichts mit den Erwartungen zu tun, die der Fluggast bezüglich der normalen – guten oder schlechten – Dienstleistungen einer Fluglinie hegt. Vielmehr beruhen sie auf Ereignissen, die außerhalb der Sphäre des Erwarteten liegen.

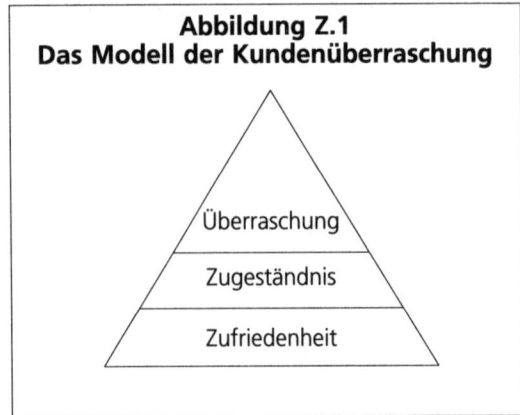

**Abbildung Z.1
Das Modell der Kundenüberraschung**

Überraschung

Zugeständnis

Zufriedenheit

Beispiele für derartige Erlebnisse sind die Lektüre eines besonders guten Buches, die Begegnung mit einer Berühmtheit oder ein fesselndes Gespräch mit einem Sitznachbarn.

In einer Episode der alten Fernsehserie *Taxi* entschließt sich der normalerweise unausstehliche (doch mit beträchtlichem Mutterwitz ausgestattete) Taxifahrer Jim Ignatowski, der beste Taxifahrer der Welt zu werden. Also beginnt er, seine Fahrgäste mit vollkommen unerwarteten Erlebnissen zu überraschen: Er serviert ihnen Sandwiches und Getränke, verwickelt sie in einen geistreichen Schlagabtausch, macht Stadtrundfahrten mit ihnen und beglückt sie sogar über eine behelfsmäßige Bordsprechanlage mit einer eigenwilligen Interpretation eines Songs von Frank Sinatra. Diese Umsetzung des Konzepts der Überraschung ist derart fesselnd, dass das Erlebnis, *in* seinem Taxi zu sitzen, für die Kunden größeren Wert erhält als die Dienstleistung, *von* seinem Taxi von Punkt A nach Punkt B transportiert zu werden. Und zumindest in der Fernsehserie honorieren die Fahrgäste dieses Angebot mit besseren Trinkgeldern. Indem er darum bittet, erneut um den Block gefahren zu werden, bloß um sein Vergnügen zu verlängern, bezahlt ein Fahrgast sogar *mehr* für eine nachweislich *schlechtere* Dienstleistung – schließlich braucht er länger, um seinen Bestimmungsort zu erreichen. Die von Ignatowski angebotene Dienstleistung dient lediglich als Bühne für das Erlebnis, das er seinen Kunden in dieser Woche verkauft.

Auch im wirklichen Leben setzen die Unternehmer die Methode der Überraschung ein, um gewöhnliche Dienstleistungen in wirklich einprägsame Erlebnisse zu verwandeln. Nehmen wir als Beispiel eines der einfachsten Geschäfte: das des Schuhputzers. Aaron Davis, der am Flughafen von Kalamazoo, Michigan, tätig ist, ist nicht nur ein großartiger Schuhputzer, sondern auch ein großer Showman. Er bedient sich verschiedenster Methoden, um seine Kunden zu überraschen. Abgesehen von der gekonnten Anwendung der Politur und dem synkopischen Klatschen seines Putzleders, die zwar seltene Sensationen darstellen, jedoch keine exklusive Domäne von Davis sind, bereichert er das Schuhputzerlebnis auch um Elemente, die wenig bis gar nichts mit der Reinigung von Schuhen zu tun haben. Findet er einen losen Faden an einer Naht, so zaubert er ein Feuerzeug hervor und brennt ihn weg. Und gegen Ende des Programms bindet er dem Gast nicht nur die Schuhe neu, sondern zieht ihm auch behutsam die Socken hoch. Kunden, die der Aufmunterung bedürfen, versorgt er mit Sprichwörtern. Und sollte ein Reisender, der regelmäßig an seinem Stand Halt macht, einmal in großer Eile vorbeilaufen, so geht die nächste Politur, wie Davis sagt, »auf das Haus«. Von da an achten solche Reisende darauf, immer genug Zeit für einen Besuch bei ihm einzuplanen.

> Die Manager müssen eine Dienstleistungsdimension verstärken, um einprägsame Überraschungen zu inszenieren

Unglücklicherweise lassen größere Unternehmen häufig den bei kleineren Betrieben zu beobachtenden gekonnten Einsatz der Überraschung vermissen. Doch Größe ist keine Entschuldigung. Die Manager müssen damit aufhören, gewohnheitsmäßige Erwartungen zu wecken, sondern sich Gedanken darüber machen, wie sie eine Dienstleistungsdimension verstärken können, um einprägsame Überraschungen zu inszenieren. Warum lassen die Fluglinien nur ihre häufigsten Fluggäste in die erste Klasse aufsteigen? Der Hochschulabsolvent, der nach New York fliegt, um sich bei einer Beratungsfirma vorzustellen, für die er in seiner bevorstehenden Karriere jede Woche fliegen wird, ist vielleicht die am besten geeignete Person, um mit einem Sitzplatz jenseits des Vorhangs überrascht zu werden. Ein Hotel könnte gelegentlich einen Behälter in die Minibar stellen, in der ein überraschter Gast eine Rolle mit fünfzig Ein-Dollar-Scheinen samt der Mitteilung entdeckt, dass er das Geld behalten könne – mit Empfehlungen des Hauses. Würde dies nicht für größere Kundentreue und mehr Wiederholungsgeschäfte sorgen und dem Hotel eine größere Zahl von Empfehlungen eintragen als per Directmail verschickte Diskontangebote?

Und die Unternehmen sollten die Rabattpolitik überdenken. Beispielsweise tragen die Automobilhersteller mit ständigen Rabattaktionen – »1000 Dollar zurück, wenn Sie dieses Modell kaufen« – selbst

Vielkäuferprogramme tragen dazu bei, Angebote zu Massengütern zu degradieren dazu bei, dass ihre Produkte immer weiter zu Massengütern absinken. Auf diese Art wecken sie Erwartungen, die den Blick der potenziellen Kunden ausschließlich auf den Preis lenken. Laut einer Studie von Arthur D. Little erklären rund 90 Prozent der amerikanischen Autobesitzer, mit ihrem Fahrzeug zufrieden zu sein, und doch wechseln jedes Jahr Millionen Kunden die Automarke. Nur 40 Prozent kaufen ihr nächstes Auto von jenem Hersteller, der sie angeblich beim letzten Mal »zufrieden gestellt« hat. Würde ein Hersteller einigen Autokäufern nach dem Kauf eine unerwartete Zahlung zukommen lassen, um sie für ihre Wahl zu belohnen, so würde er die Zahl der Wiederholungskäufe erhöhen. Überraschungsprogramme erleichtern es einem Unternehmen stets, die nächste Entscheidung des Käufers zu beeinflussen.

Oder nehmen wir die vielen »Vielkäuferprogramme«, die in zahlreichen Branchen so beliebt sind – von Fluglinien bis zu Parkgaragen, von Kreditkartenunternehmen bis zu Kaffeebars. Diese Programme, die eigentlich dazu dienen sollen, die Kundenloyalität zu erhöhen, weisen einen gravierenden Mangel auf: Sie bestärken die Kunden in der Erwartung, kostenlose Güter und Dienstleistungen zu erhalten. Zwar mag man bis zu einem gewissen Grad die Zahl der Wiederholungskäufe erhöhen, indem man Waren verschenkt (eigentlich handelt es sich um ein Einzelhandelsäquivalent zu der aus dem produzierenden Gewerbe bekannten Redewendung »Was wir beim einzelnen Kunden verlieren, holen wir uns über das Volumen wieder zurück.«). Doch viele Kunden nehmen in ein und derselben Produktkategorie gleichzeitig an mehreren Programmen teil und wissen alle, dass auch andere Kunden Zugang zu diesen Programmen haben. Die Kunden werden einfach nicht persönlich eingebunden, und im Lauf der Zeit betrachten sie die Vergünstigungen als selbstverständlich – schließlich haben sie sich ihre kostenlosen Angebote »verdient«. So wie Rabatte dienen auch derartige Programme lediglich dazu, die Angebote eines Unternehmens zu Massengütern zu degradieren.

Anstatt die Kunden dazu zu verleiten, kostenlose Güter zu erwarten, sollten die Unternehmen das Geld in die Gestaltung eines unvergesslichen Erlebnisses investieren. Wie der Restaurantbesitzer Romano sollten diese Unternehmen denselben prozentuellen Anteil an

Gütern an bestimmten, zufällig ausgewählten Tagen verschenken. Jedes fünfzehnte oder zwanzigste Produkt könnte gratis sein, oder jeder fünfzehnte oder zwanzigste Kunde könnte sämtliche Produkte gratis mit nach Hause nehmen. Eine andere Möglichkeit bestünde darin, den Verkäufer über das Informationssystem des Geschäfts darüber zu informieren, dass dieser spezielle Kunde besonders wertvoll sei und mit einer Rechnung auf Kosten des Hauses überrascht werden sollte.

Es kommt noch besser ...

Um sich wirklich aus der Masse der Wettbewerber herauszuheben, muss sich ein Unternehmen zunächst darauf konzentrieren, die Kundenzufriedenheit zu erhöhen, um den Kunden anschließend von einigen Zugeständnissen zu befreien und ihn schließlich zu überraschen. Diese drei Schritte werden dazu beitragen, jedes Unternehmen auf die nächste Ebene des wirtschaftlichen Werts zu heben. Doch wir haben eine Überraschung für Sie: Das dreistufige Modell der Kundenüberraschung muss eigentlich noch um eine vierte Stufe erweitert werden. Ist ein Unternehmen einmal in der Lage, seine Kunden wirkungsvoll zu überraschen, so beginnen die Kunden, Überraschungen zu *erwarten*. Daran ist nichts auszusetzen, sofern das Unternehmen dazu übergeht, die Kunden auch in *Spannung* zu versetzen. Die auf der Überraschung aufbauende Spannung kann als Differenz zwischen dem, was der Kunde von vergangenen Überraschungen *in Erinnerung hat*, und dem, was er über die kommenden Ereignisse *noch nicht weiß*, definiert werden:

Spannung = Das, was der Kunde – Das, was der Kunde aus der
            noch nicht weiß   Vergangenheit in Erinnerung hat

Ein Beispiel sollte genügen, um das Konzept der Kundenspannung zu verdeutlichen. Die Teilnehmer am Gold-Premier-Programm von *Continental Airlines* (jene Kunden, die pro Jahr mindestens 50 000 Meilen oder 60 Strecken fliegen) erhalten ein sorgfältig zusammengestelltes Paket, das Etiketten für die schnellere Gepäckabfertigung, Upgrade-Kupons, einen Führer durch das Vielfliegerprogramm und weiteres Informationsmaterial enthält. Erhält ein Kunde dieses Package zum ersten Mal, so ist er angenehm überrascht. Auch im zweiten Jahr kann *Continental* vielleicht noch einige Kunden überraschen (nämlich jene, die das Paket aus dem letzten Jahr vergessen haben). Doch die beständigen Vielflieger von *Continental* haben sich nach drei, vier oder fünf Jahren nicht nur an das Paket gewöhnt, sondern betrachten es sogar als langweilige Dreingabe. Nehmen wir nun einmal an, *Continental* würde den Inhalt jedes Jahr geschickt variieren: In einem Jahr erhält der Kunde einen humorvollen Brief des Vorsitzenden (in der Art des jährlichen Briefs von Warren Buffet an seine Aktionäre), im nächsten findet er ein Geschenk vor, das beweist, dass die Fluglinie mit den Reisegewohnheiten ihrer Kunden vertraut ist (beispielsweise ein Abonnement der Zeitschrift *Elle*, ein Gratisdinner in einem Restaurant in einer Stadt, die der Kunde häufig bereist, eine gute Zigarre oder eine Flasche Wein), und im nächsten erhält er vielleicht einen neuen Koffer, um den alten, durch die vielen Reisen bereits abgenutzten zu ersetzen. So würden sich *Continentals* beste Kunden auf das kommende Paket freuen, anstatt sich mit der unvermeidlichen Wiederholung des Präsents aus dem Vorjahr abfinden zu müssen. Diese Spannung, die auf den Fragen »Wie waren wir?«, »Was möchten Sie?« und »Woran erinnern Sie sich?« aufbaut, erzeugt eine Vorfreude, welche die Kunden ermutigt, aktiv zum weiteren Geschäft mit *Continental* beizutragen – »Was wird geschehen?« –, um sicherzustellen, dass sie den Status von Gold-Premier-Mitgliedern behalten und auch das nächste Geschenkpaket erhalten werden.[3]

Wenn sie im Einklang miteinander gemanagt werden, erleichtern es Zufriedenheit, Zugeständnis, Überraschung und Spannung einem Unternehmen, seine Kunden dazu zu bewegen, seine Güter und Dienstleistungen aus vollkommen neuen und andersartigen Gründen zu erwerben. Beim Kauf von Gütern blicken die Kunden nicht mehr ausschließlich auf deren funktionellen Nutzen, sondern auch auf die Erlebnisse, die ihnen Kauf und Verwendung dieser Güter verschaffen. Und beim Erwerb von Dienstleistungen denken die Kunden nicht länger nur an die Leistungen, die der Anbieter erbringt, sondern auch an die einprägsamen Ereignisse, die diese Dienstleistungen begleiten.

In der entstehenden Erlebniswirtschaft müssen die Unternehmen erkennen, dass sie nicht Güter, sondern *Erinnerungen* erzeugen, und nicht Dienstleistungen erbringen, sondern die *Bühne* für die Erzeugung größeren wirtschaftlichen Wertes bereiten. Es ist an der Zeit, die stilistischen Elemente zu einem fesselnden Theaterstück zusammenzufügen, denn Güter und Dienstleistungen sind nicht länger genug. Die Kunden wollen heute etwas erleben, und sie sind bereit, Eintritt dafür zu bezahlen. Wir stehen vor neuen Aufgaben, und nur jene, die diese Aufgaben so erfüllen, dass sie ihre Gäste wirklich fesseln können, werden sich in der Erlebniswirtschaft behaupten.

6 Arbeit ist Theater

Die junge Barbra Streisand stand am Anfang ihrer Karriere als Schauspielerin und Sängerin, als sie sich für eine Rolle in Harold Rowes Musical *I Can Get it for You Wholesale* vorstellte. In seinem Buch *Audition* erzählt Michael Shurtleff, der in dieser Produktion für die Besetzung zuständig war, wie er zu der Überzeugung gelangte, dass die damals völlig unbekannte Schauspielerin ideal für die Rolle von Miss Marmelstein sei.[1] Allerdings war Shurtleff besorgt, dass die markante Nase der Streisand der Prüfung durch den strengen Produzenten David Merrick nicht standhalten würde, der ihm gesagt hatte: »Ich will keine hässlichen Mädchen in meiner Show.« Trotz oder gerade wegen dieser Warnung besetzte Shurtleff die Streisand für das abschließende Vorsingen.

Barbra Streisand, die in einen geschmacklosen Waschbärpelz gehüllt war und verschiedenfarbige Schuhe trug, erschien zu spät bei der Probe. (Mit einem Kaugummi zwischen den Zähnen erklärte sie Shurtleff, Merrick und dem Regisseur Arthur Laurents, die »fantastischen« Schuhe auf dem Weg zum Theater in einem Diskontladen entdeckt zu haben. Leider hatte ihr nur jeweils ein Schuh aus zwei unterschiedlichen Paaren gepasst.) Forsch befahl sie, ihr einen Stuhl auf die Bühne zu stellen. Nachdem sie sich darauf niedergelassen hatte, begann sie zu singen, brach den Vortrag jedoch nach wenigen Noten ab. Sie begann von neuem und unterbrach sich ein zweites Mal, um den Kaugummi aus dem Mund zu nehmen und ihn unter die Sitzfläche des Stuhls zu kleben. Schließlich sang sie die ganze Nummer und »magnetisierte« die Zuhörer, wie Shurtleff schrieb. Nachdem sie zwei weitere Songs gesungen hatte, trat sie ab. Es begann eine hitzige Diskussion, an deren Ende sich Merrick dem Wunsch von Shurtleff und Laurents fügte: Barbra Streisand erhielt die Rolle. Als sich die drei gerade anschickten aufzubrechen, tastete Laurents, der sich auf dem Stuhl auf der Bühne niedergelassen hatte, unter die Sitzfläche, denn ihm war aufgefallen, dass die junge Sängerin vergessen hatte, ihren Kaugummi mitzunehmen. Zu seiner Überraschung war da überhaupt kein Kaugummi! Das unübersehbare Kauen – während eines Vorsingens – war reines Theater gewesen. Streisand hatte keinen Kaugummi gekaut, um ihre Nerven zu beruhigen, sondern um bei den potenziellen Käufern ihrer schauspielerischen Fähigkeiten einen bestimmten Eindruck zu erwecken.

Wir können lediglich darüber spekulieren, warum die Streisand gerade diese Vorgehensweise wählte, um ihre Figur auf der Bühne darzustellen. Vielleicht wollte sie den Eindruck erwecken, »im Schlaf für euch singen zu können«. Oder vielleicht lautete ihr Thema: »Das Auftreten ist unerheblich – auf die Stimmbänder kommt es an.« Oder auch: »Es ist erst vorüber, wenn das hässliche Mädchen gesungen hat.« Jedenfalls leitete sie mit dieser Taktik eine in jeder Hinsicht bemerkenswerte Karriere ein. Worin auch immer ihre Motivation bestand: Sie kannte schon ganz zu Beginn ihrer Laufbahn das Geheimnis des Erfolgs: Man muss erkennen, dass jede einzelne Handlung unabhängig vom Ort des Ereignisses zur inszenierten Gesamterfahrung beiträgt. Diesen Grundsatz muss auch jedes Unternehmen beherzigen, das in das Erlebnisgewerbe vordringen will.

Jede einzelne Handlung trägt zur inszenierten Gesamterfahrung bei

Nehmen wir beispielsweise den professionellen Baseballsport. Es dürfte keinen zweiten Profisport geben, der so unprofessionell gemanagt wird wie Baseball. Doch die bemerkenswerte Rettung der *Cleveland Indians*, eines Clubs der Major League, beweist, wie wertvoll es ist, bewusst fesselnde Erlebnisse zu inszenieren. Am 4. April 1994 begann in dem einst darnieder liegenden Unternehmen eine neue Ära finanzieller Prosperität. An diesem Tag spielten die *Indians* ihr erstes offizielles Spiel im Jacobs Field Stadium, einem für 175 Millionen Dollar speziell für die Inszenierung von Baseballspielen errichteten Stadion. Bis zu jenem Zeitpunkt waren nie mehr als 5000 Dauerkarten für eine Spielzeit verkauft worden. Doch seit 1994 sind bis Dezember stets sämtliche 43 368 Sitzplätze für die 81 Heimspiele der kommenden Saison verkauft. Selbstverständlich ist das neue Stadion nicht der einzige Grund für den Anstieg der Kartenverkäufe; auch andere Teams haben neue Anlagen errichtet, ohne auch nur annähernd so erfolgreich zu sein. Worin liegt der Unterschied? Das Management der *Cleveland Indians* hat unter der Führung des Besitzers Dick Jacobs und des General Managers John Hart erkannt, dass das neue Stadion dem Unternehmen eine neue Bühne bietet, um gezielt Vorführungen zu inszenieren.

Eigentlich fand an jenem frischen Apriltag im Jahr 1994 nicht zum ersten Mal ein Spiel der *Indians* im Jacobs Field-Stadion statt. Zwei Tage vorher war dort bereits ein Freundschaftsspiel gegen die *Pittsburgh Pirates* über die Bühne gegangen. Viele der Zuschauer, die an jenem Samstagnachmittag in das ausverkaufte Stadion strömten, um einen ersten Blick auf die neuen *Indians* und den neuen Ballplatz zu werfen, kamen später auch zur offiziellen Eröffnung. Es bestand keine Gefahr, dass diese Veranstaltung die Vorfreude auf das erste offizielle Spiel schmälern könnte, da es sich lediglich um eine Kostümprobe handelte, um eine Chance für die Fans, einen ersten Blick auf den Glanz der neuen *Indians* zu werfen.

Direkt vor dem Stadion war ein Mann mit Schaufel und Besen damit beschäftigt, den Gehweg beim Eingang an der East Ninth Street zu reinigen. Mit seinen blauen Hosen und dem rot-weiß gestreiften Shirt fiel er in der Menge der hereinströmenden Zuschauer auf; es war unübersehbar, dass dieser Straßenkehrer ein Angestellter des Stadions war. Viele Passanten wurden Zeugen des anscheinend nebensächlichen Vorgangs, doch kaum jemand blieb stehen, um sich sein ungewöhnliches Verhalten genauer anzusehen: Sein Besen kehrte keinen Schmutz zusammen, denn der Zement war bereits makellos sauber! Schließlich konnte die Anlage auch schlecht schmutzig sein, da sie ja noch von niemandem betreten worden war. Warum also ging dieser Mann seiner Tätigkeit nach? Aus demselben Grund, aus dem Barbra Streisand einst ihren nicht vorhandenen Kaugummi gekaut hatte: Es war *reines Theater*. Er kehrte nicht, um den Boden zu säubern, sondern um bei den vorbeiziehenden Besuchern, die diesen Ort zum ersten Mal sahen, einen bestimmten Eindruck zu erwecken. Nachdem der Verein 62 Jahre lang im Cleveland Municipal Stadium gespielt hatte, hatte er diesen Mitarbeiter angewiesen, in sein Kostüm zu schlüpfen, um das neue Thema der *Indians* zu verkünden: »Es gibt keinen zweiten Ort wie das eigene Heim.« Die Karteninhaber sollten wissen, dass dieses neue Stadion sauber, sicher und anheimelnd war und gespannt darauf wartete, mit Leben erfüllt zu werden. Hier handelte es sich nicht um eine Wiederholung des »Produkts«, das die *Indians* in früheren Jahren auf das Feld gebracht hatten, sondern um ein vollkommen neues Angebot, das der Verein natürlich als das »Jacobs-Field-Erlebnis« bezeichnet.[2]

Der Akt des Schauspiels

Der politische Kommentator und begeisterte Baseballfan George Will hat vielen Gelegenheitszuschauern mit seinem von Details überquellenden Buch *Men at Work* einen neuen Blick auf das Spiel eröffnet. Er erklärt rundweg: »Profibaseball ist Arbeit.«[3] Diese Arbeit erfordert seiner Ansicht nach von jenen, die sich auf dem Spielfeld bewegen, nicht nur körperliche, sondern auch geistige Anstrengung. George Will wirbt um größere Wertschätzung für das Spiel und versucht seine Leser von seiner zentralen Aussage zu überzeugen: Die Spieler arbeiten. Der Major League Baseballverband als Unternehmen stellt den Arbeitsplatz bereit, an dem die Spieler proben, frühere Auftritte analysieren und ihre Vorführungen laufend modifizieren. Diese Protagonisten teilen die Bühne mit zahlreichen Komparsen, zu denen auch unser Straßenkehrer zählt.

Jede wirtschaftliche Tätigkeit erfordert dieselbe Art von Leistung wie jene, die man im Theater und im Stadion sieht. In der Erlebniswirtschaft müssen die verschiedensten Darsteller – seien es nun Manager oder andere Arbeitskräfte – lernen, ihre Tätigkeit mit anderen Augen zu betrachten. Arbeit ist Theater. Denken Sie darüber nach. Nehmen Sie sich Zeit. Und nun sprechen Sie es laut nach: Arbeit ist Theater.

Die Darbietungen in den Unternehmen müssen dieselbe Qualität erreichen wie jene im Theater und im Sportstadion

Es geht uns nicht darum, jede Nuance einer Theatervorstellung auf das Arbeitsleben zu übertragen oder eine vollständige Liste der Theatertechniken für die Anwendung im Unternehmen anzubieten. Wir wollen uns auch nicht mit der Frage beschäftigen, wie Theater am besten inszeniert wird. Vielmehr geht es uns einfach darum, Ihnen genug über das Theater zu erzählen, um Sie dazu zu bewegen, Ihre Arbeit in einem anderen Licht zu betrachten und einige Prinzipien aus dem Theater in ein Arbeitsmodell für das Erlebnisgewerbe aufzunehmen.[4]

Über eines muss Klarheit bestehen: Wir haben nicht vor, die Arbeit *als* Theater darzustellen. Es handelt sich nicht um eine Metapher, sondern um ein Modell. Wir wenden die Prinzipien des Theaters nicht bloß auf die Arbeit an, um neue Vergleiche zu ziehen. Die Wirtschaftsterminologie ist bereits mit Metaphern überladen. Es ist keineswegs unsere Absicht, mit Elefanten zu tanzen, mit Haien zu schwimmen, die Pyramiden auf den Kopf zu stellen oder irgendeiner anderen Form von Missmanagement mittels Metaphern das Wort zu reden, um die Manager von ihren eigentlichen Aufgaben abzulenken. Vielmehr versuchen wir, die Aufmerksamkeit auf den dramatischen Kern der Unternehmenstätigkeit zu lenken. Wir meinen also buchstäblich: Arbeit *ist* Theater.

Das Theater ist keine Metapher, sondern ein Modell

Das Wort »Drama« stammt vom griechischen *drao* ab und bedeutet einfach »tun«. Ob die Manager es nun erkennen oder nicht: Die Mitarbeiter in jedem Unternehmen spielen Theater. Das bedeutet nicht, dass sie an einem Spiel teilnehmen, sondern dass sie in einem gut durchdachten, mit den richtigen Akteuren besetzten und überzeugend auf die Bühne gebrachten Drama des *Tuns* auftreten. Die Einsicht in diese grundlegende Tatsache verleiht den Begriffen, welche die Wirtschaft aus der darstellenden Kunst entliehen hat oder mit ihr teilt, einen vollkommen neuen Sinn: Produktion, Methode, Rolle, Szenarium usw.

Untersuchungen über das Theater stützen sich häufig auf Aristoteles' grundlegendes Werk, die *Poetik*.[5] Auf dieser Abhandlung beruhen das abendländische Verständnis von Theater und sogar die Betonung der literarischen Formen. Die von Aristoteles geprägte Definition des Handlungsstrangs als »Anordnung der Vorkommnisse« bildet die Grundlage jeder inszenierten Erfahrung und der Aneinanderreihung der Hinweise, die erforderlich sind, um einen erwünschten Eindruck zu erzielen. Und diese Komponenten des Handlungsstrangs – überraschende Wendungen, die fortschreitende Enthüllung der Information, die Einheit und Ausgewogenheit der Ereignisse und der emotionale Effekt der Tragödie – machen ein Erlebnis unvergesslich. Die Voraussetzungen, die Aristoteles für ein überzeugendes Porträt nennt – gute, zur gespielten Rolle passende Entscheidungen sowie eine schlüssige Darstellung der Figur – umreißen die erforderlichen beruflichen Qualifikationen all jener, die an der Inszenierung von Erlebnissen teilnehmen. Tatsächlich unterschied Aristoteles das Theater mit seiner Definition von allen anderen täglichen Aktivitäten. Sehen wir uns nun einige der von Aristoteles entwickelten Theaterkonzepte und ihre Relevanz für das Arbeitsleben an.[6]

Im Vordergrund steht die Frage der *Auswahl*. Um Theater inszenieren zu können, muss man Grenzen ziehen; die Darsteller müssen sich harte Fragen stellen, die niemand anderer für sie stellen oder beantworten kann; und sie müssen in jedem Stück die bedeutsamen von den nebensächlichen Elementen trennen. Auch solche Unternehmen, die keine Erlebnisse inszenieren, müssen sich der Tatsache bewusst werden, dass immer dann, wenn Mitarbeiter im direkten Kontakt mit Kunden arbeiten, eine Theatervorführung stattfindet. Was sollte auf die Bühne gebracht werden, und welche Aktivitäten sollten hinter der Bühne stattfinden? Ein Supermarktangestellter, der über den Kopf eines Kunden hinweg mit seinem Kollegen im nächsten Gang darüber spricht, was die beiden nach der Arbeit tun werden, tut nach seinem Dafürhalten möglicherweise nichts Bedeutsames, doch in den Augen des Kunden ist dies ein Akt der Indifferenz. Welche Vorgänge verleihen der Vorführung Überzeugungskraft? Der Mitarbeiter des Supermarkts sollte sich fragen, wie er die Dosen mit einem gewissen Flair einscannen könnte, wie er seiner Stimme einen dramatischen Ton verleihen und unterhaltende Worte verwenden könnte, wenn er einen Kunden nach der Kreditkarte fragt, und wie er die persönliche Interaktion gestalten könnte, die mit dem Austausch von Geld und Rechnung einhergeht. Mit den wichtigsten Fragen hat man es häufig dann zu tun, wenn man nicht auf Anhieb eine Antwort findet, jedoch weiß, dass eine Antwort den eigenen Auftritt wesentlich verbessern würde.

Wann immer Mitarbeiter mit Kunden arbeiten, spielen sie Theater

Zweitens muss man sich mit der *Abfolge*, dem *Fortschritt* und der *Dauer* der Ereignisse beschäftigen. Wie sind die Aktivitäten angeordnet? Worin besteht der rote Faden der Ereignisse? Wo beginnt die Arbeit, wo erreicht sie einen dramatischen Höhepunkt, wo wird der dramatische Knoten gelöst? Nehmen wir beispielsweise ein Verkaufsgespräch. Wann beginnt es? Wenn der Vertreter mit einer Sekretärin einen Termin vereinbart, wenn er im Büro erscheint, während er vor der Tür des potenziellen Kunden wartet oder erst dann, wenn er dem Kunden persönlich gegenüber sitzt? Abhängig von der Antwort wird die Vorführung ganz unterschiedliche Formen annehmen. Wie sollte sich die Handlung weiterentwickeln, wenn der Vertreter einmal mit seinem Kunden an einem Tisch sitzt? Mit Smalltalk? Oder sollte der Vertreter darauf verzichten und das Gespräch direkt auf das Geschäftliche lenken? Welche Abfolge der zu behandelnden Punkte – nennen wir sie Verkaufsszenen – sollte im Lauf des Gesprächs in der Vorstellung des Kunden verankert werden? Wie bewegt man sich am besten auf den angestrebten Höhepunkt des Verkaufsgesprächs zu? Die alte Verkäuferweisheit, dass man zu sprechen aufhören sollte, sobald man den Verkauf abschließt, sollte nicht wörtlich genommen werden, doch sie enthält einen wahren Kern: Nun hat die Verkaufsszene ihren Höhepunkt erreicht, und die Aufgabe besteht darin, den dramatischen Knoten zu lösen. Erst nachdem man diese Fragen sorgfältig beantwortet hat, kann man ein Erlebnis fesselnd inszenieren.

Wo beginnt die Arbeit, wo erreicht sie ihren dramatischen Höhepunkt, wo wird der Knoten gelöst?

Schließlich muss man sich mit *Rhythmus* und *Tempo* der Arbeit beschäftigen, da die Beziehungen zwischen den dramatischen Elementen von diesen Faktoren abhängen. Welche Übergänge gilt es zu bewältigen? Wie wird das Energieniveau der Szene durch Aufbau, Verkleinerung, Kontrast und Entspannung erhöht? Wie viele Szenen finden in bestimmten Zeiträumen statt, und welche Intensität haben sie? Die Mitarbeiter von *FedEx* bewegen sich bewusst ständig im Laufschritt, um den Eindruck der Geschwindigkeit zu vermitteln, denn dieses Thema steht ja im Mittelpunkt des Angebots ihres Unternehmens. Ebenso sollten die Köche in einem Fastfood-Restaurant agieren, selbst dann, wenn sie gerade nicht sehr beschäftigt sind. Oder denken Sie an eine Kellnerin in einem feinen Restaurant, in dem jeder Gang eine dramatische Szene im Speiseerlebnis darstellt. Welche Dauer sollte sie jedem Gang verleihen? Wie sollte das Ende des einen in den Beginn des nächsten Ganges übergehen? Sollte sie die Salatteller unauffällig entfernen und die Wassergläser theatralisch füllen oder umgekehrt? Und welches ist genau der richtige Augenblick, um die Rechnung zu bringen? Davon, ob derartige Fragen gestellt und beantwortet wurden, hängt es ab, ob eine Vorstellung fesselnd, monoton oder zu aufdringlich wird.

Denken Sie an Ihre letzte Begegnung mit einem Taxifahrer, Vertreter oder Kassierer, und Sie werden entdecken, dass diese aristotelischen Gestaltungselemente, obwohl seit Tausenden Jahren bekannt, in der modernen Arbeitswelt leider völlig vernachlässigt werden.

Der bekannte Regisseur Peter Brook erklärt: »Ich kann einen beliebigen leeren Raum in eine leere Bühne verwandeln. Ein Mann geht durch diesen leeren Raum und wird dabei von jemandem beobachtet. Mehr ist für einen dramatischen Akt nicht erforderlich.«[7] Die Unternehmen würden enorm davon profitieren, ihre Arbeit auf ähnliche Art als Theater zu definieren. Denn wenn ein Unternehmen den Arbeitsplatz als leere Bühne bezeichnet, so eröffnet es sich Möglichkeiten, um sich von den zahllosen langweiligen Anbietern von Gütern und Dienstleistungen abzuheben, die ihrer Arbeit nachgehen, ohne die wahre Natur der Vorgänge zu erkennen. Indem man das Theater als Modell heranzieht, kann man selbst die gewöhnlichsten Tätigkeiten so gestalten, dass sie die Kunden in ein einprägsames Erlebnis verwickeln. Dazu kommt, dass neue Elemente, die in einer auf Güter und Dienstleistungen beschränkten Vorstellungswelt keinen Platz haben, mit dem einzigen Zweck, das Erlebnis zu bereichern, in die Arbeitsabläufe aufgenommen werden können. Das Kehren sauberer Gehwege ist ein solches Element.

Zieht man das Theater als Modell heran, so kann man selbst gewöhnliche Tätigkeiten nutzen, um die Kunden zu fesseln

Auch Interaktionen, die über die Technologie erfolgen, stellen eine leere Bühne dar, auf der man Geschäftstheater spielen kann. Brenda Laurel wendet in ihrem Buch *Computers as Theatre* die aristotelische Philosophie auf computergestützte Vorführungen an. Sie ist der

Ansicht, dass die Interaktion zwischen Mensch und Computer ein »gestaltetes Erlebnis«[8] sein sollte, und definiert Prinzipien und Techniken, die es ermöglichen, den Computer nicht als *Schnittstelle*, sondern als *Medium* einzusetzen. Sie beschreibt diese technologische Bühne folgendermaßen: »Die Vorstellung von der Schnittstelle ist zu begrenzt. Bei der Gestaltung des Erlebnisses in der Interaktion zwischen Mensch und Computer geht es nicht darum, einen besseren PC zu bauen. Es geht darum, imaginäre Welten zu erzeugen, die eine besondere Beziehung zur Realität haben – Welten, in denen wir unsere Fähigkeit zum Denken, Fühlen und Handeln erweitern und bereichern können.«[9] Genau darum geht es. Aus Laurels Buch geht klar hervor, dass sie wirklich davon überzeugt ist, dass die Arbeit mit dem Computer Theater ist – oder zumindest sein sollte.

Im entstehenden Erlebnisgewerbe muss jede Arbeit, die ein Kunde direkt beobachten kann, als dramatischer Akt betrachtet werden. Tatsächlich spielen Stewardessen und Hotelangestellte gewohnheitsmäßig Theater, wenn sie einen Gast zum nächsten Ausgang oder zu seinem Zimmer begleiten. Ein Supermarktangestellter spielt Theater, wenn er Waren in einem Regal zurechtrückt. Bankangestellte, Versicherungsvertreter und Immobilienmakler spielen Theater, wenn sie ihren Kunden Vertragsbedingungen erläutern. Dasselbe gilt für Taxifahrer, die sich mit ihren Fahrgästen unterhalten. Der *UPS*-Fahrer spielt jedesmal Theater, wenn er ein Paket liefert, und bei den Overnight-Sendungen von *FedEx* handelt es sich unzweifelhaft um Theatervorführungen. Sehen Sie beim nächsten Mal, wenn Sie zum Essen ausgehen, dem Kellner dabei zu, wie er die Bestellung aufnimmt, die Teller hinstellt, die Tische verrückt – alles Theater. Der Verkauf von Autos und Parfum ist Theater. Und auch die Präsentation, die eine Werbeagentur für den Marketingleiter eines Kunden durchführt, ist natürlich Theater. Ärzte, die vor Publikum chirurgische Eingriffe vornehmen, geben neben dem Bett des Patienten eine Theatervorstellung. Sogar der Handel mit Massengütern an den Warenbörsen ist Theater, das sogar besonders intensiv Aufmerksamkeit heischt. Doch könnten all diese Aktivitäten nicht ganz anders (und sehr viel einprägsamer) durchgeführt werden, wenn die Akteure begriffen, dass ihre Arbeit Theater ist, und sich entsprechend verhielten?

Jede Arbeit, bei der ein Kunde direkt zusieht, ist eine Theatervorstellung

Vielen Lesern wird aus der Managementliteratur die Phrase »Walk the talk«* bekannt sein. Diese Plattitüde erhält einen tieferen Sinn, wenn man sich vor Augen hält, dass Arbeit Theater ist. Denn die Redewendung bedeutet nicht nur, dass der Manager selbst praktizieren soll, was er öffentlich verkündet, sondern weist auch darauf hin, dass ihm *jemand anderer dabei zusieht.* Denn die Forderung, das eigene Verhalten den Grundsätzen anzupassen, zu denen man sich bekennt, setzt ja das Vorhandensein eines Publikums voraus (das sehen kann, ob man wirklich meint, was man sagt). Die Kunden sind gewiss das wichtigste Publikum für die Bühnenarbeit im Geschäftsleben, doch manchmal ist der einzige Zuschauer ein Lieferant, ein Kollege oder ein Vorgesetzter. Eine solche interne Vorführung, der kein Kunde beiwohnt, ist ebenso Theater und ebenso wichtig. Tatsächlich wirkt sich die Arbeit »hinter der Bühne« auf das Verhältnis zu den Kunden aus, da die interne Leistung die externen Beziehungen beeinflusst.

Daher gibt ein Stauer, der Waren ablädt, eine Theatervorstellung. Dasselbe gilt für zwei Männer, die in der Pizzeria hinten in der Küche Pizzateig ausrollen. Die Bewegung in einem Saal voller Schadensregulierer, die für eine Versicherungsgesellschaft Papiere sortieren, ist perfekt choreographiert. Ein Vorarbeiter, der die Arbeiter an einem Fließband überwacht, sieht ihnen bei einer Vorführung zu. Ein Mitarbeiter, der seinem Vorgesetzten einen Vorschlag unterbreitet, absolviert einen Auftritt, und dasselbe gilt für einen Manager, der vor dem versammelten Vorstand eine Präsentation durchführt. Und es handelt sich auch dann um Arbeit, wenn die Zuschauer keine zahlenden Kunden sind, denn die internen Vorgänge machen einen bestimmten Eindruck auf die Kunden. In der Erlebniswirtschaft müssen die Unternehmen herausfinden, wie sie die Arbeit unabhängig davon, ob sie auf oder hinter der Bühne stattfindet, fesselnder gestalten können.

Der Soziologe Erving Goffman war vielleicht der erste, der erkannte, dass Theatervorführungen ein Modell für die Arbeit darstellen. In seinem 1959 veröffentlichten Buch *The Presentation of Self in Everyday Life* untersuchte Goffman die dramatischen Prinzipien, die in einer Reihe gewöhnlicher sozialer und beruflicher Situationen zum Tragen kommen. Er beschäftigte sich mit dem persönlichen Ausdruck und fand

*Übersetzt etwa: »Mit gutem Beispiel vorangehen«

heraus, dass die Menschen ein unterschiedlich ausgeprägtes Bewusstsein für ihre Wirkung auf andere haben. Manche Menschen registrieren diese Wirkung nicht, und manche kümmern sich einfach nicht darum, was andere über sie denken. Andere jedoch manipulieren ihre Ausdrucksformen, um mit Blick auf ein Ziel einen bestimmten Eindruck bei anderen Menschen zu erwecken. Goffman bezeichnete diese Personen als »zynische Darsteller«, deren Interesse darin bestehe, »ihr Publikum zu täuschen«. Andererseits bezeichnete er jene Personen, die »an den durch ihre Vorstellung erweckten Eindruck glauben«, als »aufrichtig«.[10]

Die interne Vorstellung wirkt sich auf die externen Beziehungen aus

Goffman war der Ansicht, jedes menschliche Handeln sei gespielt, ob es nun einstudiert sei oder nicht. »Obwohl der Durchschnittsmensch nicht in der Lage ist, die Bewegungen seiner Augen und seines Körpers im Vorhinein festzulegen, kann er sich mit diesen Hilfsmitteln dramatisch und in einer Art und Weise ausdrücken, die in seinem Handlungsrepertoire vorgeformt ist.«[11] Diese Feststellung allein sollte die Mitarbeiter von Unternehmen dazu bewegen, sich ein besseres Verständnis der Auswirkungen ihres Verhaltens auf die Kunden anzueignen und in den eigenen Handlungen jene »Ausdruckskontrolle« (Goffman) auszuüben, die geeignet ist, einen aufrichtigeren Eindruck zu erwecken. Indem man die eigene Arbeit als Theater bezeichnet und entsprechend behandelt und indem man sich die Fähigkeit aneignet, die Wahrnehmung durch den eigenen Auftritt zu beeinflussen, vollzieht man den Schritt von der alltäglichen Handlung zur Magie. Der *Akt des Schauspiels* hebt das einprägsame Erlebnis von der gewöhnlichen menschlichen Aktivität ab.[12]

Die Inszenierung von Geschäftsvorführungen

Richard Schechner, ein bekannter Experte auf dem Gebiet der *performance theory*, hat wesentlich zum Verständnis der grundlegenden Komponenten von Vorführungen beigetragen. Schechners Analyse erinnert an die Aussage Peter Brooks, wenn er die Vorführung als eine Aktivität bezeichnet, die von »einer Person oder Gruppe in

Gegenwart von sowie für eine andere Person oder Gruppe durchgeführt wird« [13]. Diese Definition gilt nicht nur für die Inszenierung von Theaterstücken, sondern schließt auch die leere Geschäftsbühne ein. Innerhalb dieses Konstruktes hat Schechner einen nützlichen Rahmen für das Verständnis der verschiedenen Formen inszenierter »Darstellungen« entwickelt. Dieser Rahmen beruht auf vier zentralen Konzepten: Drama, Manuskript, Theater und Vorführung.

Für Schechner steht das *Drama* im Mittelpunkt der gesamten Vorführungsstruktur. Es besteht aus einem »geschriebenen Text, einem Szenario, einer Anleitung, einem Plan oder einer Karte. Das Drama kann unabhängig von der Person oder den Personen, die es vermitteln, an verschiedenen Orten und zu verschiedenen Zeiten stattfinden.« [14] Das Drama steht im Mittelpunkt der Vorführung und kann abhängig von der Situation und der Kultur über unterschiedliche Medien vermittelt werden. Das Drama bereitet das Thema einer Erfahrung für die interne Verarbeitung vor und sagt den Darstellern, was sie tun sollten. Auf der leeren Geschäftsbühne übernimmt die *Strategie* die Funktion des Dramas. Die Strategie steht im Mittelpunkt all dessen, was ein Unternehmen tut, findet ihren Ausdruck jedoch in einer Vielzahl von Mitteln wie strategischen Visionen, Unternehmenszielen, Geschäftsplänen, Wettbewerbsimperativen (wie Komatsus entschlossener Aufgabenstellung »Caterpillar schlagen!«) oder ausführlichen Programmen (etwa den Zielsetzungen, die dem Work-Out-Programm von *General Electric* entsprangen). Unabhängig davon, welche Form die Strategie annimmt, ordnen die Besitzer des Unternehmens das Drama zeitlich ein (sie entwickeln einen strategischen Horizont). Die Mitarbeiter kommen und gehen, doch dieses Drama bleibt der Mittelpunkt jeglicher wirtschaftlichen Aktivität der Darsteller im Unternehmen. Das Drama beinhaltet unabhängig vom Ort, an dem das Unternehmen seine Vorführung inszeniert, die Substanz der erhofften Handlungen.

Das *Manuskript* ist »alles, was von einer Zeit in die andere und von einem Ort an den anderen übertragen werden kann; es ist der grundlegende Code der Ereignisse« [15], die »Voraussetzung jeder Darbietung« [16]. Somit übermittelt das Manuskript das Drama auf eine Art und Weise, welche die spezifischen Augenblicke, die Umstände oder die geltenden Übereinkünfte überschreitet. Im Wirtschaftsleben übernehmen die *Prozesse* die Funktion des Manuskripts, jene (üblicherweise) kodifizierten Verfahren, deren sich ein Unternehmen bedient, um seine Strategie in die Tat umzusetzen. Die Mitarbeiter müssen das Manuskript lernen, seinen Subtext (die in der Strategie nicht ausdrücklich festgehaltenen Gedanken) identifizieren und es für die Produktion verfeinern und soweit erforderlich anpassen, um für möglichst gute Ergebnisse zu sorgen. Das Manuskript muss eine Interpretation des Dramas beinhalten, wobei es der ursprünglichen Bedeutung des Dramas treu zu bleiben hat und die Erwartungen des Publikums mit überraschenden Wendungen übertreffen soll.

In diesem Kontext ist *Theater* »ein von einer bestimmten Gruppe von Darstellern inszeniertes Ereignis, das, was die Darsteller üblicherweise während der Produktion tun, ... die Manifestation oder Darstellung des Dramas und/oder Manuskripts«[17]. Mit anderen Worten: Das Theater beinhaltet sowohl die interne Arbeit derjenigen, welche die Produktion umsetzen, als auch die externe Darstellung dieser Arbeit für das Publikum – sowohl die *Funktion* als auch die *Form*, die das Drama und sein Manuskript zum Leben erwecken.[18] Das Theater verbindet das Drama und das Manuskript mit den Kunden, indem es eine Vorführung inszeniert, welche die Kunden als Publikum einbindet. Hier wird erneut klar: In der Erlebniswirtschaft *ist die Arbeit Theater.*

> Es ist der Akt des Schauspiels, der einprägsame Erlebnisse von gewöhnlichen Handlungen unterscheidet

Und schließlich definiert Schechner die *Vorführung* als »die gesamte Konstellation der Ereignisse, die zum Großteil unbemerkt vorübergehen und von dem Augenblick, da der erste Zuschauer den Schauplatz betritt, bis zu dem Zeitpunkt, da der letzte Besucher gegangen ist, in Darstellern und Publikum stattfinden.«[19] Damit wird die Vorführung zur umfassendsten Kategorie, die sämtliche zu einem bestimmten Zeitpunkt an einem bestimmten Ort inszenierten Ereignisse umfasst. Abbildung 6.1 verdeutlicht, dass in der Vorführung alle anderen Dimensionen der Inszenierung zusammenfließen: Theater, Manuskript und Drama. Es liegt auf der Hand, dass *die Vorführung das Angebot ist*, also der wirtschaftliche Wert, den ein Unternehmen für seine Kunden erzeugt. In der Gleichsetzung von Theatervorführung und wirtschaftlichem Angebot gelangen wir somit zu folgendem Resultat:

[Drama = Strategie]
[Manuskript = Prozesse]
[Theater = Arbeit]
[Vorführung = Angebot]

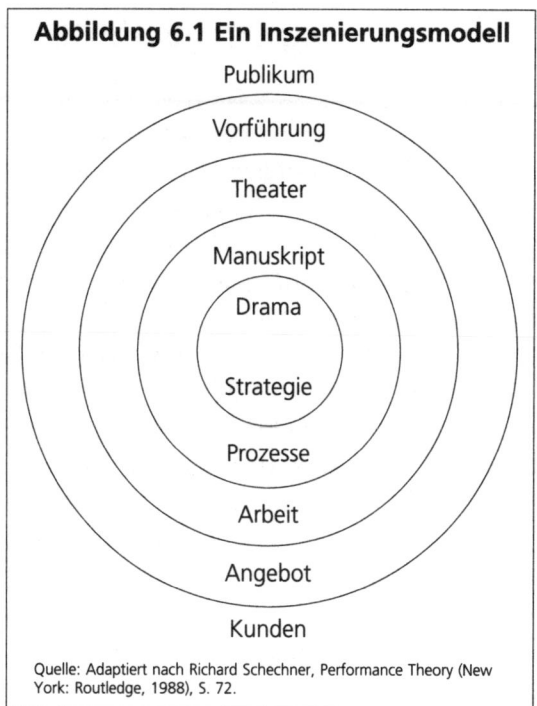

Abbildung 6.1 Ein Inszenierungsmodell

Publikum

Vorführung

Theater

Manuskript

Drama

Strategie

Prozesse

Arbeit

Angebot

Kunden

Quelle: Adaptiert nach Richard Schechner, Performance Theory (New York: Routledge, 1988), S. 72.

Sämtliche wirtschaftlichen Angebote – nicht nur die Erlebnisse, sondern auch Massengüter, Güter und Dienstleistungen – resultieren daraus, dass ein Unternehmen vom Drama über das Manuskript zum Theater, also zur Inszenierung der Vorführung, fortschreitet. Wir wollen uns erneut auf Schechner berufen: »Das Drama ist das Reich des Autors, Komponisten, Schamanen [wir wollen den Strategen und den Linienmanager hinzufügen]; das Manuskript ist das Reich das Lehrers, Gurus, Meisters [des Managers und Teamleiters]; das Theater ist das Reich der Akteure [wobei das Theater auch ein Unternehmen sein kann]; die Vorführung ist das Reich des Publikums [das auch aus Kunden bestehen kann, die mittlerweile Erlebnisse wollen].«[20]

Unabhängig davon, ob Ihr Unternehmen den entscheidenden Schritt ins Erlebnisgewerbe tatsächlich vollzieht, indem es Eintritt für inszenierte Ereignisse verlangt, unabhängig davon, welche Funktion Sie in Ihrem Unternehmen haben oder was Ihre Kollegen tun: Sie sind ein *Schauspieler*. Ihre Arbeit ist Theater. Nun müssen Sie Ihre Darstellung entsprechend anpassen.

167

Sagten Sie »Schauspieler«?

Manche Menschen verstehen das Wort »Schauspieler« falsch. Sie betrachten die Darsteller aus Film und Fernsehen als egoistische, launische oder unechte Menschen und halten Theaterschauspieler für prätentiös oder für Schlimmeres. Außerhalb der Kunst verbinden viele den Begriff mit einem großspurigen Grundstücksmakler oder einem unangenehm vertraulichen Autoverkäufer. Und in Anbetracht all dessen wollen wir tatsächlich von Ihnen verlangen, ein Schauspieler zu werden? Sie haben richtig verstanden. Wir müssen uns davor hüten, miserable Schauspieler mit dem Schauspiel an sich zu verwechseln. Schauspiel bedeutet, dass man bewusste Schritte unternimmt, um den Kontakt zu einem Publikum herzustellen. Ein Manager, der das Schauspiel als unehrlich oder unecht ablehnt, beschränkt sich und seine Mitarbeiter auf sehr blasse Rollen, die kaum Aussicht darauf bieten, die Kunden auf neue und aufregende Art einzubinden.

Die Abneigung gegen das Schauspiel entspringt unter Umständen der Überzeugung, dass nur wirklich authentisch ist, was vollkommen enthüllt wird. Doch wäre Barbra Streisand authentischer gewesen, wenn sie einen echten Kaugummi gekaut hätte? Nein. Geschäftlich gesprochen tat Streisand nichts anderes, als »aus weniger mehr zu machen« und mit weniger Aufwand dasselbe Ergebnis zu erzielen. Die Entscheidung darüber, ob sie einen Kaugummi verwenden sollte oder nicht, hat nichts mit der Frage der Authentizität zu tun. Solche Entscheidungen kreisen vielmehr um die Frage, ob man einen bestimmten Auslöser einsetzen soll, um einen bestimmten Eindruck zu erwecken. Auch verlor Streisands Schauspiel nichts von seiner Wahrhaftigkeit, weil es zu einem Zeitpunkt stattfand, da das Publikum noch nicht mit dem Beginn der Vorführung rechnete. Indem künstliche (oder sollten wir vielleicht sagen: unechte) Grenzen für den Beginn oder das Ende der Arbeit gezogen werden, wird vielfach der Innovation ein Riegel vorgeschoben. Würde beispielsweise die Wartung eines Autos erst in dem Augenblick beginnen, da der Kunde sein Fahrzeug in der Werkstatt abstellt, so wäre *Lexus* nie auf die Idee gekommen, seine Mitar-

> Sie sind ein Schauspieler. Ihre Arbeit ist Theater. Also passen Sie ihre Darstellung entsprechend an

168

beiter zu den Kunden nach Hause zu schicken, um die Autos abzu-holen.

Die Weigerung zu spielen kann ihren Ursprung auch in der Ein-schätzung haben, dass ein Mensch, der Theater spielt, sich selbst falsch darstellt. Doch Theater zu spielen bedeutet keineswegs vorzu-geben, jemand anderer zu sein. Vielmehr bedeutet es, sich auf eine innere Entdeckungsreise zu begeben, aus der persönlichen Lebens-erfahrung zu schöpfen und die Erfahrungen einzusetzen, um für die Rolle, die man übernommen hat, eine neue und glaubwürdige Figur zu entwickeln. Ein Schauspieler muss ein Verhalten an den Tag legen, das sich vollkommen mit der dargestellten Figur deckt, da sonst die Gefahr besteht, dass das Publikum seine Darstellung nicht glaubt und das Interesse an der Vorführung (dem Angebot) verliert.

Am deutlichsten ist eine schlechte Darstellung daran zu erkennen, dass ein Schauspieler das Publikum ständig daran erinnert, dass er spielt. Nur wenn ein Darsteller schlecht auf sein Spiel vorbereitet ist, nimmt das Publikum sein Verhalten als vorgetäuscht wahr. Der große russische Schauspieler Michail Tschechow formulierte es so:

Der begabte Schauspieler liest das Stück. Ein Mensch, der kein Schauspieler ist, und ein schlechter Schauspieler lesen dasselbe Stück. Worin unterscheidet sich die Art und Weise, wie sie es lesen? Der Nicht-Schauspieler liest das Stück vollkommen objektiv. Die Ereignisse, Vorgänge und Charaktere des Stücks haben keinen Ein-fluss auf sein Innenleben. Er versteht die Handlung und verfolgt sie als außenstehender Beobachter. Der Schauspieler hingegen liest das Stück subjektiv und genießt unvermeidlich seine eigene Reaktion auf die Geschehnisse. Er lebt seinen eigenen Willen, seine Gefühle und seine Vorstellungen aus. Das Stück und die Handlung geben ihm lediglich einen Anlass, um den Reichtum seiner Begabung zur Schau zu stellen und auszuschöpfen und seinem Wunsch zu spielen zu frö-nen.[21]

Tschechow war für seine Verwandlungsfähigkeit berühmt, die es ihm ermöglichte, *jede* Rolle zum Leben zu erwecken. Seine »Charakterar-beit« war derart gut, dass die Zuschauer nicht einmal bemerkten, dass er spielte.

Besonders fesselnde Schauspieler verfügen auch über einen derart

Eine Rolle zu spielen bedeutet, bewusst Schritte zu unternehmen, um eine Beziehung zu einem Publikum herzustellen

ausgeprägten Sinn für ihre Rolle, über eine derart vollendete Fähigkeit, der dargestellten Figur treu zu bleiben, und eine derart starke Ausstrahlung, dass die Beobachter selten bemerken, dass ihnen diese Darsteller unentwegt etwas vorspielen. Wir sehen solche Schauspieler in allen Lebensbereichen: Jack Welch in der Industrie, Warren Bennis in der Wissenschaft, Ronald Reagan in der Politik, General Schwarzkopf auf dem Schlachtfeld und Mutter Teresa auf den Straßen von Kalkutta. Jeder Mitarbeiter eines Unternehmens sollte ebenfalls danach streben, andere derart zu fesseln. (Der große Abwesende unter den hier genannten Personen ist William Jefferson Clinton. Denn man kann darüber streiten, ob er ein vollendeter Schauspieler oder einer von Goffmans »zynischen Darstellern« ist.) Zu viele Menschen unterlassen es, am Arbeitsplatz Theater zu spielen, sondern verhalten sich auf der Bühne nicht anders als im Privatleben. Sie gehen ihren alltäglichen Verpflichtungen so nach, als handelte es sich um vollkommen undramatische Abläufe; ihre Arbeit ist leblos. Um im Erlebnisgewerbe einen Kunden fesseln zu können, müssen Sie so Theater spielen, als hinge ihre Arbeit davon ab!

Nur wenn die Arbeit explizit für Zuschauer [= Kunden] inszeniert wird, können die Erlebnisse zur Grundlage neuer wirtschaftlicher Aktivität werden. An den Anfang dieser Inszenierung können Sie eine Untersuchung der Aktivitäten stellen, die in Ihrem Unternehmen durchgeführt werden, um anschließend den Arbeitsplatz als besonderen Ort neu zu gestalten: als Bühne für die Vorführung. Selbstverständlich genügt das nicht, um bewusst ein fesselndes Erlebnis zu inszenieren, doch die Vorbereitung des Ortes ist ein unerlässlicher (und nicht allzu schwieriger) Schritt in die richtige Richtung. Also tun Sie es. Und verkünden Sie sodann: Dies ist meine Bühne.

Identifizierung mit der Figur

Nun, da Sie eine Bühne haben, sind Sie wirklich ein Schauspieler. Wie gut Sie spielen werden, hängt davon ab, wie gut Sie sich auf Ihre Rolle vorbereiten. Tatsächlich ist der Großteil der Arbeit eines Schauspielers getan, wenn er die Bühne betritt. Die Vorbereitung setzt sich aus vielen Elementen zusammen, doch am vielleicht wichtigsten ist, wie Sie Ihre Rolle *anlegen*. Davon, wie Sie die dargestellte Figur interpretieren, wird es abhängen, welchen Eindruck Ihre Arbeit den Zuschauern vermitteln wird. Eine gute Gestaltung der Rolle sorgt dafür, dass das Drama natürlich, glaubwürdig, spontan und echt wirkt.

Eric Morris hat sich darauf spezialisiert, Schauspielern wie Jack Nicholson bei der Gestaltung ihrer Figuren zu helfen. Morris gibt folgenden Rat: »Seit Generationen lautet die populäre Vorstellung vom Theater, dass ,der Schauspieler zur Figur wird'. Daher glaubt man, dass der Schauspieler das Verhalten, die Idiosynkrasien, Gedanken und Impulse der von ihm dargestellten Figur übernimmt. Im Gegensatz dazu bin ich der Auffassung, dass sich *die Figur in den Schauspieler verwandelt!*«[22] So ist es. Bei der erfolgreichen Darstellung entsteht im Gegensatz zur »vorgespielten« Darstellung niemals eine Lücke zwischen der dargestellten Figur und der tatsächlichen Person, welche die Rolle spielt. Das bedeutet, dass die Figur mit der Persönlichkeit – mit der eigentlichen Person des Darstellers – und mit seiner emotionalen, körperlichen, intellektuellen und spirituellen Einzigartigkeit zur Deckung gebracht wird. Morris vertritt darüber hinaus die Ansicht, dass dann, »wenn die Figur in die eigene Person aufgenommen wird, alles, was den Darsteller ausmacht, seine einzigartige Beziehung zur Welt, seine Impulse, Gedanken und Reaktionen, Eingang in alles findet, was die Figur tut. Auf diese Art bringt ein Schauspieler mit jeder Rolle, die er spielt, etwas Einzigartiges und Persönliches zum Ausdruck.«[23]

> Zu viele berufstätige Menschen verhalten sich auf der Bühne nicht anders als im Privatleben

Die Arbeit der Erlebnisgestaltung unterscheidet sich von anderen wirtschaftlichen Aktivitäten, indem sie den Rollen einen Charakter verleiht. Das Fehlen einer klar gezeichneten Figur ist der Grund dafür, dass so viele Mitarbeiter von Dienstleistungsbetrieben wie Automaten wirken. Wie oft werden Sie in Hotels vom Empfangspersonal mit derselben monotonen Begrüßung empfangen? Wie viele Autoverkäufer wickeln alle Verkaufsgespräche auf dieselbe Art ab? Wie viele Fastfood-Restaurants schleusen die Kunden immer wieder durch denselben Ablauf? Eine gute Gestaltung der Rollen kann diese gewöhnlichen Dienstleistungen in einprägsame Vorführungen verwandeln. So werden die ins Hotel zurückkehrenden Gäste des *Ritz-Carlton* am Empfang namentlich begrüßt. Die Mitarbeiter an der Rezeption gehen täglich eine Beschreibung der charakteristischen Merkmale erwarteter Neuankömmlinge durch (so wie die Darsteller von Seifenopern, die täglich neue Skripts lernen müssen). Auf diese Art erweckt das *Ritz* einen bemerkenswerten Eindruck. Ein Besuch bei einem *Lexus*- oder *Saturn*-Händler stellt ein Erlebnis dar, das sich erfrischend von dem üblichen Erlebnis in einem Autosalon abhebt, in dem die Kunden in einen kleinen Raum geschleust werden, um mit dem Händler um den Preis zu feilschen. Sogar der Strahl aus einer Sodaflasche kann ein einprägsames Ereignis darstellen. Jene Figur, die im *Cedar-Lee Cinema* in Cleveland Heights, Ohio, Erfrischungsgetränke verkauft, unterhält die Kunden mit Sprüchen wie »Wer wird als nächster erfrischt?« Die Vorstellung dieses Mitarbeiters ist besser als die mancher Stars auf der Leinwand. Die Gäste wollen vor seinem Stand Schlange stehen.

Ein Darsteller kann eine Reihe von Bühnentechniken anwenden, um eine Vorstellung davon zu gewinnen, wie er seine Rolle in eine Figur mit Charakter umwandeln sollte. Hierzu zählen das *Tagebuch* (die täglichen Ereignisse werden festgehalten und dann zerlegt, um Anregungen für die zukünftige Arbeit zu gewinnen), die *Kartierung* (über das Manuskript wird Zeile für Zeile und Szene für Szene eine Karte der Verhaltensweisen gelegt, die sich der Darsteller zurechtgelegt hat) und das *Beziehungsdiagramm* (in einem Diagramm wird die Beziehung zwischen den einzelnen Figuren auf der Bühne analysiert). In jedem Fall fließt die Handlung von der Rolle zur Figur: Die erste wird von der zweiten absorbiert, die dann zur Einbindung des Publikums verwendet wird.

Um aus einer Rolle eine Figur zu entwickeln, ist eine sorgfältige Bearbeitung des *Subtextes* erforderlich – das heißt all dessen, was

> **Die richtige Gestaltung der Figur verwandelt Dienstleistungen in einprägsame Vorführungen**

nicht im formalen Manuskript steht. Der Subtext wird von den Darstellern in Zusammenarbeit mit dem Regisseur festgelegt: Gemeinsam verwandeln sie das Manuskript [= Prozesse] in tatsächliches Theater [= Arbeit]. Der Subtext stellt ein reichhaltiges Manuskript dar, das unter der Oberfläche des schriftlich festgehaltenen Manuskripts schlummert. Der Darsteller auf der Bühne vollendet die Vorführung durch den Einsatz von Modulationen, Gesten und weiteren Darstellungselementen. Dazu gehören die *Körpersprache* – Haltung, Gesten, Blickkontakt und andere Ausdrucksformen (das Lächeln eines Verkäufers ist eine wirkungsvolle positive Botschaft) –, *Signale* (ein Pager vermittelt Zugänglichkeit, während ein Pager, der mit einem verschwörerischen Blick ausgeschaltet und in einem Aktenkoffer versteckt wird, Aufmerksamkeit erweckt) und *Kostüme* – Kleidung und Accessoires (die Botschaft einer Rede des Unternehmensleiters kann ganz anders klingen, je nachdem, ob sie in Sandalen und Shorts oder im Dreiteiler gehalten wird; beide Kostüme können geeignet sein – je nachdem, welches Bild der Unternehmensleiter erzeugen will).[24]

Kein Element ist zu klein, um nicht zur Gestaltung der Figur beitragen zu können. Nehmen wir nur die ganz gewöhnliche Visitenkarte, einen der grundlegenden Hinweise in der Interaktion mit Kunden, der allerdings häufig stiefmütterlich behandelt wird, obwohl er einen nicht unerheblichen Beitrag zur Gestaltung der Figur leistet. In den meisten Fällen besteht der einzige Unterschied zwischen verschiedenen Personen, die für dasselbe Unternehmen arbeiten, im Informationsgehalt der Karte: Name, Titel und Telefonnummer. Das grundlegende Design einer Visitenkarte kann gewiss eine generelle Botschaft vermitteln, doch die Karten der meisten Mitarbeiter haben ein einheitliches Aussehen, so als wären die Darsteller nebensächliche Bestandteile der Vorführung. In diesem Zugang spiegelt sich die Einstellung des Massenproduzenten wider: Jede Person hat nur in einem einzigen Kästchen im Organigramm Platz.

Doch in den sich wandelnden Produktionen der Gegenwart spielt jeder Mensch mehrere Rollen. Daher muss man den Mitarbeitern verschiedene Möglichkeiten einräumen, ihre Tätigkeit auszulegen. Wir wissen von einigen wenigen Personen in großen Unternehmen, die bereits verschiedene Visitenkarten bei sich tragen, die jeweils einer anderen Figur entsprechen, die diese Personen in ihrer Arbeit darzustellen haben. Und wir kennen Jungunternehmer, die am eigenen PC für jeden Geschäftstermin eine neue Karte gestalten. Und das tun sie nicht, um andere zu täuschen (wie der von James Garner gespielte Detektiv Rockford in der gleichnamigen Fernsehserie), sondern um den legitimen Rollen gerecht zu werden, die sie in verschiedenen Situationen spielen. (Aus Rücksicht auf ihre Methode der unmerklichen Individualisierung nennen wir ihre Namen und die ihrer Unternehmen an dieser Stelle nicht.)

Auch Namen dienen zur Charakterisierung einer Figur. Die Darsteller in den meisten Unternehmen spielen heute »sich selbst« (anders als im Showbusiness, in dem Schauspieler den Namen der dargestellten Figur annehmen). Doch auch hier kündigen sich bereits Veränderungen an. In den Callcentern eines großen Computerherstellers *müssen* die Telefonisten einen anderen Namen verwenden. Nur die erste »Susan« und der erste »Bob«, die eingestellt werden, dürfen ihren Namen behalten. Jeder Mitarbeiter, der später eingestellt wird, muss einen fiktiven Namen annehmen. Dieses Charakterisierungselement ermöglicht es den Anrufern, sich immer mit demselben Ansprechpartner verbinden zu lassen, wenn sie dies wünschen.

Indem er sich mit seiner Rolle identifiziert, entwickelt ein Mitarbeiter einen Sinn für seine Aufgabe

Die Kunden wissen diese Vorgehensweise zu schätzen, da die Dienstleistung damit auf eine persönliche Basis gestellt wird. Am faszinierendsten an dieser Methode ist jedoch, dass sie als Bühne für die weitere Gestaltung der Rolle genutzt werden kann. Da sie nicht länger wie austauschbare Teile behandelt werden, können sich die Telefonisten in fesselnde Darsteller verwandeln, die einen unverwechselbaren Stil pflegen und das Gespräch mit individuell gestalteten Redewendungen, Abläufen und anderen telefonischen Ausdrucksformen in ein einprägsames Erlebnis für den Kunden verwandeln. Nach hervorragenden Callcenter-Darstellern wird bald große Nachfrage bei Kunden und Unternehmen bestehen.

Mitarbeiter, die sich mit ihren Rollen identifizieren, entwickeln einen Sinn für ihre Aufgabe und vertreten gemeinschaftlich das übergeordnete Thema des Erlebnisses, das ihr Unternehmen seinen Kunden anbietet. Werden die Figuren nicht ausreichend entwickelt, so bietet die Arbeit kaum Gelegenheit für intensive Kontakte zu den Kunden.

Disney hat dies vielleicht besser verstanden als jedes andere Unternehmen. Jeden Tag streifen die Ensemblemitglieder – ob sie nun eine Zeichentrickfigur, eine Begleitperson oder einen Straßenkehrer darstellen – ihre Kostüme über, greifen zu ihren Hilfsmitteln und verwandeln sich in Figuren in einem inszenierten Erlebnis. Jeder einzelne Mitarbeiter trägt dazu bei, den Ort zu einem Paradies für Familien und zu einem Reich der Freude und der Fantasie zu machen. Die internen Abläufe finden hinter der Bühne statt, die Bühnenarbeit auf der Bühne.

The Project on Disney, eine Organisation, welche die Arbeitsbedingungen in *Disney World* mit kritischem Blick verfolgt (ein Kapitel ihres Berichts trägt in Anspielung auf Mickey Mouse den Titel »Rattenarbeit«), hat folgende Beobachtung gemacht: Sowohl die bezahlten Mitarbeiter als auch die zahlenden Gäste erklären, »zu wissen, dass es nicht wirklich ist, dass es nicht ist, was es zu sein scheint, um dann jedoch darüber zu reden, *als wäre* es wirklich« [25]. Diese Disposition ist die Voraussetzung dafür, dass es einem Darsteller gelingt, tatsächlich in einer Figur aufzugehen. Konstantin Stanislawskij sprach in diesem Zusammenhang vom »magischen Als-ob« [26]. Viele Schauspiellehrer wenden eine auf dieses Konzept gestützte formale Schauspieltechnik an, die als »Als-ob« bezeichnet wird. Der Schauspiellehrer Michael Kearns erklärt: »So zu tun *als ob* ist eine Technik, die sich ausgezeichnet auf das wirkliche Leben anwenden lässt. Es mag ein wenig anrüchig klingen, doch es ist ein wenig wie positives Denken. Man geht zu einer Party, ist schlecht gelaunt und weiß genau, dass man einen scheußlichen Abend verbringen wird. Indem man eine bewusste Korrektur vornimmt – indem man so tut, *als ob* man sich großartig amüsieren würde –, kann man manchmal tatsächlich die eigene Gemütslage ändern und die Situation durch einen anderen Filter betrachten.« [27] Servicepersonal, das auf der Bühne zeigt, dass es in schlechter Stimmung ist, und jede »Als-ob«-Fähigkeit vermissen lässt, vermittelt nur eine Art von Wirklichkeit – wirkliche Unhöflichkeit. In angenehmen Erlebnissen ist kein Platz für derartiges Verhalten. Wenn die Mitarbeiter einmal einen harten Tag haben (was sich nicht vermeiden lässt), müssen sie so auftreten, als ob sie vergnügt wären. Wenn sie mit einem schwierigen Kunden konfrontiert sind (und manche Kunden stellen tatsächlich eine Herausforderung dar), sollten die Mitarbeiter so auftreten, als würde ihnen dies überhaupt nichts ausmachen. Dann geschieht etwas In-

So zu tun »als ob« ist die Voraussetzung dafür, dass es einem Darsteller gelingt, tatsächlich in seiner Rolle aufzugehen

teressantes: Die freundliche Betreuung bereitet die Bühne für einprägsame Erlebnisse, und unerträgliche Kunden bedauern ihr Verhalten und werden zugänglicher.

Geschulte Darsteller – und jedes Publikum – kennen den Unterschied zwischen mechanisch gespielten Rollen und solchen, die in eine gekonnte Darstellung einer Figur verwandelt werden. Vorführungen des ersten Typs sind charakteristisch für die meisten zeitgenössischen Dienstleistungen, bei denen die Kunden nichts anderes im Sinn haben, als den Vorgang so schnell wie möglich hinter sich zu bringen. (Wie bereits an anderer Stelle erwähnt, wissen die Manager in den Dienstleistungsbranchen dies und betreiben großen Aufwand, um die für die Betreuung des einzelnen Kunden erforderliche Zeit zu verkürzen. Auf diese Art tragen sie dazu bei, dass sich schlechter Service, Selbstbedienung und Verkaufsstandorte ohne jeglichen Service ausbreiten.) Doch wenn die Mitarbeiter geeignete Rollen wählen und diese gut darstellen, können sie Erlebnisse inszenieren, die bei den Gästen die Bereitschaft wecken, sich längere Zeit bei diesem Anbieter aufzuhalten. Und diese Bereitschaft weckt man durch die Art der Darstellung.

Darstellung mit Intention

Konstantin Stanislawskij ermahnte die Schauspieler immer wieder, »95 Prozent zu streichen«[28]. Mit diesem einfachen Slogan zielte er auf die unter Schauspielern verbreitete Tendenz, des Guten zu viel zu tun. Stanislawskij war nicht nur der Ansicht, dass die Schauspieler zu viele Handlungen ausführten, sondern meinte auch, dass sie in jede Handlung zu viel emotionale Bewegung steckten. (Beispielsweise ergehen sich viele Anbieter von Dienstleistungen, seien es nun Ärzte oder Automechaniker, in ausschweifenden und leidenschaftlichen Erklärungen, während die Kunden lediglich an den Fakten interessiert sind.) Stanislawskij wollte das Theater von unnötigen Gesten, Bewegungen, Worten und anderen Ausdrucksformen befreien, die ledig-

lich vom eigentlichen Zweck der Handlung ablen-
ken. Er reduzierte die Darstellung auf ihren Kern, so- **Streiche 95 Prozent**
dass sie das Thema des Stücks (das er als »Über-
Ziel« bezeichnete) klar vermittelte. Es wird erzählt,
dass Stanislawskij einmal Sergej Rachmaninow nach dem Geheimnis
seiner meisterhaften Beherrschung des Klaviers fragte. Der große Pia-
nist und Komponist antwortete: »Ich berühre die benachbarte Taste
nicht.«[29] Diese Antwort muss Stanislawskij gefallen haben, denn er
machte sie zu einem festen Bestandteil seines Unterrichts.

Dank der großen Verbreitung von TQM und Reengineering wissen
die meisten Unternehmen heute, wie man die Arbeitsabläufe umge-
staltet und verbessert. Diese Verbesserungsprogramme bedienen sich
üblicherweise des Ablaufdiagramms als Werkzeug zur Neugestaltung
der betrieblichen Prozesse. Doch in den meisten Fällen fördern diese Methoden lediglich zutage, *welche* Aktivitäten ein Unternehmen
durchführt, statt zu zeigen, *wie* die Arbeit gemacht werden sollte. Den
neu gestalteten Arbeitsabläufen mangelt es weiterhin an einer klaren
Intention. Es genügt nicht, eine Aktivität lediglich abzuschließen: Es
bedarf auch einer grundlegenden Motivation, welche die Vorführung
bereichert, damit diese den Käufer des Angebots beeinflussen kann.
Beispielsweise erkennt jedermann den Unterschied zwischen einer
Empfangsdame, die lediglich die Namen der Besucher notiert und den
jeweiligen Gesprächspartner anruft, und einer, die jeden Gast freundlich begrüßt und dieselben Tätigkeiten wie ihre mechanisch arbei-
tende Kollegin bewusst mit Stil ausführt. Die Begegnung im Foyer
wirkt sich auf den Gast aus, erzeugt eine bestimmte Atmosphäre für
das folgende Geschäftsmeeting und verändert gelegentlich sogar das
Ergebnis des Gesprächs.

Eine wirtschaftliche Aktivität fesselt die Kunden tatsächlich, wenn
jeder Mitarbeiter in seiner Tätigkeit ganz bewusst eine bestimmte
Intention verfolgt. Jede Bewegung wird zu einer sinnvollen Handlung,
wenn eine klare Absicht dahinter steht. Ohne Intention ist die Arbeit
stumpf, monoton, ein Klischee. (Wie vollkommen unbeeindruckend
vom Anfang bis zum Ende sind doch all jene Abläufe, die mit Phrasen wie »Einen schönen Tag noch« abgeschlossen werden.) Da derart viele Menschen ohne klare Absicht handeln, konnte Stanislawskij
mit ruhigem Gewissen von den Schauspielern verlangen, auf 95 Prozent ihrer Aktivitäten zu verzichten. Denselben Ratschlag kann man

auch den Darstellern in den Unternehmen geben. Eine Voraussetzung für ausgezeichnete Abläufe (wenn man ausgezeichnete Abläufe als solche definiert, die den Kunden wirklich fesseln) ist, dass ein Mitarbeiter eine Entscheidung darüber fällt, *wie* er jede Aktivität durchführen will. Schauspiellehrer Kearns erzählt: »Entscheidend für den Erfolg ist,

Handeln Sie mit Intention

dass man entscheidet, was man will... Wenn man nicht genau weiß, was man erreichen will, hat man kein Ziel... und das Ergebnis wird eine unbestimmte, bedeutungslose Begegnung sein. Wenn man seine Absicht im Voraus bewusst formuliert hat, wird man eher spezifisch und klar sein, und das Resultat wird eine energiegeladene Begegnung sein.«[30] Jedes Angebot gewinnt an Wert, wenn alle Darsteller auf der Bühne – auf dem Feld, in der Werkstätte, am Serviceschalter, im Themenpark – ihrer Arbeit mit einer klaren Intention nachgehen.

Kearns hat ein ungemein nützliches Instrument entwickelt, um dies zu bewerkstelligen. Bei jeder Tätigkeit muss man die eigene Absicht unter Verwendung der Phrase *um zu* beschreiben.[31] Barbra Streisand kaute ihren fiktiven Kaugummi, *um zu* zeigen, dass Äußerlichkeiten unbedeutend sind – was zählt, sind die Stimmbänder. Der Darsteller im Jacobs Field reinigte die Straße, *um zu* zeigen, dass das neue Stadion sauber, sicher und anheimelnd war und darauf wartete, mit Leben erfüllt zu werden. Die engagierte Empfangsdame begrüßt die Gäste, um sie an einem Ort willkommen zu heißen, an dem ausgezeichnete Arbeit geleistet wird.

Stellen Sie sich vor, vor der geschlossenen Tür zum Büro Ihres Vorgesetzten zu stehen. Ihre nächste Aufgabe besteht darin, an diese Tür zu klopfen. Wie würden Sie klopfen, wenn Sie ihm mitteilen möchten, dass Sie gerade angekommen sind? Wenn Sie sich für ihre Verspätung entschuldigen wollen? Wenn Sie sich ankündigen wollen, ohne ihn bei der Arbeit zu stören? Wenn Sie ihm mitteilen, dass das Meeting gleich beginnen wird? Jede Absicht erfordert ein ganz anderes Klopfen.

Oder nehmen wir die Beziehung zwischen Arzt und Patient. Die medizinische Forschung hat gezeigt, dass Brustkrebspatientinnen, die sich für eine Lumpektomie (Entfernung des Tumors) entscheiden, eine ebenso hohe durchschnittliche Lebenserwartung haben wie jene Patientinnen, die sich zu einer Mastektomie (Totalamputation der Brust) entschließen. Obwohl die Ärzte in den Vereinigten Staaten per

Gesetz verpflichtet sind, die Frauen über die Möglichkeit einer Lumpektomie zu informieren, bleibt die Rate der Operationen, bei denen die Brust erhalten bleibt, in einigen US-Bundesstaaten unverändert. In einem Artikel im *Wall Street Journal* hieß es, dies sei »nicht nur darauf zurückzuführen, *was* die Ärzte ihren Patientinnen sagen, sondern auch darauf, *wie* sie es ihnen sagen«[32]. Die Ärzte müssen den Patientinnen also die Optionen darlegen, um dafür zu sorgen, dass diese richtig zwischen den Alternativen abwägen können.[33]

Auch ein Rechtsanwalt, der vor Gericht geht, muss in seiner Arbeit eine klare Intention haben. »Man muss jedes Detail planen, die Kleidung ebenso wie die Anordnung der Unterlagen auf dem Tisch«, erklärt Fred Bartlit, ein in Chicago praktizierender Rechtsanwalt.[34] Bartlit zählt zu einer wachsenden Zahl von Rechtsanwalten, die jeden ihrer Schritte sorgfältig gestalten: den Gang durch den Gerichtssaal, die Positionen, die sie einnehmen, den Zeitpunkt, da sie Blickkontakt aufnehmen, die Gesten beim Durchblättern von Akten und bei der Verwendung eines Laptops, geistreiche Bemerkungen.[35] Ihre Intention bei der Ausführung jeder Aktivität entscheidet darüber, wie diese zu ihrer Gesamtvorstellung beitragen wird. Besteht die Absicht einzig und allein darin, die Arbeit zu erledigen (das heißt zu agieren, um es hinter sich zu bringen), so kann die Vorstellung nicht fesseln.

Es liegt auf der Hand, dass sich Ärzte und Rechtsanwälte, deren Entscheidungen sich nachhaltig auf das Leben ihrer Kunden auswirken, in ihrer Arbeit an einer klaren Intention orientieren müssen. Doch auch jede andere Tätigkeit wird nützlicher, wertvoller und bedeutsamer, wenn sie einer klaren Intention gehorcht. Sehen wir uns ein einfaches Beispiel an: Im Studentenwohnheim der University of Pennsylvania liefert eine Frau, die von aller Welt nur Barb genannt wird, jeden Tag ein wunderbares Beispiel dafür, wie man eine Vorstellung durch Intention bereichert. Barb arbeitet in der Cafeteria des Studentenwohnheims. Vielen Studenten der Universität bleibt diese Frau unvergesslich. Ihre Arbeit besteht aus einer einzigen Tätigkeit. Bei drei Mahlzeiten am Tag sitzt Barb am Eingang des Speisesaals an einem Tisch und zieht die im Voraus bezahlten Essenskarten der Studenten der Reihe nach durch eine Maschine. Sind noch Mahlzeiten auf der Karte übrig, leuchtet ein grünes Licht auf, sind alle verbraucht, ein rotes. Das ist alles. Ein uneingeweihter Beobachter könnte den Eindruck gewinnen, dass es sich hier um die stumpfsinnigste Tätigkeit handelt, die man sich vorstellen kann. Doch Barb bereichert diese Arbeit mit Intention. Beim ersten Mal streckt sie die Hand nach der Karte eines Studenten aus, *um zu* erfahren, wie er heißt. Von da an streckt sie die Hand nach der Karte aus, um ihn namentlich zu begrüßen. Hat ein Student eine Mahlzeit ausgelassen, so nimmt sie sich seine Karte, um herauszufinden, was es mit seiner Abwesenheit auf sich hatte. Sie nimmt sich die Karte sogar, um den Inhaber darüber zu informieren, an welchen Tisch sich seine Freunde gesetzt haben. In all diesen Fällen drücken ihre Handlungen ihre Intention aus, die Studenten bei dem Cafeteriaerlebnis an der Universität willkommen zu heißen. Es gibt vielleicht nicht viele Menschen auf der Welt, die es derart gut verstehen, Gästen das Gefühl zu geben, willkommen zu sein. Es ist verständlich, dass bisher noch niemand auf den Gedanken gekommen ist, Barbs Arbeitsplatz zu rationalisieren.[36]

Menschen wie Barb trifft man in allen Arbeitsbereichen – sei es nun der Rechtsanwalt Fred in Chicago, der Schuhputzer Aaron in Kalamazoo oder der Barmann Christopher in Washington, D.C. Wenn man ihnen einmal begegnet ist, erinnert man sich an sie. Ihre Intention drückt sich in ihrer Leidenschaft für die dargestellte Figur, in ihrer Sorge um ihr Unternehmen und in ihrem Engagement für den Kunden aus. Sie sind die wirklich großen Schauspieler dieser Welt. Wir sollten uns alle an ihrem Vorbild orientieren.

7 Die Formen der Vorführung

Linda leitet bei einem großen amerikanischen Automobilhersteller die Entwicklung neuer Angebote.[1] Sie kommt morgens ins Büro, überfliegt ihren Terminplan für den Tag. »Also, was haben wir da: Um 10:30 Uhr die übliche Präsentation vor den Lieferanten im Executive Briefing Center ... dann nehme ich um 13:30 am Strategiezirkel dieses Quartals teil, und um 16 Uhr muss ich bei diesem Händler vorbeischauen. Kein schlechter Tag, aber ich muss sofort mit der Vorbereitung beginnen. Ganz schön viel Arbeit ...«

Linda bootet ihr Notebook und öffnet eine Datei namens EBC7.PPT, welche die Präsentation für die Lieferanten enthält. Beim Durchgehen der Schaubilder stellt sie fest, dass eine der Grafiken veraltet ist. Sie loggt sich ins Intranet ihres Unternehmens ein, sucht die neuen Daten heraus und aktualisiert das Schaubild. Dann überlegt sie, wie sie die neuesten Informationen in ihr Referat einbauen wird, und macht sich einige Notizen auf einem Block. Bei einem der nächsten Schaubilder hält sie abermals inne, denn bei ihrer letzten Präsentation geriet sie an dieser Stelle ins Stocken. Linda erhebt sich, blickt auf die geschlossene Tür und überlegt, was sie an diesem Punkt der Präsentation sagen – und tun – wird. Nach ein paar Trockenübungen weiß sie, wo es hapert: Das Schaubild ist viel zu voll gepackt mit Informationen. Sie muss immer wieder hinsehen, um den Faden nicht zu verlieren. Das führt dazu, dass sie sich verhaspelt und den natürlichen Redefluss verliert.

Um das Problem zu beheben, säubert Linda das Schaubild von allen nebensächlichen Informationen. Sie macht sich einige Notizen, um auch die aus dem Schaubild entfernten Punkte in ihrem Vortrag unterzubringen, und studiert den Vortrag dann erneut ein. Sie beginnt immer wieder von neuem, so lange, bis Wortwahl und Gesten dem entsprechen, was sie – möglichst kompakt – zum Ausdruck bringen will. Nun ist sie endlich zufrieden. Sie versucht es zur Sicherheit noch ein letztes Mal, diesmal ohne Unterlagen. Dann öffnet sie die Datei CHAR7EBC.DOC und aktualisiert ihr Manuskript, wobei sie sich auch Anmerkungen zur richtigen Gestik und Mimik macht.

In diesem Moment klopft jemand an die Tür. Es ist wieder einmal Paul, einer ihrer Vorgesetzten. Linda klappt ihr Notebook zu, um Paul zu zeigen, dass er ihre ungeteilte Aufmerksamkeit hat. Eigentlich möchte sie nichts über die neuesten Probleme mit den Marktforschungsdaten hören, aber sie tut so, als hörte sie seine Sorgen das erste Mal. Die Einzelheiten ihres Gesprächs sollen vertraulich bleiben – nur so viel: Linda überlegt fieberhaft, wie sie es wohl anstellen kann, seine endlose Klage ein wenig abzukürzen. Als Paul und Linda einander zum Abschied die Hände schütteln, ergreift sie kurz seinen rechten Arm in der Nähe des Ellbogens, um ihm zu zeigen, dass sie sein Bemühen um eine Lösung für das Problem aufrichtig zu schätzen weiß.

Dann wendet Linda ihre Aufmerksamkeit wieder den letzten Vorbereitungen für ihre Präsentation vor der Lieferantengruppe zu. Schließlich macht sie sich auf den Weg ins Executive Briefing Center. Bevor sie den Saal betritt, macht sie einen kurzen Abstecher auf die Toilette, um sicherzustellen, dass ihr Outfit stimmt, ihre Frisur sitzt und an ihrem Kinn kein Krümel vom Frühstücksbrot hängen geblieben ist. Da fällt ihr die PartnershipPlus-Anstecknadel ein. Sie nimmt sie aus der Handtasche und steckt sie sich an den Blazer. Ein letzter Blick in den Spiegel zeigt ihr ein Bild distanzierter Selbstsicherheit. Zufrieden macht sie sich auf in Richtung Saal. »Ins Briefing Center«, sagt sie laut zu sich. Um sich auf die Situation einzustimmen, beginnt sie stumm zu einem imaginären Publikum zu sprechen. Nach einigen Minuten wird sie vom Moderator angekündigt. Sie betritt das Podium. In wenigen Augenblicken wird ihr Vortrag beginnen. Sie hält inne, lässt den Blick über die Köpfe im Publikum schweifen ... zuerst über die hinteren, dann über die mittleren Reihen, und schließlich stellt sie

Blickkontakt zu einem Lieferanten her, der in der ersten Reihe sitzt. Sie lächeln einander an.[2] »Partnerschaften erfordern gegenseitiges Lernen.« Sie lässt die einleitenden Worte wirken. Und los gehts...

Linda spricht fehlerlos und beendet ihren Vortrag nach 30 Minuten mit der nachdrücklichen Aufforderung: »Also, keine Guerillakriege mehr!« Lauter Beifall. Bevor sie abtritt, bedenkt sie den Lieferanten in der ersten Reihe noch einmal mit einem Blick und einem Lächeln. Eine der Einkaufsleiterinnen hinten im Saal bemerkt zum Assistenten des Moderators: »Alle Achtung ... sie wirkt so spontan und locker, obwohl sie kein einziges Schlagloch auslässt!« – »Stimmt«, antwortet der Assistent, »aber ich habe diese Präsentation schon ein halbes Dutzend Male verfolgt. Abgesehen von ein paar kleinen Änderungen hier und da bleibt praktisch jedes Wort gleich.« Darauf kann die Einkaufsleiterin nur ein weiteres Mal sagen: »Alle Achtung.«

In ihr Büro zurückgekehrt, bereitet sich Linda auf die Strategiesitzung um 13:30 Uhr vor. Diese Sitzung ist etwas ganz anderes als die Präsentation am Morgen: keine PowerPoint-Grafiken, keine vorbereitete Rede, kein Applaus. Hier wird es darum gehen, die gesamte Belegschaft einzubinden und dafür zu sorgen, dass jedermann seinen Beitrag zur ersten strategischen Ausstellung des Unternehmens leistet. Bei dieser Ausstellung soll die Unternehmensleitung erfahren, was es bedeutet, ein Geschäftssystem zu haben, in dem makellose Entwicklungspläne fehlerlos ausgeführt werden. Bei dieser Sitzung wird sie nicht die selbstbewusste Führungskraft sein, sondern die »einbindende Führerin«.

Um dieser Aufgabe gerecht zu werden, geht Linda ihre Notizen aus den vergangenen Meetings und den in der Zwischenzeit geführten Telefonaten durch. Sie nimmt ein oder zwei Memos zur Hand und sieht sich E-Mails an, in denen einzelne Teilnehmer darüber diskutieren, mit welchen Methoden die erwünschten Ergebnisse am besten erreicht werden könnten. Besonders wichtig ist ihr, dass diese Sitzung an die Ergebnisse der letzten anknüpft. Sie fasst die seitdem zur Sprache gebrachten Anregungen zusammen. Dann geht sie zu den Eindrücken über, die das Unternehmen nach allgemeiner Einschätzung auf die Teilnehmer machen sollte. So sorgt sie dafür, dass die Teilnehmer beim Thema bleiben und kostspielige Ablenkungen vermieden werden. (Ein erwünschter Nebeneffekt für Linda ist, dass sie auf diese Weise rechtzeitig zu ihrem Verkaufsbesuch um 16:00 Uhr kommen wird.) Linda nimmt die Liste ihrer »Ablaufplan«-Techniken zur Hand, notiert sich ihren Moderationsplan für die Sitzung und überlegt, welche Flipcharts sie verwenden wird.

Auch in diesem Fall zahlt sich die Vorbereitung aus. Linda muss zwar den einen oder anderen unvorhergesehenen Einwurf parieren, aber es gelingt ihr in ihrer Rolle als »einbindende Führerin« nicht nur, die Sitzung auf Kurs zu halten, sondern auch, die Agenda voranzutreiben und die Veranstaltung zu orchestrieren. Nun wird es Zeit für ihren Verkaufsbesuch. Sie zieht sich um, um sich der etwas legereren Kultur der Firma anzupassen, die sie besuchen will. Dann trifft sie sich mit Steve, dem Leiter der Leasingabteilung.

Es wird kein »normaler« Verkaufsbesuch wie beim Leiter einer Firmenwagenflotte werden. Steve und sie wollen sich mit einem großen lokalen Autohändler treffen, um ihn dazu zu bewegen, sich einer Aktion des Autoherstellers anzuschließen, bei dem Luxusautos zur Probe gefahren werden können. Das Programm trägt den Namen Pre-Lease Executive Automobile Sampling Experience (abgekürzt mit dem verlockenden Akronym PLEASE, was sich auf LEASE reimt). Mit PLEASE möchte das Unternehmen auf seiner Teststrecke eine Veranstaltung auf die Beine stellen, bei der finanzkräftige potentielle Leasingkunden über 10 000 Dollar bezahlen, um teure Autos zur Probe fahren zu dürfen. Dabei müssen natürlich spezielle Anreize geboten werden wie Rennen (eventuell mit lokalen Prominenten) oder Fahrwettbewerbe auf spiegelglatter Fahrbahn. Am Ende nimmt jeder Kunde das Auto seiner Wahl mit nach Hause. Das Leasing ist für ein Jahr gratis, und jeder Teilnehmer erhält ein Video von seinem Fahrerlebnis. Da dieses Erlebnis zwei bis viermal so viel kostet wie ein normaler Leasingvertrag für ein Jahr, ist viel daran zu verdienen. Und mittlerweile hat sich das Topmanagement, das endlich Gefallen daran gefunden hat, dass das Unternehmen mit Leasing mehr verdienen kann als mit der Produktion, bereit erklärt, auch Autos anderer Hersteller an der Veranstaltung teilnehmen zu lassen.

Auf der Fahrt unterhalten sich Linda und Steve darüber, wie sie dem Händler die Teilnahme an dem Pilotprogramm in seinem Gebiet am besten verkaufen könnten. Da sie bereits Erfahrungen mit dem Verkauf des Konzepts gesammelt haben, wissen sie bereits, wie sie bestimmte Teile des Vorschlags ins rechte Licht rücken können. Linda konzentriert sich auf die Attraktivität des PLEASE-Erlebnisses, während Steve die finanziellen Argumente aufführt. Linda schlägt vor, die Präsentation mit der vorgefertigten »Version B« zu eröffnen und dem Händler zu erläutern, worum es bei dem Programm geht. Steve wird dem Gesprächspartner klar machen, welche positive Wirkung PLEASE auf sein Unternehmensergebnis haben wird. Und abschließend wird Linda die Texte und bunten Zeichnungen und Diagramme des Grafikers auspacken, die zeigen, was für ein großartiges Erlebnis PLEASE sein wird. Währenddessen wird Steve stets die Rolle des nüchternen Praktikers spielen, der Lindas überschwängliche Begeisterung immer wieder relativiert. Als sie ankommen, erinnert Steve Linda an die Bemerkung über Winterreifen, die sich in der »Eröffnung B« so gut macht.

Finden Sie heraus, wie Sie jede Interaktion in ein Erlebnis verwandeln können

Nachdem sie im Büro des Händlers Platz genommen haben, spulen Linda und Steve ihre Präsentation meisterhaft ab. Die Argumente folgen in dynamischem Rhythmus aufeinander, wobei manchmal sogar einer den Satz des anderen vollendet. Alles läuft perfekt, *abgesehen davon*, dass sie 20 Minuten zu spät begonnen haben, dass ständig Mitarbeiter des Händlers hereinschneien und dass der Händler einige Einwände vorbringt. Aber im Großen und Ganzen sind Linda und Steve mit ihrer Rolle und ihren Argumenten so gut vertraut, dass sie jede Unterbrechung in eine angenehme Erholungspause verwandeln oder mit einem Scherz quittieren können. Es gelingt ihnen, jeden Einwand in eine positive Überleitung zum nächsten Argument umzufunktionieren. Um den letzten Einwand des Händlers – er meint, durch die Aufnahme anderer Marken seinem eigenen Geschäft zu schaden – zu entkräften, stößt Linda Steve kurz an: Sie erheben sich gemeinsam, gehen zum Bücherregal des Händlers und zeigen gleichzeitig auf das Modell eines *DeLorean* Sportwagens, auf das Linda ihren Begleiter schon vorher aufmerksam gemacht hat. Der Händler, der ihre Frage schon ahnt, ruft: »Ja, das war mein Traum, mein erstes Sportauto ...«, worauf Linda antwortet: »... und Sie waren begeistert von dem Fahrerlebnis, nicht wahr? Wir werden Ihren Kunden Gelegenheit geben, *ihre* Traumautos zu fahren, und damit werden Sie mehr Geld verdienen als mit dem Verkauf von fünf Ihrer Durchschnittsmodelle. Wen interessiert es schon, wer der Hersteller ist? Hier geht es nur um das Fahrerlebnis, und das wird uns allen einen schönen Verdienst bescheren.« Als sie zur Tür gehen, schütteln sie einander die Hände, und Linda klopft dem Händler freundschaftlich auf den Rücken.

Dier vier Formen des Theaters

Die nachfolgende Grafik enthält einige der in Kapitel 6 besprochenen Elemente, ergänzt durch neue. Linda ist eine echte Schauspielerin, und sie weiß, wie man jede Interaktion – ganz gleich, was auf welcher Bühne dargeboten wird – in ein Erlebnis verwandelt. Aber achten Sie darauf, wie unterschiedlich sie an die vier Rollen herangeht, die sie an diesem Tag zu spielen hat. Während sie ihren Vortrag vorbereitet, wird sie von ihrem Vorgesetzten Paul mit einem Problem konfrontiert, das sie aus dem Stegreif bewältigen muss. Hier spielt Linda *Improvisationstheater*. Sie weiß, dass sie in dieser Situation genauso auf der Bühne steht wie im Kontakt zu Außenstehenden. Um rasch auf Pauls Problem reagieren zu können, greift sie auf jene Managementtechniken zurück, die sie sich in früheren Situationen angeeignet hat.

Als sie zu den Lieferanten spricht, spielt Linda *Plattformtheater*. Sie hat sich im Voraus jede Zeile und jede Geste zurechtgelegt und so lange geübt, bis sie mühelos eine Vorstellung abspulen kann, die

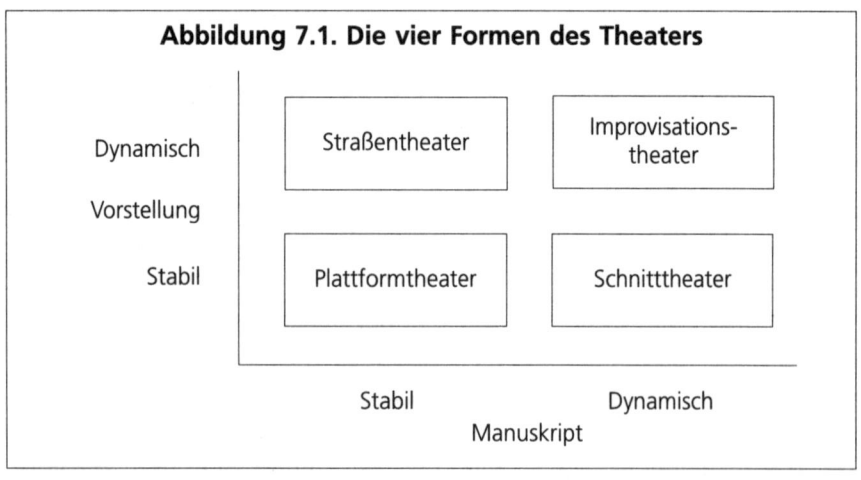

Abbildung 7.1. Die vier Formen des Theaters

Dynamisch	Straßentheater	Improvisations-theater
Vorstellung		
Stabil	Plattformtheater	Schnitttheater

Stabil   Dynamisch
Manuskript

frisch und spontan wirkt. Als sie ihren Auftritt bei der Strategiesitzung plant, analysiert sie alle bisherigen Interaktionen mit den Sitzungsteilnehmern – Telefonate, E-Mails, Korrespondenz und persönliche Gespräche. Dann spielt sie *Schnitttheater*, indem sie diese vielfältigen und teilweise widersprüchlichen Fakten und Ereignisse wie eine Regisseurin oder Cutterin zu einem Ganzen zusammenfügt.

Als sie dann gemeinsam mit Steve versucht, den Händler dazu zu bringen, sich für das Leasing-Erlebnisprogramm zu erwärmen, stellt Linda fest, dass sie in eine Situation geraten ist, die sie nicht steuern kann. Anstatt sich auf ihr Improvisationstalent zu verlassen (zu riskant für diesen Fall), entscheidet sie sich für das *Straßentheater*, wo die Vorstellung aus winzigen Elementen zusammengefügt wird und wo alle möglichen Unterbrechungen oder Einwände in die Vorstellung eingebunden werden. Obwohl fast jede Geste, jedes Wort Routine ist, ist die Reihenfolge nicht geplant, sondern ergibt sich aus der Situation.

Sehen wir uns die verschiedenen Rollen an, die Sie im Beruf möglicherweise spielen müssen. Wie Linda müssen Sie im Voraus entscheiden, welche Form des Theaters in einer bestimmten Situation und vor einem bestimmten Publikum angebracht ist. In Abbildung 7.1 finden Sie die vier Theaterformen – Improvisationstheater, Plattformtheater, Schnitttheater und Straßentheater. Die Matrix stützt sich auf das Inszenierungsmodell von Richard Schechner (Abbildung 6.1), dem zufolge das Theater im Inneren durch das *Manuskript* und im Äußeren durch die *Vorstellung* definiert wird. Das Ausmaß, in dem Darbietung und Manuskript sich für jedes Publikum verändern – ob sie nun dynamisch (ständiger Veränderung unterworfen) oder stabil (kaum veränderlich) sind –, entscheidet darüber, wie der Schauspieler agieren muss. Jede dieser vier Theaterformen stellt daher eine andere Arbeitsmethode dar, einen anderen Ansatz, um eine Abfolge von Ereignissen herbeizuführen, deren Ziel ein wirtschaftliches Produkt ist. Welche der vier Formen verwendet wird, hängt von der Natur des Angebots und davon ab, wie ein Unternehmen seine Kunden (oder ein Schauspieler seine Kollegen) fesselt.

> Sie müssen sich entscheiden, welche Art von Theater Sie spielen möchten

Improvisationstheater

Eine Improvisation erfordert Vorstellungskraft, Kreativität und eine Vorführung mit Neuigkeitswert. Improvisationstheater ist eine spontane, befreiende und nicht zu planende Arbeitsweise, bei der es darum geht, aus etwas Neuem Wert zu schöpfen: etwas zu schaffen, etwas zu erfinden, impulsiv von einer Idee zur anderen zu springen oder einfach frei zu improvisieren. Die dynamische Bewegung des Improvisationstheaters umfasst jedoch mehr als lediglich Akte der freien Assoziation oder ziellose mentale Verknüpfungen, die jeder Struktur oder Routine entbehren. Genau das Gegenteil ist der Fall: Die Improvisation erfordert, dass man systematisch und gezielt vorgeht, um kreative Ideen, frische Ausdrucksformen und neue Methoden zur Behandlung alter Probleme zu entwickeln. Das Manuskript ist hier bestenfalls sehr allgemein schriftlich festgehalten oder kodifiziert und ergibt sich im Wesentlichen aus der Improvisation.

> Im Improvisationstheater findet eine noch nie dagewesene Vorführung statt

Bei der Improvisation nimmt die Darstellung Fehler vorweg, was so weit gehen kann, dass bewusst »Fehlentwicklungen« heraufbeschworen werden, nur um zu sehen, was passiert. Improvisation kommt übrigens auch bei anderen Tätigkeiten zur Anwendung, nämlich dort, wo man auf unvermutet auftretende Fehler reagieren muss. In jedem Fall erfordert die Improvisation eine Reihe erlernter Fähigkeiten (was bedeutet, dass sie auch gelehrt werden können) sowie verschiedene Werkzeuge und Techniken, die scheinbar unzusammenhängende Elemente auf ungewöhnliche Art zu neuen Entdeckungen verknüpfen. Die Methoden des Improvisationstheaters sind in Handbüchern dargestellt und umfassen Gestaltungsmittel wie Kauderwelsch, Pantomime, Masken und Reagieren auf Einwürfe aus dem Publikum. Jede Technik bedient sich bewusster Stimuli, um eine Änderung des Blickwinkels, die Auseinandersetzung mit anderen Möglichkeiten oder die Wahl eines alternativen Ansatzes zu erzwingen. Das alles dient dazu, den Fluss neuer Ideen für das geeignete Vorgehen zu fördern.

Diese Techniken sind nicht neu. Sie wurden schon im 16. Jahrhundert in der italienischen *Commedia dell'arte* eingesetzt. In diesem Straßentheater traten markante, stets maskierte Figuren auf, die dank ihrer charakteristischen Kostüme und ihrer Gestik leicht zu erkennen waren. Die Namen dieser über 400 Jahre alten Charaktere sind auch heute noch bekannt: Pantalone, Columbina, Il Capitano, Scaramouche, Arlecchino (von dem sich das Wort Harlekin ableitet), Pulcinella (die im Englischen der Marionette Punch den Namen lieh), Zanni (der Ursprung des englischen Wortes »zany« – Possenreißer) und so weiter. Die Stücke wurden nicht anhand eines niedergeschriebenen Dialogs, sondern anhand eines *scenario* gespielt, laut John Rudin wörtlich zu übersetzen als »das auf der Szene Befindliche«, also das, was hinter der Bühne angeschlagen war. Das *scenario* war die Zusammenfassung des Stücks, sozusagen das Skelett des Handlungsverlaufs.[3] Ausgehend von diesem grundlegenden Szenario und dem vorgegebenen Charakter der verkörperten Figuren wurden die Dialoge und ein Großteil der Handlung improvisiert.

Wenn man etwas aus dem Stegreif tut, improvisiert man. Und jedes Mal, wenn jemand ohne Vorbereitung oder Probe in eine bestimmte Figur schlüpft – etwa in die eines Autoverkäufers oder eines Verkaufsleiters – oder in einem Verkaufsgespräch die Rolle des guten oder bösen Polizisten übernimmt, spielt er in der Tradition der *Commedia dell'arte*. Viele Verkäufer greifen in komplexen Verkaufssituationen auf solche improvisierten Charaktere zurück. Nehmen wir beispielsweise das vierköpfige, funktionsübergreifende Team einer Reiseagentur – Bob, Carol, Ted und Alice –, das ein Unternehmen zum Outsourcing seiner Reiseaktivitäten bewegen will. Da die Vorbereitungszeit knapp ist, einigen sich die vier rasch auf drei charakteristische Kennzeichen des Angebots, die ihrer Meinung nach über den Erfolg des Verkaufsgesprächs entscheiden werden: Kostensenkung, qualitativ hochwertige Betreuung und Hebung der Arbeitsmoral der Angestellten. Neben der funktionalen Rolle des jeweiligen Teammitglieds – etwa Verkauf, Betriebsabläufe, Finanzen oder Personal – wählt jedes Teammitglied einen bestimmten Charakter, den es in dem Verkaufsgespräch verkörpern wird. Rasch wird ein entsprechendes Szenario ausgearbeitet. Bob spielt den netten Kerl. Er hat immer ein Lächeln auf den Lippen, schenkt Kaffee ein und teilt großzügig Komplimente aus. Ted übernimmt uneingeschränkt die Rolle des Nüchternen. Er ist sparsam mit Worten, schneidet langwierige Gespräche ab und drängt ständig darauf, bei der Sache zu bleiben. Carol und Alice übernehmen die Aufgabe, Anregungen zu geben. Sie

Wenn man etwas aus dem Stegreif macht, improvisiert man

bringen immer wieder neue Alternativen für das Outsourcing-Angebot zur Sprache. So wird in dieser improvisierten Verkaufsvorstellung der ökonomische Nutzen des Vorschlags fesselnd präsentiert.

Die Unternehmen können sich des Improvisationstheaters auch bedienen, wenn sie ihren Kunden völlig neue Angebote unterbreiten müssen, was zum Beispiel von Forschungs- und Entwicklungsgruppen, Architekten oder Grafikern verlangt wird. Und diese Form des Theaters eignet sich für die Bewältigung neuer, unvorhergesehener Situationen, wie sie sich in allen Arbeitsbereichen immer wieder ergeben. Im Improvisationstheater geht es nicht nur um das, was die Menschen tun, sondern auch um das, was sie denken. Beispielsweise hat der Guru des kreativen Denkens, Dr. Edward De Bono, Improvisationsübungen für den Geist entwickelt, die dazu dienen, neue Ideen hervorzubringen.[4] Hinter den Methoden, die De Bono anwendet, um die Gedanken zu bündeln, neue Denkansätze zu provozieren, die Annäherung an und die Formulierung von neuen Ideen zu erleichtern, steht eine klare Struktur. Seine Techniken aktivieren die geistigen Vorgänge zur Strukturierung der kognitiven Improvisationsarbeit. Die kreativ Suchenden werden mit Provokationen konfrontiert und springen von einer Vorstellung zur anderen. In einer Übung empfiehlt De Bono die Verwendung *beliebiger Wörter und Begriffe*, um neue Ideen in Bereichen zu entwickeln, in denen neue Denkansätze benötigt werden. Halten Sie Ausschau nach neuen Ideen zur Auffrischung eines Marketingprogramms? Dann suchen Sie Wörter in beliebigen Quellen, die Sie zufällig zur Hand haben: in einem Wörterbuch, in einer Zeitung oder sogar in einem Kinderbuch. Nun überlegen Sie: Welches Prinzip lässt sich ableiten von ... einer Schildkröte? («Nun, eine Schildkröte streckt den Kopf aus ihrem Panzer ... vielleicht ist unsere Werbekampagne ein Panzer – erst in der letzten Anzeige einer Serie kommt die Botschaft zum Vorschein.») Oder können wir das Ganze mit ... einem Dreirad vergleichen? («Ein Erwachsener, der auf einem Dreirad fährt, sieht verkrümmt aus. Die Zugeständnisse, die der Kunde bei unserer Konkurrenz machen muss, werden ihn ähnlich verkrümmt aussehen lassen, während er mit unserem maßgeschneiderten Produkt eine entspannte Haltung einnehmen kann. Nun verkaufen Sie das!»)

Die Entstehung der Erlebniswirtschaft geht nicht zufällig mit einem wachsenden Interesse am kreativen Denken einher. Sie macht auch bessere Improvisationsfähigkeiten am Arbeitsplatz erforderlich, insbesondere an Arbeitsplätzen in neuen Bereichen.[5] Ein Beispiel ist das *Home Shopping Network (HSN)*, wo Verkäufer eine Fülle von Techniken anwenden, die direkt aus dem Improvisationstheater stammen. Ihre Auf- und Abtritte sind sicher und klar definiert. Sie setzen visuelle Hilfsmittel ein. Und sie ergänzen sich in ihrer Vorführung mit den anderen Mitgliedern des Verkaufsteams (oder, um in der Sprache des Improvisationstheaters zu bleiben, des Verkaufs*ensembles*). Auch wird beim *Home Shopping Network* auf die Stimmbildung geachtet: Die Mitarbeiter müssen lernen, den richtigen Tonfall zu wählen, die Lautstärke anzupassen, das Tempo zu variieren, die richtige Betonung zu finden und auf den Rhythmus zu achten, alles Techniken, die in Improvisationskursen gelehrt werden. Wie kommt es, dass die Vertreter von *HSN* so gut sind? Weil sie wissen, dass sie vor Publikum spielen. Dessen müssen sich alle Arbeitskräfte bewusst werden, die mit Situationen konfrontiert sind, die verbesserte Improvisationsfähigkeiten verlangen.

Heute werden die oben beschriebenen Fähigkeiten im Vornhinein von Mitarbeitern verlangt, die viel telefonieren müssen. Hier können wir einiges vom Radio lernen, das einst wesentliche Anleihen beim Theater nahm. Bevor sich nach dem Zweiten Weltkrieg das Fernsehen durchsetzte, scharten sich zahllose Menschen um die Radioapparate, um ihren Lieblingsschauspielern zuzu*hören*. Obwohl sie die Darsteller nicht sehen konnten, empfanden sie die Vorstellung als fesselnd. Selbst heute, da das Fernsehen allgegenwärtig ist, stellt das Radio immer noch eine wichtige Bühne dar. Denken Sie nur an die beliebten Sendungen von Don Imus, Rush Limbaugh, Howard Stern und vielen Lokalmatadoren, die für ihre Hörerschaft faszinierende Charaktere entstehen lassen und verkörpern. Die Darsteller im Radio stützen sich auf ihre Improvisationskünste, und dies gilt insbesondere für Sendungen, in denen die Darsteller mit anrufenden Zuhörern kommunizieren müssen. Man mag die Gestaltung oder den intellektuellen Gehalt dieser Sendungen in Frage stellen, doch fest steht, dass diese Darsteller Improvisationstheater spielen.

> Eine Telefonleitung ist ungestalteter Raum, der darauf wartet, in eine leere Bühne verwandelt zu werden

191

Dasselbe gilt für jene, die ihr Geld am Telefon verdienen: Eine Telefonleitung ist ungestalteter Raum, der darauf wartet, in eine leere Bühne verwandelt zu werden. Um wie viel wirkungsvoller könnten die Mitarbeiter von Callcentern sein, wenn sie ihre Telefonate so führten, als würden sie Improvisationstheater spielen? Nehmen Sie die unangenehmste Art des Live-Telefonats. Gemeint sind nicht die 0190-Nummern oder die verrückten Hotlines, die in den spätabendlichen Infomercials angepriesen werden – diese gedungenen »Psychologen« wissen auf jeden Fall, dass ihre Arbeit Theater ist. Es geht vielmehr um das Telemarketing. Es gibt wohl keine Art von Telefonanruf, die blasser wirkt. Kaum eine Telefonarbeit könnte mehr von Improvisationstechniken profitieren. Die Manuskripte sollen den Telemarketern helfen, eine größere Zahl von Anrufen zu bewältigen – aber wie oft wecken solche Anrufe tatsächlich das Interesse der potenziellen Kunden? Die meisten Kunden können die vorformulierten Redewendungen der Telemarketer schon nicht mehr hören und hängen rasch auf – eine verständliche Reaktion, denn schließlich hat die Antwort des Kunden kaum Einfluss auf das, was als Nächstes kommt. Eine auf dem Improvisationstheater beruhende Technik für das Telemarketing würde den Mitarbeitern eine echte Chance eröffnen, einen potenziellen Kunden in ein anregendes Gespräch zu verwickeln, da die Antworten dieses Kunden prompt innovative Reaktionen auf einzigartige Bedürfnisse nach sich zögen. An die Stelle des abrupten Gesprächsabbruchs würde die Bitte um eine Wiederholung treten.

Plattformtheater

Die meisten Menschen verbinden mit dem Begriff »Theater« automatisch das Plattformtheater. Der Name deutet auf die klassische Bühne hin, wo die Schauspieler auf einer über das Publikum erhobenen Plattform spielten. Das Publikum wurde durch einen Proszeniumsbogen zusätzlich von der Vorführung ferngehalten (dieser Bogen sah aus wie ein großer Bilderrahmen, der zwischen den Akten oft von einem Vorhang verdeckt war).[6] Im Plattformtheater halten sich die Schauspieler an ein formelles Manuskript.[7] Im Geschäftsleben haben diese Manuskripte oft die Form von Vortragsentwürfen, Programmiercodes oder standardisierten Verfahrensanweisungen. Ein Manuskript kann alles sein, was Arbeit so kodifiziert, dass aus Abläufen wie dem Produktionsprozess einer Fabrik Wert entsteht. Die Plattformarbeit, linear und fixiert, fließt sequenziell und gestattet nur wenige Abweichungen von den geplanten Schritten oder dem vorbereiteten Manuskript. Plattformdarsteller versuchen, die gesamte Vorführung mittels Proben zu stabilisieren, und wenden den besten Ansatz immer wieder an. Ganz gleich, welche Aufführung man sieht – der dargebotene Text bleibt stets derselbe.

Eine derartige Stabilität kann von Vorteil sein, ob sie nun die Form der feststehenden Routine des Computerprogrammierers oder des sorgfältig gestalteten Vortrags der Führungskraft annimmt, die vor Vorstandsmitgliedern, Investoren, Verkäufern oder Mitarbeitern sprechen muss. Das ist der Grund dafür, dass es eine solche Fülle von Methoden gibt, die der Wirtschaft helfen sollen, IT-Lösungen zu entwickeln und Prozesse zu stabilisieren, und dass Legionen von Trainern (von denen viele einen künstlerischen Hintergrund haben) bereitstehen, um den Präsentatoren bei der Perfektionierung ihres Auftritts zu helfen. Diese Hilfe bezieht sich vornehmlich auf den Text. Mechanisches Herunterlesen geschriebener Worte ist kein gutes Plattformtheater – es ist nicht einmal schlechte Schauspielkunst! Das *Wall Street Journal* berichtet, dass viele Finanzchefs Schauspielunterricht nehmen, um sich auf die vierteljährliche Diskussion mit den Finanzanalysten vorzubereiten, in der jede Improvisation das Unternehmen in eine gefährliche Situationen bringen könnte.[8]

Beim Plattformtheater müssen die Schauspieler ihren Text proben, ganz gleich, ob sie ihn auswendig aufsagen oder ihn von Karten ablesen. Sie müssen ihn so gut verinnerlichen, dass er ihnen von selbst über die Lippen kommt. Wenn ein Schauspieler seinen Text wirklich kennt, rezitiert er ihn nicht nur, sondern haucht ihm bewusst Leben ein.

Doch es ist gefährlich, zu sehr auf das Plattformtheater zu setzen. Zu viele Unternehmen, insbesondere solche, die in der Massenproduktion tätig sind, zwingen ihre Mitarbeiter, sich an Standardmanuskripte zu halten: In dem vergeblichen Bemühen, die Effizienz zu steigern, lassen sie die Leute immer wieder dieselben Dinge tun und sagen. (Deshalb bringt das Telemarketing den Begriff des »Manuskripts« in Verruf. Denn dort werden keine Improvisations- oder Straßentheatermanuskripte, sondern ausschließlich Plattformtheatermanuskripte verwendet.) Besonders bürokratische Organisationen –

193

Das Plattformtheater lässt kaum Variationen zu

denken Sie nur an das Verkehrsamt oder auch an die Schalter von Fluglinien – stellen strikte Regeln auf, an die sich die Mitarbeiter stets halten müssen, ganz gleich, welche Reaktion den Bedürfnissen des Kunden am besten gerecht würde. Allerdings bietet sich das Plattformtheater dort an, wo Mitarbeiter für Kunden, mit denen sie nicht direkt zu tun haben, Standardaktivitäten ausführen. So kann es für den Mitarbeiter am Drive-in-Schalter eines Fastfood-Restaurants, für den Techniker, der beim Optiker Brillen baut, für den Wartungsarbeiter, der eine abgenutzte Bühne repariert, oder für die Stewardess, die den Fluggästen die Sicherheitsbestimmungen erklärt, die beste Theaterform sein.

Die Techniken des Plattformtheaters eignen sich auch für jene, die sich an ein festgelegtes Manuskript auf Audio- oder Videoaufnahmen halten, etwa an die Anweisungen eines Voice-Mail-Systems. Denken Sie nur an die millionenschwere Audio-Buch-Industrie. Das Audio-Buch, wie wir es kennen, ist erst knapp zehn Jahre alt ist, doch die Verlage bringen mittlerweile Hunderte Titel pro Jahr heraus. Die Verleger rekrutieren über Agenturen, die ausgebildete Sprecher vermitteln, die richtige Besetzung. Die Branche beschäftigt oft Schauspieler vom Broadway und aus Hollywood, um Bestseller und andere Bücher zu vertonen. Rick Harris, Produktionsleiter von *Harper Audio*, erzählt, dass »die Schauspieler, die von der musikalischen Komödie kommen, dieses Medium besonders gut beherrschen, weil sie wissen, wie man Phrasen plastisch wiedergibt und ihnen Farbe verleiht«.

Wenden Sie die Techniken des Plattformtheaters an, wenn die Mitarbeiter keinen direkten Kontakt zu den Kunden haben

Schauspieler, die eine solche Aufgabe übernehmen, »setzen sich mit den Manuskripten wirklich auseinander, bevor sie ins Studio gehen«[9], sagt Jenny Frost, Präsidentin und Leiterin der Audioabteilung von *Bantam Doubleday Dell*. Weitere Tätigkeiten, die eine Stimmausbildung und eine eingehende Beschäftigung mit dem Text erfordern, sind sprechendes Spielzeug, die Host-Tätigkeit in Internet-Chatrooms, und Sprechrollen in CD-ROM-Spielen und Unterrichtsmaterialien.

Aktionärsversammlungen, Zusammenkünfte von Investoren und Fachmessen sind weitere Gelegenheiten, in denen auf das Plattformtheater zurückgegriffen werden kann. Solche Zusammenkünfte werden oft von außenstehenden Unternehmen wie *Caribinier International, PGI* oder *dick clark productions* veranstaltet. Letzteres Unternehmen, eine Gründung von Dick Clark von *American Bandstand*, berechnet für solche Veranstaltungen Honorare zwischen 150 000 und 10 Mio. Dollar. »Früher hatten diese Shows alle dasselbe Format: ein Vortrag, eine Finanzpräsentation mit ein paar Grafiken, und am Schluss kam der Vorsitzende«, erzählt Clark. »Ich wollte das tun, was ich vom Fernsehen her konnte: Das Interesse des Publikums wecken, die Leute unterhalten, und dann die Botschaft des Unternehmens vermitteln.«[10] Im Fall solcher Veranstaltungen wird ein Standardmanuskript adaptiert, um die Plattformveranstaltung durchzuführen.

Schnitttheater

Im Schnitttheater, wie wir es aus Film und Fernsehen kennen, werden Arbeitsergebnisse aus verschiedenen Zeitrahmen zusammengefügt. Das Endprodukt entsteht, indem verschiedene Teile der Arbeit, die zu unterschiedlichen Zeiten und häufig sogar an verschiedenen Orten entstanden sind, zu einem Ganzen zusammengefügt werden. Die Produzenten des Schnitttheaters müssen sich nicht nur mit der Fülle des Materials auseinandersetzen, das »am Boden des Schneideraums herumliegt«, sondern auch mit der Anordnung aller dieser Einzelteilchen, mit der Frage, wie sie miteinander verbunden werden können, um eine einheitliche Vorstellung zu gestalten. Im Showbusiness wird im Allgemeinen vom »Film« oder vom »Jump-Cut« gesprochen, womit die Notwendigkeit gemeint ist, zwischen verschiedenen Einstellungen und Szenen hin- und herzuspringen und die Einzelteile dann zu schneiden und zusammenzufügen.[11] V. L. Pudovkin, der große russische Stummfilmregisseur der zwanziger und dreißiger Jahre, drückte es folgendermaßen aus: »Die Filmkunst beruht auf dem Schnitt.«[12] Auch Unternehmen spielen jedesmal Schnitttheater, wenn sie die Arbeitsergebnisse aus mehreren unterschiedlichen Geschäftsaufführungen miteinander verknüpfen.

Haben Sie je einen Film oder eine Fernsehserie gesehen, in der (1) ein Darsteller auf der Leinwand oder auf dem Bildschirm erscheint, (2) das Bild zu einem anderen Darsteller springt, um dann (3) wieder zu dem ersten Darsteller zurückzukehren, dessen Position, Haltung, Temperament oder sogar Kleidung sich nicht mit jener der ersten Einstellung deckten? Dann haben Sie ein Beispiel für schlechtes Schnitttheater gesehen. Abgesehen davon, dass es nicht in der Lage ist, das Interesse des Publikums zu erregen, bewirkt es allzu oft das genaue Gegenteil, indem es die Aufmerksamkeit darauf lenkt, wie (schlecht) die Arbeit ausgeführt wurde. Dasselbe Potenzial für schlechte Schnittarbeit existiert in vielen Geschäftsprozessen, vor allem dort, wo Massenproduzenten die Arbeit auf funktionale Silos verteilen, vertikale Tätigkeitsbereiche, die oft nicht richtig zusammenpassen. Unternehmen, die mit Geschäftsmodellen der kontinuierlichen Verbesserung (oder der schlanken Produktion) arbeiten, lösen dieses Problem, indem sie mittels Schnitttheater versuchen, die Arbeitsaktivitäten zu einem nahtlosen Prozess zu verschmelzen.

> Das Schnitttheater fügt die einzelnen Teile der Arbeit zu einem in sich geschlossenen Ganzen zusammen

Während der Regisseur im Schnitttheater wie jener im Plattformtheater im Allgemeinen von einem fertig formulierten Manuskript ausgeht, gibt es kaum eine Produktion, bei der sich das Manuskript während des Filmens nicht verändert. Oft macht es sogar eine wesentliche Wandlung durch. Genau genommen finden solche Veränderungen *immer* statt. Warum? Weil das Filmen die Fehler eines Manuskripts zutage fördert. Desgleichen werden dann, wenn ein wirtschaftliches Angebot in Form von Gütern, Dienstleistungen oder Erlebnissen tatsächlich geliefert wird, diejenigen Fehler in den kodifizierten Prozessen offen gelegt, die seiner Herstellung zugrunde liegen. Das heißt, dass sich die Manuskripte im Schnitttheater stets dynamisch entwickeln, manchmal, indem umfassende Korrekturen und Überarbeitungen durchgeführt werden, und manchmal, indem *Echtzeitanpassungen* vorgenommen werden. (Änderungen am Manuskript werden auch im Plattformtheater vorgenommen, allerdings nur während des Entwicklungsprozesses, vor Beginn der Produktion. Wie in der Massenproduktion dürfen die Arbeitnehmer im Plattformtheater nicht im Vorübergehen Veränderungen vornehmen.) Und wie bei der kontinuierlichen Verbesserung versuchen alle betroffenen Parteien das qualitativ beste Ergebnis zu erreichen, indem sie ihre Arbeitsaktivitäten ständig verbessern und dadurch Werte schaffen.

Die Mitarbeiter sollten daher immer dann Schnitttheater spielen, wenn es darum geht, die Qualität feststehender Ergebnisse zu verbessern. Gemeint sind Marketingmanager (im Gegensatz zu den von ihnen engagierten Werbeagenturen, die bei der Konzeption neuer Kampagnen Improvisationstechniken anwenden sollten), Schalterpersonal in Fastfood-Restaurants (im Gegensatz zum Küchenpersonal, das eher dem Fach des Plattformtheaters angehört), und Lagerarbeiter im Einzelhandel (im Gegensatz zu den Verkäufern, die ihre Straßentheaterfähigkeiten weiterentwickeln sollten). Und natürlich die Stewardessen, die bei der Begrüßung und Verabschiedung der Passagiere Tausende Male ohne jede Begeisterung dieselben Floskeln wiederholen.

Auf einer höheren Ebene sollte sich ein Unternehmen dann der Techniken des Schnitttheaters bedienen, wenn immer wieder dieselben Kunden mit diesem Unternehmen – oft sogar mit denselben Mitarbeitern – in Kontakt treten. Hier muss *immer wieder geschnitten werden*. Denken Sie an einen Verkäufer, der in regelmäßigen Abständen denselben Kunden besucht. Was sich während eines Besuches ereignet, sollte sowohl zu den Eindrücken, die beim letzten Besuch hinterlassen wurden, als auch zu den Vorgängen bei zukünftigen Besuchen passen. Wenn der Verkäufer dem potenziellen Kunden zum Beispiel den Eindruck vermitteln möchte, professionell, qualifiziert, informiert und hilfreich zu sein, muss er bei *jedem* Besuch einen dieser Eindrücke – und am besten alle – verstärken und darf sie bei *keinem* Besuch abschwächen.

Außerdem muss die Kommunikation, die zwischen den Besuchen stattfindet (sei es telefonisch, per Fax, E-Mail oder schriftlich), auf den Kunden einen harmonischen und einheitlichen Eindruck machen. Um den erwünschten Effekt zu erzielen, darf ein Unternehmen bei keiner Begegnung mit dem Kunden die bisherigen Besuche und Kommunikationsvorgänge außer Acht lassen. Arthur Shaw, der bei *Charles Schwab* den Elektronischen Maklerdienst leitet, drückte es gegenüber *Business Week* so aus: »Die Herausforderung besteht darin, die Branche und das Internet zu einem einzigen, nahtlosen Erlebnis zu verschmelzen.«[13] Genau so ist es. Für jede Gelegenheit, bei der ein Unternehmen – gleich über welche Medien – mit seinen Kunden in Kontakt tritt, sollte ein Manuskript existieren. Dieses Manuskript sollte langsam auf einen dramatischen Höhepunkt zustreben, an dem

Die Manuskripte im Schnitttheater sind stets dynamisch

die jeweiligen Kommunikationsziele erreicht werden. Schlechte Verkäufer erledigen diese Aufgaben ohne Rücksicht darauf, wie sie über einen längeren Zeitraum hinweg wirken, während gute Verkäufer alle Details sorgfältig aufeinander abstimmen. So werden letzten Endes weniger »Aufnahmen« nötig, und die Arbeit erzeugt eher die erwünschten Eindrücke.

Es bedarf auch einer sorgfältigen Abstimmung, wenn sich *mehrere Mitglieder* derselben Organisation eine Zeit lang mit demselben Kunden auseinander setzen müssen. Eine solche Abstimmung empfiehlt sich zum Beispiel in allen Einzelhandelsbetrieben, dort, wo Verkäufer aus verschiedenen Bereichen oder Geschäftseinheiten denselben Kunden betreuen, und dort, wo mit Auftragsbearbeitung, technischer Unterstützung und Kundendienst betrautes Personal direkt mit den Endbenutzern kommuniziert. Hier wird nicht nur jemand benötigt, der die allgemeine Vorführung leitet; darüber hinaus müssen sich alle Mitarbeiter bewusst sein, wie ihre Arbeit mit der ihrer Kollegen zusammenhängt. Mitarbeiteruniformen, seien es die knappen Outfits der Kellnerinnen in den *Hooter*-Restaurants oder die blauen Anzüge und weißen Hemden der früheren *IBM*-Mitarbeiter, drücken den Wunsch des Managements aus, dem Unternehmen ein einheitliches Erscheinungsbild zu verleihen. Dieselbe Aufmerksamkeit sollte der Szenerie, den Verkaufshilfen, der Gestik und einer Vielzahl anderer Details gewidmet werden, die gemeinsam dazu beitragen, die Interaktion mit dem Unternehmen zu einem einprägsameren Erlebnis zu machen.

Wie wichtig es ist, die einzelnen Mitarbeiter mit einem guten »Schnitt« aufeinander abzustimmen, zeigt sich auch im Teamverkauf, wo die ganze Crew den Kunden am selben Ort und zur selben Zeit trifft. Hier müssen selbst diejenigen, die keine Sprechrolle haben, ihre Darstellung auf jene abstimmen, die etwas »zu sagen haben«. Die physischen Reaktionen müssen nicht nur das verstärken, was ein Kollege (vielleicht der »Star«) sagt und tut, sondern mit derselben Sorgfalt gewählt werden wie der Sprechtext. Es genügt nicht, lediglich dazusitzen und ein beliebiges Verhalten an den Tag zu legen, sondern alle Ensemblemitglieder sollten mit ihrem Auftreten bewusst die Glaubwürdigkeit der Gesamtvorstellung erhöhen: Dabei kann es sich um ein Kopfnicken, einen aufmerksamen Blick oder eine kaum wahrnehmbare Geste handeln, die von einem Entscheidungsträger »auf-

gefangen« werden. Wie in der letzten Szene des Film-
klassikers *Casablanca*, in dem ein Blick und eine Trä-
ne Bände sprechen, kann der endgültige Erfolg eines
Verkaufsbesuchs ebenso gut davon abhängen, was
gesehen, aber nicht gehört wird, wie von den wenigen gesprochenen Worten, die wirklich zählen.

Setzen Sie das Schnitttheater ein, wenn die Darsteller immer wieder mit denselben Kunden interagieren

Schnitttheater zu spielen ist nicht einfach; es erfordert Überlegung und ein sehr bewusstes Vorgehen.
Dabei wird es unter dem Zeitdruck der täglichen
Arbeit oft unmöglich, Szene für Szene durchzuproben, bis das gesamte Spektrum möglicher Vorgehensweisen abgedeckt ist. In der darstellenden Kunst wird den Proben abhängig vom Medium unterschiedlich viel Zeit gewidmet. Auch die Zahl der zulässigen
Wiederholungen schwankt beträchtlich, je nachdem, ob es sich um
eine große Filmproduktion, eine Sitcom, eine Seifenoper oder einen
Werbespot von 30 Sekunden Dauer handelt. Desgleichen wird im
Geschäftsleben unterschiedlich viel Zeit in die Vorbereitung von Meetings investiert, und der Zwang, »auf den ersten Streich« erfolgreich
zu sein, prägt oft die Proben. Trotzdem bleibt der richtige Schnitt der
Schlüssel zum Erfolg. Nicht nur Improvisations- und Plattformtechni-
ken, sondern auch Schnitttechniken können erlernt werden – auch
unter ungünstigen geschäftlichen Bedingungen. Thomas W. Babson
macht aufstrebende Schauspieler mit den Schnittfähigkeiten vertraut,
die für verschiedene Formen des Films benötigt werden. In seinem
Buch *The Actor's Choice: The Transition from Stage to Screen*
beschreibt Babson, wie man den Übergang vom Plattform- zum
Schnitttheater bewältigen kann. Sein »Drei-Ebenen-System«, das körperliche, motivationsbezogene und emotionale Verhaltensweisen in
sechs Bereichen umfasst (Charakter, Beziehungen, Ziel, einleitende
Emotion, Übergänge und das, was er als »Speakout« bezeichnet – was
die Figur denkt, wenn sie nicht spricht), kann nicht nur auf den Sze-
nenaufbau im Film, sondern auch auf jeden Ort angewandt werden,
an dem geschäftliche Vorstellungen stattfinden.

Straßentheater

Die vierte und vielleicht fesselndste Form des Theaters ist das Straßentheater. Historisch betrachtet ist dies die Domäne der Jongleure, Zauberer, Geschichtenerzähler, Puppenspieler, Akrobaten, Clowns und Mimen – all jener Akteure, die ihr Publikum zunächst anlocken, es dann mit ihrem Geschick und ihren Fähigkeiten erstaunen, um es schließlich – das ist oft der schwierigste Teil – dazu zu bewegen, Geld in den Hut zu werfen. Während ihres Studiums an der New York University analysierte Sally Harrison-Pepper die Straßenaufführungen auf dem Washington Square in Lower Manhattan. Sie beschreibt die Quintessenz dieser Theaterform in ihrem Buch *Drawing a Circle in the Square:*

Da der Straßenkünstler auf das Heiligtum eines geschlossenen Theatersaals verzichten muss, in dem der Zuschauersaal abgedunkelt, im Voraus die Plätze zugeteilt sind, der Eintritt bezahlt und für positive Rezensionen gesorgt ist, muss er den städtischen Raum einnehmen und umgestalten; er muss mit dem Verkehr, dem Straßenlärm und den Passanten arbeiten und sie zu Bestandteilen seiner Vorführung machen. Busse rumpeln vorbei; Hubschrauber schwirren über seinem Kopf; Zwischenrufer unterbrechen den Rhythmus der Vorstellung; Regen, Kälte oder auch die Polizei können den Künstler vollends aus dem Konzept bringen. Das rastlose Publikum fließt am Straßenkünstler vorbei und hält bestenfalls ungeduldig inne. Trotzdem gelingt es ihm, den urbanen Raum in einen Theaterort zu verwandeln, indem er die auf Stufen sitzenden Besucher in ein Publikum auf billigen Plätzen verwandelt.[15]

Was für eine perfekte Beschreibung des erfolgreichen Verkäufers. Wenn ein Verkäufer das Büro, die Fabrik oder das Haus eines potenziellen Kunden betritt, hat er keine Kontrolle über das, was er dort vorfinden wird. Er muss den fremden Raum »einnehmen und umgestalten« und ihn dadurch zu einer Bühne machen, auf der er seine Verkaufsvorstellung zur Aufführung bringen kann. Anstatt sich auf die Szenerie einer permanenten Bühne zu stützen, nutzen die besten Verkäufer das, was sie vorfinden, als Verkaufshilfe, indem sie bereits erprobte Elemente in der neuen Situation dynamisch anwenden. Sie lassen sich durch Unterbrechungen nicht aus dem Konzept bringen oder verärgern, sondern verwenden einen Einwurf oder einen Gesichtsausdruck ihres Kunden dazu, die Vorstellung durch Unterbrechungen aufzulockern. Ob sie jonglieren, Zauberkunststücke darbieten, als Clowns auftreten oder etwas verkaufen – Straßenkünstler beweisen ein hohes Maß an Geschick und Können.[16] Wie schaffen sie das? Sie üben, üben, üben.

Straßenkünstler locken die Menschen an, verblüffen sie und bitten sie anschließend um Geld

Was aussieht wie improvisiert, hat der Straßenkünstler in Wahrheit genauso intensiv geprobt wie seine Kollegen im Plattformtheater, wenn nicht intensiver. Allerdings entwickelt sich im Straßentheater jede Vorführung anders. Sie berücksichtigt die Zusammensetzung und das Verhalten des Publikums sowie spezifische »externe« Elemente (wie einen vorbeirasenden Rettungswagen). Und natürlich hängt sie von der gegenwärtigen Stimmung des Künstlers ab. Straßenkünstler müssen das Publikum richtig einschätzen, jene Zuschauer identifizieren, die für die Pointen offen sind, und feststellen, wer wahrscheinlich weniger empfänglich dafür ist (manchmal, wenn sich das »falsche« Publikum versammelt hat, muss eine Vorführung sogar hinausgeschoben werden). Sodann muss jede Unterbrechung in das Spiel eingebaut werden, da ansonsten die Gefahr besteht, dass sich das Publikum abwendet und der Künstler von vorn beginnen muss. Zwar hält sich jeder Straßenkünstler an einen allgemeinen Plan, der sich an vergangenen Erfolgen orientiert, doch er muss abhängig von der Situation aus dem Stegreif entscheiden, welche »Nummern« aus seinem Repertoire er vorführen und welche er auslassen sollte. Das Ergebnis ist eine auf das Publikum abgestimmte einzigartige Vorstellung, die ihren Wert dadurch erhält, dass sie etwas Bekanntes wieder verwendet.

Anders ausgedrückt: Anstatt ihre Vorstellung zu improvisieren, *müssen Straßenkünstler ein Massenprodukt individualisieren.* Bei ihren Arbeitselementen – seien es eine geistreiche Bemerkung, ein bestimmter Routineablauf, ein Verkaufstrick oder eine scheinbar spontane Reaktion auf einen Zwischenruf – handelt es sich um standardisierte Module, die auf dynamische Weise miteinander verbunden werden, um eine nahtlose Vorstellung zu ermöglichen. Jedes Element/Modul stützt sich auf ein stabiles Manuskript, während sich der endgültige Text der Straßenvorstellung aus im Lauf der Vorführung fallenden Entscheidungen ergibt (siehe Abbildung 7.2). Ebenso ergeben sich individualisierte Massenangebote aus den Entscheidungen, die im Verlauf der gestalteten Interaktion fallen.

Das Finale von Straßenvorstellungen ist jedoch immer gleich. Wie Harrison-Pepper schreibt: »Oft zielt das Timing der gesamten Straßenvorstellung auf das abschließende Element – auf die Aufforderung an die Zuseher, Geld zu geben ... Die Straßenkünstler wissen, dass der Zeitpunkt für diese Aufforderung präzise gewählt werden muss, um die größte emotionale Energie eines Publikums in die größtmögliche Zahl von Geldscheinen zu verwandeln.« Denken Sie noch einmal an den persönlichen Verkauf: Wann immer ein Verkäufer aus einem Portfolio verinnerlichter Routineabläufe schöpft, macht er Straßentheater. Der Ablauf der gesamten Vorstellung kulminiert darin, dass der Verkäufer den Kunden zum Kauf auffordert.[17] Er legt das grundlegende Manuskript – so wie die in Abbildung 7.2 beschriebene Abfolge von Einleitung, Hauptpunkten A, B, C und Finale – im Vorhinein fest, passt es jedoch je nach den Bedürfnissen des Publikums laufend an. Möglicherweise arbeitet er ein Routineelement genauer aus, wenn ein potenzieller Kunde besonderes Interesse daran zeigt, verkürzt ein anderes, wenn der Energiepegel im Raum sinkt, oder baut ein nicht vorgesehenes Element ein, wenn er merkt, dass ein Bedürfnis danach besteht. Währenddessen reagiert er auf Einwände und Unterbrechungen (wie Zwischenrufe und Störungen auf der Straße), indem er aus seinem Repertoire erprobter Routineabläufe das richtige Element auswählt.

Es ist bemerkenswert, dass dieses Element des Straßentheaters so wie die Improvisation auf den Techniken beruht, die erstmals in der *Commedia dell'arte* angewandt wurden. Diese fand ja zunächst »auf dem Marktplatz statt, wo eine Menge angelockt, gefesselt und dann unterhalten werden musste, wenn man Geld verdienen wollte«[18]. Im Lauf der Zeit entwickelten die Darsteller in der Commedia großes Geschick im Umgang mit den einzelnen Standardelementen und -tricks (den *lazzi*), von denen viele auch heute noch sofort erkannt werden: Der Arlecchino erzeugt ein unmissverständliches Geräusch, indem er sich auf eine Schweineblase setzt, Zanni zählt Geld nach der Methode »Einen für dich, zwei für mich«, Pierrot zieht El Capitano, der sich gerade setzen will, den Stuhl unter dem Allerwertesten weg,

Arlecchino versucht eine fiktive Fliege zu fangen, die um seinen Kopf schwirrt. Und wann immer eine Vorstellung ins Stocken gerät, kann ein Darsteller einen langen Stock hervorziehen und auf einen Kollegen einprügeln (daher der Ausdruck »Slapstick«).[19] Das waren keine Improvisationen, sondern genau einstudierte, wiederholbare Routineelemente, um deren Zuverlässigkeit man aus früheren Aufführungen wusste und die eingebaut wurden, wann immer es die Situation zu erfordern schien.

Harrison-Pepper berichtet, dass der feuerspeiende Tony Vera, der »König des Washington Square«, seine Vorführungen in den achtziger Jahren immer mit einem *lazzo* begann, der darin bestand, dass er einen großen Kreis auf den Gehsteig zeichnete und rundherum seinen Namen schrieb. So verwandelte er einen leeren Raum in eine Bühne. »Ich muss lediglich in diesen Kreis treten, und schon beginnt sich das Publikum um mich zu scharen«, berichtete er. »Es geschieht von selbst. Es ist Magie.«[20] Um die wachsende Zuschauermenge zu fesseln, ignorierte Vera sie zunächst und konzentrierte sich vollkommen auf die richtige Anordnung seiner zahlreichen Hilfsmittel innerhalb des Kreises. (Auch dies ein altehrwürdiger *lazzo*, der schon in den »Medizinmann«-Shows im Wilden Westen des 19. Jahrhunderts angewandt wurde.) Schließlich »inspizierte« er seine Bühne auf Kehricht und begann, das Innere des Kreises mit einem kleinen Besen zu fegen (ein *lazzo*, den er mit dem Mann teilt, der vor dem Jacobs Field Stadium fegt).

Tony Vera entwickelte seine Vorführungen, indem er im Lauf des Auftritts jene Routineabläufe auswählte, die seiner Einschätzung nach geeignet sein würden, einem bestimmten Publikum das meiste Geld zu entlocken. Die besten Elemente der Vorstellung brachte er immer dar. Das Finale zögerte er zunächst hinaus, um die Erwartung zu stei-

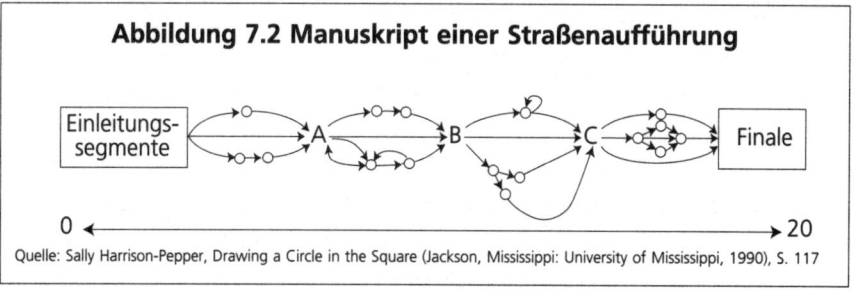

Abbildung 7.2 Manuskript einer Straßenaufführung

Quelle: Sally Harrison-Pepper, Drawing a Circle in the Square (Jackson, Mississippi: University of Mississippi, 1990), S. 117

gern (nicht unähnlich Barbra Streisand mit ihrem Kaugummi), um dann mit einem Standardelement zu schließen, das ungeheuer faszinierend war: Er spie einen drei Meter langen Feuerstrahl aus dem Mund. Und die ganze Zeit über parierte er mit großer Meisterschaft die unvermeidlichen Störungen und Zwischenrufe. Vera hoffte sogar, dass irgendwann während seiner Vorstellung irgendwo eine Feuersirene losheulen würde, weil ihm solche Vorfälle eine Möglichkeit gaben, eine seiner Glanznummern zum Besten zu geben. Ein Straßenkünstlerkollege erzählt:

Ich erinnere mich an ein großartiges Erlebnis. Tony entzündete gerade eine seiner Fackeln, als irgendwo eine Feuersirene losheulte. Er sah auf, drückte die Fackel einem Zuschauer in die Hand – und ging! Er mischte sich unter das Publikum: »Lalala, ich weiß nicht, was da los ist.« Und das Publikum hatte den Eindruck, das sei eine vollkommen spontane Aktion. Dabei bin ich mir sicher, dass das nicht das erste Mal war, dass er sie anwandte. Doch das Timing war einfach perfekt. Eine solche Aufführung ist etwas sehr Fließendes.«[21]

So geht man mit einer Störung um, anstatt sich davon aus dem Konzept bringen zu lassen. Um wie viel mehr sollten wir – unabhängig von unseren beruflichen Aufgaben – fähig und bereit sein, die Fragen, Einwände, Störungen und Unterbrechungen zu parieren, die bei jeder Interaktion mit einem Kunden unweigerlich auftreten?

Die Vorstellung einer Führungskraft vor Finanzanalysten muss reines Plattformtheater sein, und in einem Frage- und Antwortteil darf sich diese Führungskraft nicht auf ihre Improvisationsfähigkeiten verlassen. Stattdessen sollte sie Straßentheater spielen, indem sie mögliche Fragen vorwegnimmt, sich im Voraus perfekte Antworten ausdenkt und dann übt, übt und abermals übt, bis diese einstudierten Antworten wie Stegreifreaktionen wirken. Jeder Darsteller sollte – unabhängig von den Umständen – solche erprobten Elemente parat haben, um jene Möglichkeiten und Chancen nutzen zu können, die sich in seiner Tätigkeit spontan ergeben.

So müssen zum Beispiel Kundendienstmitarbeiter, die hereinkommende Anrufe entgegennehmen, ausgesprochen gute Straßenkünstler sein, um sich in Kunden einzufühlen, die Informationen wünschen, Bestellungen aufgeben oder einfach um Hilfe bei einem Problem bitten.

Manche Unternehmen beschäftigen Trainer, die den Verkäufern beibringen, wie man richtig telefoniert. Einer der besten ist der »Telephone Doctor«, eine von Nancy Friedman aus St. Louis geschaffene Figur. Der gute Doktor lehrt die Kunst des Telefonierens in über 100 Routineszenen, die in einem 16 Kassetten umfassenden Videokurs durchgespielt werden. Einige der Themen sind: »Wie man die Bedürfnisse des Anrufers feststellt«, »Wie man mit wütenden Anrufern umgeht« und »Wie man jeden Anrufer wie einen willkommenen Gast behandelt.« Zu jedem dieser Routinethemen wird ein Text angeboten, den der Verkäufer lernen, einstudieren und bei Bedarf wiedergeben kann.

Die Versicherungsgesellschaft *The Hartford* wendet in ihrem Personal Lines Insurance Center die Methoden des Straßentheaters an, seit sie erkannt hat, dass kein einziger Vertreter imstande war, auf alle möglichen Anrufe von Mitgliedern richtig zu reagieren.[22] Hugh Martin, der ehemalige Leiter des Centers und heutige Präsident von *Affinity Personal Lines,* wandelte die Organisation in ein Ensemble um, dessen Mitgliedern spezifische Rollen zugewiesen wurden: Die Generalisten haben Anrufe aller Art entgegenzunehmen und jene Fragen zu bearbeiten, mit denen sie vertraut sind, und verschiedene Spezialisten sind für bestimmte Themen zuständig, zum Beispiel für die Ansprüche von Witwen oder für die in bestimmten Bundesstaaten geltenden Bestimmungen. Jeder Spezialist verfügt über ein Repertoire von Vorgehensweisen, die sofort angewandt werden, wenn der Generalist erkennt, dass die Bedürfnisse eines Anrufers seine Kenntnisse überschreiten. Im Grunde kann der Generalist auf eine Vielzahl von Stücken zurückgreifen, die er sofort vorführen kann, auch wenn die Vorführung jemand anderer übernimmt. Martin erklärt, dass das Center für jeden Anruf ein »Sofortteam« bildet, wobei »Besetzung auf Anforderung« genauso gut passen würde. Und er meint: »Kein Telefonat ist wie das andere, denn keine zwei Kunden haben exakt dieselben Bedürfnisse. Aber wir können es uns nicht leisten, ständig Antworten nachzuschlagen, und deshalb haben wir ein System eingerichtet, in dem jede Antwort, obwohl sie spontan zu sein scheint, in Wirklichkeit ein vorgefertigtes Routineelement ist, das von jemandem eingesetzt wird, der die richtige Antwort kennt.«

Das Straßentheater kommt auch in der Arbeit aller Hersteller individualisierter Massenprodukte zum Einsatz. Beispiele sind *Andersen Windows, ARAMARK, GNC Live Well, Ross Controls, Paris Miki* und andere, von denen schon an anderer Stelle die Rede war. Ihre Arbeit besteht aus Elementen, die sich aus Modulen von Fähigkeiten zusammensetzen, die eine direkte Begegnung zwischen Darsteller und Publikum ermöglichen. Unternehmen, die sich auf die Individualisierung eines Massenangebots spezialisiert haben, erstellen »Profile« einzelner Mitglieder ihres Publikums, um die Interaktion in Gang zu bringen, und versetzen das Publikum in Erstaunen, indem sie das scheinbar Komplexe einfach erscheinen lassen und ausschließlich exakt jene Elemente enthüllen, die dem Zuschauer vorgeführt werden müssen. Und bevor die Vorführung ihren Höhepunkt erreicht, muss das Publikum warten. So wird die gespannte Erwartung auf das Endprodukt des Straßentheaters gesteigert: das individualisierte Massenangebot.

> Jeder Darsteller muss einstudierte Elemente zur Verfügung haben, die er einsetzen kann, wenn sich eine Gelegenheit dazu bietet

Ein solches Straßentheater [= individualisiertes Massenangebot] kann nicht vorgetäuscht werden. Der Straßenkünstler muss ein hohes Maß an Fachwissen entwickeln, bevor er auch nur versuchen kann, seine Zuschauer [= Kunden] in Erstaunen zu versetzen. Er muss sich auf die Gestaltung seines Repertoires von Nummern [= Modulen] konzentrieren und sich überlegen, wie er sie dynamisch zu einer neuen und packenden Vorführung verknüpfen kann. Vor allem aber muss er sich darauf konzentrieren, sich in die einzigartigen Charakteristika der Menschen, die über seine ansonsten leere Bühne spazieren, einzufühlen und auf diese Charakteristika einzugehen.[23]

Eins nach dem anderen

Die Nummern, die ein Straßenkünstler vorführt, können nicht fertig aus dem Hut gezogen werden (nicht einmal von einem Zauberer). Vielmehr schälen sie sich eine nach der anderen heraus, während der Darsteller seine Techniken methodisch weiterentwickelt, indem er feststellt, welche alten Elemente nicht mehr funktionieren, indem er spontan auf neuartige Störungen reagiert oder indem er sich für ein Routineelement etwas Neues ausdenkt. Da neu gestaltete Routineabläufe noch nie zuvor zum Einsatz gekommen sind, fällt diese Premiere nicht mehr in den Bereich des Straßentheaters, sondern gehört in die Domäne des Improvisationstheaters. Alle neuen Elemente müssen zuerst improvisiert werden, sei es vor einem Publikum oder in einer Probe. Aber nur selten, wenn überhaupt jemals, bringt eine Improvisation ein perfekt geformtes Element hervor. Vielleicht führt auch der zweite Durchgang noch nicht ans Ziel, bildet jedoch die Grundlage für die Entwicklung eines ausgezeichneten Routineelements. Oder eine Idee für ein neues Element erweist sich zwar als falsch, eröffnet aber unvorhergesehene Möglichkeiten. Doch auch dann, wenn er sich über die Schritte und Nuancen im Klaren ist, kann der Künstler die Nummer noch immer nicht vor einem Publikum verwenden. Zuerst muss er üben, üben und abermals üben. Er muss das Element so lange wiederholen, bis er es im Schlaf beherrscht und jederzeit einsetzen kann. Das bedeutet allerdings, dass er nun Plattformtheater spielt. Sodann muss er das Element noch durch Schnitttheater verfeinern und dafür sorgen, dass es immer die richtigen Reaktionen hervorruft. Der letzte Schritt besteht schließlich darin sicherzustellen, dass die neue Nummer zu den vorhergehenden oder darauf folgenden Elementen passt. Erst jetzt

Ein Straßenkünstler kann die einzelnen Nummern seiner Vorstellung nicht fertig aus dem Hut ziehen

kann der Künstler das neue Element nach Belieben abrufen, um den publikumsspezifischen [= kundenspezifischen] Nutzen daraus zu ziehen. Und erst dann kann er sein Repertoire an Straßentheaterelementen erneuern und seine Vorführung um dieses neue Element bereichern.[24]

Dieser Zyklus von Aktivitäten – der vom Straßentheater über das Improvisationstheater zum Plattform- und Schnitttheater und wieder zurück zum Straßentheater führt[25] – versetzt den geübten Straßenkünstler in die Lage, die neu entwickelte Nummer bei Bedarf sofort in die Vorstellung einzubauen. Genau so entwickelte der große Tony Vera neue Elemente für seine nahtlosen, maßgeschneiderten Aufführungen. Gegenüber Harrison-Pepper erklärte er:

»Du arbeitest jeden Tag auf der Straße und entdeckst, was du falsch machst. Und wenn du etwas falsch machst, darfst du es nicht wie-

*derholen. Also probierst du etwas anderes aus. Funktioniert es, so
behältst du es bei. Das tust du so lange, bis dein ganzer Auftritt
passt.«*

*Auf die Frage, was er meine, wenn er sage, etwas »funktioniere«,
antwortete er: »Die Leute lachen, sie unterhalten sich. Ob du gut
warst oder nicht, erfährst du, wenn du am Ende in deinen Hut
schaust. Wenn es nicht funktioniert hat, dann ist einfach weniger
Geld im Hut – und umgekehrt.«*

*Im Grunde gestaltet der Straßenkünstler seine Vorführung also in
einem Prozess von Versuch und Irrtum. Er fügt Elemente hinzu und
entfernt sie wieder, oder er überarbeitet in einem konstanten Prozess, während dessen er oft in Sekundenschnelle reagieren muss, die
Bestandteile einzelner Routineabläufe. Jede Anpassung beruht auf
der Erfahrung, was in der Show »funktioniert«, das heißt, was das
Publikum unterhält und die meisten Einnahmen bringt. Aber Vera
sucht sich seine Elemente nicht nach dem Zufallsprinzip zusammen,
sondern er setzt sich mit der Vorführung in ihrer Gesamtheit auseinander, wobei jede Entscheidung die darauffolgenden Entscheidungen beeinflusst.«*[26]

Diese Prinzipien gelten für alle Straßenkünstler und für alle Unternehmen, die ein individualisiertes Massenangebot verkaufen wollen
– gleichgültig, ob ihre Bühne die Straße einer Stadt oder das
Geschäftstheater ist.

8 Spielen Sie nun Ihre Rolle

Die Aussicht, auf einer Bühne auftreten zu müssen, wird bei so manchem Mitarbeiter verständlicherweise Lampenfieber auslösen: Improvisieren? Einen Text lernen? Mich mit den anderen Ensemblemitgliedern messen? *Lazzi* verwenden? Du meine Güte! Manch einer dürfte sich angesichts einer solchen Herausforderung wie James Stockdale fühlen, jener Politiker, der bei den amerikanischen Präsidentschaftswahlen im Jahr 1992 an der Seite von Ross Perot für das Amt des Vizepräsidenten kandidierte. Er war vielleicht ausreichend qualifiziert, aber gewiss nicht ausreichend vorbereitet, um es mit Gegnern wie Al Gore und Dan Quayle aufzunehmen. Da saß er nun und fragte sich: »Wer bin ich, und warum bin ich hier?« Doch unser Unbehagen bei dem Gedanken, auf einer Bühne auftreten zu müssen, gibt uns keinen Grund, dem Theater jeden Nutzen als Betriebsmodell abzusprechen. Dieses Unbehagen zeigt lediglich, dass wir individuell und als Unternehmen lernen müssen, anders aufzutreten, wenn wir nicht mehr nur Güter und Dienstleistungen anbieten, sondern beginnen, Erlebnisse zu inszenieren.

Wer einen Einmannbetrieb führt – also als Alleinunterhalter auftritt – weiß, was es bedeutet, alle Rollen spielen zu müssen, die in einem Unternehmen besetzt werden. Doch die meisten Unternehmen brauchen eine Vielzahl von Leuten, um all die Tätigkeiten durchzuführen, die erforderlich sind, um etwas zu produzieren. Je größer die Zahl der Mitarbeiter eines Unternehmens, desto wahrscheinlicher ist es, dass irgendein Organisationsmodell – das heißt eine Reihe von expliziten und impliziten Annahmen über die Organisation der Arbeit – Einfluss darauf hat, wie die Dinge getan werden.[1] Diese Annahmen, die von der Unternehmenskultur abhängen, bestehen seit Jahren und beruhen vielfach auf dem Konzept der Massenproduktion, das versucht, alle Aspekte der Arbeit einer einheitlichen Verhaltensnorm unterzuordnen. Einige typische Beispiele dafür sind: Jeder hat einen Titel. Vorgesetzte nehmen Leistungsbeurteilungen vor. Männer tragen im Büro Anzug und Krawatte. – Heute stellen viele Unternehmen diese Praktiken infrage und suchen nach neuen Wegen, um qualifizierte Mitarbeiter anzulocken, zu motivieren und zu halten. In einer wachsenden Zahl von Organisationen werden die Titel, die Leistungsbeurteilung von oben nach unten und die strengen Bekleidungsvorschriften abgeschafft. Diese Unternehmen suchen nach neuen Wegen zur effektiven Nutzung ihres »Humankapitals«.

Für all jene, die Erlebnisse inszenieren möchten, stellt das Theater einen neuen, ungemein nützlichen Bezugsrahmen dar. Das Theatermodell verhindert die falsche Anwendung alter wirtschaftlicher Paradigmen wie »Datenbeschaffung« und »Dienstleistungsfabriken«, welche die Gefahr bergen, dass Arbeitspraktiken beibehalten werden, die den Wettbewerbserfordernissen in der entstehenden Erlebniswirtschaft nicht mehr entsprechen.[2] Wird die Tätigkeit eines Unternehmens auf die Bereitstellung von Dienstleistungen (oder schlimmer noch: auf die Herstellung von Verbrauchsgütern oder die Förderung von Ressourcen) beschränkt, so werden die Zuschauer/Kunden sicher nicht auf einzigartige, unvergessliche Weise angesprochen. Es gibt Zeiten, in denen die Mitglieder eines Unternehmens, vom Unternehmensleiter bis zum Vertreter, ein neues Vokabular brauchen, um die Veränderungen in ihrer Umwelt nachvollziehen und auf sie reagieren zu können. Eine solche Zeit ist jetzt gekommen.

Der Arbeitsplatz als Bühne

Das Darbietungsmodell von Richard Schechner (Abbildung 6.1) können wir zu einem Vorführungsmodell erweitern (Abbildung 8.1). In unserem Modell rücken die Menschen in jeder Vorstellung des Unternehmenstheaters ins Zentrum der Bühne. Sie sind die *Besetzung*. Die Anwendung von Theaterprinzipien auf ein Unternehmen beginnt also mit der Besetzung, dem Prozess, die Schauspieler für bestimmte Rollen auszuwählen. Der Erfolg eines Unternehmens hängt offenkundig davon ab, ob es die richtigen Darsteller für die verschiedenen Rollen auswählt. Die Vorstellung, eine hohe Mitarbeiterfluktuation beruhe auf der Einstellung unter- oder überqualifizierter Bewerber, verdeckt vielfach eine grundlegendere Quelle für die Unzufriedenheit der Angestellten: die *Fehlbesetzung*. In der Absicht, die besten und klügsten Mitarbeiter zu engagieren, werden Darsteller mit Rollen betraut, die nicht ihren Fähigkeiten entsprechen (diesen Fehler beging wohl auch Ross Perot, als er Mr. Stockdale zu seinem Kandidaten für das Amt des amerikanischen Vizepräsidenten machte).

> Ihr Erfolg hängt davon ab, ob es Ihnen gelingt, die richtigen Leute für die verschiedenen Rollen auszuwählen

Um eine Figur gut auf die Bühne zu bringen, müssen die individuellen Fähigkeiten des Schauspielers der Rolle angepasst werden. Um sein Drama [= seine Strategie] wirkungsvoll inszenieren zu können, muss ein Unternehmen über die richtige Besetzung [= die richtigen Mitarbeiter] verfügen, die in der Lage ist, diese Strategie umzusetzen.

Formal handelt es sich bei einer *Rolle* um jenen Part, den ein oder mehrere Mitarbeiter übernehmen. Sie ist in funktionale *Zuständigkeiten* unterteilt, um die Umsetzung des Manuskripts [= der Prozesse] zu erleichtern. Entscheidend für den Erfolg der Aufführung sind darüber hinaus die zahlreichen Aktivitäten, die hinter den Kulissen stattfinden, wobei einige davon (etwa jene der Bühnenbildner, die den entsprechenden Rahmen schaffen) vor der Vorstellung und einige (wie jene des Spielleiters und der Bühnenarbeiter, die für den reibungslosen Ablauf sorgen) während der Vorstellung stattfinden. Obwohl die Begriffe *Schauspieler* und *Rolle* im Allgemeinen nur mit den Personen verbunden werden, die auf der Bühne stehen, umfassen sie alle Mitarbeiter und

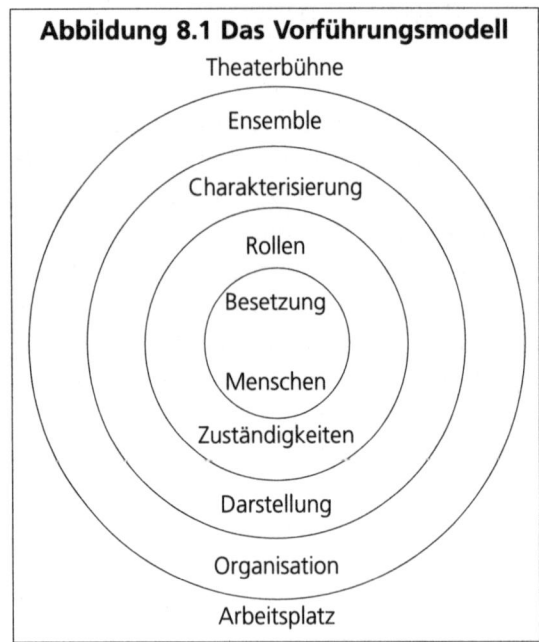

Abbildung 8.1 Das Vorführungsmodell

Theaterbühne

Ensemble

Charakterisierung

Rollen

Besetzung

Menschen

Zuständigkeiten

Darstellung

Organisation

Arbeitsplatz

ihre Zuständigkeiten. Deshalb bezeichnet *Disney alle* Mitarbeiter als Ensemblemitglieder.

Wenn ein Unternehmen es als Aufgabe aller seiner Mitarbeiter betrachtet, ihre jeweiligen Rollen zu spielen, werden diese Rollen zu einem Mittel, um das Unternehmen für die Kunden attraktiver zu machen. Ohne definierte Rollen [= Zuständigkeiten] ist die Arbeit nichts weiter als ein undankbarer Job, der nur erledigt wird, weil er eben erledigt werden muss.

Wie in Kapitel 6 erläutert, ist für die überzeugende Darstellung jeder Rolle eine sorgfältige *Charakterisierung der Figur* notwendig. In einer Figur sind alle Entscheidungen gebündelt, die der Mitarbeiter gefällt hat, um seine Rolle im Theaterstück [= in seiner Arbeit] darzustellen.

Die Menschen übernehmen Rollen, aber sie spielen Figuren

Die Menschen übernehmen eine Rolle, aber sie stellen eine Figur dar. Gillian Drake, Teilzeit-Theaterregisseurin und Schauspiellehrerin für Anwälte, drückt es so aus: »Im Theater ist alles, was das Publikum sieht, das Ergebnis einer Entscheidung. Das geht bis zu den Knöpfen des Kostüms, der Frisur, den Requisiten, der Beleuchtung. Genau das Gleiche gilt für das Rechtswesen.«[3] Die gleichen Entscheidungen, die der Charakterisierung [= Darstellung] zugrunde liegen, faszinieren das Publikum in Branchen wie Rechnungswesen, Bankwesen, Catering, Reinigung, Technik – tatsächlich in jeder Branche.

Wenn Schauspieler ihre Rollen mit Charakter erfüllen, geht die Vorführung [= das Angebot] über eine normale Dienstleistung hinaus. Die individuellen Charakterisierungen der Figuren müssen sich jedoch in die Gesamtvorstellung des *Ensembles* einfügen, die laut dem *Dic-*

tionary of Theatre and Drama Terms der amerikanischen National Textbook Company »jene Art des Schauspiels ist, bei der die Mitwirkenden keine Reihe von Einzeldarstellungen liefern, sondern als Team arbeiten, um eine Gesamtwirkung zu erzielen«[4]. Wie wirkungsvoll die Charakterisierung ist, hängt davon ab, inwieweit es gelingt, die Rolle jedes Mitarbeiters in ein organisiertes Ganzes einzubinden. Ob es sich nun um eine freie Schauspielertruppe, eine konventionellere Theatergruppe, eine Produktionsfirma oder eine Ansammlung von Straßenschauspielern handelt: Dieses Ensemble [= diese Organisation] gibt den einzelnen Darstellern die Freiheit, ihre eigenen Figuren zu gestalten, vorausgesetzt, dass ihre Charakterisierungen positiv zur Gesamtwirkung beitragen. In der amerikanischen Theater- und Filmbranche spricht man von einem »Star turn«, wenn ein Mitglied des Ensembles seine eigenen Interessen über die der Aufführung stellt und den Kollegen »die Schau stiehlt«. In der Wirtschaft bezeichnet man ein solches Verhalten als »politische Spiele«. Große Schauspieler werden zu echten Stars, indem sie sich in der Arbeit mit (nicht gegen) Kollegen nach und nach vielfältige Fähigkeiten aneignen. Sie beobachten die anderen Ensemblemitglieder, hören ihnen zu, bringen ihnen Respekt entgegen und versuchen, sie in ihrer Arbeit zu unterstützen. Dabei verbessern sie ihre eigenen Fähigkeiten und erlangen einen Ruf als Schauspieler. Überlegen Sie, was jemand, der mit einem Star gearbeitet hat, als Erstes gefragt wird: »Wie ist es, mit Jack zu arbeiten?«

> Die Charakterisierung der einzelnen Figuren muss sich in die Darstellung des gesamten Ensembles einfügen

Nicht nur im Showbusiness, sondern in jedem Geschäft sollte auf eine gute Interpretation der Charaktere geachtet werden. Während im Dienstleistungssektor immer mehr Arbeitsplätze automatisiert werden, verlagert sich der Schwerpunkt der zwischenmenschlichen Interaktion in der Wirtschaft auf die Inszenierung von Erlebnissen.[5] Deshalb muss jede Rolle dazu beitragen, eine einzigartige Beziehung zwischen Publikum und Schauspieler herzustellen, die ihren Ausdruck im Erlebnisangebot des Unternehmens findet. Schließlich ergibt sich folgendes Schema:

Die Darsteller [= Mitarbeiter] eines Unternehmens
übernehmen

    Rollen [= Zuständigkeiten],

        indem sie Entscheidungen fällen, um überzeugende

            Charakterisierungen [= Darstellungen]

                zu entwickeln, die eine geschlossene
                Vorführung des

                    Ensembles [= der Organisation]

                      gewährleisten, um die Gäste
                      durch einprägsame Erlebnis-
                      se für sich zu gewinnen.

Diese Struktur bildet die Quintessenz der Tätigkeit jener Unternehmen, die in der Erlebniswirtschaft tätig sind, mit grundlegenden Auswirkungen für die Darsteller auf und hinter der Bühne. Obwohl die Folgen dieser wirtschaftlichen Veränderung für die Unternehmen und ihre Mitarbeiter derzeit noch nicht in ihrer ganzen Tragweite abzuschätzen sind (es dauerte mehr als 100 Jahre, bis klar war, welche gewaltigen Auswirkungen die industrielle Revolution auf die gesamte Gesellschaft hatte), können wir bereits auf die zukünftige Natur der Arbeit in der Erlebniswirtschaft schließen. In Kapitel 6 haben wir erklärt, was es heißt, ein Schauspieler zu werden. Hier beschreiben wir, was es bedeutet, sich in einen Produzenten, Regisseur oder einen der anderen Mitwirkenden (Dramaturg, Bühnentechniker, Spielleiter und Bühnenarbeiter) zu verwandeln, welche die Darsteller auf der Bühne unterstützen. Wir möchten auch die Rolle des Besetzungschefs erläutern, der den Produzenten und Regisseuren hilft, die richtigen Leute für die verschiedenen Rollen auf oder hinter der Bühne zu finden.

Eine anspruchsvolle Rolle

Bei jedem Geschäft haben die *Produzenten* die Aufgabe, das Unternehmen finanziell zu unterstützen, gleichgültig, ob es von einer kleinen Gruppe privater Investoren, von mit Wagniskapital ausgestatteten Unternehmensgründern oder von Managern geführt wird, die Millionen von Aktionären repräsentieren. Sie bestimmen, was das Unternehmen produzieren wird. Werden es aus Rohstoffen gewonnene Massengüter sein? In Massenware verwandelte Verbrauchsgüter und Dienstleistungen? Oder neue Erlebnisse? Niemand außer den Produzenten kann diese Fragen beantworten, denn sie betreffen die grundlegendste Überlegung: *Welche Produktionen wollen wir inszenieren?* Auf diese Frage gibt es keine einfachen Antworten. Produzenten führen Veränderungen herbei, denn die Entwicklung jeder Strategie geht stets damit einher, dass man sich eine Zukunft ausdenkt. Sie wählen das Publikum [= die Kundschaft] aus, dem sie dienen möchten, und entscheiden über die Gestaltung der Bühne [= des Arbeitsplatzes], auf der das Stück vor einem zahlenden Publikum aufgeführt wird.

Produzenten werden ihrer Rolle nicht gerecht, wenn sie nicht definieren, welche Veränderung ihr Unternehmen mit der angebotenen Vorführung bewirken möchte. Leider enthalten zeitgenössische Unternehmensziele vielfach nur nebulöse Vorstellungen davon, was ein Unternehmen erreichen möchte. Zumeist handelt es sich um allgemeine Visionen, die auf jedes Unternehmen zutreffen könnten; sie sind ein magerer Ersatz für genaues Denken. Unternehmensziele, strategische Pläne und Aktionsschritte müssen auf der Einzigartigkeit eines Unternehmens beruhen. Dabei geht es nicht einfach nur darum, sich von seinen Mitbewerbern abzuheben, sondern darum, die *unerforschten* Dimensionen des Unternehmens zu entdecken. Diese Selbsterforschung, ähnlich jener, die von jedem einzelnen Darsteller verlangt wird, eröffnet einem Unternehmen die Chance zur Erneuerung (ebenso wie die Erforschung der Einzigartigkeit der Kunden ein Mittel ist, um deren unausgesprochenen Bedürfnisse zu entdecken). Die Vision eines Produzenten hat nur dann einen Sinn, wenn die Darsteller, die sie umsetzen sollen, wirklich verstehen, wie das Unternehmen das Wesen der Welt

Welche Produktionen wollen Sie inszenieren?

durch seine Arbeit verändern will. Jede Handlung des Ensembles [= der Organisation] muss dem Ziel dienen, eine ganz bestimmte Veränderung zu bewirken.

Zu viele Unternehmen scheinen ihre Zukunft nur passiv zu beobachten, anstatt sich darüber klar zu werden, dass ihr eigenes Verhalten den größten Einfluss auf die Entwicklungen in ihrer Branche sowie auf die Entwicklung und das Ende daraus resultierender wirtschaftlicher Strömungen haben könnte. Nicht irgendein Naturgesetz, sondern die Entscheidungen realer Menschen entscheiden über das Schicksal eines Unternehmens. Gute Produzenten gestalten ihre Zukunft selbst, indem sie *herausfinden, wo sie Hebelwirkungen nutzen können, um sich strategische Vorteile zu sichern.*

Die entstehende Erlebniswirtschaft eröffnet Chancen zur Entwicklung neuer Strategien, die es einem Unternehmen erlauben, sich von Gütern und Dienstleistungen als einziger Gewinnquelle zu lösen. Angesichts der Tatsache, dass Güter und Dienstleistungen mit großer Geschwindigkeit zu Massenwaren degradiert werden, und in Anbetracht der Tatsache, dass eine wachsende Zahl von Kunden nach Erlebnissen sucht, müssen die Produzenten verlangen, dass ihre Führungskräfte die Verantwortung für die Beantwortung einiger Schlüsselfragen übernehmen:

- Sie müssen *erkennen*, wie das Angebot um neue Erlebniselemente bereichert werden kann, um die Nachfrage zu erhöhen und/oder höhere Preise für vorhandene Güter und Dienstleistungen zu verlangen: Wie kann man das gegenwärtige Angebot verbessern, indem man die Sinne anspricht? Welche negativen Hinweise können eliminiert und welche positiven hinzugefügt werden, um die Eindrücke der Kunden besser in ein fesselndes Thema zu integrieren? Wie kann man durch die Individualisierung eines Massenangebots den Sprung auf die nächste Ebene des wirtschaftlichen Werts schaffen?
- Sie müssen *feststellen*, mit welchen Gütern und Dienstleistungen höhere Preise erzielt werden können, weshalb sie als entscheidende Ressourcen für wahre Erlebnisgestalter dienen werden, die Güter als Requisiten und Dienstleistungen als Bühne einsetzen, um neue Erlebnisangebote ihrer potenziellen Kunden zu unterstützen: Wie kann das Unternehmen anderen Unternehmen dabei helfen, die nächste Ebene des wirtschaftlichen Werts zu erklimmen? Können

seine Produkte in Erlebnisse verpackt werden, um den Wert des Erlebnisangebotes eines Kunden zu erhöhen? Können seine Dienstleistungen als Bühne für die vom Kunden inszenierten Erlebnisse genutzt werden?

- Sie müssen die gegenwärtige Praxis *abschaffen,* Erlebniselemente gratis anzubieten, um Güter und Dienstleistungen besser zu verkaufen, sondern diese Elemente vielmehr ausdrücklich als Erlebnisse definieren, die unabhängig in Rechnung gestellt werden können: Was müsste geändert werden, um Eintrittspreise verlangen zu können? Wie könnten die derzeitigen Erlebnisse in den idealen Ort für Unterhaltung, Bildung, Realitätsflucht und ästhetischen Genuss eingebettet werden?

- Sie müssen die Angebote der Konkurrenz *zu Massengütern degradieren,* indem sie völlig neue Erlebnisangebote inszenieren: Wie würden die Führungskräfte die Bühne gestalten, indem sie Erlebnisse in ein Thema einbetten, die Eindrücke mit positiven Hinweisen in Einklang bringen, negative Hinweise eliminieren, Souvenirs hinzufügen und alle fünf Sinne ansprechen? Welche Art des Theaters stellt das Erlebnis, das sie inszenieren möchten, am besten dar?

Diese strategischen Überlegungen stehen am Anfang der Erkundungsarbeit. Gute Produzenten bestehen darauf, dass diese Fragen überzeugend beantwortet werden, bevor sie die finanzielle Verantwortung für die gesamte Produktion übernehmen. Denn die Antworten entscheiden über das Drama [= die Strategie], das vom Ensemble [= von der Organisation] umgesetzt wird.

Ein deutlicher Stempel

Zu den Aufgaben des *Regisseurs* gehört es, das konzeptuelle Material des Dramas [= der Strategie] in die betriebliche Realität zu integrieren.[6] Die Menschen in dieser Position stehen unter enormem Druck, weil die Regisseure für alles verantwortlich sind, was auf der neuen Bühne des Unternehmenstheaters geschieht. Dem Regisseur obliegt es, die Mitwirkenden – Schauspieler, Dramaturgen, Autoren,

Techniker und Bühnenarbeiter – zu koordinieren und die Zustimmung des Produzenten zu wichtigen Entscheidungen einzuholen. Und das ist bei weitem noch nicht alles.

Die Rolle des Regisseurs erfordert *organisatorische* Fähigkeiten: Er muss (gemeinsam mit dem Besetzungschef) geeignete Darsteller auswählen, er muss sicherstellen, dass die Techniker die Bühnenausstattung rechtzeitig fertig stellen, er muss die Kostüme und Requisiten aussuchen, und er muss die täglichen Fortschritte bei den Proben überwachen. Der Regisseur muss den Schauspielern in geregelten Proben und persönlichen Gesprächen bei der Vorbereitung helfen. Er muss sich alleine mit dem Manuskript [= den Prozessen] auseinander setzen und sich ein eigenständiges Bild davon machen, wie all die Aktivitäten am besten koordiniert werden können. Und er muss Zeit mit den Produzenten verbringen und diese über die Fortschritte bei der Realisierung des Dramas [= der Strategie] auf dem Laufenden halten. Es liegt beim Regisseur, ein harmonisches Ganzes zu schaffen.

Damit der Regisseur all diesen Anforderungen gerecht werden kann, muss er zwangsläufig eine autoritäre Position einnehmen. Manchmal muss er den Mitarbeitern sagen, was sie tun sollen. Doch ein guter Regisseur zwingt dem Ensemble nicht seine Launen auf. Stattdessen perfektioniert er eine seltene Kombination von Kooperation und autoritärer Führung. Diese Mischung macht die Kunst der Regieführung aus.

Gute Regie beruht auf der Verschmelzung von Kooperation und Führung

Um Kooperation und Führung erfolgreich zu verschmelzen, braucht der Regisseur bestimmte *Motivations*fähigkeiten. Findet er die richtige Mischung, so kann er die Schauspieler führen, ohne dass sie die Freude an der Erforschung ihrer Rolle verlieren. Die Gestaltung der Figuren ist nur in Zusammenarbeit möglich, wobei sowohl der Regisseur als auch der Schauspieler unterschiedliche und teilweise sogar dogmatische Auffassungen bezüglich der idealen Vorführung beibehalten.

Der Regisseur muss auch über *interpretative* Fähigkeiten verfügen.[7] Welches Bühnenbild sollte aufgebaut werden? Welche Schauspieler sollten eingesetzt werden? Um diese Fragen beantworten zu können, muss die Strategie in geeignete Handlungen umgesetzt werden. Während das eigentliche Angebot von der Idee zur Durchführung fortschreitet, findet diese Interpretation in einem stetigen Fluss von Entscheidungen statt, die im Zuge der Vorbereitungen und Proben gefällt werden: Was wird in die Vorführung aufgenommen beziehungsweise weggelassen, welche Arbeit wird hinter beziehungsweise auf der Bühne getan werden. Diese Entscheidungen stützen sich auf die Einschätzung, welche Handlungen der Strategie am besten entsprechen werden. Um zu einer solchen Erkenntnis zu gelangen, muss sich der Regisseur in die Welt der Konzepte und Prinzipien begeben, welche die Grundlage für interpretative Handlungen darstellen. Um der Vorführung seinen Stempel aufzudrücken, muss der Regisseur lernen, gleichzeitig in 10 000 Meter Höhe zu fliegen und auf dem harten Boden der Realität die Details der Vorführung zu bewältigen.

Letzten Endes braucht der Regisseur auch *erzählerische* Fähigkeiten. Jeder Regisseur möchte eine Aufführung inszenieren, die das Publikum restlos in ihren Bann schlägt. Der ehemalige Hollywood-Drehbuchautor Peter Orton, der heute bei *IBM* Skripte verfasst, erklärt den *IBM*-Direktoren, die er unterrichtet, dass »Geschichten die Aufmerksamkeit erhöhen, Erwartungen wecken, die vermittelte Botschaft einprägsamer machen«. Sie bieten eine Reihe von bekannten »Haken«, die es uns ermöglichen, die Information, die wir daran aufhängen, zu verarbeiten.[8] Im Titel eines Artikels in *Fast Company* wird Orton zitiert: »Jeder Führer erzählt eine Geschichte.«

Das Drama muss in eine Vorführung, die Strategie in ein Angebot verwandelt werden

Um seiner vorrangigen Verpflichtung nachzukommen – nämlich jener, das Drama in eine Vorführung und die Strategie in ein Angebot zu verwandeln –, stützt sich der Regisseur auf verschiedene Mitarbeiter, die vier Rollen spielen. Jede dieser Rollen entspricht einem der vier Elemente (wie in Abbildung 6.1 dargestellt), welche die Inszenierung eines Erlebnisses für das Publikum [= die Kunden] ermöglichen:

- *Dramaturgen* assistieren bei der Gestaltung des Dramas [= der Strategie].

219

- *Drehbuchautoren* helfen bei der Entwicklung des Manuskripts [= der Prozesse].
- *Techniker* unterstützen die Produktion der Theatervorstellung [= der Arbeit].
- *Bühnenarbeiter* koordinieren die betrieblichen Abläufe der Vorführung [= des Angebots].

Jede dieser im Folgenden genauer beschriebenen Rollen erleichtert es dem Regisseur, eine in sich schlüssige Vorstellung zu gestalten.

Dramaturg

Der *Dramaturg* berät den Regisseur in allen Fragen, die das Drama [= die Strategie] betreffen. Die Theaterwissenschaftler David Kahn und Donna Breed erklären dazu: »Der Dramaturg fungiert als Resonanzboden für die Analyse des Regisseurs, indem er Muster, Themen, Bilder, Charakterfunktionen und andere Elemente herausarbeitet, die zum Sinn des Stücks beitragen. Der Dramaturg sollte die Technik der dramatischen Struktur beherrschen und kann dem Regisseur dabei helfen zu erkennen, wie das Stück aufgebaut ist und welche Modelle für die Analyse herangezogen werden könnten.«[9] Im Unternehmenstheater können die interne *Planungsabteilung* oder externe *Strategieberater* diese Rolle übernehmen. In jedem Fall erforscht und analysiert der Dramaturg das wirtschaftliche und/oder Wettbewerbsumfeld, in dem das Unternehmen seine Produktion ansiedeln möchte, und fasst die Ergebnisse seiner Recherchen für den Regisseur zusammen. Ob es dem Dramaturgen gelingt, seine Rolle zu erfüllen, hängt davon ab, ob er in der Lage ist zu erkennen, welche Phänomene auf der Kundenseite die Entscheidungsfindung beeinflussen sollten. Dazu zählen insbesondere Diskontinuitäten in der Branche – etwa das Potenzial des Internets zur Digitalisierung und Direktverbindung –, die zum Vorteil des Unternehmens genutzt werden können.

Im Theater hilft der Dramaturg dabei, in der Vergangenheit geschriebene Stücke für die zeitgenössische Aufführung zu interpretieren. Ebenso müssen bereits vorhandene Strategien für die betriebliche Umsetzung interpretiert werden. Natürlich ist jede Strategie in dem Moment, in dem sie aufgeschrieben wird, bereits veraltet. Der Dramaturg muss nicht die vorhandenen Strategien ändern, um sie den gegenwärtigen Umständen *anzupassen*, sondern alles andere verändern, um die Strategie *in Anbetracht der gegebenen Umstände* realisieren zu können. Um seiner Rolle gerecht zu werden, muss der Dramaturg drei wichtige Regeln befolgen. Erstens muss er das Angebot für das Publikum [= die Kunden] interessant machen. Zweitens muss er gedankliche Klarheit in jene Teile bringen, die schwierig zu interpretieren oder zu charakterisieren sind. Und drittens muss er Szenarien und Optionen für den Regisseur und das Ensemble beschreiben (nicht vorschreiben). Gleichgültig, ob er innerhalb oder außerhalb der Organisation steht: Der Dramaturg darf nicht wie der Produzent oder der Regisseur agieren – das ist nicht seine Aufgabe.

Der Dramaturg muss beschreiben, nicht vorschreiben

Manche Regisseure arbeiten gern sehr eng mit dem Dramaturgen zusammen, andere bevorzugen ein distanzierteres Verhältnis, doch in keinem Fall sollte der Regisseur einen Dramaturgen tolerieren, der in seinen Kompetenzbereich eindringen möchte. Jeder Regisseur, der dem Dramaturgen gestattet, seine Rolle zu übernehmen und die Produktion zu bestimmen, statt für geeignete Einsatzgüter zu sorgen, schwächt seine eigene Autorität. Und dies wird den Darstellern im Ensemble nicht entgehen. Um eine solche Situation zu vermeiden, sollte der Dramaturg nicht versuchen, auf alles eine Antwort zu geben, sondern seine Fachkenntnis einsetzen, um anregende und nützliche Fragen aufzuwerfen.

Letzen Endes verlässt sich der Regisseur auf die Hilfe des Dramaturgen, um die Geschichte zu erzählen, die er sich vorstellt. Bei *3M* drängten die internen Dramaturgen (die Planer und Strategen) die Regisseure (das Linienmanagement der Geschäftseinheiten) unentwegt dazu, ihre strategischen Dramen einer Generalüberholung zu unterziehen und von nach Punkten sortierten Listen zu dem überzugehen, was der *3M*-Spitzenmanager Gordon Shaw als *strategische Erzählungen* bezeichnete: »Planung mittels Erzählungen hat sehr viel mit der traditionellen Art des Geschichtenerzählens zu tun. Wie ein guter Geschichtenerzähler muss der strategische Planer *die Bühne bereiten* – die aktuelle Situation klar und verständlich definieren ... Als nächstes muss er den *dramatischen Konflikt einführen* ... Zuletzt muss die Geschichte eine zufrieden stellende und überzeugende *Auflösung finden*.«[10] Der Unternehmensdramaturg muss die internen strategischen Geschichten erzählen, die dabei helfen, die Vision des Regisseurs von der externen Vorführung zu erfüllen.

Scriptwriter

Der *Drehbuchautor* legt fest, welche Prozesse die endgültige Vorstellung hervorbringen werden.[11] Deshalb muss er sich mit den vier verschiedenen Formen des Theaters und den einzigartigen Kombinationen von Manuskript [= Prozessen] und Vorführung [= Angebot] auseinander setzen, die in Abbildung 7.1 dargestellt sind. Das Improvisationstheater erfordert systematische Techniken, die dem Schauspieler helfen, fantasievolle Antworten auf die Beiträge und Reaktionen des Publikums zu finden. Das Plattformtheater erfordert einen formalen Text. Das Schnittheater beruht auf sorgfältig erstellten und geprüften Zeitplänen, die festlegen, wer was wann zu tun hat. Das Straßentheater stützt sich auf ein großes Repertoire an Nummern, die dynamisch zusammengesetzt werden, um einzigartige Aufführungen zu inszenieren. In jeder dieser Theaterformen bildet das Manuskript [= die Prozesse] der Autoren einen entscheidenden Bestandteil der Vorstellung.

Das Verfassen von Manuskripten hat sich in der Wirtschaft im Gefolge des Total Quality Management (TQM) und der kundenbezogenen Neugestaltung der Betriebsabläufe (Reengineering) durchgesetzt. Es wurde bereits so viel über TQM und Reengineering geschrieben, dass wir hier nur ganz kurz darauf eingehen möchten. Während es bei TQM darum geht, die Prozesse durch eine Abfolge kleiner, stetiger Verbesserungen umzugestalten, besteht das Ziel eines Reengineering darin, durch eine umfassende Neugestaltung der Prozesse schlagartig wesentliche Verbesserungen herbeizuführen. Die Anhänger des Reengineering wiesen zu Recht darauf hin, dass die TQM-Programme dazu neigen, hochwertige Abläufe für Tätigkeiten zu entwickeln, die nicht wirklich notwendig sind. Michael Hammer forderte, dass diese Prozesse »nicht automatisiert, sondern eliminiert« werden sollten.[12] Diese Botschaft fand bei den Produktionsleitern, die mit den Ergebnissen von TQM nicht zufrieden waren, großen Anklang. Die

Kritik war nicht unberechtigt: Zu lange setzten die Unternehmen Informationstechnologien nur ein, um bestehende Betriebsabläufe zu automatisieren, obwohl jede neue Technologie Merkmale aufweist, mit denen die Durchführung der Arbeit ganz neu gestaltet werden könnte.[13] Das Reengineering schlägt zweifellos eine andere Richtung ein, weist jedoch insofern eine Parallele zu TQM auf, als beide die Unternehmensstrategie als gegeben betrachten. Die Befürworter des Reengineering drängten die Unternehmen dazu, *Technologie* und *Prozesse* gleichzeitig zu überdenken, während die eigentliche Aufgabe darin besteht, *Prozesse* und *Strategie* gleichzeitig zu überdenken. Auf diesen Punkt weisen die beiden Strategiegurus Gary Hamel und C. K. Prahalad hin, die darauf drängen, ganze Branchen mittels einer kreativen Gestaltung der Manuskripte neu zu erfinden.[14]

Dank TQM und Reengineering steht den Dehbuchautoren der Unternehmen heute eine Fülle von Techniken zur Prozessverbesserung zur Verfügung. Und nicht zuletzt dank der Arbeit von Hamel und Prahalad verstehen die meisten Unternehmen die Bedeutung, die innovative Prozesse nicht nur für die Gestaltung einer effizienten Produktion, sondern auch für die Entwicklung einfallsreicher Strategien haben. Allzu oft verlassen sich Regisseure (und Produzenten, die sich einmischen) bei der Entwicklung des Dramas [= der Strategie] nur auf ihre Dramaturgen und geben dabei die Kontrolle über das Stück ganz aus der Hand, obwohl Drehbuchautoren ebenso, wenn nicht noch mehr dazu beitragen, kreative Strategien zu entwerfen.

Denken Sie an einige Fälle, in denen neue Prozesse die Formulierung völlig neuer Strategien ermöglichten, die wiederum eine ganze Branche revolutionierten. Noch zu Beginn der achtziger Jahre gingen Kunden, die eine neue Brille brauchten, zu einem Optiker, bei dem sie nach einer Augenuntersuchung aus ein paar Dutzend Brillen auswählen konnten. Der Optiker schickte die Bestellung an eine Zentrale, in der sie ein paar Wochen herumlag, bevor die Techniker schließlich die gewünschten Brillengläser herstellten. Die Gläser wurden an den Optiker zurückgeschickt, der sie anschließend dem Kunden anpassen konnte. Die Gründer von *LensCrafters* – die in ihrem Unternehmen Produzenten, Regisseure und Autoren in einem waren – fanden einen Weg, den Herstellungsprozess für Brillengläser an den Verkaufsort zu verlegen, wo er regelmäßig verbessert wird. Das neue Manuskript [= die neuen Prozesse] verlieh *LensCrafters* einen derart großen Wettbewerbsvorteil, dass dieses Unternehmen das Wesen der ganzen Branche veränderte. Heute beschäftigen Einzelhändler Optiker, die Augenuntersuchungen durchführen und die Brillengläser als individualisiertes Massenprodukt innerhalb einer Stunde anfertigen, während der Kunde andere Einkäufe erledigen kann. *Paris Miki* (mit dem wir schon in Kapitel 5 Bekanntschaft gemacht haben) hat nun die Chance, die Branche erneut zu revolutionieren, und zwar mit einer Prozessinnovation, die es ermöglicht, die besten Brillen für einen bestimmten Kunden auf dem Computerbildschirm darzustellen und dann nicht nur die Gläser, sondern auch das Gestell als individualisiertes Massenprodukt anzufertigen. Die Entwicklung wird zeigen, ob sich diese Methode bewährt.

Ein Anbieter individualisierter Massenprodukte, der mit einem innovativen Manuskript großen Erfolg hatte, ist *Dell Computer*. Statt die Produktion an die Einzelhandelsstandorte zu verlegen, zog *Dell* die Lagerbestände aus dem Einzelhandel ab und begann, PCs auf Bestellung zu bauen. Anfangs geschah dies im Wohnheim der Universität, die Michael Dell damals noch besuchte, später in modernsten Werken in Austin, Texas, und auf der ganzen Welt.

Das Verfassen von Manuskripten für Prozesse ist untrennbar mit der Strategieentwicklung verbunden

Indem *Dell Computer* den Vertrieb umging und direkt mit den Endverbrauchern Kontakt aufnahm, eliminierte das Unternehmen seine *gesamten* Bestände an Fertigwaren. Bis 1998 gelang es *Dell*, seine Vorräte an Bauteilen auf den Bedarf von sieben Tagen zu verringern. Darüber hinaus ist das Unternehmen dank dieses Systems in der Lage, die neueste Technologie schon Monate vor der Konkurrenz in seine Geräte zu integrieren. Und der Cash-Conversion-Zyklus (die Zeit, die zwischen dem Tag liegt, an dem *Dell* seine Lieferanten bezahlt, und dem Tag, an dem es von seinen Kunden bezahlt wird) hat eine Dauer von *minus* acht Tagen![15] Kein Wunder, dass fast alle anderen PC-Hersteller angekündigt haben, die Geräte von nun an ebenfalls auf Bestellung bauen zu wollen.

Andere Unternehmen, in denen das Schreiben von Drehbüchern die Entwicklung ganz neuer Strategien ermöglichte, sind Ministahlwerke wie *Nucor*, *Chaparral Steel* und *Gallatin Steel*, die deutlich geringere Kosten haben und wesentlich flexibler sind als die konventionellen Massenproduzenten. Weitere Beispiele sind *America Online*, das seinen Kunden dabei half, sich mit anderen Menschen im Netz in Verbindung zu setzen, und das britische Unternehmen *Pilkington Brothers*, das eine Reihe von Prozessinnovationen einführte, welche die Produktion von großen Spiegelglasscheiben in einem einzigen integrierten Prozess ermöglichen.[16] Das Verfassen eines Drehbuchs für Prozesse ist ein inhärent kreativer Akt, der untrennbar mit der Strategieentwicklung verbunden sein sollte. Wer könnte sich ein Theaterstück ohne Manuskript vorstellen? Warum entwickeln also so viele Unternehmen ihre Strategien, ohne darüber nachzudenken, wie sich die Prozesse auf das auswirken, was sie anbieten möchten?

Bühnentechniker

Auch verschiedenste *Techniker* tragen dazu bei, die Natur des Angebots eines Unternehmens zu definieren. Die technische Präsentation der Aufführung bestimmt den Kontext oder das Betriebsumfeld des Theaters [= der Arbeit]. Diese Präsentation umfasst im Allgemeinen das Bühnenbild, die Requisiten und die Kostüme. Die genaue Kombination und Präsentation dieser technischen Elemente hängt von der jeweiligen Theaterform und sogar von dem Angebot ab, das sich dieser Form der Vorführung bedient. Verkaufsvertreter haben kaum Einfluss auf das Bühnenbild der Kunden, die sie besuchen. Deshalb hängen ihre Improvisations- oder Straßenvorführungen in hohem Maß von einer Zusammenstellung tragbarer Requisiten sowie von der Fähigkeit der Vertreter ab, alle Requisiten, die zufällig herumliegen (oder vorbeikommen), für ihre Vorstellung zu nutzen. Plattformtheater und Schnitttheater bieten im Allgemeinen bessere Möglichkeiten zur Gestaltung einer geeigneten Bühne für die Vorführung.

Bühnenbildner. Wenn die Theaterbühne [= der Arbeitsplatz] wie beim Plattformtheater unter der Kontrolle des Unternehmens bleibt, konzentrieren sich die Bühnenbildner auf sechs Bereiche, die zusammen die Bühnenausstattung ausmachen: Hinterbühne, Bühne, Zuschauerraum, Vorbühne, Eingangs- und Ausgangsbereich. Nur die Hinterbühne, die den Augen des Publikums [= der Kunden] verborgen bleibt, kann nach rein funktionalen Gesichtspunkten gestaltet werden. In allen anderen Bereichen muss darauf geachtet werden, ob die

Ausstattung das Theater [= die Arbeit] unterstützt. Der Eingangs- und der Ausgangsbereich dürfen nicht übersehen werden, da er das Erlebnis im Bewusstsein und in der Erinnerung der Kunden einleiten und verstärken. Die Bühnenbildner müssen natürlich der Bühne selbst besondere Aufmerksamkeit schenken, aber auch dem Zuschauerraum, in dem sich die Gäste aufhalten, und der Vorbühne, über die das Publikum zur Bühne sieht. So sind zum Beispiel alle Geschäfte in dem kanadischen Einkaufszentrum *Ontario Mills Mall* zu den Gängen hin mit einer einzigartigen Fassade versehen, die stark an eine Vorbühne erinnert und die Gäste zum Eintreten einlädt. Ein breiter Gang, der die Nord- und die Südhälfte des Einkaufszentrum miteinander verbindet, der so genannte *Off Rodeo Drive*, führt in Wirklichkeit durch ein Geschäft (*Bernini's*), das ein geschickter Bühnenbildner so gestaltet hat, dass es wie eine verführerische Passage mit separaten Eingängen auf beiden Seiten wirkt.

Die Bühnengestaltung fällt eindeutig in den Bereich der Architektur, und Erlebnisgestalter müssen – sowohl für die innere als auch für die äußere Darstellung – architektonisches Fachwissen einsetzen, um neue Erlebnisschauplätze zu gestalten. Für diese technische Arbeit gibt es nur drei Regeln: Erstens müssen neben den traditionellen architektonischen Überlegungen auch die Eindrücke berücksichtigt werden, welche die Ausstattung auf die zahlenden Kunden machen wird. Zu den einfachen, aber unerlässlichen Requisiten, die Walt Disney in *Disneyland* verwendete, zählten Bäume, die gerade weil sie so normal und alltäglich sind, die Inszenierung einer glaubwürdigen Fantasiewelt erleichterten. Sein Biograph Bob Thomas schreibt dazu Folgendes: Disney »wollte, dass Bäume einen Teil der Schönheit und der Dramatik von *Disneyland* darstellen, und um diese Rolle spielen zu können, mussten sie groß sein ... Walt wollte, dass jeder Baum zu seiner Spielstätte passt – Ahorn, Platanen und Birken für ›Rivers of America‹; Kiefern und Eichen für ›Frontierland‹ usw. Manchmal lehnte er einen Baum mit dem Kommentar ab: ›Der fällt aus dem Rahmen‹.« Es ist die Aufgabe des Bühnenbildners, sicherzustellen, dass *nichts* aus dem Rahmen fällt – das würde die Einheit der Aufführung stören.

Zweitens müssen bei der Gestaltung alle fünf Sinne berücksichtigt werden, das heißt, es ist auf Schönheit, Geborgenheit, Akustik, Aro-

Der Bühnenbildner sorgt dafür, dass nichts aus dem Rahmen fällt

men und sogar Zugeständnisse beim Essen zu achten. So fand zum Beispiel *GNC* heraus, dass die Kunden zusehen wollten, wie ihre Custom VitaPaks hergestellt wurden – die Entleerung der Speicherbehälter, die durch die Röhre rieselnden Vitamine, das Surren des Druckers und das Geräusch der Perforiermaschine stellten sich als unwiderstehlich heraus. Also holten die Bühnenbildner von *GNC* das Gerät hinter dem Tresen hervor und stellten es in die Auslage, wo es jetzt dazu dient, neue Kunden anzuziehen. In anderen Fällen müssen die Bühnenbildner das richtige Ambiente zur Einbindung der Sinne erst erfinden, wie es das *Rainforest Café* mit seinem Nebel für alle fünf Sinne tat. Das Design für die Sinne muss wie alle anderen Designaspekte in der Summe seiner Bestandteile eine Einheit bilden.

Drittens sollte man sich nicht durch Konventionen einschränken lassen, jedoch immer sich selbst (seinem Thema) treu bleiben. Francis Reid, der jahrelang das Department of Theatre Design an der Central School of Art and Design in London leitete, sagt dazu: »Das Theater hat in seiner Entwicklung einen Punkt erreicht, an dem praktisch alles möglich ist. Einen Punkt, an dem der Stil einer Produktion nicht mehr aus der Tradition abgeleitet sein oder auf der Logik einer neuen Philosophie beruhen muss.. Die einzige Anforderung ist die innere Geschlossenheit der Aufführung... Eine Produktion kann praktisch von jeder Aussage ausgehen, so lange diese Aussage konsequent beibehalten wird.«[18] Im Unternehmenstheater bildet dieser Ausgangspunkt das Thema des Erlebnisses; in Schauspielaufführungen und natürlich auch in der Bühnengestaltung entspringt alles der Manifestation dieses Themas.

Requisiteure. Zusätzlich zu den Bühnenbildnern braucht ein Regisseur oft Techniker, welche die richtige Mischung von Requisiten für das Theater [= die Arbeit] empfehlen. Werden sie klug eingesetzt, so können die Requisiten eine bedeutende Rolle dabei spielen, Kunden positiv einzunehmen. Requisiten können für ästhetische Zwecke (um bestimmte Eindrücke zu erwecken) oder für funktionelle Zwecke (um einem Schauspieler dabei zu helfen, eine bestimmte Aufgabe zu erfüllen) eingesetzt werden, doch auch bei funktionellen Requisiten spielen ästhetische Überlegungen eine Rolle.

Denken Sie wieder an die juristischen Berufe. Der Geschworenenberater Robert Hirschhorn aus Galveston, Texas, rät Anwaltskanzleien, über jeden Gegenstand nachzudenken, der in ihren Aufführungen auftaucht, und zwar nicht nur auf der Bühne, sondern auch im Eingangs- und im Ausgangsbereich. »Sie wissen nie, ob ein Geschworener Sie auf dem Parkplatz beim Einsteigen ins Auto sehen wird«, sagt Hirschhorn, der Anwälten deshalb den Rat gibt, nicht im Luxuswagen, sondern in einem Kombi oder einem schlichten Mittelklasseauto vorzufahren. Handelt es sich hier um Betrügerei oder um ein Zeichen von Gründlichkeit, die sich auch auf den Gerichtssaal erstreckt? Bevor Sie diese Frage beantworten, sollten Sie bedenken, dass Autorequisiten nicht nur für den Anwaltsberuf, sondern für alle Branchen von Bedeutung sind (vielleicht verwenden Sie selbst ein solches Requisit). Bis zum heutigen Tag schreibt ein internationaler Büromaschinenhersteller mit Sitz in Armonk, New York, den Verkaufsvertretern, die für die drei großen Autohersteller in Detroit zuständig sind, vor, nur mit amerikanischen Autos zu Terminen zu fahren. Ein Konsumgüterhersteller mit Sitz in Cincinnati, Ohio, ist in dieser Hinsicht noch radikaler: Seine Vertreter dürfen bei allen Kundenunternehmen in den 50 Bundesstaaten ausschließlich in amerikanischen Autos vorfahren. Bei dem Auto, das ein Unternehmen für sein Verkaufspersonal auswählt, geht es offensichtlich nicht nur darum, mit welchem Fahrzeug die Vertreter am besten von einem Punkt zum anderen kommen. Einige der größten Unternehmen der Welt verwenden Güter im Wert von fünfstelligen Dollarbeträgen als bloße Requisiten für ihr Schnitttheater.

Manchmal ist ein Schauspieler sein eigener Requisiteur. Aktentaschen, Schreibblöcke, sogar die Wahl des Schreibgeräts tragen zur Darstellung bei. Doch wer immer die Requisiten auswählt, darf nicht vergessen, jene zu eliminieren, die sich negativ auswirken könnten. Ein Requisit, das falsch verwendet wird oder schlecht gewählt ist, kann ein Geschäft zu Fall bringen. Wenn Sie in einer Besprechung mit einem potenziellen Kunden sind, sollten Sie sich nicht selbst mitten im Satz unterbrechen, um einen Anruf auf Ihrem Mobiltelefon entgegenzunehmen. Wenn Sie unbedingt abheben müssen, improvisieren Sie und machen Sie die Unterbrechung zu einer Gelegenheit, Punkte zu sammeln. (Und wenn es funktioniert, nehmen Sie es wie Tony Vera in Ihr Repertoire an Showelementen auf.) Schalten Sie vor allem Pager ab. Ein ganzes Verkaufsteam kann einem potenziellen Kunden zur Last fallen, weil der Pager eines einzigen Mitglieds der Truppe enervierende Geräusche von sich gibt.

Auch über das Präsentationsmaterial gibt es einiges zu lernen: Verwenden Sie niemals ein Requisit als Krücke. Voll geschriebene Overheadfolien sind in den meisten Fällen ein schwacher Ersatz für einen Schauspieler, der seinen Text beherrscht (wie Linda in Kapitel 7 mit ihrer Rede im Executive Briefing Center bewiesen hat). Langatmige Präsentationen, die den vereinbarten Zeitrahmen sprengen, sind kein Ersatz für ein sorgfältig verfasstes Manuskript. Erwarten Sie nicht, dass Requisiten – selbst wenn sie gut gemacht sind – Fehler in der Darstellung des Ensembles kaschieren können. Stattdessen sollte der Requisiteur dafür sorgen, dass die Schauspieler Requisiten verwenden, um wichtige Merkmale einer Rolle darzustellen und zu betonen, die ohne diese Werkzeuge nicht inszeniert werden könnten. Im Zweifelsfall sollte der Requisiteur den Schauspielern helfen, ohne oder zumindest mit einer geringeren Zahl von Requisiten auszukommen.

> Verwenden Sie ein Requisit nie als Krücke

Kostümbildner. Techniker, die Erfahrung im Entwurf und in der Auswahl der Kostüme für das Ensemble haben, werden ebenfalls gebraucht. Die Kleidung der Mitarbeiter ist in einigen Branchen schon lange von Bedeutung, besonders in bestimmten Dienstleistungsbranchen: Man nehme nur Piloten und Crews von Fluglinien, Hotelpersonal, Bedienungspersonal in Restaurants, Fahrer von Lieferfirmen, Sicherheitspersonal usw. In den meisten Fällen werden diese Mitarbeiter mit Uniformen ausgestattet, mit Standardkostümen, die von allen Darstellern auf der Bühne getragen werden. Uniformen senden sichtbare Signale an den Kunden, um ihm dabei zu helfen, die Mitglieder eines Unternehmensensembles zu erkennen. Jedermann erkennt sofort einen *UPS*-Fahrer an seinem vertrauten braunen Gewand (ganz zu schweigen von dem braunen Requisit, das er fährt).

Einige Kostümierungsprinzipien können auf fast jede Branche angewandt werden.[20] Erstens sollten *die Kostüme den Rollen zugeordnet werden*, wie es bei den Schauspielern der *Comedia dell'arte* üblich war, die das Publikum sofort an ihren Kostümen und Masken erkennen konnte. Fluglinien verstehen es gut, dieses Theaterelement in ihre Darstellung zu integrieren. Die Mitarbeiter am Check-in-Schalter und am Flugsteig tragen eine Uniform, die Piloten eine andere und das Bodenpersonal wieder eine andere (und bei *British Airways* ziehen die Mitarbeiter, die für Ordnung in den Warteschlangen sorgen, rote Mäntel an, um ihre Rolle zu spielen). Wenn ein Gepäckarbeiter von der Hinterbühne auf die Vorderbühne tritt, erkennt der Zuschauer sofort an den Knieschützern und Ohrstöpseln, welche Rolle er spielt.

Zweitens müssen Kostümbildner *sicherstellen, dass jedes Kostüm eine Botschaft vermittelt, die mit dem Thema des Erlebnisses und der Charakterisierung der Rolle in Einklang steht*, wie es bei der witzigen Kleidung der *Geek Squad* der Fall ist.[21] Das erklärt, warum Fluglinien wie *Southwest* statt der traditionellen Uniformen saloppere Kleidung für ihre Mitarbeiter einführten. Herkömmliche Uniformen vermitteln eine Aura der Autorität, besonders wenn die Kostüme an militärische Motive angelehnt sind. Und was sagen die Polo-Shirts und Turnschuhe von *Southwest* aus? Wir sind eine flotte Truppe! Und bereit, auf dem Weg nach Kalifornien (der vier Zwischenlandungen beinhaltet) mit Ihnen auf und ab zu hüpfen, als wäre es eine Sportveranstaltung. Lassen Sie sich von diesem Beispiel nicht in die Irre führen: Im Design von Uniformen wird nicht nur zwischen formellen und legeren Kostümen unterschieden. Die Flugbegleiter der neuen Billigfluglinie *Go* von *British Airways* tragen bei der Arbeit dunkelgraue Anzüge und limonengrüne oder knallrosa T-Shirts. Barbara Cassani, CEO von *Go*, nennt diesen Look »professionell, aber nicht steif«[22]. Die Kostüme vereinen informelle und formelle Elemente und unterstützen damit auf brillante Art die Bestrebung von *British Airways*, die neue Fluglinie mit niedrigen Preisen und hoher Erlebnisqualität zu betreiben.

Das dritte Kostümprinzip besteht darin, dass Regisseure und Kostümbildner den *Schauspielern gestatten, ihren Kostümen eine persönliche Note zu verleihen* und so die Charakterisierung ihrer Rolle zu vervollständigen, und sei es auch nur mit scheinbar kleinen Details. So hat bei der Restaurantkette *T.G.I. Friday*, einem Unternehmensbereich von *Carlson Companies*, das Bedienungspersonal die Möglichkeit, die rot-weiß gestreiften Standardhemden durch eine Kopfbedeckung eigener Wahl zu ergänzen. Die Mitarbeiter werden sogar ermutigt, Kopfbedeckung und Hemden (plus Gürtel, Socken und Hose) mit Ansteckern mit Slogans und Symbolen aller Art zu schmücken (ausgenommen sind obszöne und blasphemische Anstecker). Dieses einfache Kostümmerkmal trägt wirkungsvoll zu den visuellen und akustischen Eindrücken bei, die ein Abendessen bei *T.G.I. Friday* zu einem Erlebnis machen.

In vielen Unternehmensrollen war die Krawatte früher das einzige Bekleidungsstück, das Männern zur Verfügung stand, um ihrem Kostüm eine persönliche Note zu geben. In den letzten 30 Jahren wurde diese Einschränkung jedoch gelockert, und heute finden wir am Arbeitsplatz eine große Vielfalt von bunten Hemden und modischen Krägen, ganz zu schweigen von den Socken, Schuhen und Gürteln. Selbst die zugeknöpften Leute von *IBM* und *Procter & Gamble* haben ihre Krawatten etwas gelockert. Doch oft fehlt etwas, wenn Unternehmen ihre Bekleidungsvorschriften lockern: Wer koordiniert dann die Kostüme und sorgt dafür, dass sie zu den einzelnen Darstellern und Szenen passen? Ohne formelle Kostümrollen wie jene, die das Team des *East Jefferson General Hospital* im »EJ Look« festlegte, werden solche Erwägungen meist vernachlässigt.

Da es bei Kostümen nicht nur um die Frage formeller/legerer Kleidung geht, gehört zur Auswahl der Kleidung und der Accessoires viel mehr als nur eine flüchtige Studie zum Thema »Dress for Success«. Gefordert sind eine sorgfältige Auswahl der Garderobe, schnelle Kostümwechsel und die Fähigkeit des Schauspielers, das Kostüm einzusetzen, um in seine Rolle zu schlüpfen. Nehmen wir als Beispiel eine Linda (sie wurde in Kapitel 7 vorgestellt) aus dem wirklichen Leben: Rebecca Mark, die den internationalen Geschäftsbereich des Energiegiganten *Enron Corp.* leitet. Mark hat die Einnahmen von *Enron International* von null auf 1,1 Milliarden Dollar gebracht, mit einem Auftragsbestand von 20 Milliarden Dollar in Projekten. Sie trägt oft drei bis vier verschiedene Outfits pro Tag. Sie wechselt das Kostüm für verschiedene Meetings (Aufführungen) an verschiedenen Orten (Bühnen) mit verschiedenen Mitarbeitern (Ensembles) für verschiedene Kunden (Publikum). »Es ist ein bisschen wie im Theater«, gestand sie dem *Forbes* Magazine.[23] Mehr als nur ein bisschen, wenn man den raschen Wandel der Einstellungen berücksichtigt, der mit dem Wechsel von Oberteilen, Jacken, Kleidern, Blusen, Hemden, Röcken, Schuhen und Schmuck einher geht, aus denen sie ihre Kostüme zusammenstellt. Als Star im geschäftlichen Showbusiness hat Mark eine richtige Fangemeinde von Regierungsvertretern in aller Welt, die zum Flughafen strömen, um sie zu treffen, ein Spektakel, das früher Filmstars vorbehalten war und nun auch im Unternehmenstheater aufgeführt wird.

Oder nehmen wir jene Investmentberatung namens *Motley Fools*,

Beim Kostümieren ist das Image alles

die von den Schauspielern und Regisseuren David und Tom Gardner gegründet wurde. Die Kostüme der *Motley*-Mitarbeiter bestehen aus nur einem unüblichen Kleidungsstück, das sie der traditionellen Kleidung eines vertrauenswürdigen Finanziers hinzufügen: einer Narrenkappe. Der ältere Bruder David erklärt die Bedeutung dieser Kopfbedeckung so: »Da draußen tobt ein Krieg um dein Geld. Und je mehr ich mich damit beschäftige, desto mehr wird mir klar, dass die Typen in den Nadelstreifanzügen –, mit all ihren komplizierten Grafiken und Zahlen, die keinen Zusammenhang haben, den du verstehen kannst – nicht auf meiner Seite stehen, und auf deiner Seite auch nicht. Wenn diese Typen wirklich die Weisen sind – und als solche bezeichnen sie sich selbst im Fernsehen und in all den prächtig aufgemachten Wirtschaftsmagazinen –, dann möchten wir die Narren sein.«[24]

Es ist klug von ihnen, sich zu Narren zu machen, und noch klüger, die Bedeutung von Kostümen für die Inszenierung eines Erlebnisses zu erkennen, bei dem die *Motley Fools* im World Wide Web und bei *America Online* Regie führen, mit Gästen, die über 17 Millionen Mal pro Monat zu Besuch kommen. Traditionellen Investmentberatern widerstrebt es vielleicht, sich eine Narrenkappe aufzusetzen, weil sie befürchten, mit den Kellnern im *T.G.I. Friday* in Zusammenhang gebracht zu werden. Nicht so die *Fools*. Die Zeitschrift *Worth* berichtete über die Ankunft von David Gardner bei einer Tagung in Marco Island, Florida: Gardner trug ein flottes blaues Hemd und modische Khakihosen, aber keine Kappe. Als sie ihn sah, rief die Planerin der Veranstaltung höchst alarmiert aus: »Haben Sie die Kappe mit?« Gardner beruhigte sie: »Natürlich! Denken Sie, ich bin ein Hochstapler?«[25] Das ist er keineswegs, sondern nur ein kluger Geschäftsmann, der weiß, wie er seine Rolle spielen muss.

Beim Kostümieren ist das Image alles, ebenso wie bei allen anderen technischen Gestaltungsaspekten. Der Trend zu legerer Arbeitskleidung eröffnet neue Möglichkeiten, um einzigartige Theaterbühnen [= Arbeitsplätze] zu gestalten, auf denen fesselnde Erlebnisse wie eine Verkaufskampagne von *Enron* oder eine Investmentberatung der *Motley Fools* inszeniert werden können. Doch gelockerte Bekleidungsnormen müssen aktiv zu bewusst inszenierten Hinweisen gemacht werden, damit die Lockerung selbst nicht die neue Norm wird und die Rollen nicht durcheinander geraten.

Bühnenarbeiter

Bühnenarbeiter haben eine einfache Aufgabe: Sie müssen dafür sorgen, »dass alle und alles zur richtigen Zeit am richtigen Ort sind. Sie registrieren jede Bewegung, die jemand oder etwas während der Produktion auf der Bühne macht. Sie müssen in einer Krise die Ruhe bewahren, Geduld für erhitzte Gemüter aufbringen und unendlich viel Verständnis für jedermanns Probleme haben.«[26] Die Crew muss die richtigen Bühnenbilder, Requisiten, Kostüme und sogar Schauspieler dorthin schaffen, wo sie gerade gebraucht werden, sodass die Aufführung [= das Angebot] reibungslos abläuft. Letzten Endes sind die Bühnenarbeiter für die Logistik zuständig. Ob nun ein Lagerarbeiter Waren in ein Vertriebszentrum schickt oder ein Zimmermädchen ein Hotelbett macht: Die Bühnenarbeiter müssen in einem vom Drehbuchautor grob skizzierten Prozess unter Verwendung von Hilfsmitteln, die von den Technikern entworfen wurden, die vom Regisseur vorgeschriebenen Ressourcen beschaffen, warten, transportieren und schnell hin- und herbewegen.

> Die Bühnenarbeiter sind für die Logistik zuständig

Um ihrer Rolle gerecht zu werden, müssen die Bühnenarbeiter ungemein effizient sein. Sie müssen sorgfältig auf alle Details achten und dabei nach ihrem eigenen Plan vorgehen – *um zur* Verbesserung der Ergebnisse beizutragen. Ohne diese große Sorgfalt können Bühnenarbeiter ein wunderbar geplantes Stück und eine gut geschriebene Strategie in eine peinliche Vorstellung verwandeln. Doch die Bühnenarbeiter müssen auch darauf achten, die Produktionskosten nicht durch die Verschwendung von Geld, Arbeitskraft oder Zeit in die Höhe zu treiben. Sie müssen entschlossen zupacken und all die Arbeit hinter der Bühne erledigen, die in den meisten Fällen unbemerkt bleibt und nicht entsprechend geschätzt wird.

Der Spielleiter trägt die Verantwortung dafür, dass alles nach Plan verläuft. Auch muss er die Aufführung verfolgen, regelmäßige Berichte verfassen sowie die kurzfristigen Entwicklungen überwachen. Mit Ausnahme vom Straßentheater müssen der Spielleiter und seine Crew überall dokumentieren, dokumentieren, dokumentieren – sie müssen die *Art und Weise* institutionalisieren, wie das Ensemble die Produktion auf die Bühne bringt, so dass die Aufführung wiederholbar wird. Sie müssen messen und wieder messen, messen, denn wie wir alle wissen, kann man nur das steuern, was man misst. Und sie müssen *aus dem Weg gehen*, wenn die Schauspieler die Bühne betreten, spielen und abgehen. Dennoch müssen sie jederzeit verfügbar sein und sofort in Szene treten, wenn etwas schief geht.

Ihre Aufgaben mögen wenig erfreulich erscheinen, doch die Mitglieder des Ensembles sollten verstehen, wie wichtig diese Rollen für die Gesamtvorführung sind. Schließlich sind die Bühnenarbeiter für alle Betriebselemente der Produktion zuständig, für die Instrumente, mit denen die technische Gestaltung den Wert der Vorstellung erhöht. Bühnenbild, Requisiten und Kostüme sind dazu da, den ungeschriebenen Subtext des Schauspielers zum Leben zu erwecken. Die Bühnenarbeiter müssen sicherstellen, dass auf der Bühne alles an seinem Platz ist, damit die Schauspieler dem Publikum diesen Subtext vermitteln können.

Denken Sie daran, wie es die Bühnenarbeiter dem ehemaligen amerikanischen Präsidenten Ronald Reagan ermöglichten, aus dem Subtext Kapital für seine Vorstellungen bei Pressekonferenzen im Weißen Haus zu schlagen. Durch die offenen Türen zum East Room konnten die Anwesenden und die Zuschauer vor den Fernsehgeräten einen Blick auf den großen Manipulator erhaschen, wie er in der Entfernung aus einem Zimmer auftauchte. Dann schritt er entschlossen durch den langen, mit rotem Teppich ausgelegten Gang zur Bühne, wo ein kleiner Sprung ihn auf das Rednerpult beförderte. Julius Fast, ein führender Experte für Körpersprache, sagte über Reagans Darbietung: »Der Subtext wurde vermittelt, bevor er zu sprechen anfing: Energie, Autorität, Mühelosigkeit.«[27] Und als er sprach, lieferten Reagans Haltung und Stil einen unwiderstehlichen Kontext für seine Worte. Seine Wirkung – wie die aller guten Schauspieler – kam nicht darin zum Ausdruck, wie er seinen Text sprach, sondern in dem, was er meinte, als er ihn sagte. Die Vorstellungen von Präsident Reagan wären unmöglich gewesen ohne eine Bühnencrew, die hinter den Kulissen arbeitete, um Kameras in Position zu bringen, Teppiche auszurollen, Türen zu öffnen und Reagan im richtigen Moment das Signal für seinen Auftritt zu geben. Die Mitarbeiter an der vordersten Front – die Darsteller in einer Aufführung – können unmöglich selbst all die Vorbereitungen durchführen, die notwendig sind, damit sie ihre Rolle angemessen spielen können. Kein Schauspieler kann isoliert agieren.

Die Unternehmen müssen lernen,
die Rollen richtig zu besetzten

Um das Vorführungsmodell (Abbildung 8.1) vollständig umzusetzen – das heißt, ein geeignetes Ensemble von Schauspielern, Technikern und Bühnenarbeitern für jede Produktion zusammenzustellen, die von Regisseuren, Dramaturgen und Drehbuchautoren entwickelt wird –, muss der Personalchef zu einem *Besetzungschef* werden. Die Einstellung von Bewerbern für Jobs wird zur Besetzung der Rollen [= Zuständigkeiten] mit geeigneten Darstellern. Und das hat wesentliche Veränderungen in der Personalabteilung zur Folge. Ein Unternehmen, das Erlebnisse inszenieren möchte, muss aufhören, sich bei der Beurteilung potenzieller Mitarbeiter in erster Linie auf Bewerbungsgespräche zu verlassen, und statt dessen damit beginnen, Darsteller für Rollen vorsprechen zu lassen.

Die Wortwahl ist wichtig. Das Vokabular wirkt sich auf das Verhalten aus. Wenn Sie Ihr Angebot als Erlebnis, die Arbeit als Theater und die Bewerbungsgespräche als Vorsprechen bezeichnen, bewirken Sie sicher eine Entwicklung in die richtige Richtung. Doch Vorsicht ist geboten: Die Wahl des richtigen Vokabulars genügt nicht, um eine nachhaltige Verbesserung herbeizuführen. Die Personalabteilungen müssen gemeinsam mit den Produzenten und Regisseuren, für die sie die Darsteller einstellen, regelrechte Vorsprechen inszenieren, denn diese bieten die beste Gelegenheit, um Informationen darüber zu sammeln, wie ein Schauspieler seine Rolle spielen wird.

> Die Personalabteilungen müssen potenzielle Mitarbeiter vorsprechen lassen

Die meisten Informationen, die man in den herkömmlichen Bewerbungsgesprächen sammelt, betreffen den Schauspieler als Individuum. Doch seine darstellerischen Fähigkeiten (und sein Wunsch, die angebotene Rolle zu spielen) treten nur in einem Vorsprechen zutage. Es sollten zwar Informationen gesammelt werden, allerdings nur, um eine Vorauswahl für die Teilnahme am Vorsprechen zu treffen. Leonard Schlesinger, Professor an der Havard Business School, beschreibt, wie das Fastfood-Restaurant, das er früher leitete, das Instrument des Vorsprechens wirkungsvoll einsetzte: »Im Rahmen des Auswahlprozesses bei *Au Bon Pain* müssen alle Bewerber vor der letzten Gesprächsrunde zwei Tage in einem Restaurant arbeiten. In diesem Prozess werden viele Kandidaten ausgesiebt, entweder weil sie selbst das Handtuch werfen oder weil das Management sie aufgrund seiner Beobachtungen in diesen zwei Tagen für ungeeignet hält.«[28]

Bei einem Vorsprechen gilt es daher mehrere Prinzipien zu beachten.[29] Erstens muss ein Unternehmen einen Ort finden, an dem die Simulationen, Rollenspiele und Live-Tests stattfinden können, die zu einem richtigen Vorsprechen gehören. Wenn die Bewerber nicht mehr zu den Gesprächen durch die Büros der Personalbetreuer geschleust werden, müssen andere Schauplätze für das von der Personalabteilung inszenierte interne Erlebnis geschaffen werden. Viele Beratungsfirmen veranstalten bereits Rollenspiele in echten Büros; andere sollten diesem Beispiel folgen. Wenn Sie in der Einkaufsabteilung ein Vorsprechen für die Rolle eines Einkäufers inszenieren, sollten Sie die Kandidaten, die für diesen Anlass ein Büro zur Verfügung haben, mit echten Verkäufern konfrontieren. Wenn Sie einen Probeauftritt für neues Schalterpersonal in einer Bank veranstalten, sollten Sie einen Schalter aufstellen und die Kandidaten Einzahlungen durchführen, Schecks einlösen und Guthaben überprüfen lassen. Wenn Sie Mitarbeiter für Ihr Callcenter suchen, sollten Sie mehrere Telefone aufstellen, um zu prüfen, wie die Bewerber mit Anrufern umgehen. In jedem Fall sollten Sie – vielleicht wie *Au Bon Pain* in Ihrem realen Arbeitsumfeld – einen Ort einrichten, an dem Sie den Darsteller in seiner zukünftigen Rolle beobachten können. Der Kandidat muss nicht das ganze Stück vor großem Publikum spielen, jedoch einige wichtige, aufschlussreiche Szenen für die Leute, die ihn einstellen wollen.

Wenn Sie einen eigenen Ort für das Vorsprechen einrichten, sollten Sie die Ausstattung auf das Wesentliche reduzieren. Verwenden Sie möglichst wenige Requisiten, entfernen Sie Merkmale, die im realen Umfeld der Rolle normalerweise vorhanden sind, und setzen Sie die Zuschauer in die erste Reihe. Da der Schauspieler für seine Darstellung keine Hilfsmittel zur Verfügung hat, wird deutlich, wie er prinzipiell an die Rolle herangeht. Lassen Sie den zukünftigen Einkäufer nicht mit einer Aktentasche voller Notizen auftreten. Entfernen Sie alle Anweisungen, Memos und andere »Spickzettel«, die normalerweise rund um den Computerbildschirm zu finden sind, aus dem Arbeitsbereich des zukünftigen Bankangestellten. Statten Sie das Callcenter mit einem Telefon und einem Bild auf dem Computer aus. Wie Barbra Streisand bewies, kommt es letztlich nicht auf die Requisiten an. Wichtig ist nur, dass die Darstellung der Rolle entspricht. Wenn Sie darauf achten, wie jemand eine Rolle anlegt und wie er in das Ensemble passt, wird Ihnen das Vorsprechen helfen, jene Kandidaten zu finden, die für die einzelnen Rollen am besten geeignet sind.

> Das Vorsprechen ist ein von der Personalabteilung inszeniertes internes Erlebnis

Kein geringerer Erlebnisgestalter als *Disney* verwendet einen solchen speziellen Ort für das Vorsprechen. 1989 baute der bekannte Architekt Robert A. M. Stern, der schon viele Gebäude für *Disney* entworfen hat, ein Casting Center, in dem potenzielle Ensemblemitglieder für neue Rollen vorsprechen. Die kritischen Beobachter von *Project on Disney* beschreiben das Gebäude wie folgt: »Das Casting Center von Stern erzählt eine Geschichte darüber, was es bedeutet, für *Disney* zu arbeiten. Stern selbst sagte, das Gebäude erkläre den Einstellungsprozess bei *Disney* und verleihe ihm eine architektonische Funktion. Indem die potenziellen Mitarbeiter über eine Rampe zwischen bemalten Wänden durchgeschleust werden, die eine Geschichte erzählen, deutet Stern die Wirkung einer Fahrt in *Disney World* an. Durch das Gebäude zu gehen, ist selbst wie eine Fahrt, bei der man das Geheimnis des Parks erfährt: dass alles Illusion ist.«[30] Das Casting Center ist auch der Ort, an dem das Unternehmen beobachtet, wie gut jeder Schauspieler in den Mikrokosmos der großen *Disney*-Fantasien passt.

Unabhängig davon, welches Erlebnis besetzt werden soll, sollten Sie sich nicht auf eine Charakterisierung festlegen, die *Ihrer* Meinung nach zur Rolle passt. Es gibt ein ganzes Universum von Möglichkeiten zur Interpretation einer Rolle, und in dieser frühen Phasen des Auswahlprozesses sollten keine Kandidaten aufgrund einer vorgefassten Meinung aussortiert werden. Akzeptieren Sie die Tatsache, dass vielleicht nicht jeder die Gelegenheit hatte, eine vollständige Charakterisierung [= Darstellung] zu entwickeln (dafür wird nach dem Casting noch Zeit sein). Stellen Sie sich stattdessen vor, ob und wie dieser Darsteller in die Rolle hineinwachsen könnte.

Denken Sie kurz an die Talentsucher beim Baseball, die den großen Vorteil haben, die Spieler in einer Vorstellung zu erleben. Doch selbst unter derart idealen Umständen gilt es, einige Punkte zu beachten. Tony Lucadello, der als einer der besten Talentsucher im Baseball gilt, besuchte auf der Suche nach Spielern für die Major League 50 Jahre lang Highschoolspiele in Ohio, Indiana und Michigan und nahm in dieser Zeit mehr Jugendliche als irgendein anderer Talentsucher unter Vertrag, die es tatsächlich in die erste Liga schafften – insgesamt 50, darunter der unvergessene Mike Schmidt. Lucadello fiel auf, dass es vier verschiedene Grundtypen von Talentsuchern gibt.[31] Da ist zunächst der schlechte Talentsucher, der keine Zeit mit Planung oder Vorbereitung verschwendet, sondern wahllos auf jeden reagiert, der zufällig auf der Bühne steht, statt potenzielle Stars aufzuspüren. Die meisten Leute, die Talente zu beurteilen haben, wissen es besser oder finden sich schnell in einer anderen Branche wieder. Die nächste Art von Talentsucher, der Wählerische, verbeißt sich in eine einzige Schwäche eines Spielers und scheidet ihn trotz bemerkenswerter Stärken aus. Dann ist da jener Typus, dem die überwiegende Mehrheit der Talentsucher angehört: Er fällt sein Urteil ausschließlich auf der Grundlage der einen Vorstellung, in der er den Spieler erlebt. Dieser Ansatz hat den wesentlichen Schwachpunkt, den Umständen, unter denen die Probevorstellung stattfindet, zu große Bedeutung beizumessen. Sich selbst zählte Lucadello zum letzten Typus, den er als den Projektor bezeichnete. Dieser Talentsucher weiß wie alle guten Besetzungschefs, dass die Vorstellung beim Vorsprechen nicht wichtig ist. Der Projektierer fragt, ob der Darsteller die Fähigkeiten besitzt, die notwendig sind, um zu spielen und außergewöhnlich gut zu spielen, wenn er einmal für die Rolle besetzt wurde. Das Vorsprechen hat ausschließlich den Zweck, diese Frage zu beantworten und ein solches Talent auf die zukünftigen Live-Auftritte zu projizieren.

Legen Sie sich nicht auf eine Charakterisierung fest, die Ihrer Meinung nach zur Rolle passt

Wie wählt man also den richtigen Darsteller für eine Rolle aus? Ironischerweise nicht, indem man nach der »idealen« Person sucht, die einer vorgefassten Charakterisierung entspricht. Den richtigen Darsteller findet man, indem man darauf achtet, wer ein Grundtalent und die Fähigkeit zeigt, die richtigen Entscheidungen zu treffen. Wenn Sie das tun, werden Sie die ideale Besetzung finden – so wie Michael Shurtleff Barbra Streisand und Tony Lucadello Mike Schmidt gefunden hat.

Da herkömmliche Bewerbungsgespräche an Bedeutung verlieren, geht es bei der Besetzung in erster Linie darum, nicht dem Kandidaten, sondern sich selbst die richtigen Fragen zu stellen. Zu diesen Fragen zählen die folgenden:

- Wie kommuniziert der Darsteller? Achten Sie insbesondere darauf, wie er zuhört.
- Wie bindet der Darsteller andere ein und wie grenzt er sie aus? Achten Sie darauf, wie er beim Vorsprechen mit den anderen Darstellern in Verbindung tritt und unter welchen Umständen er Unterstützung sucht, gewährt oder vermeidet.
- Was bezweckt er mit der Interaktion? Achten Sie auf Signale, die darauf hinweisen, was den Schauspieler motiviert.
- Wie geht der Darsteller mit unbekannten Situationen und Unterbrechungen um? Achten Sie auf Manifestationen seiner unverfälschten Persönlichkeit, die nur zu sehen sind, wenn er die Kontrolle über die Situation verliert.
- Kann er aufgrund seines Gefühls für Rhythmus und Tempo in Kontakt zum Publikum treten? Sehen Sie sich die Ereignisse beim Vorsprechen an, um die Abfolge, den Fortschritt und die Dauer von besonders flüssigen Aktivitäten zu beobachten.
- Hat er Humor? Was der Darsteller komisch findet und wie er seine eigenen witzigen Einfälle improvisiert, sagt sehr viel über seine Intelligenz und seine Lernfähigkeit aus.
- Beweist der Schauspieler ungewöhnliche Kreativität? Achten Sie auf einzigartige Kombinationen von Entscheidungen, die er während des Vorsprechens gefällt hat (nicht nur auf die Entscheidungen selbst).
- Gibt es irgendwelche positiven Überraschungen? Denken Sie darüber nach, wie gut der Schauspieler mit den Erwartungen des Publikums umgeht.

Gestalten Sie anschließend ein Vorsprechen, in dem Fragen wie diese beantwortet werden. Und vergessen Sie nicht, dass Sie den Kandidaten nicht aufgrund seiner Entscheidungen beim Vorsprechen beurteilen sollten, denn bei einem Vorsprechen bewegt sich der Darsteller stets in einem künstlichen Umfeld. Bewerten Sie stattdessen die Fähigkeit des Schauspielers, Entscheidungen zu fällen, die ihm eine umfassende Charakterisierung [= Darstellungen] seiner Rolle [= Zuständigkeiten] ermöglichen.

Die Endauswahl sollte nicht unmittelbar nach dem Vorsprechen erfolgen. Vereinbaren Sie stattdessen Termine mit jenen Kandidaten, deren Engagement Sie ernsthaft in Erwägung ziehen, denn nun kann ein Gespräch wertvolle Informationen liefern. (Die meisten Personalabteilungen gehen in umgekehrter Reihenfolge vor. Sie führen Gespräche mit allen Bewerbern und lassen nur den einen Kandidaten auftreten, den sie engagiert haben.) Machen Sie sich ein Bild von den allgemeinen Interessen der Kandidaten. Bedenken Sie, dass die Menschen mit der größten Lebenserfahrung die interessantesten Entscheidungen fällen werden, sobald sie für eine Rolle besetzt sind. Und schließlich sollten Sie bei der Besetzung nicht vergessen, dass Sie, wie es ein Regisseur ausgedrückt hat, »Beziehungen besetzen, nicht einzelne Rollen«[32]. Jeder neue Darsteller, wie qualifiziert er für die Rolle auch sein mag, ist nur insoweit geeignet, als sein Beitrag das dynamische Wechselspiel zwischen allen Mitgliedern des Ensembles [= der Organisation] unterstützt.

Abschließend sei noch einmal darauf hingewiesen, dass der Besetzungschef seine eigene Interpretation der Rolle nicht zum Einstellungskriterium erheben sollte. Das ist nicht seine Aufgabe. Vielmehr muss der Besetzungschef den Produzenten und den Regisseur bei der Suche nach solchen Darstellern unterstützen, die wissen, wie sie *ihre* Rolle überzeugend spielen können.

Respekt für die Personen der Handlung

Viele Leute haben die Liste der Mitwirkenden in einem Programmheft oder dem Abspann am Ende eines Kinofilms gesehen, kennen aber vielleicht den Fachausdruck für diese Liste nicht: Personen der Handlung oder Dramatis personae. Im Dictionary of Theatre and Drama Terms der National Theatre Company findet sich folgende Definition dieses Begriffs: »aus dem Lateinischen; die Personen, die in einem Stück auftreten; auch die Liste dieser Personen. Die Liste, die am Anfang eines Manuskripts oder im Programmheft angeführt ist, enthält nur die Namen der Figuren und Schauspieler oder auch eine kurze Beschreibung der Charaktere. Der Begriff wird scherzhaft auch für die Beteiligten an einem Ereignis verwendet.«[33] Der Begriff verdient es, eingehender betrachtet zu werden, und die Praxis, die Personen der Handlung aufzulisten, sollte in der Erlebniswirtschaft breitere Anwendung finden.

Es gibt nur wenige Gelegenheiten, bei denen die Namen der Angestellten eines Unternehmens der Öffentlichkeit in schriftlicher Form zugänglich gemacht werden. In den Jahresberichten werden hochrangige Mitarbeiter aufgelistet. In manchen Dienstleistungsunternehmen tragen die Mitarbeiter Namensschilder, ebenso die Fahrer der Shuttlebusse von Autovermietungen. Auf kleinen Zetteln werden wir darüber informiert, dass die Reinigung unseres Kleidungsstücks von Nummer 7 überprüft wurde, wer immer das auch sein mag. Doch in den meisten Fällen erfahren die Kunden nicht, wer einen Beitrag zu den Gütern oder Dienstleistungen geleistet hat, die ihnen verkauft werden. Warum nicht? Weil die Erwähnung der Personen der Handlung nur bei inszenierten Erlebnissen angebracht ist. Eben deshalb sollten alle Erlebnisgestalter die Mitwirkenden nennen. Natürlich interessieren sich die Gäste nicht unbedingt für den Namen jedes Kostümbildners oder Nebendarstellers, der zur Inszenierung des Erlebnisses beigetragen hat (so wie nur wenige Kinobesucher bis zum Ende des Abspanns auf ihren Plätzen sitzen bleiben). Doch das macht nichts, denn die Liste der Personen der Handlung ist nicht für die Kunden, sondern für die Mitwirkenden bestimmt, und zwar nicht nur für die Stars, sondern auch für all jene, die während der Aufführung keinen Fuß auf die Bühne setzen: für die Beleuchter, die Kulissenschieber und die Toneffektspezialisten, für die Dramaturgen, Drehbuchautoren, Techniker und Bühnenarbeiter (ganz zu schweigen von den Besetzungschefs). Mit der Liste wird ihrer Leistung ebenso Anerkennung gezollt wie jener der Schauspieler, Produzenten und Regisseure, die meist nicht nur die Anerkennung, sondern auch den Ruhm ernten. Die Auflistung der Personen der Handlung bereitet die Bühne für die nächste Produktion, indem sie an die vorhergehende erinnert.

So wie das Unternehmenstheater im Fall solcher althergebrachter

Nur bei inszenierten Erlebnissen lohnt sich eine Erwähnung der Personen der Handlung

Praktiken von der darstellenden Kunst lernen kann, kann auch die Kunst von der Wirtschaft lernen. In ihrem Buch *Standing Room Only: Strategies for Marketing the Performing Arts* ermutigen Philip Kotler, Professor für Marketing an der Kellog Graduate School of Management der Northwestern University, und seine Kollegin Joanne Scheff die »Manager« in der Kunst, sich verstärkt an wirtschaftlichen Prinzipien zu orientieren, um die Kunst am Leben zu erhalten.[34] Sie empfehlen eine Mischung aus einem »kunstorientierten Zugang«, der die Kunst als ungezügelte Ausdrucksform sieht, und einem »marktorientierten Zugang«, der das Kunstbusiness als beinhartes Geschäft betrachtet. Der Konzertpianist und Lehrer David Owen Norris erklärte gegenüber Kotler und Scheff mit Blick auf musikalische Darbietungen: »Wir müssen das Erlebnis für das Publikum relevant machen und seine Erwartungen entweder erfüllen oder durch Überraschungen übertreffen.«[35] Diese Feststellung gilt für *jede* Vorstellung, gleichgültig, wo oder wie sie aufgeführt wird, sei es auf der Theaterbühne oder am Arbeitsplatz.

Die Produktion jener, die auf Bauernhöfen oder in Fabriken ihre Rolle spielen, ist seit jeher das Ergebnis von Theatervorstellungen, erfundenen Welten, die sich klar von anderen Facetten des Alltagslebens unterscheiden. Eine zweistündige Vorstellung von König Lear komprimiert die Zeit ebenso wie die Nachtschicht von *FedEx*. Beide Aufführungen helfen uns, die Welt anders zu sehen – die eine vermutlich mehr als die andere. Aber welche? Heute müssen erfolgreiche Unternehmen in der Lage sein, das Publikum zu fesseln – ebenso wie gute Kunst dies kann. Wer bei dem Wort »Kunde« an nicht anderes denkt als an den Saldo der menschlichen Interaktionen, wird den Sprung auf die nächste Ebene des wirtschaftlichen Werts nicht schaffen.

Die Erlebniswirtschaft holt das Theater aus dem Bereich hinter dem Vorhang hervor. Die Aufführungen großer staatlicher Bühnen, kleiner Regionalbühnen, von Filmstudios und Themenparks werden immer mehr Konkurrenz von unerwarteter Seite bekommen – nicht nur von Spielzentren und inszenierten Naturerlebnissen, sondern auch von Banken, Versicherungsgesellschaften, Fluglinien und Hotels, ja von jeder Straßenecke und jedem Einkaufszentrum. Denn jedes Unternehmen ist eine Bühne.

9 Der Kunde ist das Produkt

Jedes Unternehmen kann sich in eine Bühne verwandeln, auf der wirtschaftlich nutzbare Erlebnisse angeboten werden. Ob sie nun an Verbraucher oder an Firmenkunden verkauft: Die Unternehmen müssen begreifen, dass Güter und Dienstleistungen nicht mehr genug sind. Die Kunden wollen heute etwas erleben. Doch zu welchem Zweck? Erlebnisse können Unterhaltung und Wissen bieten, sie können eine Realitätsflucht und ästhetischen Genuss ermöglichen, doch die Erlebniswirtschaft beruht auf mehr als nur dem Wunsch nach solchen einprägsamen Erfahrungen. Denn nicht alle Erlebnisse sind unterhaltsam, aufschlussreich, zerstreuend oder atemberaubend.

Warum zum Beispiel zahlen Menschen derart viel Geld dafür, in ein Fitnesscenter gehen und ihren Körper schinden zu dürfen? Warum zahlen Menschen 100 Dollar für eine Stunde beim Psychiater, in dessen Praxis sie ihre Seelenqualen erneut durchleben müssen? Warum zahlen Zehntausende Männer den Eintrittspreis für eine Veranstaltung der christlichen Organisation *Promise Keepers*, deren erklärtes Ziel es ist, die Männer umzuerziehen? Und warum kündigen junge Manager ihre gut bezahlten Jobs, um Zehntausende Dollar für die Weiterbildung an einer Wirtschaftsuniversität auszugeben? Es scheint nur eine Antwort auf all diese Fragen zu geben: All diese Menschen suchen nach einem Erlebnis, das sie verändern wird.

Unsere Erlebnisse wirken sich darauf aus, wer wir sind, was wir erreichen können und wie unser weiterer Lebensweg verläuft. Daher werden die Menschen zunehmend von den Unternehmen verlangen, Erlebnisse zu inszenieren, die den Kunden verändern. Die Menschen sind seit jeher auf der Suche nach neuen und aufregenden Erlebnissen, um zu lernen und sich zu entwickeln, um sich zu verbessern und zu erneuern. Da die Welt auf die Erlebniswirtschaft zusteuert, wird vieles von dem, was die Menschen früher in Aktivitäten außerhalb der wirtschaftlichen Sphäre fanden, im Bereich der Wirtschaft angesiedelt werden. Das stellt eine wesentliche Veränderung dar. Es bedeutet, dass wir in Zukunft für vieles bezahlen werden, was wir früher umsonst bekamen.

Dieses Muster lässt sich in vielen Bereichen unserer Kultur beobachten. Überall sehen wir Menschen, die außerhalb ihrer traditionellen Religion nach spirituellem Wachstum suchen. Die Organisation der *Promise Keepers* ist ein Beispiel dafür. Bezeichnend ist auch die wachsende Bedeutung spiritueller Leiter oder »persönlicher Trainer für die Seele«, wie ein Schriftsteller diese Personen nennt.[1] Familien mit Problemen beschränken sich bei ihrer Suche nach Hilfe nicht mehr auf andere Familienmitglieder und Freunde in ihrem religiösen oder sozialen Umfeld. Sie wenden sich auch an Leute, die im Radio Ratschläge erteilen, oder kaufen eines der zahlreichen Bücher und Kassetten mit Rezepten für die Selbstverwirklichung, die heute überall angeboten werden. Im Bereich der Bildung gehen immer mehr Unternehmen dazu über, eigene Ausbildungsstätten zu gründen, weil sie sich nicht mehr darauf verlassen können, dass das öffentliche Bildungswesen qualifizierte Mitarbeiter hervorbringen wird. Immer mehr Eltern schicken ihre Kinder in teure Privatschulen, weil sie befürchten, dass das Niveau in den öffentlichen Schulen zu niedrig ist. Das sich wandelnde Wesen der Arbeit erhöht auch die Nachfrage nach neuen Arten wirtschaftlich nutzbarer Erlebnisse. Der Rückgang der Beschäftigtenzahlen in Landwirtschaft und Industrie hatte auch zur Folge, dass die Zahl der Menschen, die ihr Geld mit harter körperlicher Arbeit verdienen, drastisch sank. Daher bezahlen viele von uns heute dafür, körperlich fit zu werden und zu bleiben. Im Allgemeinen sind es nicht die Metzger und Maurer, sondern die Leute mit Bürojobs, die nach der Arbeit ins Fitnesscenter pilgern.

Doch worum geht es den Menschen bei all diesen Aktivitäten wirklich? Gewiss, sie suchen Erlebnisse. Aber das ist es nicht allein: Die Menschen möchten sich verändern, anders werden. Erlebnisse sind zwar weniger vergänglich als Dienstleistungen, doch viele Menschen, die an einem Erlebnis teilhaben, möchten etwas mitnehmen, das dauerhafter als eine Erinnerung ist, etwas, das über alles hinausgeht, was Güter, Dienstleistungen oder Erlebnisse allein bieten können. Die Person, die Mitglied in einem Fitnesscenter wird, zahlt nicht für die körperliche Anstrengung, sondern für ein langfristiges Trainingsprogramm, das ihr körperliches Wohlbefinden erhöhen wird. Ebenso gehen die Menschen so lange zu ihrem Psychiater, wie sie eine Verbesserung ihrer mentalen oder emotionalen Verfassung erkennen können. Die Leute besuchen teure Fortbildungskurse, weil sie ihren beruflichen und finanziellen Status verbessern wollen. Viele Frauen überreden ihre Männer, an Veranstaltungen der *Promise Keepers* teilzunehmen, weil sie glauben, dass dieses Erlebnis deren Verhalten verändern und sie zu besseren Ehemännern machen wird. Trainingsprogramme, Psychotherapien, Fortbildungskurse und religiöse Exkursionen sind ein Mittel, um etwas zu bekommen, das begehrenswerter und wertvoller ist als das Erlebnis selbst.

> Willkommen beim
> zur Massenware
> degradierten Erlebnis:
> »Da war ich schon,
> das kenn
> ich schon ...«

Sehen wir uns an, was dies beispielsweise für das Gesundheitswesen bedeutet: Ein kranker Mensch möchte mehr als pharmazeutische Produkte, medizinische Dienstleistungen oder sogar ein Krankenhauserlebnis: Er möchte gesund werden. Dasselbe gilt für die Managementberatung: Ein Unternehmen in Schwierigkeiten möchte etwas, das über Informationsgüter, Beratungsdienstleistungen oder sogar ein Lernerlebnis hinausgeht: Es möchte wieder wachsen. Unternehmen messen dem Angebot des wirtschaftlichen Wachstums eindeutig höheren Wert bei als Gütern und Dienstleistungen oder sogar isolierten Erlebnissen, die immer noch die Grundlage der Tätigkeit der Beratungsfirmen darstellen. Schon jetzt sind projektbezogene Methodik (gebundene Ausgaben materieller Güter), Projektteamberater (Managementdienstleistungen vor Ort) und Interventionsprogramme (multidisziplinäre Erlebnisse) wesentlicher günstiger als Angebote wie Vereinbarungen über das Systemoutsourcing, die umfassende Veränderungen versprechen.

Die wirtschaftliche Aktivität entfernt sich immer weiter von Gütern und Dienstleistungen. Doch auch jene Unternehmen, die Erlebnisse anbieten und sich ausschließlich auf deren Inszenierung konzentrieren, ohne die Wirkung dieser Erlebnisse auf die Teilnehmer zu berücksichtigen und ohne die Erlebnisse so zu gestalten, dass sie die gewünschte Veränderung bewirken, werden erleben, wie ihre Erlebnisse zu Massenwaren degradiert werden. Wenn man etwas zum zweiten Mal erlebt, macht es weniger Spaß als beim ersten Mal. Beim dritten Mal wird das Vergnügen noch geringer sein, und schließlich bemerkt man, dass man das Erlebnis nicht mehr annähernd so faszinierend findet wie früher. Willkommen beim zur Massenware degradierten Erlebnis. Am deutlichsten tritt diese Entwicklung in einer Aussage zutage, die in letzter Zeit immer öfter zu hören ist: »Dort war ich schon.«

Kommen wir noch einmal auf den Fortschritt des wirtschaftlichen Werts zurück

Die Erlebnisse stellen nicht den endgültigen Höhepunkt in der Entwicklung der wirtschaftlichen Angebote dar. Die Anbieter von Erlebnissen können der Massengüterfalle auf demselben Weg entrinnen, den wir für alle anderen Angebote beschrieben haben: indem sie ihr Angebot individualisieren. Wenn man ein Erlebnis den Bedürfnissen eines Menschen anpasst – wenn man ihm also exakt das anbietet, was er gerade braucht –, wird man diesen Menschen zwangsläufig *verändern*. (Vielleicht hatten auch Sie einmal ein Erlebnis, das Ihr Leben veränderte.) Indem man ein Erlebnis individualisiert, macht man es automatisch zu einer *Wandlung*. Erlebnisse werden durch Wandlungen erweitert, so wie Dienstleistungen durch Erlebnisse und Güter durch Dienstleistungen erweitert werden. Abbildung 9.1 verdeutlicht, dass die Wandlungen ein eigenständiges wirtschaftliches Angebot darstellen, das fünfte und letzte in der Progression des wirtschaftlichen Wertes. (Eine Wandlung ist das, was der Besucher des Fitnesscenters, der Patient mit psychischen Problemen, der bildungshungrige junge Manager, der Krankenhauspatient und das Unternehmen in Schwierigkeiten eigentlich anstreben.)

Wenn man ein Erlebnis individualisiert, verändert man den Kunden

Abbildung 9.1 Der Fortschritt des wirtschaftlichen Werts einschließlich der letzten Ebene

Durch die Inszenierung einer Reihe von Erlebnissen können Unternehmen besser eine bleibende Wirkung beim Käufer erzielen als mit einem isolierten Erlebnis. Die wiederholte Begegnung mit einem wiederkehrenden Thema bei verschiedenen, aber dennoch einheitlichen Ereignissen bewirkt letzten Endes eine Wandlung. Die mehrfachen Erlebnisse breiten sich auf dem Markt aus und wetteifern um Besucher, und die Unternehmen, die diese Ereignisse inszenieren, werden erkennen, dass man auf jedem Erlebnis ein weiteres Angebot aufbauen kann, das eine Wandlung bewirkt.

Kehren wir noch einmal zu einem unserer bevorzugten Erlebnisse zurück: dem Geburtstagsfest. Da immer mehr Unternehmen mit den inszenierten Geburtstagsveranstaltungen von *Club Disney, Gameworks, Chuck E. Cheese's* usw. in Konkurrenz treten, werden sich derartige Erlebnisse zwangsläufig in eine Massenware verwandeln, was bedeutet, dass für die einzelnen Geburtstagsveranstaltungen niedrigere Preise verlangt werden müssen. Irgendwann wird ein Erlebnisgestalter erkennen, dass der Übergang zu Geburtstags*wandlungen* den Kundennutzen erhöhen und damit dem Abstieg zu Massenware vorbeugen kann. Wie könnte ein solches Unternehmen – ein *Wandlungsmoderator* – vorgehen? Statt sich einfach nur auf die diesjährige Party zu konzentrieren, könnte es die Eltern auch bei den Geburtstagen in den folgenden Jahren begleiten und sich nicht nur um die Inszenierung der Party kümmern, sondern auch die Geschenke auswählen, die Gäste einladen und das Verhalten nach der Party berücksichtigen. So könnten sich zum Beispiel die Geschenke nach den Entwicklungsbedürfnissen des Kindes richten. Die Gäste könnten als berufliche Rollenvorbilder in Lebensbereichen dienen, für die das Kind bereits Interesse zeigt – oder für welche die Eltern sein Interesse wecken möchten. Vorgedruckte Dankesbriefe und frankierte Kuverts könnten Teil des verwandelnden Geburtstagsangebots sein, um den Geburtstagskindern dabei zu helfen, ihr Bewusstsein und ihre Dankbarkeit zu entwickeln.[3] Und was am wichtigsten ist: Das Geburtstagsfest in jedem folgenden Jahr würde als weiterer Schritt im Rahmen des generellen Managements der Kindheitsentwicklung behandelt werden. Die zukünftigen Geburtstagsmoderatoren könnten unter den gegenwärtigen Anbietern von Geburtstagserlebnissen zu finden sein, doch sie könnten ebenso gut aus den Reihen der Spielzeughersteller kommen (die ihre Fachkenntnisse im Bereich der kindlichen Entwicklung wirkungsvoll einsetzen könnten). Möglicherweise entspringen die neuen Anbieter auch einer Elternzeitschrift (welche die Kindererziehung als Elternthema versteht) oder einer Sportmanagementfirma (die eine Reihe möglicher Rollenvorbilder anzubieten hat).

Kampfsportlehrer sind vielleicht die ersten Erlebnisgestalter, die das Potenzial ihres Angebots zur Verwandlung der Kunden erkannt haben. Viele Eltern erlauben, ermutigen oder zwingen ihre Kinder, Karate, Kung-Fu oder Taekwando zu lernen. Viele tun das, weil sie ihrem Nachwuchs Respekt und Selbstbeherrschung nicht selbst beibringen können oder wollen, andere, weil sie das, was sie als ihre erzieherische Verantwortung betrachten, auf diese Weise ergänzen und unterstützen möchten. Die Meister des Kampfsports versprechen nicht nur, die Kinder in ihrer Disziplin zu unterrichten, sondern ihnen auch eine Reihe von Regeln beizubringen, nach denen die Schüler leben müssen. Der Leiter einer solchen Schule erzählte, dass ihm viele Eltern bei der Anmeldung sagten: »Machen Sie einen anständigen

Menschen aus meinem Kind.«[4] Allerdings achten viele Eltern genau darauf, welchem Einfluß ihre Sprösslinge ausgesetzt werden. In einem Artikel über dieses Phänomen im Magazin *Forbes* berichtet der Autor, dass einige Eltern Kampfsportmeister aussuchen, die dem christlichen oder jüdischen Glauben angehören, »um Schulen zu vermeiden, die ihre Kinder in den fernöstlichen Mystizismus einführen könnten«[5].

Sehen wir uns an, wie die Angebote der Lebensmittelbranche oder Esserlebnisse von der Art, wie sie die Themenrestaurants inszenieren, zu Wandlungsangeboten weiterentwickelt werden könnten. Das Ernährungsmanagement könnte die nächste Verschiebung in diesem Bereich herbeiführen. Im Ernährungsmanagement werden Themenlokale, die gesundes Essen interessant und spannend machen können, mit Diätunternehmen wie *Jenny Craig, Weight Watchers* und *Weigh Down* um Marktanteile kämpfen. Wenn sämtliche Aspekte eines Erlebnisses darauf ausgerichtet werden, die Ernährungsgewohnheiten eines Gastes zu verbessern, könnte der Unterhaltungsbereich die Wahl der Speisen vergnüglich gestalten, der Bildungsbereich die Vorteile richtiger Ernährung hervorheben, der Ästhetikbereich zur richtigen Geschwindigkeit und Menge beim Essen anregen und das Lokal insgesamt einen Ort bieten, an den man flüchten kann, wenn man versucht ist, in alte Gewohnheiten zurückzufallen. Alle Lebensmittel, Dienstleistungen und Esserlebnisse würden von einem einzigen Wandlungsmoderator gemanagt werden, dessen Bezahlung nicht vom Essen, von den Dienstleistungen rund um das Essen oder vom Erlebnis abhängt, in das beide verpackt sind, sondern von einer messbaren Verringerung des Cholesterinwertes, des Fettanteils und des Gewichts. Andere Restaurants könnten Wandlungen herbeiführen, indem sie den Geschmack der Leute oder die Beziehung eines Paares verbessern. All das sind mögliche strategische Alternativen, die jenen offen stehen, die Lebensmittel herstellen oder servieren.

Wenn eines Tages alle Buchhandlungen über Kaffee- und Espressobars und vielleicht sogar über Leseräume verfügen – und der Kunde dafür bezahlt, an einem Ort lesen zu dürfen, der eigens gestaltet wurde, um das Leseerlebnis zu vervollkommnen –, werden einige Unternehmen dazu übergehen, Lese*wandlungen* anzubieten. Der Kunde wird diese Einrichtungen dafür bezahlen, ihm in seiner intellektuellen Betätigung Anleitung zu geben, indem sie lesenswerte

Bücher und Texte für ihn finden, gefolgt von Beobachtungen und vielleicht sogar Prüfungen – nicht im Sinn der traditionellen Schulerziehung, sondern als neue Lernalternative, um sicherzustellen, dass der Kunde alles richtig verstanden hat. *Waldenbooks* bietet Unternehmen bereits sein W.I.S.E. Corporate Program an, um die Buchkäufe der Angestellten in einer einzigen Quelle zusammenzufassen, setzt im Wettbewerb mit anderen Anbietern jedoch Mengenrabatte als Waffe ein. Was spricht dagegen, daraus das Angebot einer Wandlung zu machen, bei dem ein Spitzenpreis dafür verlangt wird, dass (mittels individualisierter Massenempfehlungen) dafür gesorgt wird, dass die Angestellten lesen, was sie für ihre Tätigkeit benötigen?

Eine andere Branche, die das Potenzial hat, als Wandlungsmoderator ins Geschäft zu kommen, ist das höhere Bildungswesen. Denken Sie an die *Harvard Business School.* Ihre enormen intellektuellen Ressourcen – Professoren, Ausbildungsgänge sowohl für Studenten als auch für Personen mit abgeschlossenem Studium, Schulungsprogramme für Führungskräfte, *Harvard Business Review* und *Harvard Business School Press* und viele verschiedene Mitteilungsblätter, Videos, CD-Roms, Websites und andere Unterrichtsmaterialien – statten sie mit allen Notwendigkeiten aus, um ihre Kunden in Manager zu verwandeln, die bereit sind, jede strategische Herausforderung anzunehmen. Dazu müsste diese Universität jedoch über den Verkauf von Gütern (Bücher und Zeitschriften), Informationsdienstleistungen und Bildungserlebnissen hinausgehen und sich auf das *Veränderungsgeschäft* verlegen. Auch für all jene Universitäten, die sich bemühen, an die Spitze der derzeit in der Presse veröffentlichten verschiedenen Rankings vorzustoßen, ist das der Weg in die Zukunft.

Solche Wandlungsangebote werden sich in fast allen Branchen entwickeln, die sich heute als Teil des Dienstleistungssektors betrachten. Unternehmen im Gesundheitswesen werden nicht mehr einzelne Dienstleistungen anbieten und in Rechnung stellen, sondern umfassende Gesundheitspakete. Fluglinien und Hotels verdienen ihr Geld in Zukunft vielleicht damit, Geschäftsreisende in ausgeruhte Straßenkämpfer zu verwandeln, die für die Schlachten des nächsten Tages wohl gerüstet sind. Computerservicefirmen und Systemintegratoren werden Kunden mit gut funktionierender

Wandlungsangebote werden in fast allen Bereichen des Dienstleistungssektors entstehen

250

Ausrüstung in Unternehmen verwandeln, die ihre Ausrüstung einsetzen können, um erfolgreich Geschäfte zu betreiben.

Und warum auch nicht? Ihre Konkurrenten – Managementberater und Outsourcingunternehmen – sind bereits auf dem besten Weg, Wandlungen anzubieten. Viele von ihnen haben verstanden, dass die Kunden nicht länger an greifbaren Berichten, abstrakten Analysen oder einprägsamen Workshops interessiert sind, in denen sie Empfehlungen dazu erhalten, was sie tun sollten. Diese Angebote sind ein Anfang, machen die betreute Firma aber noch nicht zu einem besseren Unternehmen. Ein Analyst verglich die Zusammenarbeit mit einem großen Beratungsunternehmen mit »einer Therapie bei deinem Chiropraktiker. Irgendwann hast du 182 Behandlungen hinter dir und musst noch immer hingehen.«[6] Die Kunden von Beratungsunternehmen möchten sich in bessere Unternehmen verwandeln und wünschen sich Berater, die ihnen zu dauerhaften Verbesserungen verhelfen. Abbas Rizavi von *EDS* beschreibt die von seinem Unternehmen angewandte Praxis des »Co-Sourcing« – sich als Partner an der Führung des Unternehmens zu beteiligen – folgendermaßen: »Wir sind der Meinung, dass man sich auf die Ergebnisse konzentrieren sollte. Outsourcing wird für dich gemacht, Co-Sourcing wird mit dir gemacht ... Unser Geschäft besteht darin, unseren Kunden dabei zu helfen, sich zu entwickeln, sich anzupassen, sich zu regenerieren und neu zu strukturieren.«[7] Genau darum geht es.

Wie die Beratungsfirmen unterbreitet das Unternehmen *Lifeline Systems* (das Ende 1998 von dem Sicherheitsunternehmen *Protection One* gekauft wurde) aus Cambridge, Massachusetts, seinen Kunden ein Angebot, das Güter, Dienstleistungen, Erlebnisse und Wandlungen umfasst. Im Mittelpunkt seiner Angebote für die »personal response industry« steht eine Vielzahl verschiedener Geräte mit einem Knopf in der Mitte, die Ähnlichkeit mit Pagern haben. Wenn der Besitzer des Gerätes auf den Knopf drückt, wird über die Telefonleitung ein Signal an eine Überwachungszentrale geschickt, die rund um die Uhr besetzt ist. Die geschulten Mitarbeiter dieser Zentrale rufen zurück, um den Vorfall abzuklären und falls erforderlich eine geeignete Person zu Hilfe zu schicken – einen Freund, Verwandte, Polizei, Rettungsdienste usw. Doch weniger als fünf Prozent der Anrufer fordern tatsächlich Hilfe an – was der vordergründige Sinn dieser Einrichtung wäre. Stattdessen rufen die meisten Leute an, weil sie isoliert oder einsam sind und sich besser fühlen, wenn sie mit jemandem in der Zentrale sprechen können. Doch bei seiner letzten Marktanalyse fand das Unternehmen heraus, dass es sich bei den meisten Kunden – das heißt Menschen, die *LifeLine* bezahlen – um Verwandte der Person handelt, der das Gerät eigentlich gehört. Im Grunde kaufen sie bei *LifeLine* ihren Seelenfrieden. Das ist das eigentliche Angebot dieses Unternehmens.

Worin besteht das eigentliche Angebot eines Gefängnisses? *Corrections Corp. of America* in Nashville bietet Gemeindeverwaltungen, staatlichen Behörden und der Bundesregierung an, Gefängnisse privat zu führen. Aus dem Blickwinkel der Bürokratie könnte man das vielleicht einfach als eine Dienstleistung betrachten, welche die Insassen für die Dauer ihrer Strafe von der Straße fern hält. Doch als der Unternehmensleiter Doctor Crants von der Zeitschrift *Chief Executive* nach dem »Produkt« seiner Firma befragt wurde, antwortete er, dass *CCA* eine »Qualitätshaft« anbiete, deren Funktion nicht auf die Verwahrung der Häftlinge beschränkt sei, sondern sich auch

positiv auf die Wahrscheinlichkeit auswirkt, dass die Insassen, nachdem sie unsere Einrichtung verlassen haben, ein besseres Leben führen werden als ohne den Aufenthalt in unserer Anstalt... Wir verstehen unter Qualitätshaft zum Beispiel, dass wir unseren Insassen das Lesen und Schreiben beibringen... Ungefähr 50 Prozent der Häftlinge haben keinen Schulabschluss, also gibt es bei uns die Möglichkeit, ihn nachzuholen... Insassen mit einem Highschool-Abschluss können eine Berufsausbildung machen. Beispielsweise können sie bei uns eine Lehre als Automechaniker absolvieren... Und wir haben ein Drogenentzugsprogramm entwickelt, das wir für das beste der Welt halten, besser als das der Betty-Ford-Klinik. Es dauert sieben Monate, dieses Programm abzuschließen.[8]

Der Leiter der Anstalt gab zu, dass die Methoden von *CCA* bei etwa 20 Prozent der Gefängnisinsassen versagen, nämlich bei jenen wirklichen Psychopathen und Soziopathen, die mit den bekannten Methoden nicht mehr in die Gesellschaft integriert werden können.[9] Crants erklärte außerdem, dass sich die Behörden, die mit *CCA* zusammenarbeiten, durchschnittlich 10 Prozent der Ausgaben ersparen, da es »kostengünstig ist, jedem Insassen ein Gefühl der Hoffnung zu geben.

Tabelle 9.1 Wirtschaftliche Unterschiede

Wirtschaftliches Angebot	Massengüter (Rohstoffe)	Güter	Dienstleistungen	Erlebnisse	Wandlungen
Wirtschaftssektor	Landwirtschaft	Industrie	Dienstleistung	Erlebnis	Wandlung
Wirtschaftliche Funktion	Gewinnung	Herstellung	Durchführung	Inszenierung	Herbeiführung
Natur des Angebots	Austauschbar	Materiell	Immateriell	Einprägsam	Wirkungsvoll
Schlüsseleigenschaft	Natürlich	Standardisiert	Maßgeschneidert	Persönlich	Individuell
Methode der Bereitstellung	Massengutspeicherung	Lagerung nach der Herstellung	Lieferung auf Anforderung	Entfaltung im Lauf der Zeit	Langfristige Aufrechterhaltung
Verkäufer	Händler	Hersteller	Anbieter	Gestalter	Moderator
Käufer	Markt	Benutzer	Kunde	Gast	Anwärter
Nachfragefaktoren	Eigerschaften	Merkmale	Nutzen	Wahrnehmungen	Wesensmerkmale

Er steht am Morgen auf und macht sich mit Energie an eine Tätigkeit, die ihm am Ende seiner Gefängnisstrafe die Chance gibt, sich außerhalb der Gefängnismauern eine Existenz aufzubauen.«[10] Es mag nur eine Chance sein, doch einen hartgesottenen Kriminellen oder auch jemanden, der zum ersten Mal straffällig geworden ist, in einen Menschen zu verwandeln, der nie mehr ins Gefängnis zurückkehrt, ist wirklich eine andere Art von wirtschaftlichem Angebot. Der sozial engagierte Unternehmer Bill Strickland sagt über die Ex-Sträflinge, die in seinem Bidwell Training Center in Pittsburgh kochen lernen: »Diese Menschen sind nun fähig, in der Gemeinschaft einen nützlichen Beitrag zu leisten... Das nenne ich ein gutes Ergebnis. Das nenne ich ein gutes Produkt.«[11]

Die Entdeckung der Unterschiede, Teil Zwei

Wandlungen unterscheiden sich von Erlebnissen ebenso sehr wie Erlebnisse von Dienstleistungen

Wie im Fall der Erlebnisse werden einige Leute sicher auch hier einwenden, dass das, was wir als Wandlung bezeichnen, im Grunde nur eine Unterklasse der Dienstleistung ist. Doch es ist ein großer Unterschied, ob man zu *McDonald's* essen geht oder sich in einem Fitnesscenter in Form bringt, ob man Informationsberichte liefert oder sich in einer Partnerschaft für bessere Geschäftsergebnisse einsetzt, ob man einen Anzug oder eine Seele reinigt. Diese Unterschiede sind zu groß, um all diese Angebote in einer einzigen Kategorie zusammenzufassen. Wie aus Tabelle 9.1 hervorgeht, stellen die Wandlungen tatsächlich ein andersartiges wirtschaftliches Angebot dar, das sich von Erlebnissen ebenso deutlich unterscheidet wie die Erlebnisse von den Dienstleistungen. Um diesem neuen Angebot eine eigene Identität zu verleihen, sind Begriffe notwendig, die normalerweise nicht mit Unternehmen und den von ihnen hervorgebrachten wirtschaftlichen Ergebnissen in Verbindung gebracht werden. Doch ebenso wie es Jahre dauerte, bis uns heute allgemein bekannte Begriffe aus der Dienstleistungswirtschaft – wie immaterielle Produkte, Klienten und Bereitstellung auf Anforderung – leicht von der Zunge gingen, wird es eine Weile dauern, bis das neue Vokabular der Erlebnisse und Wandlungen Eingang in unseren alltäglichen Sprachgebrauch finden wird. Um die Unterschiede zwischen den fünf wirtschaftlichen Angeboten wirklich zu begreifen, sollten wir uns Folgendes vor Augen halten:

- Während Massengüter austauschbar, Verbrauchsgüter materiell, Dienstleistungen immateriell und Erlebnisse einprägsam sind, sind Wandlungen *wirkungsvoll*. Alle anderen wirtschaftlichen Angebote haben keine dauerhaften Folgen, die über den Zeitpunkt des Konsums hinausreichen. Selbst die Erinnerungen an ein Erlebnis verblassen mit der Zeit. Doch die Käufer von Wandlungen möchten zu einem bestimmten Ziel oder Zweck geleitet werden, und die Wandlungen müssen diese beabsichtigte Wirkung hervorrufen. Deshalb nennen wir solche Käufer Wandlungsanwärter – sie streben danach, etwas anderes oder jemand anderer zu werden. Ohne Veränderung der Einstellung, der Leistung, der Eigenschaften oder einer anderen grundlegenden Dimension der Persönlichkeit findet keine Wandlung statt. Und diese Veränderung sollte nicht das Ausmaß, sondern das Wesen, nicht die Funktion, sondern die Struktur betreffen. Die Wandlung wirkt sich auf die gesamte Existenz des Käufers aus.

- Während Unternehmen Massengüter in großen Mengen auf Vorrat halten, Verbrauchsgüter nach der Produktion lagern, Dienstleistungen bei Bedarf erbringen und Erlebnisse über einen bestimmten Zeitraum hinweg vermitteln, müssen sie Wandlungen *auf Dauer aufrechterhalten*, wenn sie greifen und den Anwärter wirklich verändern sollen. Wenn eine Veränderung – im Fall eines Verbrauchers kann diese zum Beispiel darin bestehen, abzunehmen, eine schlechte Angewohnheit aufzugeben oder finanzielle Sicherheit zu erlangen, im Fall eines Unternehmens kann das Ziel lauten, die Fixkosten zu senken, verschwenderische Praktiken einzustellen oder von Wechselkursschwankungen unabhängig zu werden – nur vorübergehend und nicht dauerhaft ist, handelt es sich nicht um eine Wandlung, sondern lediglich um einen momentanen Ausbruch aus den alten Bahnen. Ebenso verringern Rückfälle oder Abschweifungen das Ausmaß oder die Intensität der erreichten Wandlung.

- Während Rohstoffe natürlich, Verbrauchsgüter standardisiert, Dienstleistungen kundenspezifisch und Erlebnisse inhärent persönlich sind, sind Wandlungen *individuell*. Das Angebot besteht ausschließlich aus den veränderten Wesensmerkmalen, die ein bestimmter Wandlungsanwärter wünscht: Es besteht also aus dieser Veränderung an sich. Erlebnisse sind Ereignisse, auf die der Einzelne reagiert und die dadurch eine Erinnerung erzeugen. Wandlungen gehen weit darüber hinaus, denn sie verändern das Wesen des Käufers, gleichgültig, ob es sich dabei um einen Verbraucher oder um ein Kundenunternehmen handelt. Da ein Erlebnis inhärent persönlich ist, können nicht zwei Personen dasselbe Erlebnis haben. Die Wirkung des Erlebnisses ist aufgrund der bisherigen Erfahrungen und der geistigen Verfassung dieser zwei Personen zwangsläufig eine andere. Ebenso wenig ist es möglich, dieselbe Wandlung zweimal durchzumachen – denn beim zweiten Mal ist der Betreffende nicht mehr dieselbe Person. Die Menschen messen den Wandlungen höheren Wert bei als allen anderen wirtschaftlichen Angeboten, weil die Wandlungen die ursprüngliche Quelle aller anderen Bedürfnisse betreffen: Warum der Kunde die Massengüter, Verbrauchsgüter, Dienstleistungen und Erfahrungen will, die er kauft.

Im Fall der Wandlungen besteht das wirtschaftliche Angebot eines Unternehmens tatsächlich in der Veränderung der Person oder des Unternehmens, als Ergebnis dessen, was der Anbieter der Wandlung tut. Im Fall der Wandlung *ist der Kunde das Produkt*! Der Käufer der Wandlung sagt im Grunde: »Verändere mich.« Das wirtschaftliche Angebot des Unternehmens besteht weder aus den Materialien, die es verwendet, noch aus den materiellen Dingen, die es herstellt. Es besteht weder in den Prozessen, die es durchführt, noch den Begegnungen, die es koordiniert. Wenn ein Unternehmen eine Wandlung herbeiführt, *ist das Angebot der individuelle Kunde*.

Das bedeutet, dass Form und Inhalt eines Wandlungsangebots sorgfältig durchdacht sein müssen. Der Wandlungsmoderator muss zuerst die Bestrebungen des Kunden verstehen, um eine Veränderung bestimmter Wesensmerkmale bewirken zu können – ob es sich dabei nun um körperliche, emotionale, intellektuelle oder spirituelle Merkmale handelt. Selbstverständlich hängen die Bestrebungen mit den Erwartungen des Kunden zusammen. Doch in diesem Fall beziehen sich die Erwartungen nicht auf externe Güter oder Dienstleistungen, sondern auf den Kunden selbst, darauf, was er selbst werden möchte.[12]

Hat sich die Erlebniswirtschaft eines Tages vollkommen entfaltet, so wird die *Wandlungswirtschaft* ihre Herrschaft antreten. Dann wird die Grundlage des Erfolgs darin bestehen, dass man in der Lage ist, die individuellen Bestrebungen der Kunden zu verstehen und ihnen dabei zu helfen, diese Bestrebungen zu verwirklichen.

Lassen Sie uns nun untersuchen, wie der Übergang von einer Wirtschaftsform zur nächsten konkret verlaufen wird. Nehmen wir zum Beispiel die Versicherungsbranche: Wie wir bereits gesehen haben, hat die Schadensabwicklung der Versicherungsgesellschaft *Progressive* dem Unternehmen den Einstieg in die Erlebniswirtschaft ermöglicht: *Progressive* stellt seinen Kunden Zeit und Mittel zur Verfügung, um sich nach dem ersten Schock eines Unfalls wieder zu beruhigen. Der Schadensregulierer nimmt den Versicherungsnehmern vor Ort die Sorge ab, wie sie die Situation handhaben sollen. Traditionelle Versicherungsunternehmen beschränken sich darauf, ihre Kunden zu versichern, was (wie in Abbildung 9.2 dargestellt) bedeutet, dass die Versicherungsnehmer im Schadensfall lediglich eine Zahlung erhalten. Etwas passiert, sie bekommen Geld. Das wars. Im Gegensatz dazu gibt das Erlebnis von *Progressive* den Versicherungsnehmern Rückhalt: Die Kunden erhalten Zuversicht, Ermutigung, Vertrauen oder ein Gefühl der Zufriedenheit. Wenn etwas passiert, gibt *Progressive* ihnen die Gewissheit, dass sie nicht nur ihr Geld bekommen, sondern die unglückliche Situation auch besser verkraften werden.

In der Wandlungswirtschaft wird selbst das nicht genug sein. Zusätzlich werden

Abbildung 9.2 Entwicklung des wirtschaftlichen Angebots in der Versicherungsbranche

Wandlung

Gewissheit geben — Ereignis, Situation oder Ergebnis garantieren

Erlebnis

Rückhalt geben — Zuversicht, Ermutigung, Vertrauen oder Zufriedenheit spenden

Dienstleistung

Versichern — Zahlung im Schadensfall gewährleisten

257

die Versicherungsträger den Versicherten *Gewissheit geben*: Dem Anwärter wird ein Ereignis, eine Situation oder ein Ergebnis garantiert. So hat zum Beispiel das schwedische Versicherungsunternehmen *Skandia* ein Versicherungskonzept entwickelt, das es als »Kompetenzversicherung« bezeichnet. Dieses Programm, das der Konzentration des Unternehmens auf geistiges Kapital entspringt[13], ist darauf ausgerichtet, jenen Berufstätigen zu helfen, die aufgrund der ständig steigenden Anforderungen am Arbeitsplatz nicht mehr über die für ihren Job erforderlichen Kompetenzen und Kenntnisse verfügen. *Skandia* beschreibt sein neues Angebot folgendermaßen:

Es ist das Ziel der Versicherung, Sicherheit durch Kompetenz zu schaffen. Von dem heute üblichen Sozialversicherungsschutz hebt sich die neue Versicherung durch das Konzept der Krisenprävention ab. Die Versicherungsnehmer zahlen sukzessive Beiträge auf ein Kompetenzkonto ein, die dazu dienen, Initiativen zu stimulieren und zu ermöglichen, wenn eine Erhöhung der Kompetenz erforderlich wird – und zwar, bevor eine Krisensituation eintritt. Ein Problem bei der heutigen Sozialversicherung besteht darin, dass oft erst dann Maßnahmen ergriffen werden, wenn der Angestellte, der Arbeitsplatz oder der Berufsstand bereits bedroht ist, und zu diesem Zeitpunkt ist es bereits zu spät.[14]

Skandia wartet derzeit noch auf die Genehmigung für sein Programm, wird aber zweifellos schon bald gute Geschäfte damit machen, seinen Versicherungsnehmern *Gewissheit zu geben*.

MMI Companies aus Deerfield, Illinois, hat diesen Schritt bis zu einem gewissen Grad bereits vollzogen. *MMI* versichert Krankenhäuser und Arztpraxen gegen Kunstfehler und andere Risiken und betrachtet das Risikomanagement als sein Tätigkeitsgebiet. Anstatt für Anwälte und (wenn diese vor Gericht verlieren) für Versicherungsansprüche zu zahlen, konzentriert sich *MMI* darauf, dafür zu sorgen, dass seine Ärzte gar nicht erst verklagt werden. Gesundheitseinrichtungen können sich nicht bei *MMI* versichern lassen, wenn sie nicht der Teilnahme an Programmen zustimmen, die Datensammlung und -analyse, Schulungen und praktische Beratung umfassen. Diese Programme helfen sicherzustellen, dass Ärzte, medizinisches und Verwaltungspersonal zu einem geringeren Risiko werden. Um das zu erreichen, wird ein medizinisches Versorgungssystem gefördert, das auf Sicherheit und Qualität ausgerichtet ist. Jedes Jahr analysiert *MMI* die diesbezüglichen Fortschritte der einzelnen Einrichtungen und passt sein Programm den Veränderungen in der Branche an, wobei der Schwerpunkt auf der Verbesserung der Patientenbetreuung liegt, die das beste Mittel ist, die Wahrscheinlichkeit einer Klage zu verringern.[15] CEO Rick Becker erzählte uns: »In der streitsüchtigen Gesellschaft der Gegenwart kann natürlich niemand die Möglichkeit einer Klage ausschließen. Doch wir wollen kein Unternehmen zum Kunden haben, das nicht gewillt ist, ein geringeres Risiko zu werden.«

Welche Angebote entsprechen in Ihrer Branche den Angeboten Versichern, Rückhalt geben und Gewissheit geben?

Wenn Sie in der Dienstleistungsbranche tätig sind, sollten Sie nun über die entsprechenden Möglichkeiten Ihres Unternehmens nachdenken. Was ist in Ihrer Branche das Äquivalent zu *Versichern, Rückhalt geben* und *Gewißheit geben*? Es ist unwahrscheinlich, dass Sie derart einfache Begriffen finden, um den Weg von den Dienstleistungen über die Erlebnisse zu den Wandlungen zu beschreiben (Sie müssen vielleicht sogar ein oder zwei Begriffe erfinden). Doch kreativ über neue wirschaftliche Angebote nachzudenken, die sich aus den derzeitigen entwickeln lassen, wird sich bezahlt machen. Denn wir bewegen uns unaufhaltsam von der Erlebnis- zur Wandlungswirtschaft.

Was also sollte ein Hersteller tun? In der sich entfaltenden Erlebniswirtschaft haben die Hersteller bereits damit begonnen, ihre Güter in Erlebnisse zu verwandeln – das heißt, dass sie sich auf das Erlebnis konzentrieren, das der Kunde haben wird, wenn er ihre Produkte *benutzt.* In der Wandlungswirtschaft werden Hersteller ihre Güter *zu Wandlungen machen* – das heißt, sie werden Produkte entwickeln und verkaufen, die den Kunden helfen, jemand oder etwas anderes zu werden. Der Schwerpunkt verlagert sich von der *Benutzung* zum *Benutzer:* wie sich die Person *verändert,* während sie das Produkt verwendet. Angebote wie Selbsthilfebücher, »Edutainment«-Software, Fitnessvideos und -geräte gehen bereits in diese Richtung, sind jedoch noch ein gutes Stück von einem wirklichen Wandlungsangebot entfernt.[16] Wenn ein Hersteller Fitnessausrüstung zu einem wirklichen Wandlungsangebot machen möchte, darf er sein Geschäft nicht mehr

259

im Verkauf von materiellen Gütern sehen, sondern in der Formung durchtrainierter Körper – und von Zeit zu Zeit wird irgendwer vorbeischauen, um die Ergebnisse zu überprüfen!

Einige Unternehmen gehen bereits auf diesem Weg voran. Der Grußkartenhersteller *Hallmark Cards* verzeichnet das größte Wachstum im Unternehmensbereich der *Hallmark Business Expressions*, der Karten entwirft, welche die Moral und die Loyalität der Angestellten am Arbeitsplatz erhöhen sollen. Das Designerteam von *Hallmark* hilft Unternehmen, ihre speziellen Bedürfnisse zu definieren, legt eine Reihe von geeigneten Botschaften für bestimmte Abteilungen und Personen fest und kreiert dann kundenspezifische Karten für mehrere Anlässe. Da das Ziel des Programms darin besteht, die Einstellung der Angestellten zu verändern, verkauft *Hallmark* die Karten nicht mehr als gewöhnliche Güter, sondern als Werkzeuge, die Führungskräfte und Personalabteilungen einsetzen können, um eine Wandlung herbeizuführen.

Oder denken Sie an die Autoindustrie. So wie die Käufer heute großen Wert auf das Geräusch legen, das beim Schließen der Autotüren erzeugt wird, werden die Verbraucher in der Wandlungswirtschaft ein Auto nur dann kaufen, wenn es aus ihnen – oder ihren Kindern – bessere Fahrer macht. Produktmerkmale wie das von *H E Microwave* entwickelte Radarsystem zur Vermeidung von Zusammenstößen und das OnStar Diagnosesystem von *General Motors*, das Sensoren, Mikroprozessoren und Satelliten einsetzt, um Autounfälle zu diagnostizieren und rasch die richtige Vorgehensweise zu empfehlen, werden in Zukunft gang und gäbe sein. Wir können auch davon ausgehen, dass es in Zukunft ein System geben wird, das jungen Autofahrern die Möglichkeit nimmt, die zulässige Höchstgeschwindigkeit um mehr als fünf Stundenkilometer zu überschreiten, außer wenn sie (in Notfällen) einen speziellen Code eingeben, was auch die sofortige Verständigung der Eltern per Telefon, Fax oder E-Mail zur Folge hat.

Die vielleicht größten Möglichkeiten bieten sich in der Biotechnologie, besonders in der als »Nutraceuticals« bezeichneten Produktkategorie, die eine Verbesserung des körperlichen Zustands durch den Konsum bestimmter Nahrungsmittel versprechen.[18] Die irische Firma *Elan Corp.* bietet Milchshakes, Fertigsuppen und andere Produkte an, welche die Absorption von Medikamenten gegen Parkinson verbessern. Und in Finnland ist *Benecol Margarine*, die speziell zur Senkung des Cholesterinspiegels hergestellt wird, »so populär ..., dass die Geschäfte die Nachfrage nicht mehr befriedigen können, obwohl ein gegenüber herkömmlicher Margarine um das Sechsfache erhöhter Preis verlangt wird«[20].

Ebenso wie viele Hersteller heute in der Erlebniswirtschaft das Angebot erweitern, indem sie Erinnerungsstücke produzieren, welche die Gäste als materielle Erinnerung an ihr Erlebnis kaufen können, können Güterproduzenten in der entstehenden Wandlungswirtschaft *Symbole* produzieren, welche die Anwärter kaufen können, um ihrer Wandlung zu gedenken. Ringe, Kreuze, Fahnen, Trophäen, Medaillen, Insignien und andere derartige Symbole weisen darauf hin, dass ihre Träger eine Wandlung durchgemacht haben: vom Single zum Ehepartner, vom Zivilisten zum Soldaten, vom Soldaten zum Helden usw. All diese Symbole ermöglichen es den Leuten außerdem, jene zu erkennen, welche die gleiche Wandlung durchgemacht haben. Auf diese Art geben sie den Anstoß zu Gesprächen und zur Bildung von Gemeinschaften.

> Güterproduzenten werden Symbole herstellen, um an die Wandlung zu erinnern

Die Begleitung von Wandlungen

Trauerexperten erklären, dass jeder, der einen geliebten Menschen verliert, mehrere Phasen durchlaufen muss – wie Schock, Depression, Verwirrung, Schuld, Wut –, bevor er den Verlust verwinden kann. Wir bewältigen diese Phasen besser und können schneller zu einem normalen Leben zurückkehren, wenn uns jemand – ein Priester, ein Therapeut oder ein Freund – in unserer Trauer begleitet. Auf dieselbe Art geleiten Wandlungsmoderatoren die Anwärter durch eine Reihe von Erlebnissen.

Der Fortschritt des wirtschaftlichen Werts läßt sich anhand einer Pyramide beschreiben, bei der jedes Angebot auf dem vorhergehenden aufbaut (siehe Abbildung 9.3). Wandlungsmoderatoren müssen genau definieren, welche einschneidenden Erlebnisse notwendig sind, um Wandlungsanwärter zur Erreichung ihrer Ziele (an die sie

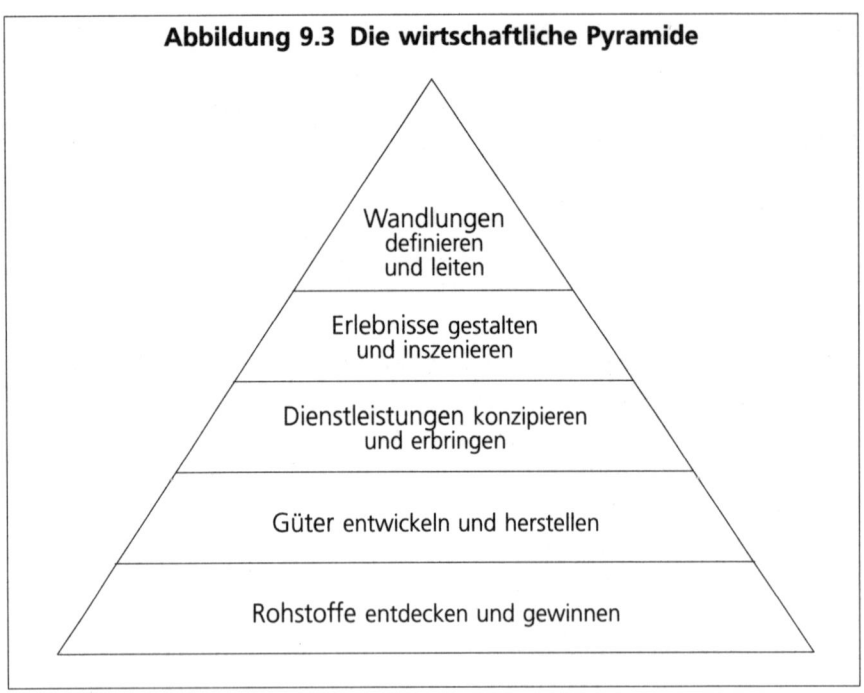

Abbildung 9.3 Die wirtschaftliche Pyramide

Wandlungen
definieren
und leiten

Erlebnisse gestalten
und inszenieren

Dienstleistungen konzipieren
und erbringen

Güter entwickeln und herstellen

Rohstoffe entdecken und gewinnen

sich durch Symbole in Form von Gütern erinnern) zu leiten. Erlebnisgestalter müssen beschreiben, welche Dienstleistungen den Gast ansprechen, und sie dann so inszenieren, dass sie ein unvergessliches Ereignis werden (das durch Erinnerungsstücke in Form von Gütern im Gedächtnis bleibt). Anbieter von Dienstleistungen müssen die richtige Zusammenstellung von Gütern finden (etwa der Tische und der Salz- und Pfefferstreuer in einem Fastfood-Restaurant oder der Kleiderbügel, Plastiksäcke und Reinigungsgeräte in einer Reinigung), die es ihnen ermöglichen, die von den Kunden gewünschten immateriellen Aktivitäten zu erbringen. Güterhersteller müssen Zugang zu natürlichen Vorkommen geeigneter Massengüter finden, um sich das Rohmaterial für die materiellen Produkte zu beschaffen, die sie für die Benützer herstellen. Und Unternehmen, die Massengüter verkaufen, müssen herausfinden, wo die Rohstoffe lagern, um sie dann zu gewinnen und an den Markt zu liefern.

Wandlungen können also weder gewonnen noch hergestellt, durchgeführt oder inszeniert werden; sie können nur *begleitet* werden. Wie ein altes Sprichwort sagt: »Man kann ein Pferd zum Wasser füh-

ren, aber trinken
muss es selbst.« Nie-
mand kann einen an-
deren dazu zwingen,
sich zu ändern. Alle
Wandlungen finden
im Kunden selbst

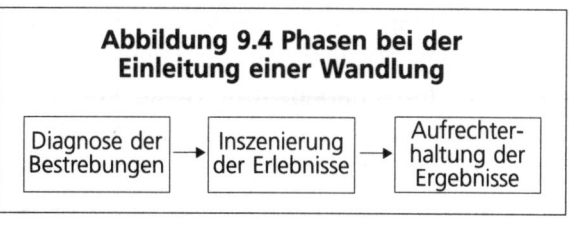

**Abbildung 9.4 Phasen bei der
Einleitung einer Wandlung**

Diagnose der Bestrebungen → Inszenierung der Erlebnisse → Aufrechterhaltung der Ergebnisse

statt und müssen deshalb auch von ihm selbst vollzogen werden. Björn
Wolrath, President und CEO von *Skandia*, trug dem Rechnung, als er
sagte, dass der »tragende Pfeiler« der Kompetenzversicherung seines
Unternehmens darin bestehe, »dass nicht die Arbeitgeber oder die Ge-
sellschaft dem Angestellten in einer Krisensituation helfen, *sondern der
Angestellte selbst, der sicherstellt, dass er über die Ressourcen für eine
Kompetenzerweiterung verfügt, wenn eine solche Erweiterung seiner
Meinung nach notwendig ist*«[21].

Wandlungsmoderatoren können bestenfalls die richtigen Umstände herbeiführen, unter denen die Veränderung stattfinden kann, also
die richtigen Erlebnisse inszenieren, welche die richtigen Dienstleistungen einschließen, die wiederum... Sie haben begriffen. Doch das
genügt noch nicht; es gehört mehr dazu, eine Wandlung zu leiten. Wie
in Abbildung 9.4 dargestellt, erfordert dieses wirtschaftliche Angebot
drei verschiedene Phasen: die Diagnose der Bestrebungen, die Inszenierung der verwandelnden Erlebnisse und die Aufrechterhaltung
der Ergebnisse.

Diagnose der Bestrebungen

Wonach strebt der Kunde? Wo steht er heute gemessen an diesen
Bestrebungen? In welchen Dimensionen kann diese Wandlung herbeigeführt werden? Ohne richtige Diagnose kann der Kunde die
Wandlung nicht vollziehen. Wie im Fall des individualisierten Massenangebots von Gütern und Dienstleistungen, wo die Kunden so oft
selbst nicht wissen, was sie wollen, oder es nicht artikulieren können,
sind sich Anwärter oft nicht über ihre Träume und Hoffnungen im
Klaren oder können diese nicht artikulieren. Oder sie haben sogar die
falschen Ambitionen – Ziele und Wünsche, die ihrem Wohlergehen
abträglich sind. Ebenso wie Finanzdienstleister die treuhänderische

263

Verantwortung haben, ihre Klienten von schlechten Investitionsentscheidungen abzuhalten, und Themenparks die vormundschaftliche Verantwortung haben, ihre Gäste von riskanten Verhaltensweisen abzuhalten, haben alle Wandlungsmoderatoren die ethische Verantwortung, Wandlungsanwärter davon abzuhalten, unangebrachte oder unmoralische Eigenschaften zu entwickeln. Welche Eigenschaften unter diese Definition fallen, hängt natürlich vom Gewissen und der Weltanschauung des jeweiligen Wandlungsmoderators ab.

Wesentlich für jede Wandlung ist es also, zu verstehen, was der Kunde *wirklich werden will* und wie weit er davon entfernt ist, diese Bestrebung zu verwirklichen. Dabei muss berücksichtigt werden, dass der Kunde sich dieser Wünsche häufig selbst nicht bewusst ist oder sich falsche Vorstellungen bezüglich der Richtung oder des Ausmaßes der notwendigen Veränderung macht. Ist er wirklich in der Lage, seine Bestrebungen zu verwirklichen? Und wenn ja, wie kann diese Wandlung herbeigeführt werden? In einigen Fällen, in denen eher der Begriff der Triage angebracht wäre, ist eine Person oder ein Unternehmen vielleicht nicht fähig, sich in das zu verwandeln, was sie oder es anstrebt. In diesen Fällen hat es keinen Sinn, die Wandlung in Angriff zu nehmen, wenn der Anwärter nicht zuerst durch verschiedene Vorbereitungsmaßnahmen in jenen Bereichen gestärkt wird, in denen er für Fortschritte zu schwach ist.

Ohne richtige Diagnose kann ein Kunde seine Bestrebung nicht verwirklichen

In der Diagnosephase muss sich zum Beispiel ein Fitnesscenter über das vom Kunden angestrebte Gewicht und/oder den Muskelaufbau und/oder die Körperspannkraft informieren und dessen gegenwärtige Verfassung in diesen Bereichen beurteilen, bevor es ein Programm entwickeln kann, das auf die Erfüllung der individuellen Kundenwünsche ausgerichtet ist. Doch das Fitnesscenter muss sich auch über die gesundheitliche Verfassung des Kunden informieren, um sicherzugehen, dass ihm das empfohlene Programm nicht schaden wird. Und es muss Klarheit über die mentale und emotionale Veranlagung des Kunden gewinnen, um mögliche Hindernisse zu erkennen, die im Lauf des Programms auftreten können. Im Gesundheitswesen gehen Ärzte (einschließlich der Psychiater) davon aus, dass sich alle Patienten physisch (oder psychisch) wohl fühlen wollen, doch die individuellen Bestrebungen können sehr unterschiedlich sein. So gibt es Leute, die sich »so gut wie neu« fühlen wollen, andere, die sich lediglich »gut genug« fühlen wollen, um wieder arbeiten zu können, und wieder andere, die genug vom Krankenhaus haben und einfach nur nach Hause wollen. Und dann gibt es auch noch jene, die lediglich in Frieden sterben wollen. Ebenso wie andere Wandlungsmoderatoren können Ärzte manche Ziele für zu anspruchslos halten und andere als zu optimistisch ablehnen, doch in jedem Fall müssen sie sich bei der Wahl der richtigen Behandlungsmethode (die immer Raum für Wunder lassen sollte) von den Interessen des Patienten leiten lassen. Ebenso müssen Managementberater, bevor sie eine Vorgehensweise planen, die strategischen Bedürfnisse eines Unternehmens und seine gegenwärtigen Fähigkeiten verstehen und dabei die Tatsache berücksichtigen, dass sowohl das Unternehmen als auch der Berater voreingenommene Beobachter sind.

Die Inszenierung von Erlebnissen, die den Kunden verwandeln

Welche Erlebnisse werden die notwendige Wandlung herbeiführen? Wie kann der Kunde von dort, wo er heute steht, dorthin gelangen, wo seine Ambitionen liegen oder liegen sollten? Wandlungen bauen selbstverständlich auf Erlebnissen auf, insbesondere auf den einschneidenden Erlebnissen, die den Kunden dazu bringen, seine Bestrebungen zu erkennen, gleichgültig, ob er sie nun artikulieren kann oder nicht.

Der Wandlungsmoderator kann die Wandlung in jeder der vier Erlebnissphären ansiedeln

Psychiater halten eine Reihe von Sitzungen mit einem Patienten ab, die jeweils ein anderes Thema haben können, aber stets der Absicht dienen, ihn von einem Zustand psychischer Krankheit in einen Zustand psychischer Gesundheit zu bringen (obwohl vielen Psychiatern zu Recht vorgeworfen wird, dass sie niemand für psychisch gesund halten, und anderen, dass sie vollkommen Gesunde »behandeln«). Die Bildungseinrichtungen einschließlich der Wirtschaftsuniversitäten bieten eine Reihe von Erlebnissen innerhalb der Erlebnisse, manche größer, manche kleiner, aber alle mit der Absicht, die Schüler zu bilden und zu formen, sodass sie sich ein gewisses Reservoir an Wissen und Fähigkeiten aneignen. Golftrainer und andere Sportlehrer kombinieren intellektuelles Verständnis und emotionale Ermutigung mit der körperlichen Tätigkeit, die erforderlich ist, um die Fähigkeiten ihrer Schüler zu verbessern. Wie bei vielen Wandlungen beschränkt ein Golflehrer das Erlebnis nicht auf den kleinen Akt, einen Ball zu treffen. Stattdessen gibt er Anleitung zur geistigen Vorbereitung, zum Ansprechen des Balles und zum Schwung. Er erklärt Holz, Eisen, Chippen, Abschläge aus dem Bunker und Putten; Regeln, Platzpflege und Zähltechniken; usw.

Wandlungsmoderatoren können die Wandlung in jeder der vier Erlebnissphären ansiedeln. Unterhaltungserlebnisse können unsere Sicht der Welt verändern, und Bildungserlebnisse können uns dazu bringen, darüber nachzudenken, wie wir in diese Welt passen. Erlebnisse der Realitätsflucht können unsere persönlichen Fähigkeiten und Eigenschaften fördern, während ästhetische Erlebnisse unser Empfinden für die Schönheit wecken, uns zum Staunen bringen und uns ein Gefühl der Wertschätzung vermitteln. Doch die einschneidendsten und prägendsten Erlebnisse werden um den idealen Ort kreisen, der sich aus mehreren Elementen aus allen vier Sphären zusammensetzt – unabhängig vom endgültigen Ziel der Wandlung –, denn am idealen Ort spricht uns ein Erlebnis am stärksten an und lenkt unsere Aufmerksamkeit auf seine verwandelnde Natur.

Aufrechterhaltung

Die Erlebnisse bereiten also die Bühne für eine Wandlung. Doch wie kann diese aufrechterhalten werden, nachdem sie einmal eingetreten ist? Was muss getan werden, damit die Veränderung nicht wieder rückgängig gemacht wird? Um eine wirkliche Wandlung handelt es sich nur, wenn die Veränderung von Dauer ist. Um einen vollkommenen Schlag zu machen, muss ein Golfer nicht nur einen vollendeten Schwung vollführen, sondern die Bewegung auch fortführen. Dasselbe gilt für eine gute Golfausbildung. Niemand kann seine Schlagtechnik in einer einzigen Trainerstunde wesentlich verbessern oder eine Verbesserung ohne kontinuierliches Üben und Spielen aufrechterhalten. Die Anonymen Alkoholiker und andere Selbsthilfegruppen sind in der Aufrechterhaltung der Wandlung herausragend, weil sie wissen, dass es möglich ist, auf ein Glas zu verzichten, während es furchtbar schwierig ist, immer von Neuem auf das eine Glas zu verzichten. Ebenso kann ein Eheberater ein Paar dazu

> Um eine wirkliche Wandlung handelt es sich nur, wenn die Veränderung von Dauer ist

bringen, nach einem Seitensprung wieder miteinander zu sprechen, doch das erschütterte Vertrauen wieder aufzubauen erfordert langfristige, harte Arbeit von beiden Partnern.

Die Wandlungsmoderatoren finden die Phase der Aufrechterhaltung am schwierigsten, und in dieser Phase weisen auch die meisten von ihnen Mängel auf. Managementberater, die eine strategische Analyse erstellen, ohne den Klienten bei der Durchführung zu helfen, bleiben in der Dienstleistungsbranche und schaffen den Sprung in die Wandlungsbranche nicht. Lehrer, die ihren Schülern Wissen vermitteln, ohne sicherzustellen, dass diese das Gelernte auch anwenden können, steigen bestenfalls in die Erlebnisbranche auf. Und Ärzte, die körperliche Erkrankungen behandeln, ohne die emotionalen Bedürfnisse ihrer Patienten zu berücksichtigen, machen nur die halbe Arbeit (eine Erkenntnis, die sich im Gesundheitswesen langsam durchsetzt).

Die Stücke zusammenfügen

Im September 1994 sorgte die medizinische Fachzeitschrift *The Lancet* für Empörung in Medizinerkreisen, als sie einen Artikel veröffentlichte, der das Prinzip »Arbeit ist Theater« auf die Arbeit der Ärzte anwandte. In diesem Artikel mit dem Titel »Schauspielerei in der medizinischen Praxis« erklärten Dr. Hillel Finestone und Dr. David Conter von der University of Western Ontario, dass Ärzte als Schauspieler ausgebildet werden und sich in ihrer Arbeit an den zuvor beschriebenen drei Phasen orientieren müssten, wenn sie eine wirkliche Wandlung ihrer Patienten herbeiführen wollten. Die beiden Mediziner erläuterten auch, wie die Ärzte (und im weiteren Sinn auch alle anderen Wandlungsmoderatoren) in den einzelnen Phasen ihrer Meinung nach vorgehen sollten:

Verfügt ein Arzt nicht über die erforderlichen Fähigkeiten, um die emotionalen Bedürfnisse eines Patienten festzustellen [Diagnose des gesamten Menschen] und klare und effektive Reaktionen auf diese Bedürfnisse zu zeigen [Reihe von Erlebnissen], so erfüllt er seine Aufgabe nicht. Folglich sind wir der Meinung, dass die medizinische Ausbildung auch eine Schauspielausbildung umfassen sollte, die darauf ausgerichtet ist, die angemessenen, heilsamen Reaktionen auf diese emotionalen Bedürfnisse zu vermitteln.

In meiner Praxis ... behandle ich oft Patienten mit chronischen Leiden. Ich halte es für wesentlich, dem Patienten eine ermutigende, hoffnungsvolle, optimistische Botschaft zu vermitteln [Aufrechterhaltung], um Anteilnahme zu zeigen und, was noch wichtiger ist, dem Patienten klar zu machen, dass er selbst bei seiner Heilung mitwirken muss.[22]

Da Arbeit tatsächlich Theater ist, sollten Ärzte *immer* schauspielern, um Verständnis und Anteilnahme zu vermitteln, nicht nur dann, wenn ihnen dies ohne Schauspielerei schwerer fallen würde.

Viele Ärzte lehnen die Idee, Ärzte sollten Schauspieler sein, rundweg ab oder ziehen sie ins Lächerliche. Ein besonders humorvoller Arzt schrieb, wenn die Schauspielkunst ein offizieller Teil der medizinischen Ausbildung würde, bekämen wir bald Szenen wie die folgende zu sehen: »Problem: Fettleibigkeit. Alte Methode: Arzt gibt Patient Diätanweisungen. Neue Methode: Musik ertönt; im Hintergrund ein prachtvoller Sonnenuntergang; Arzt unterdrückt mühsam die Tränen und gibt Patient voll Gefühl das herzzerreißende Versprechen: ›Gott ist mein Zeuge, Sie werden wieder Hunger haben‹.«[23] Doch Schauspielern trägt tatsächlich dazu bei, dass ein Patient bei der Diagnose mehr darüber erzählt, was ihm weh tut, dass er die Behandlungsoptionen besser versteht und mit der Therapie und den anderen Aktivitäten, die erforderlich sind, um die Behandlung weiterzuführen und die Wandlung aufrechtzuerhalten, besser zurechtkommt. Außerdem bestätigen medizinische Forschungen die These, dass Ärzte Schauspieler sein müssen. Zahlreiche Studien beweisen, dass Ärzte, die ihren Patienten mit größerem Einfühlungsvermögen und mehr

Anteilnahme begegnen – also jene, die besser mit Kranken umgehen können –, nicht nur seltener verklagt werden, sondern auch bessere medizinische Ergebnisse erzielen.[24] Der fürsorgliche Vertrauensarzt von früher ist kein Anachronismus: Er ist eine Rolle, die jeder Arzt spielen muss – besser gesagt jeder Wandlungsmoderator.

Die drei Phasen der Wandlung – Diagnose, Inszenierung des Erlebnisses und Aufrechterhaltung – unterscheiden dieses wirtschaftliche Angebot nicht nur von Erlebnissen, die einen geringeren wirtschaftlichen Wert haben, sondern verleihen in ihrer Gesamtheit auch einem Engagement für das Wohl des einzelnen Käufers Ausdruck, das jenes eines auf die Gestaltung von Erlebnissen beschränkten Unternehmens zwangsläufig übersteigt. Einem Wandlungsmoderator muss sein Kunde so sehr am Herzen liegen, dass er bereit ist, eine ehrliche Diagnose zu stellen, die Inszenierung der für die Wandlung des Käufers notwendigen Veranstaltungen zu leiten und den Prozess unbeirrt voranzutreiben. Der anerkannte Philosoph Milton Mayeroff hat mit *On Caring* das vielleicht beste Werk zu diesem Thema geschrieben. Das Buch ist eine Pflichtlektüre für alle, die wirklich interessiert daran sind, Wandlungen anzubieten. Mayeroff schreibt: »Die Fürsorge [caring], also das Bemühen, jemandem dabei zu helfen, sich zu entwickeln und zu verwirklichen, stellt einen Prozess dar, eine bestimmte Art, eine Beziehung zu jemand anderem aufzubauen. Dies beinhaltet eine Entwicklung ähnlich jener von Freundschaften, die nur im Lauf der Zeit entstehen, wenn gegenseitiges Vertrauen wächst und die Beziehung eine tief greifende qualitative Wandlung erfährt.«[25] Mit »Prozess« meint Mayeroff eine Reihe von Erlebnissen, die nicht nur Fürsorge demonstrieren, sondern diese auch *entwickeln*. (Sind die besten Freunde nicht jene, mit denen man die bedeutsamsten, intensivsten Erlebnisse hatte?)

Darüber hinaus können sich die für eine anhaltende Wandlung erforderlichen langfristigen Beziehungen zu den einzelnen Anwärtern nur entwickeln, wenn sich die Führungskräfte von den kurzfristigen Imperativen lösen und ihrer Arbeit dauerhafte – ja zeitlose – Unternehmensprinzipien zugrunde legen. Mayeroff verwendet Begriffe wie Verständnis, Geduld, Aufrichtigkeit, Vertrauen, Bescheidenheit, Hoffnung und Mut, um die Methode der Fürsorge zu beschreiben. Warum finden wir diese Begriffe nicht öfter in den Zielerklärungen von Unternehmen? Schließlich müssen sich Wandlungsmoderatoren auch um die *Fortsetzung* der Fürsorge bemühen. Einmalige Erlebnisse sind als Wandlungsangebote zum Scheitern verurteilt, weil sie keine Fürsorge beinhalten. Damit sich der Anwärter seinem Ziel nähern kann, muss er durch eine Sequenz von Erlebnissen geleitet werden, die alle denselben Prinzipien gehorchen.

Den Mitarbeitern eines Wandlungsunternehmens muss der Kunde wirklich am Herzen liegen. Deshalb müssen Wandlungsmoderatoren zuerst ihre eigenen Angestellten in fürsorgliche (caring) Personen verwandeln, die ihre Arbeit als Bereicherung empfinden. Erst dann können sich diese Mitarbeiter daran machen, die Kunden zu verwandeln. C. William Pollard, Chairman der *ServiceMaster Company*, drückt es so aus: »Geist und Seele der Menschen können durch das, was sie tun, bereichert werden, wenn sie dienen und arbeiten. Und sie können im Prozess ihres Werdens wachsen.«[26] In seinem Buch *The Soul of the Firm* erzählt Pollard, wie *ServiceMaster* seine Mitarbeiter darin schult, nicht Dienstleistungen zu erbringen, sondern zu *dienen*. Das verlangt von den Führungskräften die Bereitschaft, ihre eigenen Bedürfnisse zugunsten der Mitarbeiter zu opfern, und von den Angestellten, ihre Bedürfnisse zu opfern, um den Kunden einige Opfer zu ersparen. Während Sokrates »Erkenne dich selbst« und Aristoteles »Beherrsche dich selbst« sagte, veränderte ein anderer großer Denker die Geschichte – und die Herzen der Menschen – mit seinem einzigartigen Zugang zu einem sinnvollen Leben. »Gib dich selbst« waren die Worte, die Jesus sprach.[27]

Prüfen Sie Ihre Reaktion auf die Erwähnung Jesu in einem Wirtschaftsbuch. Welches Gefühl ruft das in Ihnen hervor? In der bevorstehenden Wandlungswirtschaft werden Anwärter ihre Zukunft nur jenen anvertrauen, die ihre Weltanschauung teilen. Der Wandlungsmoderator muss einen Zusammenhang für die Veränderung schaffen – die Werte, die das Unternehmen verbreiten möchte –, was letztlich zur Entstehung von Unternehmen führen wird, die eine *Segmentierung der Weltanschauung* praktizieren. Die Unternehmen können nicht länger eine agnostische Position zu der Frage einnehmen, was moralisch richtig und falsch ist, und sich auf diese Art hinter dem Argument verstecken, lediglich Güter und Dienstleistungen zu verkaufen. Ob sie es nun bewusst – wie *ServiceMaster* – oder unbewusst tun: Jedes Unternehmen vertritt eine Weltanschauung. Wandlungen sind unvermeidlich. Die Gewinnung von Rohstoffen verwandelt die Erde in einen unterworfenen Planeten, was Auswirkungen auf all ihre Bewohner hat. Die Vermarktung von Verbrauchsgütern verwandelt den Käufer in einen Benutzer, wobei er das Gut richtig oder falsch einsetzen kann. Eine Dienstleistung verwandelt den Kunden in einen Empfänger, wobei der Dienst den Menschen auf- oder abwerten kann. Ein Erlebnis verwandelt den Gast

Jedes Geschäft beinhaltet eine moralische Entscheidung

in einen Teilnehmer an der Begegnung, wobei diese langfristig eine schädliche oder eine vorteilhafte Wirkung haben kann. Und eine Wandlung verwandelt den Anwärter in einen neuen Menschen, mit allen ethischen, philosophischen und religiösen Folgen, die mit dieser Veränderung einhergehen können. Jedes Geschäft beinhaltet eine moralische Entscheidung.

10 Finden Sie Ihre Rolle in der Welt

In seinem Buch *The End of Work* beklagt der professionelle Pessimist Jeremy Rifkin den mit der technischen Innovation einhergehenden Verlust von Arbeitsplätzen in den Bereichen Landwirtschaft, Industrie und Dienstleistungen und erklärt: »Wir treten in einen neuen Abschnitt der Geschichte ein, in dem immer weniger Arbeitskräfte benötigt werden, um die Güter und Dienstleistungen für die Weltbevölkerung bereitzustellen.«[1] Rifkin räumt ein, dass es einen »vierten« wirtschaftlichen Sektor gibt, den er als Wissenssektor bezeichnet, glaubt aber, dieser werde »lediglich einem Bruchteil der zigmillionen Menschen Arbeit geben, deren Arbeitsplätze in den nächsten Jahrzehnten verloren gehen werden«[2]. Allerdings sieht er »Grund zu der Hoffnung, dass eine neue Vision, die auf einer Wandlung des Bewusstseins und einem neuen Engagement für die Gemeinschaft beruht, Fuß fassen wird«[3].

Der Anteil der Wandlungsmoderatoren am Wirtschaftskuchen wird immer größer

Es gibt tatsächlich Grund zur Hoffnung: Denn die natürliche Entwicklung der Wirtschaft weg von Gütern und Dienstleistungen schafft ja gerade Bedarf an neuen Arbeitskräften in der Erlebnis- und Wandlungswirtschaft. Wie in Abbildung 10.1 (einer aktualisierten Version von Abbildung 1.3) dargestellt, gingen in den letzten 40 Jahren nur in der Landwirtschaft Arbeitsplätze verloren. Der Zuwachs an Arbeitsplätzen in der Erlebnis- und Wandlungswirtschaft ist doppelt so hoch wie im Dienstleistungsbereich, und das nomina-

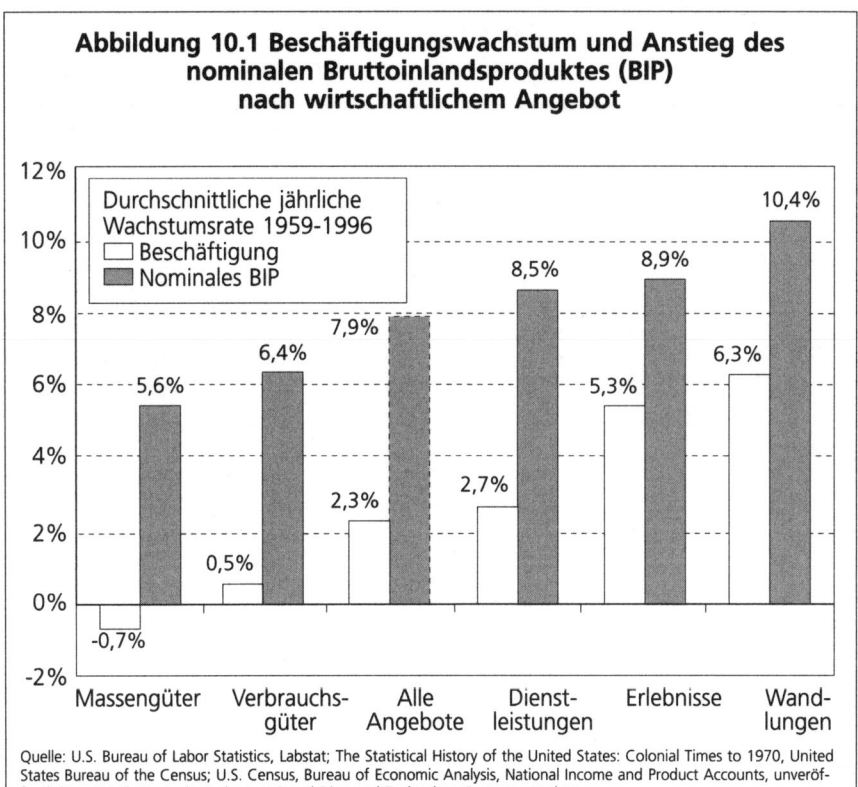

Abbildung 10.1 Beschäftigungswachstum und Anstieg des nominalen Bruttoinlandsproduktes (BIP) nach wirtschaftlichem Angebot

Durchschnittliche jährliche Wachstumsrate 1959-1996
☐ Beschäftigung
◼ Nominales BIP

Massengüter: -0,7% / 5,6%
Verbrauchsgüter: 0,5% / 6,4%
Alle Angebote: 2,3% / 7,9%
Dienstleistungen: 2,7% / 8,5%
Erlebnisse: 5,3% / 8,9%
Wandlungen: 6,3% / 10,4%

Quelle: U.S. Bureau of Labor Statistics, Labstat; The Statistical History of the United States: Colonial Times to 1970, United States Bureau of the Census; U.S. Census, Bureau of Economic Analysis, National Income and Product Accounts, unveröffentlichtes Detail; Strategic Horizons LLP and Diamond Technology Partners, Analyse.

le BIP für diese neu identifizierten wirtschaftlichen Angebote überholte zwischen 1959 und 1996 alle anderen, wobei die Wandlungswirtschaft eine durchschnittliche Wachstumsrate von über zehn Prozent pro Jahr aufweist.[4]

Die in Abbildung 10.2 dargestellte Statistik des amerikanischen Verbraucherpreisindex (eine aktualisierte Version von Abbildung 1.2) weist medizinische Dienstleistungen als den einzigen Bereich der Wandlungsindustrie aus, der eindeutig von der Statistik des »Dienstleistungssektors«, die von der amerikanischen Bundesregierung erstellt wurde, getrennt werden kann. Die »Inflation« im Gesundheitswesen, wie sie fälschlicherweise genannt wird, überholt nicht nur die in sämtlichen Dienstleistungen, sondern die Preise steigen sogar (wie erwartet) schneller als jene der Erlebnisse.[5] Doch das Gesundheitswesen ist nicht der einzige Bereich. Die Honorare für Managementberatung sind in den neunziger Jahren enorm gestiegen. Heute ist es

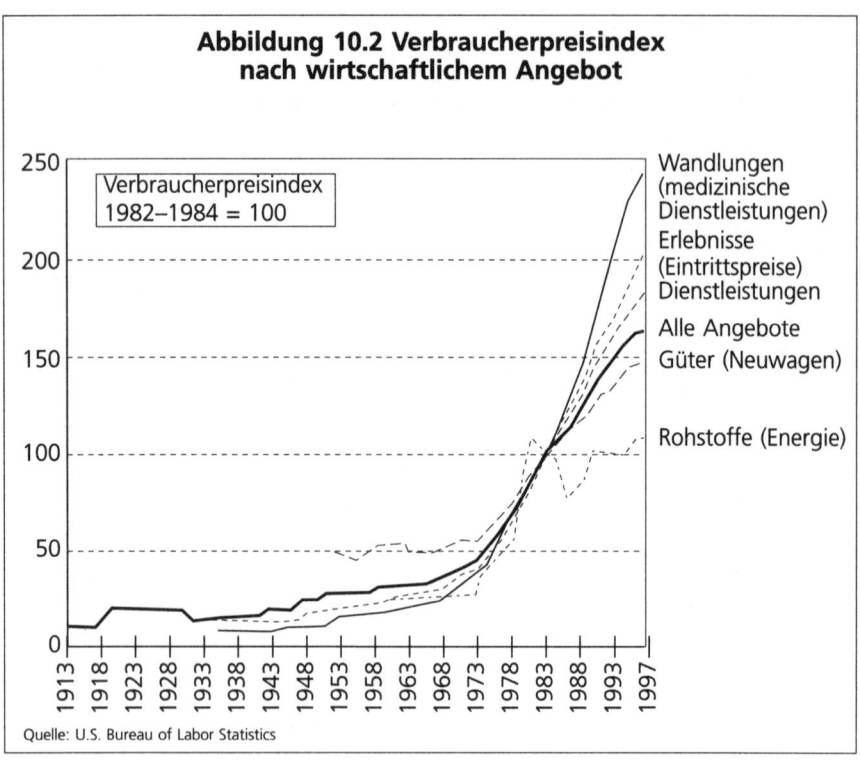

Abbildung 10.2 Verbraucherpreisindex nach wirtschaftlichem Angebot

Verbraucherpreisindex
1982–1984 = 100

Wandlungen (medizinische Dienstleistungen)
Erlebnisse (Eintrittspreise)
Dienstleistungen
Alle Angebote
Güter (Neuwagen)
Rohstoffe (Energie)

Quelle: U.S. Bureau of Labor Statistics

durchaus üblich, dass die Spitzenkräfte der führenden Beratungsunternehmen 3000 Dollar pro Tag verrechnen – drei- bis fünfmal mehr als in den achtziger Jahren; die finanzielle Größenordnung der Projekte erreicht acht- bis neunstellige Dollarbeträge. Und die Kosten für Unterricht, Unterbringung und Verpflegung an den amerikanischen Colleges und Universitäten stiegen zwischen 1980 und 1996 um das Zweieinhalbfache, fast dreimal so schnell wie die Inflationsrate.[6]

Kurz gesagt wird das Stück, das sich die Wandlungsmoderatoren vom Wirtschaftskuchen holen, immer größer, ebenso wie zuvor das Stück der Erlebnisgestalter. Die Wandlungsmoderatoren sind die Einzigen, die heute noch besser dastehen als die Erlebnisgestalter. Bei beiden Gruppen handelt es sich nicht nur um bedeutsame Wirtschaftsbereiche; sie sind die Motoren des Wachstums, die genug Arbeitsplätze und Ertrag schaffen werden, um die Rückgänge in den anderen Sektoren wettzumachen. Es wird wohl eine Weile dauern, bis wir uns an diese Tatsache gewöhnen. Wie Virginia Postrel, die Herausgeberin der Zeitschrift *Reason*, so treffend bemerkt: »Die Wirt-

274

schaft wird zunehmend immateriell. Die ergiebigsten Quellen des Reichtums sind nicht materiell. Wir haben uns noch nicht an eine Wirtschaft gewöhnt, in der Schönheit, Unterhaltung, Aufmerksamkeit, Lernen, Vergnügen oder spirituelle Erfüllung so real und wirtschaftlich wertvoll sind wie Stahl oder Halbleiter.«[7] Sie trifft den Nagel auf den Kopf. Denn die Quellen des Reichtums in diesen neuen Wirtschaftssektoren sind nicht materiell, sondern intellektuell.

Klug arbeiten

Allein der Gedanke, die Menschen (oder Unternehmen) zu verwandeln, verlangt von uns, über ein Wort nachzudenken, das heute in der Wirtschaft kaum verwendet wird: Es geht um den Begriff der Klugheit *(wisdom)*. Im *Oxford English Dictionary* wird *wisdom* definiert als »die Eigenschaft, klug zu sein, besonders in Bezug auf das Verhalten und die Wahl der Mittel und Ziele; die Verknüpfung von Erfahrung und Wissen mit der Fähigkeit, sie auch vernünftig anzuwenden; gutes Urteilsvermögen, Vernunft, praktische Einsicht«[8]. Die Wandlungsmoderatoren müssen in allen Phasen einer Wandlung klug vorgehen. Sie müssen eine kluge Diagnose stellen, um wirkliche Bestrebungen von falschen Hoffnungen, unrealistischen Zielen und Selbsttäuschung zu unterscheiden. Und vor allem brauchen sie Klugheit, um zu beurteilen, ob eine Person oder ein Unternehmen zu der gewünschten Veränderung fähig ist.

In der Phase der Erlebnisinszenierung müssen Wandlungsmoderatoren klug sein, um die richtige »Wahl der Mittel« vornehmen und so die in der Diagnose gewählten Ziele erreichen zu können. Auch in der Phase der Aufrechterhaltung sind ein gutes Urteil, eine gute Wahl der Maßnahmen und die kluge Anwendung von Erfahrung und Wissen erforderlich. Ohne Klugheit werden die Bestrebungen schwer zu verwirklichen sein.

Sehen Sie sich die oben angeführte Definition der Klugheit noch einmal an, besonders die Beziehung zwischen »Erfahrung« und »Wissen«. Wie in Abbildung 10.3 dargestellt, entspricht jeder Stufe des Fortschritts des wirtschaftlichen Wertes eine Stufe des »Fortschritts des Informationswertes«.[9] Das Gegenstück zu den Massengütern auf der untersten Ebene ist der Lärm: eine Fülle unzusammenhängender

Beobachtungen, die wenig oder gar keine Bedeutung haben. Durch solche Beobachtungen müssen sich Unternehmen wühlen, die Rohstoffe gewinnen, um zum Beispiel Goldadern oder Ölvorkommen zu finden. Werden diese Beobachtungen in ein System gebracht, so bekommen sie einen Sinn und werden damit zu wertvollen Daten. So ermöglichte die Sammlung von materiellen und finanziellen Daten die industrielle Revolution. Diese beruhte auf der von den Fabrikanten vorgenommenen Arbeitsteilung, auf standardisierten Spezifikationen, Effizienzmessungen usw. Die industrielle Revolution erreichte ihren Höhepunkt mit der Entwicklung der Computer durch die Datenverarbeitungsbranche, wie sie früher genannt wurde. Die Datenmenge wurde so groß, dass die Menschen nicht mehr in der Lage waren, sie zu verarbeiten.[10]

Mittlerweile ist der Begriff *Datenverarbeitung* ein Anachronismus; er erinnert an die sechziger und siebziger Jahre. Heute sprechen wir von *Informationstechnologie*. In dieser begrifflichen Wandlung spiegelt sich die Entwicklung von der industriellen Wirtschaft zur Dienstleistungswirtschaft exakt wider, denn Informationen sind Daten, die an andere weitergegeben werden (eine Dienstleistung), wofür ein gemeinsamer Kontext oder Bezugsrahmen erforderlich ist. Güter werden isoliert hergestellt und an Lager geliefert; sie sind im Wesentlichen konkrete Beispiele für kodifizierte Spezifikationen. Im Gegensatz dazu können Dienstleistungen nicht isoliert angeboten werden, sondern erfordern einen Kontext, in dem Anbieter und Kunde gemeinsam festlegen, welche Aktivitäten der Kunde ausführen möchte. Und jene Dienstleistung, in der ein Massenangebot individualisiert wird, ersetzt natürlich das Lager durch die Information.

Da wir uns derzeit auf die Erlebniswirtschaft zu bewegen, klingt der Begriff *Informationstechnologie* ebenfalls veraltet. Man spricht heute von »Wissensbasis«, »Wissensmanagement«, »Wissensinfrastruktur« usw.[11] Wissen ist *erlebte Information*, das heißt solche, die in Erlebnissen gewonnen und angewandt wird.[12] Keiner der eben erwähnten Begriffe gilt für die Einbettung von Intelligenz in Computersysteme; sie beziehen sich vielmehr darauf, den Leuten Zugang zu geeignetem Wissen zu verschaffen, sodass es sofort angewandt werden kann.[13] Und natürlich erfordert die Inszenierung von Erlebnissen eine genaue

Ohne Klugheit fällt es den Menschen schwer, ihre Bestrebungen zu verwirklichen

**Abbildung 10.3 Der Fortschritt
des wirtschaftlichen Wertes und des Informationswertes**

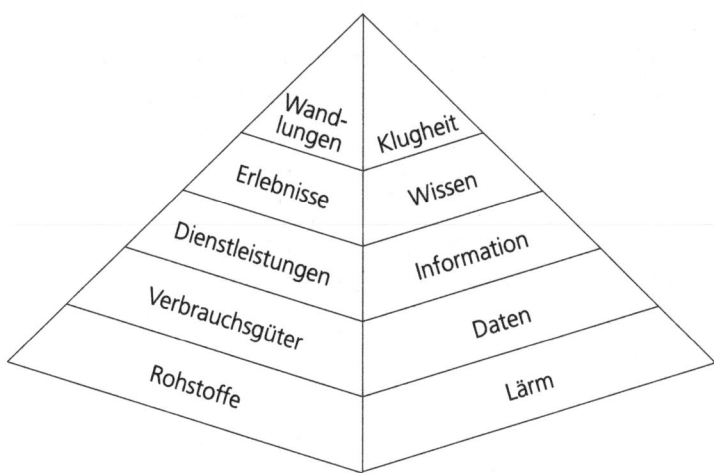

Kenntnis dessen, wie Menschen auf die Hinweise reagieren, die sie von anderen bekommen.

Auch wenn es noch eine Weile dauern wird, bis wir Begriffe wie *Klugheitstechnologie* zu hören bekommen, ist dies unweigerlich der nächste Schritt in der Entwicklung. Das erste Buch, das sich mit Unternehmen beschäftigt, die über das Wissen hinausgehen, trägt den Titel *Working Wisdom* und stammt von John Dalla Costa. Dalla Costa hat erkannt, dass Klugheit sowohl das *Ergebnis von* oft schmerzlichen – (wie im Fall von Fitnessprogrammen, Psychotherapien und Trauer) – Erlebnissen als auch die *Voraussetzung* für Wandlungen ist:

Da sie eine menschliche Schöpfung mit menschlichen Mängeln ist, beinhaltet die wirtschaftliche Praxis zwangsläufig auch die Erfahrung des Leidens. Doch während andere politische, religiöse und künstlerische Einrichtungen die Notwendigkeit des Leidens erkennen und es als Preis für den Fortschritt auf eine neue Ebene der menschlichen Erfahrung betrachten, sehen wirtschaftliche Organisationen das Leid immer noch aus dem von Vermeidung und vermeintlicher Unverwundbarkeit geprägten Blickwinkel des Heranwachsenden.

Ein Grund für diese institutionelle Unreife liegt darin, dass die Ge-

277

winne der Wirtschaft oft auf der Erfüllung eines Bedürfnisses beruhen,
das Schmerz, Unbehagen oder Trauer beseitigt. Leid und Sorge sind
Worte, die seit 50 Jahren durch einen endlosen Strom von Produkten
(das heißt Gütern) und Dienstleistungen, die Erleichterung, Bequem-
lichkeit, Selbstverwirklichung und sofortige Befriedigung versprechen,
aus unserer Konsumkultur verdrängt werden. In vieler Hinsicht bietet
die Wirtschaft das Gegengift für Leid an, sodass sie natürlich dazu
neigt, das abzuwerten, was sie mit Gewinn zu beseitigen versucht.[14]

Wesentlich größere Gewinne winken jenen Unternehmen, die klug genug sind, sich nicht auf das Angebot von Gütern und Dienstleistungen zu beschränken, und stattdessen Erlebnisse (so schmerzlich sie auch sein mögen) einsetzen, um ihre Kunden zu verwandeln.

Um das zu erreichen, müssen Sie die in Abbildung 10.3 dargestellte Pyramide besteigen. Während das wirtschaftliche Angebot mit jeder Stufe weniger materiell wird, wird der *Wert* dieses Angebots zunehmend *materiell*. Die Wirtschaftsexperten sprechen oft von der »Linie der Immaterialität« zwischen Gütern und Dienstleistungen – der wir die zur Stufe der Erlebnisse führende »Linie der Einprägsamkeit« und die zur Stufe der Wandlungen führende »Linie der Aufrechterhaltung« hinzufügen möchten –, beziehen sich dabei aber auf das Angebot selbst und nicht auf den Wert, den es für den Kunden hat. Wie in Kapitel 1 dargelegt, bleiben Güter und Dienstleistungen außerhalb des Menschen, während Erlebnisse in ihn eindringen, ihn auf eine inhärent persönliche Weise ansprechen und dadurch den Wert des Angebots wesentlich erhöhen. Doch wie einschneidend ein Erlebnis auch sein mag: Die Erinnerung daran lässt mit der Zeit nach. Im Gegensatz dazu leiten Wandlungen einen Menschen bei der Verwirklichung einer

> Während das wirtschaftliche Angebot immer weniger greifbar wird, wird sein Wert immer greifbarer

Bestrebung und helfen ihm, diese Veränderung aufrechtzuerhalten. Kein irdischer Wert ist konkreter, greifbarer oder lohnender als die Verwirklichung einer Bestrebung.

Während die Menge der Information mit jeder Stufe des Fortschritts des Informationswerts abnimmt (Hintergrundlärm ist praktisch allgegenwärtig, Klugheit hingegen äußerst selten), gewinnt die Intelligenz selbst stetig an Bedeutung. Nichts ist wichtiger, beständiger oder

Gewinn bringender als die Klugheit, die für die Wandlung des Kunden erforderlich ist. Und nichts hat einen höheren Preis.

In seinem Buch *The Knowledge-Value Revolution* zeigt der japanische Autor Taichi Sakaiya, wie die Menschen in allen Gesellschaften »ein Gespür für ihre Umwelt entwickeln, das sie dazu veranlasst, Ressourcen, die knapp werden, sparsam zu verwenden, während sie alles, was in Hülle und Fülle vorhanden ist, demonstrativ verschwenderisch einsetzen«[15]. So wurden in den USA Rohstoffe, die immer reichlich vorhanden waren, sehr großzügig verwendet. Die Reichen bauten sich gigantische Häuser auf riesigen Grundstücken und ließen ständig das Licht eingeschaltet, um ihren Reichtum zur Schau zu stellen. In Japan hingegen waren Rohstoffe stets knapp, weshalb sie sparsam eingesetzt wurden. Arbeitskräfte waren hingegen stets im Überfluss vorhanden, und die Reichen beschäftigten Heerscharen von Angestellten, die ihre kleinen Häuser und Gärten pflegten, um ihren Reichtum zu zeigen. Mit dem Wirtschaftsboom in der zweiten Hälfte des 20. Jahrhunderts wurden qualifizierte Arbeitskräfte in beiden Ländern knapp, woraufhin sie zur Erzeugung von Wegwerfprodukten übergingen, was das Einsparen von Arbeitskräften durch Massenproduktionstechniken ermöglichte und gleichzeitig die Vergeudung von Materialien zur Folge hatte, da sie nach einmaligem Gebrauch weggeworfen wurden.

Nichts ist wichtiger als jene Klugheit, die für die Verwandlung der Kunden benötigt wird

Sakaiya, der dieselben gesellschaftlichen und wirtschaftlichen Veränderungen beobachtet hat wie wir, kommt zu dem Schluss, dass immer mehr Unternehmen und die Menschen in diesen Unternehmen den Schritt auf die nächste Ebene des Informationswerts vollziehen, um etwas anzubieten, das er auf japanisch *chika* nennt. Dieser mit »Wert des Wissens« etwas holprig übersetzte Begriff bezeichnet sowohl den »Preis der Klugheit« als auch den »durch Klugheit geschaffenen Wert«.[16] Sakaiya sagt voraus, dass irgendwann auch die Klugheit im Überfluss vorhanden sein wird:

Daraus folgt, dass in der gerade entstehenden neuen Gesellschaft jener Lebensstil die größte Anerkennung finden wird, mit dem der Konsum von Klugheit (im weitesten Sinn) unübersehbar zur Schau gestellt wird, während die Produkte, die sich am besten verkaufen

*werden, ihren Käufer als »wissenden« Menschen ausweisen. Solche
Produkte, die vor allem den Zugang ihres Besitzers zu den neuesten
Erkenntnissen, zu den besten Informationen und zum gesammelten
Wissen bezeugen, verfügen über eine Qualität, die ich im Folgenden
als »Wert des Wissens« bezeichnen werde. Ich behaupte, dass wir in
einen neuen Abschnitt der Zivilisation eintreten, in dem der Wert, der
dem Wissen beigemessen wird, die treibende Kraft sein wird.*[17]

Und wir behaupten, dass die »Produkte«, die den »Wert des Wissens«
am besten verkörpern – die wirtschaftlichen Angebote, die aus akku-
mulierter Klugheit resultieren –, jene sind, die den Kunden verwandeln. Das Angebot ist jedoch nicht die Klugheit an sich: Sie ist lediglich ein Mittel zum Zweck. Das Angebot ist der veränderte Mensch.
Der Kunde ist das Produkt.

Man ist, was man in Rechnung stellt: Das gilt auch für die Fürsorge

Nur sehr wenige der Unternehmen, deren Tätigkeit dazu dient, Menschen oder andere Unternehmen zu verändern, sind wirklich in der
Wandlungsbranche. Viel zu viele derartige Unternehmen betrachten
ihr Angebot als reine Dienstleistung und sind deshalb nicht in der
Lage, die Wandlung herbeizuführen oder den gesamten wirtschaftlichen Wert zu nutzen, der mit vollzogener Wandlung entsteht. Vor
allem stellen die wenigsten dieser Unternehmen die eigentliche Wandlung in Rechnung. In der Wandlungsbranche zu sein bedeutet, nicht
die vom Unternehmen durchgeführten Aktivitäten, sondern das vom
Wandlungsanwärter nachweislich erzielte Ergebnis – die Wandlung
selbst – zu verrechnen.

So würde beispielsweise ein Fitnesscenter, das wirklich in der
Wandlungsbranche ist, nicht (nur) Mitgliedsbeiträge kassieren oder
die Zeit in Rechnung stellen, welche die Mitglieder an den Geräten
verbringen. Vielmehr würde es ein Honorar dafür verlangen, dass es
seinen Mitgliedern dabei hilft, tatsächlich ihre Gesundheit und ihr
Wohlbefinden zu verbessern. Gelingt es innerhalb eines festgelegten

Zeitraums nicht, die beabsichtigte Wandlung herbeizuführen, so bekommt das Fitnesscenter kein Geld – oder zumindest weniger, wobei der Betrag aufgrund der erzielten Fortschritte festgelegt wird. Mit anderen Worten: Ein solches Fitnesscenter würde seinen Mitgliedern nicht die körperliche Anstrengung, sondern das Endergebnis, ihren durchtrainierten Körper, in Rechnung stellen.

Denken Sie darüber nach, was ein solches Unternehmen anders machen würde, wenn es ein echter Wandlungsmoderator wäre. Erstens würde es sich vor der Aufnahme eines neuen Mitglieds wesentlich eingehender mit den wirklichen Bestrebungen dieses Menschen und, was noch wichtiger ist, mit seiner gegenwärtigen körperlichen und geistigen Verfassung beschäftigen. Viele Menschen bringen nicht die charakterlichen Voraussetzungen mit, um ein Trainingsprogramm durchzuziehen und die Fortschritte konsequent aufrechtzuerhalten. Wir haben den Verdacht, dass viele Fitnesscenter einen Großteil ihrer Gewinne mit Kunden erzielen, die zwar ihre Beiträge bezahlen, sich jedoch nur selten an den Geräten abplagen. Solche Mitglieder aufzunehmen kann zwar für einen bestimmten Zeitraum Gewinn bringend sein, führt aber unweigerlich dazu, dass die ausgelaufenen Mitgliedschaften ständig durch neue ersetzt werden müssen. Doch die Fitnesscenter büßen weit größere Gewinne ein, weil sie nicht den vollen Wert verrechnen, den sie jenen Mitgliedern verschaffen, welche die richtige Einstellung mitbringen, um ihre Bestrebungen zu verwirklichen, und weil sie nicht versuchen, zuerst die Einstellung jener zu ändern, die anfänglich nicht dazu fähig sind. (Und auch diese diagnostische Tätigkeit sollte als Erlebnis beziehungsweise als Wandlung behandelt und verrechnet werden – die schon Gewinne abwirft, noch bevor jemand ein Mitglied wird!)

In der Wandlungsbranche wird das erzielte Ergebnis in Rechnung gestellt

Hat das Fitnesscenter einmal festgestellt, dass jemand körperlich und geistig in der Lage ist, ein bestimmtes Ziel zu erreichen, so kann es einen bestimmten Erfolg – einschließlich der Erreichung von Etappenzielen – in Rechnung stellen. Und der Betrag wäre zwei-, drei- oder vielleicht sogar zehnmal so hoch wie der, den Fitnesscenter heute für die Verwendung ihrer Geräte verlangen. Wer wäre nicht bereit, einen höheren Betrag für die Garantie zu bezahlen, dass er tatsächlich diese 15 Kilo abnehmen, diese zehn Zentimeter reine Muskelmasse an der Brust zunehmen, 120 Kilo stemmen oder (nach subjektiveren Maßstäben) einen Waschbrettbauch oder einen knackigen Po bekommen wird? Und sobald sich das Fitnesscenter dazu verpflichtet hat, würde es die richtigen Erlebnisse gestalten, um sicherzustellen, dass der Wandlungsanwärter seine Ziele erreicht – und deshalb voll bezahlt. Ein persönlicher Trainer verdient wesentlich mehr als ein Trainer in einem Fitnesscenter, weil er *garantiert*, dass sein Kunde das richtige Trainingsprogramm absolviert.

Auch im Beruf werden persönliche Trainer benötigt, wie sie zum Beispiel das kanadische Unternehmen *Priority Management* in Vancouver anbietet. Unter dem Slogan »Wir helfen Menschen, ihre Vorsätze in die Tat umzusetzen« verändert *Priority Management* das Verhalten von Menschen – wobei das Unternehmen unter anderem darauf verweisen kann, die geschäftliche und persönliche Produktivität durchschnittlich um mindestens 20 Prozent zu erhöhen. Im Rahmen eines Produktivitätsprogramms wird die gegenwärtige Produktivität diagnostiziert werden, Workshops werden abgehalten und ein persönliches Follow-up mit einem geprüften Trainer wird durchgeführt. Der Schlüssel zum Erfolg liegt in der Garantie, dass der Kunde, sollte er seine Ziele nicht erreichen, nicht bezahlen muss. Der Franchisenehmer Roger Wangen aus Burnsville, Minnesota, erzählte uns: »Mit unseren Trainingsmethoden erreichen die meisten Kunden ihr Produktivitätsziel ohne Probleme. Wenn jemand Gefahr läuft, hinter den gemeinsam festgelegten Zielen zurückzubleiben, oder wenn er nicht so mit seinen Prioritäten umgeht, wie ich es ihm gezeigt habe, verdople ich meine Anstrengungen, um sicherzustellen, dass er die gewünschten Ergebnisse erzielt.« Es ist kein Wunder, dass 95 Prozent der Kunden von *Priority Management* das Programm fortsetzen. Obwohl es seine Kunden noch nicht als Wandlungsanwärter bezeichnet, ist dieses Unternehmen zweifellos in der Wandlungsbranche.

Denken Sie auch an das Beispiel der Managementberatung. Hier handelt es sich um eine weitere Branche, in der die Unternehmen nicht die Wandlung der Kunden, sondern den Zeitaufwand ihrer Mitarbeiter in Rechnung stellen. Würden sich die Unternehmensberater selbst als Mitglieder der Wandlungsbranche betrachten, so würden sie so wie die Fitnesscenter viel mehr Zeit in die Diagnose investieren, um die strategischen Bedürfnisse der Kunden und deren Fähigkeit zur Veränderung festzustellen. Sie würden aufhören, analytische

Dokumente zu erstellen (die materiellen Güter der heutigen Consultingbranche, in der *PowerPoint* eine so wichtige Rolle spielt) und stattdessen einprägsame Erlebnisse inszenieren, die es dem Kunden ermöglichen, zuerst zu erleben, wie es wäre, in einer Welt zu leben und zu arbeiten, in der seine Strategien verwirklicht werden, und dann diese Welt tatsächlich zu erschaffen. (Und natürlich würden sie geeignete Erinnerungsstücke für jedes Erlebnis anbieten, die sich wohltuend von den heutzutage üblichen sterilen Mappen abheben würden). Vor allem würden sie der Phase der Aufrechterhaltung größere Aufmerksamkeit widmen, um zu garantieren, dass jeder Kunde seine Strategie auch wirklich erfolgreich umsetzt, weil sie andernfalls teilweise oder ganz auf ihr Honorar verzichten müssten.[18] Erfolgreiche Beratungsprojekte, die durch entsprechende Symbole in Erinnerung bleiben, würden noch wesentlich höhere Gewinne bringen, als heute mit den reinen Dienstleistungen erzielt werden.

Vielfach bezahlt der Kunde schon heute ganz oder zum Teil mit Aktienoptionen oder mit einem prozentuellen Anteil an den erreichten betrieblichen Resultaten. Für das in Boston ansässige Consultingunternehmen *Bain & Co.* ist diese Zahlungsform mittlerweile selbstverständlich, während seine Konkurrenten *McKinsey & Co.* und *Boston Consulting Group* dieser Praxis sehr skeptisch gegenüberstehen und sie vielleicht sogar als Verstoß gegen die Berufsethik betrachten. Doch wie Bill Price, ein Managing-Partner von *Texas Pacific* (und Consultingkunde) bemerkte: »Ich finde es merkwürdig, dass einige Leute in der Consultingbranche hier einen potenziellen Konflikt sehen. Wenn überhaupt stellt die traditionelle Zahlungsform einen größeren potenziellen Konflikt dar, weil der Berater Geld damit verdient, Berichte und nicht Resultate zu liefern.«[19] Eine Consultingfirma, die ihren Kunden ausschließlich Berichte in Rechnung stellt, ist nicht in der Wandlungsbranche.

Tatsächlich ist man, was man in Rechnung stellt. Wir wollen diesen Punkt deutlich hervorheben, weil er für jede Stufe des Kundenwerts gilt:

Tatsächlich ist man, was man in Rechnung stellt

- Wenn Sie *Stoffe* in Rechnung stellen, sind Sie in der *Massengüter*branche.
- Wenn Sie *materielle Produkte* in Rechnung stellen, sind Sie in der *Güter*branche.

- Wenn Sie *die von Ihnen durchgeführten Aktivitäten* in Rechnung stellen, sind Sie in der *Dienstleistungs*branche.
- Wenn Sie *die Zeit, welche die Kunden mit Ihnen verbringen*, in Rechnung stellen, sind Sie in der *Erlebnis*branche.
- Wenn Sie *das vom Kunden nachweislich erreichte Ergebnis* in Rechnung stellen, dann und nur dann sind Sie in der *Wandlungs*branche.

Es ist nicht einfach, sein Geld mit der Verwandlung seiner Kunden zu verdienen. Rohstoffe aus dem Boden zu gewinnen mag die körperlich anspruchsvollste Tätigkeit sein, doch die Wandlung eines Kunden herbeizuführen ist die intellektuell anspruchsvollste, die manchmal auch hohe körperliche (Fitnesscenter) und emotionale (Krankenhäuser) Anforderungen umfasst.

Arbeit ist Theater: 2. Akt, 1. Szene

Auch Wandlungsmoderatoren müssen Erlebnisse inszenieren, die sie jedoch erweitern, indem sie Themen, Eindrücke, Hinweise und Erinnerungsstücke so gestalten, dass der Käufer seinen Bestrebungen näher gebracht wird. In der Wandlungsbranche genügt es nicht mehr, das Erlebnis zu präsentieren. Zwar ist die Arbeit auch hier Theater, doch bei diesem neuen Angebot werden die Rollen von Käufer und Verkäufer neu definiert. Bei einem Erlebnis sind die Mitarbeiter des inszenierenden Unternehmens Schauspieler, die Rollen spielen und Charaktere darstellen, um die Gäste auf unterhaltsame, bildende, zerstreuende und/oder ästhetische Art zu fesseln. Bei einer Wandlung bereiten all diese Erlebnissphären nur die Bühne dafür, dass *dem Kunden* dabei geholfen werden kann, richtig auftreten zu lernen. Erving Goffman, der Soziologe, der als Erster das Theater zu einem Modell für die Arbeit in Unternehmen erklärte, verweist auf militärische Ausbildungslager als Instrument für die persönliche Wandlung von zynischer zu aufrichtiger Leistung, denn ein »unbedarfter Rekrut, der am Anfang die militärischen Verhaltensregeln nur befolgt, um körperliche Strafen zu vermeiden ... hält sich nach einiger Zeit an die Regeln, damit er seiner Organisation keine Schande macht und damit seine Offiziere und die anderen Soldaten ihn respektieren«[20].

Denken Sie noch einmal an Wandlungsangebote für Geburtstage. Die Auswahl der Geschenke, die Einladung der Gäste, die vorgedruckten Dankesbriefe und andere Elemente sollen einem Kind dabei helfen, richtig handeln zu lernen. So wird es am Anfang so handeln, »als ob« es dankbar wäre und später auf sein emotionales Reservoir dankbarer Handlungen in der Vergangenheit zurückgreifen, um seine Dankbarkeit, wann immer sie angebracht ist, auf eine ganz persönliche Art auszudrücken. Ein solches Angebot ergänzt die wesentlichste Rolle der Eltern: die Kinder zu unabhängigen Erwachsenen zu erziehen, die selbstständig handeln können. Das gesamte Ensemble eines Wandlungsmoderators übernimmt selbst eine einzigartige Rolle, die darin besteht, den angehenden Schauspieler bei der Darstellung neuer Rollen anzuleiten. (Und vergessen Sie nicht das Metadrama: Auch die Anleitung ist Arbeit, und Arbeit ist weiterhin Theater!)

Seit Aristoteles sind sich Philosophen, Gelehrte und Künstler der Fähigkeit des Theaters bewusst, Menschen zu verwandeln. Das Unternehmen *Lift-Him Ministries Performing Arts, Company* trägt dieser Tatsache Rechnung, indem es Schulungen für Schauspiel, Gesang und Klavier und für das Verfassen und Inszenieren von Stücken anbietet. Wie *American Wilderness Experience* hat auch dieses Unternehmen seinen Sitz in einem Einkaufszentrum (in diesem Fall etwas außerhalb von Cleveland). Mit seinem spärlich dekorierten Geschäftslokal, das eher an *die LAN Arena* erinnert, könnte *Lift-Him Ministries* ein Vorläufer für andere Unternehmen sein, die sich in Einkaufszentren niederlassen und den Menschen helfen, richtig auftreten zu lernen. Es könnte aber auch ein Einzelfall bleiben. Für die Gründer des Unternehmens stellen die angebotenen Schulungen lediglich ein Mittel dar, um einen ganz bestimmten Zweck zu erreichen: eine spirituelle Wandlung. In der Broschüre des Unternehmens heißt es dazu: »Es ist unsere Mission, Schulungen in der darstellenden Kunst in einer spirituellen Atmosphäre zu bieten und damit zum spirituellen Wachstum unserer Schüler beizutragen und ihnen zu helfen, ihre Begabungen zu entfalten. Wir geben unseren Schülern das Rüstzeug, um in ihrer Darstellung einen Sinn zu sehen, der über die Unterhaltung weit hinaus geht. Dieser Sinn besteht darin, Gott zu preisen und andere zu ermutigen, dasselbe zu tun.«

Der Regisseur Harold Clurman erklärt, dass die Theatertechniken »letzten Endes aufgrund ihres Beitrags zu unseren menschlichen Bedürfnissen, unseren Bestrebungen, moralischen Anliegen und Philosophien beurteilt werden müssen. Es geht um die Rolle, die das Publikum im Theater spielt ... Das Publikum ist der Urquell des Theaters, sein Hauptdarsteller. Das ist keine Metapher, sondern eine historische Tatsache.«[21] Und die Rolle des Publikums wird zu einem Teil des Stückes, so dass sich die Zuschauer im Laufe der Aufführung verändern und am Ende der Vorstellung nicht mehr dieselben Menschen sind. Wenn Kunden ihr Handeln nicht ändern, findet keine Wandlung statt. Wandlungsmoderatoren können dem Kunden die Veränderung nicht abnehmen, sie können seine Veränderung nur leiten. Und der Kunde muss bereit sein, sich in die Hand eines Regisseurs zu begeben, der ihn leitet. Wie kann ein Unternehmen seine Kunden dazu bewegen, ihm eine solche Verantwortung zu übertragen?

Für Anfänger: *Individualisieren Sie Ihr Angebot.* Niemand wird sich selbst – oder irgendeinen Teil von sich selbst – einem Unternehmen anvertrauen, das keine individuelle Beziehung zu ihm aufgebaut hat. Massenangebote vermitteln dem potenziellen Käufer eine klare Botschaft: Du bist uns nicht wichtig genug, um dich persönlich kennen zu lernen. Die Antwort des Käufers lautet unweigerlich: Du kannst mir nicht helfen, mich zu verändern, wenn ich dir nicht einmal wichtig genug bin, um mich persönlich kennen zu lernen. Indem Sie Ihr Massenangebot individualisieren, knüpfen Sie eine Beziehung zu Ihrem Kunden, die ihm signalisiert, dass er Ihnen am Herzen liegt.

Schon seit Aristoteles wissen wir um die Fähigkeit des Theaters, die Menschen zu verwandeln

Zweitens: *Inszenieren Sie Erlebnisse, die den Kunden an Sie binden.* Machen Sie es sich zum Ziel, von jedem einzelnen Kunden zu hören, dass er in der Zusammenarbeit mit Ihnen Dinge über sich selbst herausfindet, die er vorher nicht wusste. Gehen Sie anschließend einen Schritt weiter: Machen Sie es sich zum Ziel, von ihm zu hören, dass er *ausschließlich* in der Zusammenarbeit mit Ihnen einen Teil von sich selbst verstehen lernt. Machen Sie die Momente, die er mit Ihnen verbringt, zu den einprägsamsten Erlebnissen des Kunden. Diese Erlebnisse bereiten die Bühne, um ein Band zwischen Ihnen und dem Kunden zu knüpfen, ein Band, das es ihm ermöglicht, seine eigentlichen Ziele zutage zu fördern.

Drittens: *Bieten Sie Orte, an denen die Darsteller neue Verhaltensweisen proben können.* Nützen Sie Ihr Wissen über die Individualität jedes Kunden, um jene Erlebnisse zu inszenieren, die geeignet sind, die gewünschte Wandlung herbeizuführen. Bringen Sie Käufer mit ähnlichen Bestrebungen zusammen, die nicht nur von Ihnen oder aus dem Erlebnis, sondern auch voneinander lernen möchten. Stellen Sie *Ensembles* aus ähnlich denkenden Kunden zusammen – nicht, um die Kunden in anonyme Marktsegmente einzuordnen, sondern um eine Gruppe von Mitwirkenden zusammenzuschweißen, die in der Lage ist, jedes einzelne Mitglied darin zu bestärken, dass seine Bestrebungen legitim sind.

Lassen Sie sich einen Tipp von Dr. Robert Lucid geben, einem emeritierten Professor für Anglistik an der Universität von Pennsylvania, der als Leiter des Studentenheims gelernt hat, die Bestrebungen der Studenten zu verstehen: »Wenn jemand an eine Universität kommt, verfolgt er fast ausschließlich eigennützige Ziele – er sucht zum Beispiel eine Arbeit. Doch die Leute sind auch an der Universität als Theater interessiert. In diesem Theater werden sie eine bestimmte Rolle spielen. Sie haben bereits einige Zeit darüber nachgedacht und sind bereit, ihren Part zu spielen, *sofern auch die anderen Akteure bereit sind.* Und es ist diese geradezu verzweifelte Suche nach den anderen Darstellern – sie haben das Skript einigermaßen klar vor Augen und wollen nur sicher sein, dass sie sich auch am richtigen Ort befinden.«[22] Eisen schärft Eisen, und die meisten Vorführungen – insbesondere jene, die einer Wandlung dienen – erfordern, dass man die

Alles andere sind lediglich Requisiten, die der Begleitung der Wandlung dienen

Bühne mit anderen Darstellern teilt, sodass die Darstellung jeder Figur von den anderen Figuren abgegrenzt wird, die im selben Theater dargestellt werden. Häufig entscheidet der Austausch zwischen den Darstellern über das Ergebnis der Wandlung.

Und schließlich: *Lenken Sie die Darsteller.* Wären die Anwärter imstande, alles allein zu tun, so würden sie kein Wandlungsangebot erwerben oder einem Außenstehenden die Verwirklichung ihrer Bestrebungen anvertrauen. Sie wissen, dass sie ein gewisses Maß an Anleitung brauchen, aber sie wollen nicht, dass man ihnen sagt, was sie zu tun haben. Es ist die Aufgabe des Regisseurs, diese Gratwanderung zwischen Betreuung und Einmischung zu bewältigen. Ein

Wandlungsmoderator muss die Wandlungsanwärter lenken! Und ein fähiger Regisseur ist in der Lage, zwei anscheinend widersprüchliche Rollen zu spielen: die des Mitarbeiters und die des Befehlshabers. Die Regie weist ein starkes Element der Zusammenarbeit auf, denn die Kontrolle über die Ergebnisse wird geteilt, und der Regisseur führt mit den Darstellern einen Dialog über die beste Auslegung ihrer Rollen. Doch in Wandlungsprozessen gibt es Augenblicke, in denen der Regisseur Entscheidungen erzwingen und eine bestimmte Vorgehensweise diktieren muss, um den Darstellern dabei zu helfen, ihre Bestrebungen zu verwirklichen. Der Regisseur leitet die Orchestrierung der Themen, Eindrücke und Hinweise.

Alles andere sind lediglich Requisiten, die der Moderation der Wandlung dienen. Sämtliche Güter (samt der darin enthaltenen Massengüter) müssen eingesetzt werden, um einem Kunden dabei zu helfen, zu lernen, wie man auftritt, so wie die Schauspiellehrer Masken und andere Objekte einsetzen, um das Erlernen neuer Fähigkeiten zu erleichtern. Jede Dienstleistung muss ausschließlich dazu verwendet werden, dieses Lernen zu beschleunigen. Desgleichen muss jedes Erlebnis ausschließlich dazu eingesetzt werden, den Fortschritt des Darstellers in der Entwicklung des persönlichen Werts zu unterstützen.

Die untergeordneten Angebote, die in der nahenden Wandlungswirtschaft den größten Wert behalten werden, werden jene sein, die durch eine Intention bereichert sind, also jene, die existieren, um dem individuellen Kunden zu helfen, all das zu werden, was er sein möchte. Bei jeder Kaufentscheidung wird sich zwangsläufig die Frage stellen, wie sich die wirtschaftlichen Angebote eines Unternehmens auf den Kunden auswirken werden. Um in der Erlebniswirtschaft zu reüssieren, muss sich ein Unternehmen der (stets vorhandenen, in der von Massengütern, Gütern oder Dienstleistungen beherrschten Wirtschaft jedoch verdeckten) Tatsache stellen, dass sich alles, was es tut, auf das Wesen jener auswirken wird, für die das Unternehmen die Arbeit leistet. Die Intentionen eines Unternehmens werden in Zukunft so genau beobachtet werden wie nie zuvor, und vom Ergebnis der Bewertung wird es abhängen, welche Unternehmen gedeihen und welche zum Niedergang verurteilt sein werden.

Abbildung 10.4 Die neue Wettbewerbslandschaft

	Massengüter	Güter	Dienstleistungen	Erlebnisse	Wandlungen
Hervorbringung	Das Material ist das Angebot	Das Produkt ist das Angebot	Die Durchführung ist das Angebot	Das Ereignis ist das Angebot	Der individuelle Kunde ist das Angebot
	Es werden neue Substanzen entdeckt	Es werden neue Erfindungen entwickelt	Es werden neue Verfahren entwickelt	Es werden neue Manuskripte gestaltet	Es werden neue Ziele festgelegt
Durchführung	Die wesentliche Aktivität des Anbieters besteht in der Gewinnung	Die wesentliche Aktivität des Herstellers besteht in der Erzeugung	Die wesentliche Aktivität des Anbieters besteht in der Bereitstellung	Die wesentliche Aktivität des Gestalters besteht in der Inszenierung	Die wesentliche Aktivität des Moderators besteht in der Leitung
Korrektur	Ein schlechter Standort bewegt den Anbieter zu weiterer Erschließung	Ein Problem führt zur Behebung eines Mangels	Eine Reaktion löst eine Antwort aus	Das Vergessen löst eine Bewahrung der Erinnerung aus	Ein Rückfall führt zu entschlossenerer Verfolgung der Ziele
Anwendung	Auf den Märkten wird eine Verbindung hergestellt	Eine Transaktion stellt eine Beziehung zu den Benutzern her	Eine Interaktion stellt eine Beziehung zu den Kunden her	Eine Begegnung stellt eine Beziehung zu den Gästen her	Beharrlichkeit stellt eine Beziehung zu den Anwärtern her

289

Ein Strom von Gewinnmöglichkeiten

Um der Tätigkeit eines Unternehmens eine klare Intention zugrunde zu legen, sollten Sie sich auf die vier universellen Elemente konzentrieren, die gemeinsam die Grundlage für die Erzeugung von Wert durch das Unternehmen schaffen:

- *Hervorbringung:* Arbeit, die Wert aus etwas Neuem bezieht.
- *Durchführung:* Arbeit, die Wert daraus bezieht, dass etwas getan wird.
- *Korrektur:* Arbeit, die Wert daraus bezieht, dass etwas verbessert wird.
- *Anwendung:* Arbeit, die Wert daraus bezieht, dass etwas verwendet wird.[23]

Ein Unternehmen braucht eine Strategie zur Bewältigung der vier Dimensionen der Werterzeugung

Alles, was irgendwann zum Verkauf angeboten wird, muss irgendwo und/oder von irgendetwas *hervorgebracht* werden. Die Massengüter, die der Tätigkeit kommerzieller Unternehmen zugrunde liegen, werden aus tierischem, mineralischem oder pflanzlichem Material gewonnen. Seit den Anfängen der wirtschaftlichen Aktivität stellen diese Rohstoffe die Quelle eines unablässigen Stroms neuer Güter und Dienstleistungen – und mittlerweile auch von Erlebnissen und Wandlungen – dar.

Doch alle Formen der wirtschaftlichen Produktion erfordern, dass der Anbieter eine bestimmte Schlüsselaktivität durchführt, um das Angebot hervorzubringen. Und gleichgültig, wie gut eine Aktivität durchgeführt wird: Sie bleibt stets anfällig für Fehler (schließlich sind wir nur Menschen). Daher muss das Unternehmen etwaige Mängel oder Fehler, die den Wert seines Angebots schmälern, *korrigieren.* Henry Petroski bemerkt dazu: »Es ist nicht so, dass die Form der Funktion gehorcht, sondern eher so, dass die Form einer Sache aus der Unfähigkeit einer anderen Sache hervorgeht, so zu funktionieren, wie wir es uns wünschen würden.«[24] Also wird das Angebot so lange verbessert – indem bestimmte Aspekte hinzugefügt, entfernt oder modifiziert werden –, bis es von einer bestimmten Person oder einem

Unternehmen *angewandt* werden kann. An diesem Punkt wird das Angebot gegen Geld getauscht, und der Vorgang, in dem ein Angebot zur Anwendung kommt, schlägt eine Brücke zur ursprünglichen Forderung nach Befriedigung eines individuellen Wunsches oder Bedürfnisses.

Jedes Unternehmen braucht eine Strategie zur Bewältigung dieser vier Dimensionen der Werterzeugung. Wie aus Abbildung 10.4 hervorgeht, müssen die Unternehmen ihre wirtschaftlichen Angebote (Massengüter, Verbrauchsgüter, Dienstleistungen, Erlebnisse und Wandlungen) anhand der Tätigkeit definieren (Hervorbringung, Ausführung, Korrektur und Anwendung), die für eine bestimmte Art von Käufern (Märkte, Benutzer, Kunden, Gäste oder Anwärter) geleistet wird. Jedes Unternehmen muss diese neue Wettbewerbslandkarte systematisch studieren, mit einer für das Unternehmen einzigartigen Intention erfüllen und auf diese Art seine eigenen Angebote, Schlüsselaktivitäten, Korrekturauslöser und Käuferbeziehungen definieren, um sie anschließend zu seinem strategischen Vorteil zu nutzen.

Die Tätigkeit von Anbietern von Massengütern wie *Archer Daniels Midland and Cargill* verdeutlicht, dass sich ein Unternehmen auch mit einem untergeordneten Angebot erfolgreich im Wettbewerb behaupten kann und dass die Konzentration auf Massengüter manchmal die geeignete Strategie für ein Unternehmen darstellt. Ausgehend von den zuvor behandelten vier universellen Elementen der Arbeit muss ein Unternehmen, das diese Strategie gewählt hat, herausragende Leistungen in jenen grundlegenden Wert erzeugenden Tätigkeiten erbringen, die von einem Anbieter von Massengütern verlangt werden:

- Entdeckung neuer Rohstoffe
- Effiziente Gewinnung der Rohstoffe
- Erschließung alternativer Fundorte
- Handel auf den Märkten

Nur ein Bruchteil der landwirtschaftlichen und Bergbauunternehmen hat den zermürbenden Wettbewerb früherer Epochen überlebt. Die meisten Rohstoffe werden seit jeher auf fest etablierten Märkten gehandelt, doch wann immer jemand ein neues Material entdeckt, formen die Prozesse von Gewinnung, Erschließung und Handel neue Märkte. Der Zugang zu diesen Märkten entscheidet weiterhin über den

Erfolg, und eine schlechte Wahl der Quellen und der Bestimmungsmärkte kann den Untergang eines Unternehmens bedeuten, das Massengüter gewinnt.

Bei Unternehmen, die sich auf den Handel mit Gütern stützen, spielen Theorie und Praxis der Standortwahl keine derart bedeutsame Rolle mehr für den Erfolg. Solche Unternehmen bemühen sich immer noch, die Produktions-, Lager- und Vertriebsstandorte zu optimieren, doch diese Anlagen stellen nicht die primäre Voraussetzung für dauerhafte strategische Vorteile dar. Stattdessen muss der Wert aus folgenden Aktivitäten gewonnen werden:

- Entwicklung neuer Intentionen
- Effiziente Erzeugung der Produkte
- Behebung von Fehlern
- Transaktion mit den Benutzern

Die für den Erfolg Ausschlag gebenden Aktivitäten unterscheiden sich somit wesentlich von jenen, denen ein mit Massengütern handelndes Unternehmen nachgehen muss. Ein Anbieter von Gütern muss unablässig Forschung und Entwicklung betreiben, um neue Lösungen für alte Probleme zu finden, da die Produktlebenszyklen immer kürzer werden. Effizienz – und Qualität – in der Herstellung, sei es, dass diese auf handwerklicher Produktion oder moderneren Techniken beruht, entscheidet über den Erfolg. Und der Austausch mit den Kunden muss so gut funktionieren, dass deren Bedürfnisse befriedigt werden können.

Die wachsende Bedeutung qualitativ hochwertiger Prozesse zur Erzeugung dieser Güter führte zur Entstehung vollkommen neuer Unternehmen, welche die Hersteller unterstützen, und schließlich zur Entfaltung vollkommen neuer Dienstleistungsbranchen. Diese Dienstleistungsanbieter fanden Wege, um Aktivitäten mit hoher Wertschöpfung durchzuführen, welche die Hersteller zuvor den Kunden überlassen hatten. Zu ihren Aufgaben zählt Folgendes:

- Entwicklung neuer Verfahren
- Effiziente Durchführung der Abläufe
- Angebot von Lösungen
- Interaktion mit den Kunden

Innovationen im Dienstleistungsbereich haben ihren Ursprung nicht in der Isolation der Forschungslaboratorien, sondern entstehen in direktem Kontakt zu den einzelnen Kunden. Eine in beide Richtungen funktionierende Kommunikation – ein echter Dialog – schafft die Grundlage dafür, dass regelmäßig herausragende Dienstleistungen erbracht werden können.

Desgleichen werden bloße Dienstleistungen nicht genügen, um Erlebnisse erfolgreich zu inszenieren. Die Unternehmen müssen die Arbeit orchestrieren und Routineinteraktionen in einprägsame Vorführungen verwandeln. Dazu bedarf es folgender Aktivitäten:

- Gestaltung neuer Skripte
- Effiziente Inszenierung der Ereignisse
- Aufrechterhaltung der Erinnerung
- Begegnung mit den Gästen

Jedes Dienstleistungsunternehmen, vom Reparaturdienst bis zum Betreiber von Parkplätzen, kann von Dienstleistungen zur Inszenierung von Erlebnissen fortschreiten, wenn es diese dezidiert zu seinem Geschäft erklärt, die inhärenten Zugeständnisse der traditionellen Dienstleistungsangebote in seiner Branche eliminiert und ein Ereignis inszeniert, das fesselnd genug ist, um Eintritt dafür verlangen zu können.

Die Erkenntnis, dass es sich bei den Erlebnissen um ein eigenständiges wirtschaftliches Angebot handelt, stellt den Schlüssel zu zukünftigem wirtschaftlichen Wachstum dar. Jeremy Rifkin hat Recht, wenn er erklärt, in Zukunft würden weniger Arbeitskräfte benötigt, um die Dienstleistungen zu erbringen, so wie frühere Innovationen den Bedarf an Arbeitskräften in der Landwirtschaft und an Fabrikarbeitern für die Erzeugung von Gütern wesentlich verringerten. Doch Rifkin, der die Arbeitsplätze retten will, indem er die Maschinen zerstört, der politische Gelehrte Pat Buchanan und andere, die den Arbeitsplatzverlust durch die Automatisierung beklagen, irren sich, wenn sie glauben, die Nachfrage nach Arbeitskräften werde insgesamt sinken. Die zukünftigen Wellen des Wirtschaftswachstums werden eine Vielzahl von Möglichkeiten bieten, größeren Wohlstand zu erzeugen und neue Arbeitsplätze zu schaffen. Die Massen werden von jenen Unternehmen beschäftigt werden, die erkennen, dass die Erlebnisse ein eigenständiges wirtschaftliches Angebot darstellen – und die lernen, solche Erlebnisse effizient zu produzieren.

Noch besser bezahlte Arbeitsplätze werden in der Bereitstellung jener Erlebnisse entstehen, die der Verwandlung des Kunden dienen (den Anfang werden vielleicht jene Experten machen, die Unternehmen in Erlebnisgestalter verwandeln!). Die Prozesse, die erforderlich sind, um einen Anwärter zu verwandeln, sind anspruchsvoller und schwerer greifbar als jene, die durchgeführt werden müssen, um die übrigen wirtschaftlichen Angebote hervorzubringen. Zu den im Wandlungsgewerbe erforderlichen Tätigkeiten zählen:

● Festlegung neuer Ziele
● Anleitung des betreuten Kunden
● Förderung der Entschlossenheit zur Wandlung
● Beharrliche Betreuung des Anwärters

Gewiß werden die Unternehmen entdecken, dass die Wandlungen das am schwierigsten bereitzustellende Angebot darstellen, da die Wandlungsmoderatoren in ihren eigenen Prozessen klare Absichten verfolgen und gleichzeitig ihren Kunden helfen müssen, ihren Handlungen klare Intentionen zugrunde zu legen. Die Kunden werden diesen Angeboten besonders hohen Wert beimessen, da sie auf die eigentliche Quelle aller anderen Bedürfnisse zielen: nämlich auf die Frage, *warum* der Käufer will, was er will.

Was beabsichtigen Sie also zu tun?

Die Fähigkeiten, die erforderlich sind, um einen Kunden zu verwandeln, ähneln jenen, die benötigt werden, um eine ganze Branche zu verwandeln: Zunächst muss man die klare Absicht haben, eine erwünschte Veränderung herbeizuführen. Es kann nicht darum gehen, um der Veränderung willen zu verändern, da dies allzu oft zur Folge hat, dass ein Unternehmen ziellos umherirrt und ständig an der eingeschlagenen Richtung zweifelt. Vielmehr muss das Prinzip der Intention auf die Strategie angewandt werden.

Die führenden Strategieexperten Gary Hamel und C.K. Prahalad haben das Konzept der *strategischen Intention* eingeführt und darauf hingewiesen, dass »allzu viele Unternehmensziele vollkommen ungeeignet sind, dem Unternehmen irgendeinen Sinn für seine *Mission* zu vermitteln. Aus diesem Grund ziehen wir Zielsetzungen vor, die dazu dienen, das Leben der Kunden wirklich zu verändern«. Genau darum geht es. Hamel und Prahalad ermutigen Unternehmen, Leidenschaft und Pathos zu entwickeln, und weisen darauf hin, dass es bei der strategischen Intention »ebenso darum geht, der Tätigkeit der Mitarbeiter einen Sinn zu geben, wie darum, der Organisation eine Richtung vorzugeben«. Die Anweisung »Gehet hinaus in alle Welt und verbreitet das Wort des Herrn«, die Jesus seinen Jüngern gab, bezeichnen sie als »eine der vielleicht anspruchsvollsten und emotional überzeugendsten strategischen Intentionen, die je formuliert wurden«[25].

Das Prinzip der Intention muss auf die Strategie angewandt werden

In unseren Augen haben Hamel und Prahalad auf etwas Grundlegendes hingewiesen: Die strategische Intention ist das Fundament der Energie und der Bestrebungen eines jeden Unternehmens. Sie verleiht ansonsten bedeutungslosen Aktivitäten einen Sinn. Allerdings genügt es nicht, die Bedeutung der strategischen Intention zu erkennen, um der Tätigkeit eines Unternehmens Richtung oder einen Sinn zu geben. Es bleibt die Frage, was man unter *Intention* versteht.

Die Intention von Unternehmenszielen, strategischen Plänen und Aktionsschritten darf keine Reaktion auf die Aktivität der Konkurrenten darstellen, sondern muss in der eigenen Einzigartigkeit wurzeln. Damit ist nicht gemeint, dass sich ein Unternehmen um Differenzierung bemühen sollte, sondern dass es die unbekannten Dimensionen seiner selbst ergründen sollte, woraus sich als natürliches Nebenprodukt die Differenzierung im Wettbewerb ergeben wird. Diese Selbstanalyse ermöglicht dem Unternehmen eine Erneuerung (so wie die Auseinandersetzung mit der Einzigartigkeit der Kunden die nicht artikulierten Bedürfnisse zutage fördert, auf die Hamel und Prahalad wiederholt hingewiesen haben). Die Strategie eines Unternehmens vermittelt nur dann einen Sinn, wenn diejenigen, die diese Strategie umsetzen sollen, tatsächlich verstehen (und zwar im Idealfall »mit dem Bauch«), wie das Unternehmen die Gestalt der Welt durch die Aktivität seiner Branche zu verändern plant. Jede Aktivität des Unternehmens

Jede Aktivität des Unternehmens muss durchgeführt werden, um Veränderungen in der Umwelt herbeizuführen

muss durchgeführt werden, um Veränderungen der Umwelt herbeizuführen. Dann kann das Unternehmen seine spezifische strategische Intention verwirklichen, indem es sich nicht am Wettlauf um die Zukunft beteiligt, sondern diese Zukunft aktiv erlangt. Und das kann das Unternehmen nur bewerkstelligen, indem es sehr deutlich definiert, in welchem Geschäft es tatsächlich tätig ist.

Wir möchten nicht, dass die Führungskräfte von Unternehmen die in diesem Buch dargelegten Konzepte lediglich verwenden, um darüber zu diskutieren, ob sie heute Dienstleistungen erbringen, Erlebnisse inszenieren oder Wandlungen herbeiführen. Derartige Debatten sollten lediglich dazu dienen, neue Wege zur Erzeugung von Wert zu finden. Das Konzept des Fortschritts des wirtschaftlichen Werts beschreibt einfach die neue Wettbewerbsrealität, in der die Unternehmen heute ihre strategischen Optionen entwickeln müssen. Die Möglichkeiten sind ebenso zahlreich wie die Herausforderungen. Mit fortschreitender Entfaltung der Erlebniswirtschaft werden die Hersteller von Gütern und die Anbieter von Dienstleistungen immer häufiger Zeugen davon werden, dass ihre Angebote zu Massenwaren degradiert werden, da mehr und mehr Unternehmen ausdrücklich Geld für die von ihnen inszenierten einprägsamen Erlebnisse verlangen. Und wenn die Erlebniswirtschaft in die Wandlungswirtschaft übergeht, werden auch die Gestalter von Erlebnissen erleben, wie ihre Angebote zu Massenwaren absinken, da mehr und mehr Unternehmen ausdrücklich Geld für die nachweisbaren Ergebnisse der von ihnen herbeigeführten Wandlungen verlangen werden.

Sie müssen Ihre eigene Rolle in der Welt finden. In welchem Geschäft sind *Sie* wirklich tätig? Die fünf wirtschaftlichen Angebote – Massengüter, Verbrauchsgüter, Dienstleistungen, Erlebnisse und Wandlungen – bringen fünf ganz unterschiedliche Arten von Möglichkeiten hervor, was eine ungeheure Vielzahl von Optionen für Ihr Unternehmen, Ihre Mitarbeiter und Ihre Kunden schafft.

Zum Ausgang bitte bei der Bühne rechts

Häufig werden wir von Kunden und Kollegen gefragt: »Und was kommt nach den Wandlungen?« Die Frage stellt sich insbesondere, wenn die Menschen darüber nachzudenken beginnen, ob die Wandlungen ebenso wie vor ihnen die übrigen wirtschaftlichen Angebote eines Tages zu Massenwaren absinken werden. Sehen wir uns folgendes Beispiel an: Die Anbieter im Gesundheitswesen konzentrierten sich in den neunziger Jahren im Wesentlichen darauf, die Kosten mittels einer Vereinheitlichung der Leistungen zu senken, was sinkende Preise und Routinebehandlungen zur Folge hatte. Die Internet-Lernprogramme könnten schon bald den Zugang zur Hochschulausbildung erleichtern und die Kosten beträchtlich senken. Beratungsunternehmen sehen sich nicht nur der Konkurrenz der Wirtschaftsuniversitäten ausgesetzt, welche die Dienste ihrer MBA-Absolventen zu erheblich geringeren Kosten anbieten[1], sondern müssen sich auch im Wettbewerb mit Websites wie »Ernie«von *Ernst & Young LLP*behaupten, auf der über das Internet kleine und mittlere Unternehmen zu einem Bruchteil der üblichen Kosten beraten werden. Müssen wir diese Entwicklungen als Anzeichen dafür deuten, dass bereits erste Wandlungen zu Massenwaren degradiert werden? Vielleicht.

Denken Sie daran, dass der Kunde in der gerade entstehenden Wandlungswirtschaft das Produkt ist und dass die Wandlung ein Instrument darstellt, um die Wesenszüge des Käufers zu verändern. Wandlungen, die derartige Veränderungen herbeiführen, bieten einen automatischen Schutz gegen die Verwandlung in eine Massenware, da die Differenzierung mit einem persönlich verwandelten Individuum ihren Höhepunkt erreicht. Gewiss können Konkurrenten bestimmte Diagnoseverfahren, Erlebnisse und Methoden zur Aufrechterhaltung kopieren. Doch es ist unmöglich, den bedeutsamsten Aspekt einer Wandlung zur Massenware zu machen: die einzigartige Beziehung zwischen dem Moderator der Wandlung und dem Anwärter. Hier entsteht eine feste Bindung zwischen Anbieter und Käufer.

Ein Angebot höherer Ordnung kann Beziehungen von geringerem Wert ersetzen. Doch das einzige Angebot, das eine Wandlung ersetzen kann, ist eine weitere Wandlung – eine, die auf eine andere Dimension der Persönlichkeit zielt (oder auf dieselbe Dimension, deren Betrachtung jedoch eine andere Weltanschauung zugrunde gelegt wird). Mit Weltanschauung meinen wir eine bestimmte – häufig religiöse oder philosophische – Deutung der eigenen Existenz. In den kommenden Jahren werden die Unternehmen und ihre Kunden zunehmend rivalisierende Weltanschauungen – oder Ideologien, wenn Sie so wollen – als legitimes Betätigungsfeld von Unternehmen und als differenzierende Merkmale konkurrierender Angebote betrachten. Die Frage »Was kommt als Nächstes?« wird somit zu einer weitgehend persönlichen. Um sie aufrichtig beantworten zu können, müssen wir Ihnen unsere Weltanschauung darlegen. Sehen wir uns die grundlegende Natur jedes Angebots an:

- Massengüter dienen lediglich als Rohstoffe für die aus ihnen erzeugten Güter.
- Güter dienen nur als physische Hülle für die mit ihnen erbrachten Dienstleistungen.
- Dienstleistungen sind lediglich immaterielle Abläufe, die der Inszenierung von Erlebnissen dienen.
- Erlebnisse dienen lediglich als einprägsame Ereignisse, welche die Leitung von Wandlungen ermöglichen.

Unsere persönliche Überzeugung lautet:

• Wandlungen sind lediglich zeitlich begrenzte Zustände der durch sie verherrlichten ewigen Wahrheit.[2]

Jedes wirtschaftliche Angebot leistet mehr, als in der Gegenwart einen Austausch von Wert herbeizuführen: Es vermittelt darüber hinaus implizit oder explizit eine bestimmte Weltanschauung. In der vollkommen entfalteten Wandlungswirtschaft werden sich die Kunden unserer Meinung nach beim Kauf von Wandlungen an einer Reihe ewiger Prinzipien orientieren, die der Anbieter vertritt – an dem, was sie gemeinsam für dauerhaft halten.[3]

So wie jedes andere wirtschaftliche Angebot werden auch die Wandlungen genau untersucht, gefeiert und kritisiert werden. Doch sie werden nicht in Massenwaren verwandelt werden. Dennoch müssen sie individualisiert werden, um ihre Differenzierung aufrechtzuerhalten. Denken Sie darüber nach, worin die vollkommen individualisierte Wandlung bestehen könnte. Was könnte einer einzelnen Person so vollkommen entsprechen, dass es sie in jemanden verwandelt, der keine weitere Veränderung nötig hat? Wie sähe das vollendete »Kundenprodukt« aus? Nun, die Vollendung wäre die *Vollkommenheit*, das vollkommene menschliche Wesen. Unserer eigenen Weltanschauung zufolge kann es kein sechstes wirtschaftliches Angebot geben, da die Vollendung des Menschen keinem von Menschen geschaffenen Unternehmen anvertraut werden kann, sondern einzig und allein Gott obliegt, dem Schöpfer und Vollender unseres Glaubens. Der Apostel Paulus sagte: »Denn aus Gnade seid ihr gerettet worden durch den Glauben, und das nicht aus euch, Gottes Gabe ist es.«[4] Wir glauben, dass niemand dieses Angebot erweitern kann; es ist ein *kostenloses* Geschenk. Es kann nicht in ein wirtschaftliches Angebot verwandelt werden. Und daher behaupten wir, dass die Wandlungen das fünfte und abschließende Angebot darstellen.

Wenn die Wandlungen schließlich im Mittelpunkt des wirtschaftlichen Austauschs stehen werden, werden viele Unternehmen und Personen für sich in Anspruch nehmen, das vollendete Angebot zu unterbreiten, und für die Preisgabe seines Geheimnisses Geld verlangen. Dabei werden sie das verherrlichen, was sie als Vollendung betrachten. Da jedes Geschäft eine moralische Entscheidung beinhaltet, stellt jedes Unternehmen eine Bühne dar, auf der etwas verherrlicht wird. Wen oder was verherrlicht Ihr Unternehmen? Ihre Antwort kann, muss Ihnen jedoch nicht dabei helfen, das zu akzeptieren, was als Nächstes kommt. Aber sie wird Ihnen mit Sicherheit helfen, Sie bei dem zu leiten, was Sie heute tun.

Anmerkungen

Kapitel 1

1. Einen Blick hinter die Kulissen der Technologie von *Disney World* wirft Scott Kirsner: »Hack the Magic: The Exclusive Underground Tour of Disney World«, *Wired*, März 1998, S. 162-168 und 186-189.

2. Die Themenrestaurants haben mittlerweile derart große Verbreitung gefunden, dass die satirische Online-Zeitschrift *The Onion* (www.theonion.com) am 15. April 1998 eine fiktive Geschichte mit dem Titel »Nation's Last Themeless Restaurant Closes« veröffentlichte, der zufolge das Lokal »Pat's Place« in Dubuque, Iowa, durch das siebte »Paddy O'Touchdown's Irish Sports Bar & Good-Tyme Internet Grill« ersetzt wurde.

3. Steven E. Prokesch, »Competing on Customer Service: An Interview with British Airways' Sir Colin Marshall«, *Harvard Business Review* 73, Nr. 6, November/Dezember 1995, S. 103. Für eine Reaktion auf dieses Interview, in dem zum ersten Mal die Erlebnisse als eigenständiges wirtschaftliches Angebot angesprochen wurden, vgl.: B. Joseph Pine II, »Customer Service on British Airways«, Brief an den Herausgeber, *Harvard Business Review* 74, Nr. 1, Januar/Februar 1996, S. 162-164.

4. Howard Riell, »Upscale Grocer Chain Grows«, *Stores*, März 1995, S. 26.

5. Russell Vernon, »Fighting Back – A Small Retailer Takes on the EEOC«, *Retailing Issues Letter* 8, Nr. 2, Center for Retailing Studies, Texas A&M University (November 1996): S. 2. Vgl. dazu auch: Leonard L. Berry, *On Great Service: A Framework for Action* (New York: *Free Press*, 1995), insbes. S. 90-92.

6. Vgl. dazu z. B.: Louise Palmer »There's No Meetings Like Business Meetings«, *Fast Company*, April/Mai 1996, S. 36 u. 40.

7. Tibor Scitovsky, *The Joyless Economy: The Psychology of Human Satisfaction*, überarbeitete Ausgabe (New York: Oxford University Press, 1992), S. 67.

8. Julian L. Simon, *The Ultimate Resource 2* (Princeton, N.J.: Princeton University Press, 1996), S. 416 und 109. Dieses Buch stellt eine ungemein umfangreiche (und mög-

licherweise die beste) Daten-sammlung über die menschlichen Erfahrungen mit den Rohstoffen der Erde dar.

9. Für eine zusammenfassende Analyse des amerikanischen Produktionssystems und des Systems der Massenproduktion vgl.: B. Joseph Pine II, *Mass Customization: The New Frontier in Business Competition* (Boston: Harvard Business School Press, 1993), Kapitel 1 und 2.

10. Deuteronomium, 28:11: »Und der HERR wird machen, dass du Überfluss an Gutem haben wirst, an Frucht deines Leibes, an Jungtieren deines Viehs, an Ertrag deines Ackers, in dem Lande, das der HERR deinen Vätern geschworen hat.« Die Arbeit (die Frucht deines Leibes) wird hier deutlich als Gewinnung tierischer (deines Viehs), pflanzlicher (deines Ackers) und mineralischer (in dem Lande) Rohstoffe gesehen, die dazu dienen, Güter zu erzeugen.

11. W. W. Rostow, *The World Economy: History and Prospect* (Austin: University of Texas Press, 1978), S. 52-53, zitiert in: Alfred D. Chandler, *Scale and Scope: The Dynamics of Industrial Capitalism* (Cambridge, Mass.: Belknap Press of Harvard University Press, 1990), S. 4.

12. David A. Hounshell, *From the American System to Mass Production, 1800-1932: The Development of Manufacturing Technology in the United States* (Baltimore: Johns Hopkins University Press, 1984), S. 228.

13. Bureau of Labor Statistics, Labstat (Internetdatenbank).

14. Eine ausgezeichnete Darstellung nützlicher Prinzipien und Konzepte für Hersteller, die ihre Güter in Dienstleistungen verpacken möchten, findet man bei: Christopher Lovelock, *Product Plus: How Product + Service = Competitive Advantage* (New York: McGraw-Hill, 1994).

15. Siehe beispielsweise: »Big MacCurrencies«, *The Economist*, 12. April 1997, S. 71.

16. Suzanne Woolley, »Do I Hear Two Bits a Trade?« *Business Week*, 8. Dezember 1997, S. 112. Patrick McGeehan und Anita Raghavan erklären in ihrem Artikel »On-Line Trading Battle Is Heating Up as Giant Firms Plan to Enter Arena«, *The Wall Street Journal*, 22. Mai 1998, die fortgesetzte Kürzung der Provisionen durch die Online-Broker drohe »absurde Züge« anzunehmen«.

17. Stan Davis und Christopher Meyer zeigen in dem Buch *Blur: The Speed of Change in the Connected Economy* (Reading, Mass.: Addison-Wesley, 1998), dass die Märkte für Güter und Dienstleistungen zunehmend wie Finanzmärkte funktionieren, das heißt, zu einem Massenangebot übergehen. Anschließend beschreiben die Autoren überzeugende Strategien, mit deren Hilfe man sich in einer derart »verschwommenen« Welt behaupten kann. Siehe insbes S. 96-110.

18. Die Degradierung der Dienstleistungen zu Massenwaren hat gemeinsam mit der Praxis der Hersteller, ihre Güter in Dienstleistungen zu verpacken, dazu geführt, dass die Trennlinien zwischen beiden Bereichen zunehmend ver-

schwimmen. Vgl. dazu Davis und Meyer, *Blur*, sowie Michael Schrage, »Provices and Serducts«, *Fast Company*, August/September 1996, S. 48-49.

19. Adam Smith, *An Inquiry into the Nature and Causes of The Wealth of Nations*, Modern Library Edition (New York: Random House, 1994), S. 361.

20. Dies ist der Grund dafür, dass die besten Unterhalter wahrhaft astronomische Summen verdienen. Vgl. Robert La Franco und Ben Pappas, »The Top 40«, *Forbes*, 21. September 1998, S. 220-246.

21. Bureau of Labor Statistics, »Relative Importance of Components in the Consumer Price Index, 1997«, *BLS Bulletin 2499*, April 1998.

22. Die Preise für die übergeordneten Angebote steigen nicht nur, weil die Kunden ein größeres Bedürfnis nach diesen Angeboten haben, sondern auch, weil die Anbieter im Lauf der Zeit geringere relative Produktivitätszuwächse verzeichnen und ihre Angebote weniger effizient erzeugen. Dies ist die wahrscheinliche Entwicklung, da zwischen Effizienz und Produktivität einerseits und den Kräften, welche die Angebote in Massenwaren verwandeln, andererseits ein enger Zusammenhang besteht. Solange die Intensität des Wettbewerbs nicht zunimmt, besteht kaum ein Anreiz für die Erlebnisgestalter, ihre Kosten zu senken.

23. Rufen wir uns auch die berühmte Wette des verstorbenen Wirtschaftswissenschaftlers Julian Simon mit dem Malthusianer Paul Erlich in Erinnerung: Es ging um die Frage, ob die Rohstoffpreise im Lauf der Zeit sinken. Simon erzählt die Geschichte in *The Ultimate Resource 2*, S. 35-36: Erlich und zwei seiner Kollegen wählten fünf Rohstoffe aus und wetteten, dass ihr Preis im Jahr 1999 höher sein werde als im Jahr 1980. Sie verloren klar gegen Simon. Wie Simon nachgewiesen hat, sinken die Preise von Massengütern langfristig immer gegenüber jenen von Gütern und Dienstleistungen. Desgleichen werden die Preise von zu Massenwaren herabsinkenden Gütern und Dienstleistungen im Vergleich zu ihren vor diesem Schicksal bewahrten Gegenstücken – und selbstverständlich im Vergleich zu den Erlebnissen – sinken.

24. Das nominale BIP wurde deshalb gewählt, weil es die aktuellen Preise heranzieht und die Inflation nicht berücksichtigt. Wie bereits an anderer Stelle erwähnt, wird die Verschiebung von den Gütern zu den Dienstleistungen vom Deflationierungsfaktor nicht richtig erfasst (ganz zu schweigen von der Verschiebung zu den Erlebnissen). Aus diesem Grund gibt das reale BIP den Zuwachs bei Dienstleistungen und Erlebnissen nicht ausreichend wider. Dazu kommt, dass sich in den steigenden Preisen höherwertiger Angebote nicht einfach nur höhere Kosten der Produktionsfaktoren, sondern zumindest teilweise auch eine steigende Nachfrage widerspiegelt (auch darauf haben wir bereits hingewiesen).

25. Bei diesen Branchen handelte es sich um Kinofilme und Vergnügungs- und Erholungsdienste, die in beiden Statistiken erfasst sind,

sowie um Ausbildungsdienste und Museen, botanische und zoologische Gärten, die nur in der Beschäftigungsstatistik berücksichtigt sind (die Arbeit mit staatlichen Statistiken ist nie eine saubere Angelegenheit!). Einige Erlebnisbranchen (Themenrestaurants, manche Einzelhandelsgeschäfte usw.) bleiben sicher in den Dienstleistungsstatistiken, da sie nicht getrennt ausgewiesen werden können. Man beachte auch, dass das Erlebnisgewerbe von einer sehr viel schmaleren Basis ausgeht als die Wirtschaftszweige, die im Dienstleistungssektor verbleiben, da nur wenige Branchen als Erlebnisanbieter ausgewiesen werden. Zwar trifft es zu, dass es leichter ist, ausgehend von einer schmalen Basis zu wachsen, doch jene Branchen, die zweifelsfrei im Erlebnisgewerbe sind, weisen ungeachtet dessen seit fast 40 Jahren ein höheres Wachstum auf als die Dienstleistungen. Weitere, allerdings ältere Statistiken zum Aufstieg des Erlebnisgewerbes finden Sie in einem verblüffend weitblickenden Bericht von James A. Ogilvy (der mittlerweile für *Global Business Network* tätig ist): »The Experience Industry: A Leading Edge Report from the Values and Lifestyle Program«, *Business Intelligence Program Report* Nr. 724, Herbst 1985.

26. Der Wirtschaftswissenschaftler Stanley Lebergott weist in seinem Buch *Pursuing Happiness: American Consumers in the Twentieth Century* (Princeton: Princeton University Press, 1993) auf Folgendes hin: »Die Verbraucher kaufen Unmengen von Gütern, doch dies tun sie nur, um jenes besondere Erlebnis zu erzeugen, nach dem sie eigentlich streben!« (S. 3) Anhand umfangreicher Daten zeigt Lebergott, dass jene Güter (und natürlich Dienstleistungen), die den Verbrauchern Erlebnisse ermöglichen, im 20. Jahrhundert enorme Verbreitung gefunden haben. Vgl. dazu auch: Virginia I. Postrel, »It's All in the Head«, *Forbes ASAP*, 26. Februar 1996, S. 118.

27. Peter Guttman beschreibt in *Adventures to Imagine: Thrilling Escapes in North America* (New York: Fodor's Travel Publications, 1997) diese Abenteuer, die der Autor allesamt persönlich erlebt und fotografiert hat. Das Buch enthält auch eine detaillierte Aufstellung der Ausrüster, an die man sich zur Vorbereitung auf die einzelnen Abenteuer wenden kann.

28. Zitiert nach: Tim Stevens, »From Reliable to 'Wow'«, *Industry Week*, 22. Juni 1998, S. 24 (Hervorhebung ergänzt). Weitere Anregungen dazu, wie man die Kunden verblüffen kann, erhält man bei: Paul Levesque, *The Wow Factory: Creating a Customer Focus Revolution in Your Business* (Chicago: Irwin Professional Publishing, 1995): Tom Peters, *The Pursuit of Wow! Every Person's Guide to Topsy-Turvy Times* (New York: Vintage Books, 1994); und in etwas abweichender, jedoch exemplarischer Darstellung bei: Ken Blanchard und Sheldon Bowles, *Raving Fans: A Revolutionary Approach to Customer Service* (New York: William Morrow and Company, 1993).

29. Bernd Schmitt und Alex Simonson unterbreiten in *Marketing Aesthe-*

tics: The Strategic Management of Brands, Identify, and Image (New York: Free Press, 1997) ausgezeichnete Vorschläge zur Vermarktung einer Erlebnismarke.

30. Das Wort »sensualisieren« ist nicht gerade wohlklingend, doch Stan Davis und Bill Davidson argumentieren unter Bezugnahme auf das Wort »informationalisieren« folgendermaßen: »Wir verwenden es, weil es zwar schwerfällig ist, sich jedoch selbst erklärt und umfassender ist. Wir haben den Verdacht, dass das Wort ‚industrialisieren' ähnlich unnatürlich klang, als es erstmals verwendet wurde.« Vgl. *2020 Vision* (New York: Simon & Schuster, 1991), S. 207, Anm. 1.

31. Vgl. Carl Quintanilla, »Planning a Vacation? Give Some Thought to Spamtown USA«, *The Wall Street Journal*, 30. April 1998, sowie Robert Gray, »Learning from Experience«, *Marketing*, 20. März 1997, S. 27-29.

32. Die Kinder aus modernen Städten und Vorstädten sind derart weit von der Agrarwirtschaft entfernt, dass schon der Besuch eines Bauernhofs ein Erlebnis für sie ist! Tatsächlich stellt die Inszenierung von »Bauernhoferlebnissen« die nächste große Welle im Agrimarketing dar. Vgl. Julie V. Iovine, »A New Cash Crop: The Farm as Theme Park«, *The New York Times*, 2. November 1997, sowie Rick Mooney, »Let Us Entertain You«, *Farm Journal*, März 1998, H-8, H-9.

33. Den Begriff des »Wertfortschritts« (*progression of value*) schlug uns Rohan Champion (heute Vice President für Strategie und Allianzen bei *Federal Express*) vor, als er noch als Vice President für Dienstleistungsstrategie bei *AT&T* tätig war.

34. Selbstverständlich weist jedes wirtschaftliche Angebot seine eigenen Fixkosten auf, zu denen die Grenzkosten beitragen: ein Bauernhof bei Massengütern, eine Fabrik bei Gütern, ein Büro oder ein Verkaufsstandort bei Dienstleistungen und zurück zur Farm bei diesem speziellen Erlebnis.

35. »Ogden Allied Serviced: Celebrating a Century of Service«, Unternehmensbroschüre der Ogden Corporation, 1988.

36. Vgl. dazu auch Laura Bird, »Retailing: Move over Mall Rats, Wild Beasts Are Taking Your Turf«, *The Wall Street Journal*, 8. Juli 1997. Die Reporterin beschreibt folgende Sinneswahrnehmungen: »Den ersten Lebensraum betritt der Besucher auf einem gewundenen Betonweg. Er geht unter einem Blätterbaldachin und zwischen Rothölzern hindurch. Aus versteckten Kanistern steigen Walddüfte auf. Im Wüstenbiotop stößt er auf einen riesigen unechten Josuabaum sowie echte Gilamonster und Wüstenschildkröten. Im Küstenbiotop kann der Besucher in einem Gezeitenbecken einen Seestern berühren ... In den Gängen hinter den Kulissen der Biotope sind die Gehege für die Tiere und ein eigenes Belüftungssystem untergebracht. So wird verhindert, dass der Hamburgergeruch aus dem Restaurant durch die Käfige zieht und umgekehrt.«

37. Vgl. Eben Shapiro, »Discovery Zone Slides into Bankruptcy Court«, *The Wall Street Journal*, 26. März 1996.

305

Kapitel 2

1. Vgl. z. B. Cohn Berry, »The Bleeding Edge: If You're Looking for What's Next in Online Technology and Commerce, Just Follow the Gainers«, *Wired*, Oktober 1997, S. 90-97.

2. Vgl. auch Amy Jo Kim, »Killers Have More Fun«, *Wired*, Mai 1998, S. 140-144, 197-198 u. 209.

3. *The New Shorter Oxford English Dictionary*, Bd. 1, A-M, Eintrag zu »entertainment.«

4. Stan Davis und Jim Botkin, *The Monster Under the Bed: How Business Is Mastering the Opportunity of Knowledge for Profit* (New York: Simon & Schuster, 1994), S. 125.

5. Judith Rodin, »A Summons to the 21st Century«, *Pennsylvania Gazette*, Dezember 1994.

6. Obwohl er den Begriff des *edutainment* nicht verwendete, unternahm Philip Kotler, Professor für Marketing an der Kellogg Graduate School of Management der Northwestern University, in »Educational Packagers: A Modest Proposal«, *The Futurist*, August 1978, S. 239-242, den ersten uns bekannten Vorstoß, um die Ausbildung unterhaltsam zu machen. In diesem Artikel verwendete er erstmals »die Metapher des Klassenzimmers als *Theater*« und ermutigte die »Bildungsverpacker« (die er den Verlegern gegenüberstellte), sich »wie Filmproduzenten in Hollywood zu verhalten« und »ein Multimediaerlebnis« anzubieten, welches »die Studenten sowohl bildet als auch unterhält«.

7. Vgl. auch Barbara Bailey Kelley, »Bamboola!« *Bay Area Parent*, Juni 1997, S. 22-25.

8. Für den Psychologen Mihaly Csikszentmihalyi sind optimale Erlebnisse dieser Art ein »Prozess der völligen Einbindung in das Leben, den ich als Fluss bezeichne«. Vgl. Csikszentmihalyi, *Flow: The Psychology of Optimal Experience* (New York: HarperPerennial, 1990), S. XI.

9. Michael Krantz bezeichnet jene Unternehmen, die auf Filmen beruhende Attraktionen und Ähnliches inszenieren, als »Erlebnisbranche«. Vgl. »Dollar a Minute: Realies, the Rise of the Experience Industry, and the Birth of the Urban Theme Park«, *Wired*, Mai 1994, S. 104-109 und 140-142.

10. Bemerkenswert ist, dass *Iwerks Entertainment* von Don Iwerks gegründet wurde, der 35 Jahre lang als optischer Gestalter für *Walt Disney Co.* gearbeitet hatte und dessen Vater Ub Iwerks in den frühen Jahren die Zeichentrickabteilung von *Walt Disney* geleitet hatte.

11. Es handelt sich um eine geringfügig abgewandelte Formulierung aus: William Irwin Thompson, *The American Replacement of Nature: The Everyday Acts and Outrageous Evolution of Economic Life* (New York: Doubleday Currency, 1991), S. 35. Es sollte darauf hingewiesen werden, dass Thompson ein erklärter Kritiker inszenierter Erlebnisse ist, da diese seiner Meinung nach die natürlichen Erlebnisse ersetzen.

12. Auch in dieser Hinsicht bewies Professor Kotler Vorausblick, denn er beschrieb die Erlebnisse der Realitätsflucht bereits in » Dream Vacations: The Booming Market for Designed Experiences«, *The Futurist*, Oktober 1984, S. 7-13. Tibor Scitovsky weist in *The Joy-*

less Economy: The Psychology of Human Satisfaction, überarbeitete Ausgabe (New York: Oxford University Press, 1992), darauf hin, dass viele wohlhabende Menschen für ein immer angenehmeres Leben bezahlen, das tatsächlich die Freude an alltäglichen Erlebnissen vermindert. Menschen, die in einer solchen Umgebung aufwachsen, »neigen dazu, gefährliche Sportarten zu betreiben und riskante Abenteuer zu suchen. Könnte es sein, dass sie, da sie aufgrund übermäßigen Wohlstands der einfachen Freuden des Lebens beraubt wurden, einen Ausgleich in Vergnügungen suchen, die Aufregung und Gefahren mit sich bringen? Vielleicht gibt es eine ähnliche Erklärung für die wachsende Gewalttätigkeit unserer zunehmend im Überfluss lebenden Gesellschaft« (S. 74).

13. John Ed Bradley, »SWM, tall, handsome, 29, professional football player, seeks beautiful, intelligent young woman to help design dream house and create family equivalent of America's Team. Must like quiet evenings at home, either cruising America Online or admiring tropical fish tank. Must spend Sundays in crowded stadiums rooting for Dallas Cowboys. Dislike of 49ers and Redskins a plus, but not required«, *Sports Illustrated*, 15. Januar 1996, S. 80-90.

14. Steve Hamm, gemeinsam mit Amy Cortese und Cathy Yang, »Microsoft Refines Its Net Game«, *Business Week*, 8. September 1997, S. 128.

15. Professor Sherry Turkle vom MIT beschäftigt sich in *Life on the Screen: Identity in the Age of the Internet* (New York: Simon & Schuster, 1995) mit der Frage, warum die vom Computer erzeugte Realität die Menschen ermutigt, online mehrere Persönlichkeiten anzunehmen. Einige Menschen gehen dabei so weit, dass das RL (reale Leben) »,einfach ein weiteres Fenster' sein kann.« (S. 14).

16. Frank Rose, »Keyword: AOL«, *Wired*, Dezember 1996, S. 299.

17. Ray Oldenburg, *The Great Good Place: Cafés, Coffee Shops, Community Centers, Beauty Parlors, General Stores, Bars, Hangouts and How They Get You through the Day* (New York: Marlowe & Company, 1997).

18. In *The Theming of America: Dreams, Visions, and Commercial Spaces* (Boulder, Colorado: Westview Press, 1997), weist Mark Gottdiener darauf hin, dass viele Themenangebote die »Sehnsucht nach Gemeinschaft und Verschmelzung mit der Masse an öffentlichen Plätzen« befriedigen und den Besuchern »von vornherein einen dringend benötigten Urlaub von den gewöhnlichen Alltagsabläufen« ermöglichen. »Die Menschen scheinen sich nach dieser Intimität auf der Straße zu sehnen – ein Bedürfnis, dass von der Zerstörung des öffentlichen Ortes in der modernen Gesellschaft durch die Entfaltung der Vorstadtkultur und den Terror der innerstädtischen Gewalt geweckt wurde.« (S. 115).

19. Das Konzept fließender Erlebnisse wird von Mihaly Csikszentmihalyi und Rick. E. Robinson auf die ästhetischen Erfahrungen angewandt: *The Art of Seeing: An Inter-*

pretation of the Aesthetic Encounter (Malibu, Calif.: J. Paul Getty Museum and the Getty Center for Education in the Arts, 1990).

20. Die lebenden Schmetterlinge, die im ersten Prototypen des Geschäfts umherflatterten, hatten die unangenehme Angewohnheit, sich auf den Tellern der Gäste niederzulassen.

21. Zitiert nach Chris Niskanen, »Big Big Business«, *St. Paul Pioneer Press*, 29. März 1998.

22. Michael Benedikt, *For an Architecture of Reality* (New York: Lumen Books, 1987), S. 4.

23. Ibid., S. 48. Wir sind jedoch der Ansicht, dass architektonische Meisterwerke ebenfalls »unwirklich« sind, da sie auch nichts anderes als Erzeugnisse von Menschenhand sind. Würde man Benedikts Definition wörtlich nehmen, so könnte man wahrhaft ästhetische Erlebnisse nur dann haben, wenn man sich in Gottes Schöpfung vertieft.

24. Ada Louise Huxtable, *The Unreal America: Architecture and Illusions* (New York: New Press, 1997), S. 75.

25. Ibid., S. 58.

26. Tom Carson, »To Disneyland«, *Los Angeles Weekly*, 27. März, 2. April 1992. Carson zitiert auch aus Charles Moores Buch *The City Observed*, in dem es in einem Kapitel über *Disneyland* heißt: »*Disneyland* wird häufig als Synonym für das Oberflächliche und Unechte herangezogen. Das ist einfach unrichtig: Diese unglaublich reichhaltige Sammlung von Umwelterfahrungen enthält genug Lehren für die Ausbildung in allen wesentlichen architektonischen Fragen –

Gemeinschaft und Realität, private Erinnerung und Besiedlung sowie einige technische Lehren in Nähe und Choreographie.«

27. Charles Goldsmith, »British Airways's New CEO Envisions a Marriage of Travel and Amusement«, *The Wall Street Journal*, 6. November 1995.

28. Weitere von *American Express* angebotene einzigartige Erlebnisse sind eine maßgeschneiderte Tour durch die Weinregion Napa Valley, eine kulinarische Reise durch New York im French Culinary Institute, eine Country Music Extravaganza und eine Weinlese beim Champagnerproduzenten Veuve Clicquot in Frankreich. *American Express* betrachtet diese Angebote als wirtschaftlich nutzbare Erlebnisse und verlangt die Einlösung einer großen Zahl von Belohnungspunkten (in einigen Fällen eine halbe Million, was bedeutet, dass die Karte des *American-Express*-Mitglieds normalerweise mit 500 000 Dollar belastet würde!).

29. Anthony Rooley beschreibt in *Performance: Revealing the Orpheus Within* (Longmead, England: Element Books, 1990), S. 108-109, sieben Stadien einer Vorführung, die um den idealen Ort zu kreisen scheinen: »Die Künste müssen uns bezaubern, um unsere Aufmerksamkeit zu gewinnen, und uns behutsam zu tiefschürfenderen Überlegungen führen. Dies erfolgt im Lauf einer Vorführung in sieben Stadien:

(a) Bezauberung der Sinne

(b) Anregung der Neugierde

(c) Einbindung des Geistes

(d) Anregung zu weiter führender

Beschäftigung
(e) Anregung zu regelmäßiger Anwendung
(f) Vertiefung der Liebe
(g) Erzeugung von Wissen.«

30. Michael C. Perkins und Anthony B. Perkins, »Case by Case«, *The Red Herring*, Juni 1996, S. 47.
31. Witold Rybczynski, *Home: A Short History of an Idea* (New York: Penguin Books USA, 1986), S. 66.
32. Ibid., S. 62.

Kapitel 3

1. Ein Blick auf den Ursprung des englischen Wortes *theme* verdeutlicht die Beziehung zwischen *Thema* und *Ort (place)*. John Ayto erläutert im *Dictionary of Word Origins* (New York: Arcade Publishing, 1990), S. 527, »das griechische Wort *thema* bedeute etwas, das sich an einem Ort befindet, somit eine Proposition (*proposition*). (Das Wort wurde gebildet aus dem Stamm *the-*, Quelle von *tithénai*, an einen Ort bringen, unterbringen, das entfernt mit dem englischen *do* verwandt ist). Ins Englische fand das Wort über das lateinische *thema* und das altfranzösische *teme* Eingang...« Erlebnisse finden an Orten statt, und die besten derartigen Orte sind mit einem Thema versehen.
2. James Champy, *Reengineering Management* (New York: Harper Business, 1995), S. 56-57. Vgl. dazu auch I. Jeanne Dugan, »The Baron of Books«, *Business Week*, 29. Juni 1998, S. 108-115.
3. Zitiert nach Bob Thomas, *Walt Disney: An American Original* (New York: Hyperion, 1994), S. 11.
4. Ibid., S. 13.
5. Ibid., S. 247.
6. Ibid., S. 246.
7. Eine großartige Arbeit über die Kunst des Geschichtenerzählens und deren Anwendung auf die »neuen Medien« (wie CD-ROMs und das World Wide Web) liefert Brent Hurtig: »The Plot Thickens«, *New Media*, 13. Januar 1998, S. 36-44.
8. Wie der Gestalter von *Bamboola*, Randy White, erklärt: »Themen, die eine Geschichte erzählen, sind wirkungsvoll. Sie locken die Gäste in eine farbenfrohe imaginäre Welt und sind in der Lage, die Augen, den Verstand und das Herz der Besucher zu berühren.« Vgl. »Beyond Leisure World: The Process for Creating Storyline-Based Theming«, *FEC Magazine*, November-Dezember 1998.
9. Mark Gottdiener, *The Theming of America: Dreams, Visions, and Commercial Spaces* (Boulder, Col.: Westview Press, 1997), S. 144-151. In *Marketing Aesthetics: The Strategic Management of Brands, Identity, and Image* (New York: Free Press, 1997), S. 137-139, empfehlen Bernd H. Schmitt und Alex Simonson den Unternehmen, die fünf kulturellen Sphären der materiellen Welt als Quelle für Themen zu nutzen: philosophische/psychologische Konzepte; Religion, Politik und Geschichte; die Künste; Mode und Popkultur. Darüber hinaus schlagen sie vor (S. 129-135), die Unternehmen sollten Themen – welche die Autoren als »den Inhalt, die Bedeutung, das projizierte Bild einer Identität« bezeichnen (S. 124)

– auf ihre Mission, ihre Vision, ihre Ziele und Strategien, ihre Kernkompetenzen, ihr Erbe, ihre Unternehmens- oder Markenidentität und ihre Werte anwenden. Bestehende Unternehmen sollten unserer Ansicht nach besonders großen Wert auf ihr Erbe legen.

10. Schmitt und Simonson, *Marketing Aesthetics*, S. 128-129.

11. Für eingehendere Informationen über Mike Vances »Kitchen of the Mind« vgl. Mike Vance und Diane Deacon, *Think Out of the Box* (Franklin Lakes, N.J.: Career Press, 1995), insb. S. 96-97 und S. 103-109.

12. Henry M. Morris (mit Henry M. Morris III), *Many Infallible Proofs: Evidences for the Christian Faith* (Green Forrest, Ark.: Master Books, 1996), S. 118. Morris führt des Weiteren aus, dass die Einheiten des dreigeteilten Universums wiederum Trinitäten sind: der Raum hat drei Dimensionen, die Materie kann sich als Energie, Bewegung oder Phänomen manifestieren, und die Zeit ist unterteilt in Vergangenheit, Gegenwart und Zukunft.

13. Die Wiederweckung der fünfziger Jahre gelingt bei *Lori's* derart gut, dass die Illusion eigentlich nur durch die angebotenen Getränke, die Ohrringe der Kellner und die Tätowierungen der Kellnerinnen gestört wird. Schließlich befindet sich das Lokal trotz allem immer noch in San Francisco.

14. Schmitt und Simonson, *Marketing Aesthetics*, S. 172-185.

15. *Roget's International Thesaurus*, 4., überarb. Aufl., Robert L. Chapman (New York: Harper & Row, 1977), S. xvii-xxiv. Kaufen Sie nie einen Thesaurus, der wie ein Wörterbuch gegliedert ist: Die kategorisierte Version ist die einzig praktikable.

16. Steven E. Prokesch, »Competing on Customer Service: An Interview with British Airways' Sir Cohn Marshall«, *Harvard Business Review* 73, Nr. 6, November/ Dezember 1995, S. 104.

17. Ibid.

18. CEO Betts und sein Team orchestrierten ein derart fesselndes Erlebnis, dass das *East Jefferson* im Februar 1997 von der *Walt Disney Co.* mit dem »Mouscar Award« ausgezeichnet wurde, einer Abwandlung des Oscar, die nie zuvor außerhalb von *Disney* vergeben worden war. Betts zog daraus den spöttischen Schluß: »Es stört mich nicht mehr, wenn man unser Krankenhaus als ‚Mickey-Maus-Betrieb‘ bezeichnet.«

19. Was die *mechanics* anbelangt, findet in der Marketingliteratur eine intensive Diskussion über die *serviceScapes* statt. Der Begriff wurde von Professor Mary Jo Bitner von der Arizona State University geprägt, um die physische Umgebung jener Unternehmen zu beschreiben, die gemeinhin als Anbieter von Dienstleistungen bezeichnet werden. Er ist unweit dessen angesiedelt, was Carbone als »mechanische Hinweise« bezeichnet. Vgl. dazu z. B. Mary Jo Bitner, »Consumer Responses to the Physical Environment in Service Settings«, in: M. Venkatesan, Diane M. Schmalensee und Claudia Marshall (Hrsg.), *Creativity in Services Marketing* (Chicago: American Marketing Association, 1986), S. 89-93; Mary Jo

Bitner, »Servicescapes: The Impact of Physical Surroundings on Customers and Employees«, *Journal of Marketing* 56, Nr. 2 (Frühjahr 1992): S. 57-71; Kirk L. Wakefield und Jeffrey G. Blodgett, »The Importance of Servicescapes in Leisure Service Settings«, *Journal of Services Marketing* 8, Nr. 3 (1994): S. 66-76. Ein ganzes Buch, das zahlreiche ausgezeichnete Artikel enthält, widmet John F. Sherry, Jr. (Hrsg.) diesem Thema: *Service-Scapes: The Concept of Place in Contemporary Markets* (Lincolnwood, Ill.: NTC Business Books, 1998). Den vielleicht ersten Artikel, in dem dieses Konzept entwickelt wurde, verfasste Philip Kotler, »Atmospherics as a Marketing Tool«, *Journal of Retailing* 49, Nr. 4 (Winter 1973): S. 48-64.

20. Donald A. Norman, *Turn Signals Are the Facial Expressions of Automobiles* (Reading, Mass.: Addison-Wesley, 1992), S. 19.

21. Tom Huth, »Homes on the Road«, *Fortune*, 29. September 1997, S. 307, Hervorhebung ergänzt.

22. Alvin Toffler prognostizierte schon vor vielen Jahren, dass die Verbraucher eines Tages beginnen würden, »Erlebnisse ebenso bewusst und leidenschaftlich zu sammeln, wie sie zuvor Dinge sammelten«. Alvin Toffler, *Future Shock* (New York: Bantam Books, 1970), S. 226

23. Robert Frank, »Music: A British Nightclub Empire Rocks around the World«, *The Wall Street Journal*, 20. Juli 1998.

24. Leonard L. Berry, *On Great Service: A Framework for Action* (New York: Free Press, 1995), S. 10.

25. Ibid., S. 91.

26. Anthony Rooley weist in seinem Buch *Performance: Revealing the Orpheus Within* (Longmead, England: Element Books, 1990) auf S. 103-104 auf Folgendes hin: »Die fünf Sinne bilden zwei getrennte Ebenen: Geruchssinn, Geschmackssinn und Tastsinn gehören der körperlichen Ebene an und stellen die niederen Sinne dar, die wesentliche Informationen für ein gutes Funktionieren liefern; Gesichtssinn und Gehörsinn speisen den Geist.«

27. Man könnte zwar sagen, dass *British Airways* und andere Fluglinien von den Kunden Geld dafür verlangen, ihren »Ort« betreten zu dürfen, doch sie verlangen es eben nicht *nur* dafür. Obwohl sie die völlige Kontrolle über die fesselnde Umgebung eines Flugzeugs haben, verlangen sie kein Geld dafür, dass der Passagier an Bord gehen darf, sondern nur für die Dienstleistung, ihn von einer Stadt in eine andere zu befördern. Interessant ist, dass die israelische Fluglinie *El Al* sehr wohl ein Angebot im Programm hat, das sie als »Flug nach nirgendwo« bezeichnet: Große Reisegruppen bezahlen 85 Dollar pro Person, um in einem Flugzeug während einer Rundreise essen, Lieder singen und Filme ansehen zu können. Der Sprecher von El Al, Nachman Kleiman, erklärt dazu: »Man muss nicht unbedingt nach London oder Paris fliegen, um eine schöne Zeit zu verbringen.« Vgl. Associated Press, »Israeli Airline Offers 'Flight to Nowhere'«, *The Daily Tribune* (Hibbing, Minnesota), 29. Dezember 1997.

28. Einer der Gründe für die Schwierigkeiten von *Planet Hollywood, Rainforest Café* und anderen Themenrestaurants liegt darin, dass sie keinen Eintritt verlangen. Da die Kunden das gesamte Erlebnis über den Preis der Mahlzeiten bezahlen, suchen sie höheren Wert in den Speisen, die ihren Erwartungen allerdings nicht gerecht werden (und auch nicht gerecht werden können). Ein Cheeseburger müsste unglaublich gut sein, um einen Preis von 8,95 Dollar zu rechtfertigen; würde das Restaurant fünf Dollar Eintritt verlangen, so könnte es den Cheeseburger für 3,95 Dollar verkaufen, womit er bei weitem nicht so gut sein müsste. Das kann natürlich nur funktionieren, wenn das eigentliche Erlebnis die fünf Dollar wert ist.

29. Zitate und Informationen stammen aus: Joshua Levine, »Zap-Proof Advertising«, *Forbes*, 22. September 1997, S. 146-150.

30. Mit diesem Phänomen beschäftigen sich Ozlem Sandikci und Douglas B. Holt, »Malling Society: Mall Consumption Practices and the Future of Public Space«, in: Sherry, *ServiceScapes*, S. 305-336. Sie sprechen vom »Produktvorspiel« und gehen soweit zu erklären, die Entwicklung des Einkaufszentrums laufe darauf hinaus, dass die Betreiber »den Verbrauchern diesen Raum verkaufen werden«, denn »der Betrieb von Einkaufszentren beruht auf der Notwendigkeit, soziale Erfahrungen als etwas Wertvolles zu verkaufen« (S. 333-334).

31. »Niketown Comes to Chicago«, Pressemitteilung von Niketown Chicago, 2. Juli 1992, zitiert nach Sherry, »The Soul of the Company Store: Niketown Chicago and the Emplaced Brandscape«, in: Sherry, *ServiceScapes*, S. 109-146.

32. In fast keinem amerikanischen Einkaufszentrum gelingt es den Betreibern, Geld mit dem Erlebnis zu verdienen, das stattfindet, bevor sich die Türen der Geschäfte öffnen; ein wertvolles Erlebnis haben insbesondere ältere Bürger, die ein Einkaufszentrum als geeigneten Ort für einen Spaziergang zu schätzen wissen. Die Betreiber sollten Eintritt für den Zerstreuungswert verlangen.

33. Zu den Mitgliedern von *Diamond Exchange* zählen auch die Autoren dieses Buches.

34. Viele Entdeckungen im Rahmen des Diamond-Exchange-Programms sind in einem provokanten Buch zu finden, das der Diamond-Exchange-Teilnehmer Larry Downes und sein Executive Director Chunka Mui verfasst haben: *Unleashing the Killer App: Digital Strategies for Market Dominance* (Boston: Harvard Business School Press, 1998).

Kapitel 4

1. Mehr zum Thema der Mass Customization findet der Leser bei Stanley M. Davis (der den Begriff geprägt hat): *Future Perfect* (Reading, Mass.: Addison-Wesley, 1987; das Buch erschien zehn Jahre nach der Erstveröffentlichung noch einmal als Jubiläumsausgabe im selben Verlag); B. Joseph Pine II., *Mass Customization: The New*

Frontier in Business Competition (Boston: Harvard Business School Press, 1993); B. Joseph Pine II., Bart Victor und Andrew C. Boynton, »Making Mass Customization Work«, *Harvard Business Review* 71, Nr. 5, September/Oktober 1993, S. 108-119; (nur für Produktionsunternehmen); David M. Anderson, *Agile Product Development for Mass Customization* (Chicago: Irwin Professional Publishing, 1997); sowie Bart Victor and Andrew C. Boynton, *Invented Here: Maximizing Your Organization's Internal Growth and Profitability* (Boston: Harvard Business School Press, 1998).

2. Es gibt mindestens sechs unterschiedliche Arten von Modularität (sowie unzählige Methoden zu ihrer Implementierung, die jeweils von den spezifischen Umständen eines Unternehmens abhängen). Vgl. Pine, *Mass Customization*, S. 196-212. Weitere gute Quellen zu diesem Thema sind: Karl T. Ulrich und Steven D. Eppinger, *Product Design and Development* (New York: McGraw-Hill, 1995); G. D. Galsworth, *Smart, Simple Design: Using Variety Effectiveness to Reduce Total Cost and Maximize Customer Selection* (Essex Junction, Vt.: Omneo, 1994); Toshio Suzue und Akira Kohdate, *Variety Reduction Program: A Production Strategy for Product Diversification* (Cambridge, Mass.: Productivity Press, 1990); Ron Sanchez und Joseph T. Mahoney, »Modularity, Flexibility, and Knowledge Management in Product and Organization Design«, *Strategic Management* 17, Dezember 1996; Marc H. Meyer und Alvin R Lehnerd, *The Power of Product Plat-*

forms: Building Value and Cost Leadership* (New York: Free Press, 1997); sowie Carliss Y. Baldwin und Kim B. Clark, »Managing in an Age of Modularity«, *Harvard Business Review* 75, Nr. 5, September/Oktober 1997, S. 84-93. Die in *Mass Customization* behandelten sechs Formen der Modularität beruhen auf früheren Arbeiten Ulrichs und eines seiner Studenten.

3. Frank W. Davis, Jr. und Karl B. Manrodt weisen auf den bedeutsamen Punkt hin, dass die Ressourcen bei der Individualisierung des Massenangebots nicht eingeplant, sondern abgefertigt werden. Vgl. *Customer-Responsive Management: The Flexible Advantage* (Cambridge, Mass.: Blackwell Business, 1996), S. 82-88.

4. Zitiert nach Clayton Collins, »Five Minutes with J. D. Power III.«, *Profiles*, Oktober 1996, S. 23.

5. Zählt man alle Zugeständnisse zusammen, die dem Kunden in den drei – jeweils für den Durchschnitt konzipierten – Dimensionen abverlangt werden, so beginnt man zu verstehen, warum Flugreisen im Allgemeinen ein derart unangenehmes Erlebnis darstellen. Das größte Zugeständnis des Kunden besteht selbstverständlich darin, dass er an einem Flughafen eintreffen muss, während er zu Hause, in einem Hotel oder an einem anderen Bestimmungsort sein möchte. Dieses Zugeständnis kann ihm nicht abgenommen werden, da es keinen Transporter wie in *Star Trek* gibt. *Virgin Airways* gelang es zumindest, dieses Zugeständnis zu verringern, indem es die Passagiere der ersten Klasse in Limousinen abholte und ablieferte – ein sehr viel angeneh-

meres Erlebnis als die mühselige An- und Abreise zu einem typischen Flughafen. Die Fluglinien könnten dieses Zugeständnis weiter mildern, wenn sie den Passagieren die Möglichkeit gäben, sich so zu verhalten, als hätten sie ihren Bestimmungsort bereits erreicht: indem sie an Bord den Check-in bei der Autovermietung und im Hotel ermöglichen und das Gepäck direkt zum endgültigen Ziel der Reise weiterleiten würden.

Kapitel 5

1. »Customer Service Takes Off at British Airways«, *Demand Logistics: The Magazine of Industri-Matematik International*, Frühjahr 1997 (keine Seitenzahlen). Vgl. auch Colleen Frye, »The Supply Chain's Missing Link«, *Software Magazine*, Oktober 1997, S. 8-9.
2. Dorothy Leonard und Jeffrey F. Rayport, »Spark Innovation through Empathic Design«. *Harvard Business Review* 75, Nr. 6, November/Dezember 1997, S. 104.
3. Für weitere Informationen über *Ross Controls* vgl. Steven W. Demster und Henry F. Duignan, »Subjective Value Manufacturing at Ross Controls«, *Agility and Global Competition* 2, Nr. 2, Frühjahr 1998: S. 58-65.
4. Eine dritte Form von Zugeständnis macht der Kunde, wenn ihm Artikel entgehen, die er gerne gelesen hätte, obwohl sie außerhalb seines normalen Interessenbereichs liegen. Die Informationsanbieter könnten dieses Problem anhand eines »Algorhythmus des glücklichen Zufalls« bewältigen und beispielsweise jeden Tag allen Kunden einen Artikel über Kunst, Wissenschaft, Architektur oder ein anderes Thema liefern, den die an diesem Gebiet interessierten Kunden am Vortag besonders bedeutsam fanden. In *Being Digital* (New York: Alfred A. Knopf, 1995), S. 152-154, beschäftigt sich Nicholas Negroponte, Leiter des *MIT Media Lab*, mit solchen persönlichen Filtern.
5. Für weitere Informationen über Lernbeziehungen vgl. B. Joseph Pine II., Don Peppers und Martha Rogers, »Do You want to Keep Your Customers Forever?« *Harvard Business Review* 73, Nr. 2, März/April 1995, S. 103-114. Wertvolle Details zum One-to-one-Marketing findet man in zwei ausgezeichneten Büchern von Peppers und Rogers: *The One to One Future: Building Relationships One Customer at a Time* (New York: Currency Doubleday, 1993) sowie *Enterprise One-to-One: Tools for Competing in the Interactive Age* (New York: Currency Doubleday, 1997). Jedermann, der im Marketing tätig ist oder mit der Frage zu tun hat, wie sich sein Unternehmen in einer von interaktiven Technologien beherrschten Welt behaupten kann, sollte diese Bücher lesen.
6. Selbstverständlich verläuft die Entwicklung – wie bei der alten Lernkurve – nie so reibungslos, wie man aus der Abbildung möglicherweise schließen könnte.
7. Weitere Informationen über diese vier Zugänge finden Sie in unserer ursprünglichen Arbeit, auf der dieser Abschnitt beruht: James H. Gilmore und B. Joseph Pine II., »The Four Faces of Mass Customization«, *Harvard Business Review* 75, Nr. 1, Januar/Februar 1997: S. 91-101.

8. Weitere Informationen über *Lutron*, das sowohl die kooperative als auch die kosmetische Individualisierung praktiziert, finden Sie bei Joel S. Spira und B. Joseph Pine II., »Mass Customization«, *Chief Executive*, Nr. 83 (März 1993): S. 26-29, sowie bei Michael W. Pessina und James R. Renner, »Mass Custornization at Lutron Electronics – A Total Company Process«, *Agility and Global Competition* 2, Nr. 2 (Frühjahr 1998): S. 50-57.

9. Für eine Auseinandersetzung mit den Vorteilen der adaptiven gegenüber der kooperativen Individualisierung vgl. Eric von Hippel, »Economics of Product Development by Users: The Impact of ‚Sticky‘ Local Information«, *Management Science* 44, Nr. 5 (Mai 1998): S. 629-644.

Zwischenspiel

1. Zitiert nach: Steven E. Prokesch, »Competing on Customer Service: An Interview with British Airways’ Sir Colin Marshall«. *Harvard Business Review* 73, Nr. 6, November/ Dezember 1995: S. 106.

2. T. Scott Gross, *Positively Outrageous Service: New and Easy Ways to Win Customers for Life* (New York: MasterMedia Limited, 1991), S. 5-6. Gross definiert positiv unerhörten Service als »unerwartete Dienstleistungen, die nach dem Zufallsprinzip erbracht werden... Es handelt sich um ein einprägsames und derart ungewöhnliches Ereignis, dass es der Kunde unweigerlich weitererzählt«. Vgl. auch Gross, *Positively Outrageous Service and Showmanship: Industrial Strength Fun Makes Sales Sizzle!!!* (New York: MasterMedia, 1993), in dem die Konzepte des »Auftritts mit persönlicher Signatur« und des »Einzelhandelstheaters« behandelt werden. Für Details über *eatZi’s* vgl. Christopher Palmeri, »The Wow! Factor«, *Forbes*, 18. Mai 1998, S. 156-160. *Macaroni’s* hat sich mittlerweile zu einer Restaurantkette namens *Romano’s Macaroni Grill* weiterentwickelt, wobei die wunderbaren Kundenüberraschungen verloren gegangen sind.

3. Vielleicht betreibt *Continental* wie vor ihm *Delta* die Kundenüberraschung für seine Vielfliegerkunden, ohne die übrige Welt davon in Kenntnis zu setzen (da es ansonsten nur Erwartungen bei Vielfliegern wecken würde, die nicht häufig genug fliegen, um sich für ein solches Maß an Kundenüberraschung zu qualifizieren!). Vgl. Nancy Keates, »The Nine-Million-Mile Man«, *The Wall Street Journal*, 24. Juli 1998.

Kapitel 6

1. Michael Shurtleff, *Audition: Everything an Actor Needs to Know to Get the Part* (New York: Walker and Company, 1978), S. 162-164.

2. Als die *Cleveland Indians Baseball Co.* im Jahr 1998 an die Börse ging, hieß es im Börsenprospekt (S. 4): »Den Fans wird im Jacobs Field Stadium in einem attraktiven, angenehmen Umfeld, das eine Vielzahl von Annehmlichkeiten und Merchandise-Optionen beinhaltet, von gastfreundlichen und gut geschulten Mitarbeitern ein kundenorientiertes Erlebnis geboten.«

3. George F. Will, *Men at Work* (New

York: Macmillan Publishing Co., 1990), S. 6.

4. Andere gehen sogar noch weiter und nehmen sich Shakespeares Diktum »Die ganze Welt ist eine Bühne« zu Herzen. So vertritt beispielsweise der Musiker und Bildhauer Anthony Rooley »eine philosophische Ansicht, die davon ausgeht, dass unser gesamtes Leben von der Geburt bis zum Tod tatsächlich nichts anderes ist als ein Spiel, ein Auftritt. Jeder von uns spielt mehr oder weniger freiwillig, mehr oder weniger bewusst und mehr oder weniger gekonnt eine Rolle oder eine Reihe von Rollen. Jede Handlung, jedes Wechselspiel in den Beziehungen, jede Bestrebung kann als ein ‚Auftritt' betrachtet werden.« Vgl. Rooley, *Performance: Revealing the Orpheus Within* (Longmead, England: Element Books, 1990), S. 2-3.

5. Preston H. Epps, *The Poetics of Aristotle* (1942; Nachdruck, Chapel Hill, N.C.: University of North Carolina Press, 1970), S. 13-29.

6. Es wurden zahlreiche Bücher über die aristotelische Poetik geschrieben. Unsere kurze Darlegung entstammt im Wesentlichen einer Arbeit von Richard Homby: *Script to Performance: A Structuralist Approach* (New York: Applause Books, 1995), S. 79-91.

7. Peter Brook, *The Empty Space* (New York: Touchstone, 1968), S. 9.

8. Brenda Laurel, *Computers as Theatre* (Reading, Mass.: Addison-Wesley, 1993), S. xviii.

9. Ibid., S. 32-33.

10. Erving Goffman, *The Presentation of Self in Everyday Life* (New York: Anchor Books, 1959), S. 18.

11. Ibid., S. 73-74. Auf Goffmans Gedanken stützte sich Raymond A. Friedman bei seiner Analyse von Arbeitsverhandlungen: *Front Stage, Backstage: The Dramatic Structure of Labor Negotiations* (Cambridge, Mass.: MIT Press, 1994).

12. In der Dienstleistungsliteratur findet der Begriff der »dramaturgischen Perspektive« häufig Verwendung, um die Servicetätigkeit zu analysieren. Obwohl das Theater eher als Metapher denn als Modell herangezogen wird, liefern diese Untersuchungen wertvolle Informationen zu diesem Themenkreis. Vgl. insbes. Stephen J. Grove, Raymond P. Fisk und Mary Jo Bitner, »Dramatizing the Service Experience: A Managerial Approach«, *Advances in Services Marketing and Management* 1 (1992): S. 91-121; S. Grove und R. Fisk, »Impression Management in Services Marketing: A Dramaturgical Perspective«, in: R. Giacalone und P. Rosenfeld (Hrsg.), *Impression Management in the Organization* (Hillsdale, N.J.: Lawrence Erlbaum Associates, 1989), S. 427-438; J. Czepiel, M. Solomon, und C. Curprenant (Hrsg.), *The Service Encounter: Managing Employee/Customer Interaction in Service Businesses* (Lexington, Mass.: Lexington Books, 1985); Christopher Lovelock, *Product Plus: How Product + Service = Competitive Advantage* (New York: McGraw-Hill, 1994), S. 86-96; Ron Zemke, »Service Quality Circa 1995: A Play with Many Acts«, in: James W. Cortada und John A. Woods (Hrsg.), *The Quality Yearbook 1995* (New York:

McGraw-Hill, 1995), S. 119-126; Carl Sewell und Paul B. Brown, *Customers for Life: How to Turn That One-Time Buyer into a Lifetime Customer* (New York: Pocket Books, 1990), S. 113-117; T. Scott Gross, *Positively Outrageous Service and Showmanship* (New York: MasterMedia Limited, 1993), S. 89-106; sowie Sam Geist, *Why Should Someone Do Business with You ... Rather than Someone Else?* (Toronto: Addington & Wentworth, 1997), S. 86-116.

13. Richard Schechner, *Performance Theory* (New York: Routledge, 1988), 30 n. 10. Zwar bezog Schechner seine Analyse nur auf das Theater und mit Einschränkungen auf die verwandten Bereiche von Riten, Spiel, Sport, Tanz und Musik (die sieben »öffentlichen Vorführungsaktivitäten des Menschen«, S. 10), doch in den Schlussbemerkungen zitiert er Goffman und räumt ein, dass »die Vorführung eine ‚Qualität‘ ist, die nicht nur in einem abgegrenzten Genre, sondern in jeder Situation vorzufinden ist ... Oder, wie es John Cage formuliert hat: Die bloße Betrachtung einer Aktivität ‚als‘ Vorführung verwandelt sie in eine Vorführung«. Wir sind ganz seiner Meinung.

14. Ibid., S. 72.

15. Ibid.

16. Ibid., S. 70.

17. Ibid., S. 72.

18. Daher ist es so wichtig, sowohl das *Produkt* als auch seine *Darstellung* zu begreifen, die gemeinsam jedem Angebot zugrunde liegen und die vier in Kapitel 5 behandelten Zugänge zur Individualisierung hervorbringen.

19. Schechner, *Performance Theory*, S. 72.

20. Ibid., S. 71.

21. Michael Chekhov, *On the Technique of Acting* (New York: HarperPerennial, 1991), S. 71.

22. Eric Morris, *Acting from the Ultimate Consciousness: A Dynamic Exploration of the Actor's Inner Resources* (Los Angeles: Ermor Enterprises, 1988), S. 152.

23. Ibid., S. 153.

24. Julius Fast liefert eine umfassendere Definition: »Der Subtext in jeder Interaktion stellt eine Mischung vieler verschiedener Elemente dar. Er besteht aus der Körpersprache, der Haltung, den Gesten und den Blicken einer Person, aus ihrem Umgang mit dem Raum und ihrer Fähigkeit, im richtigen Moment subtil Kontakt herzustellen. Auch die Art, wie jemand seine Stimme einsetzt, wirkt sich darauf aus, wie seine Worte verstanden werden.« Vgl. Fast, *Subtext: Making Body Language Work in the Workplace* (New York: Viking, 1991), S. 3-4.

25. The Project on Disney, *Inside the Mouse* (Durham, N.C.: Duke University Press, 1995), S. 110-111, Hervorhebung ergänzt. Trotz oder gerade wegen ihrer ausgesprochen kritischen Auseinandersetzung mit dem Angebot *Disneys* aus einer linken politischen Position liefern die Autoren Karen Klugman, Jane Kuenz, Shelton Waldrep und Susan Willis wertvolle Einblicke in die inneren Abläufe bei *Disney*.

26. Für eine Beschreibung der Auftrittselemente einschließlich des »magischen Als-ob« vgl. Sonia Moore, *The Stanislavski System*

317

(New York: Penguin Books, 1984), S. 25-45.

27. Michael Kearns, *Acting = Life: An Actor's Life Lessons* (Portsmouth, N.H.: Heinemann, 1996), S. 75.
28. Moore, *Stanislavski Revealed*, S. 30.
29. Ibid., S. 83.
30. Kearns, *Acting = Life*, S. 42.
31. Ibid., S. 45. In der Schauspielliteratur wimmelt es von Ermahnungen, mit jedem Auftritt eine klare Absicht zu verfolgen, doch die Formel von Kearns und seine geradlinige Beschreibung ihrer Anwendung hat es uns besonders angetan.
32. Laura Johannes, »Where a Woman Lives Influences Her Choice for Cancer Treatment«, *The Wall Street Journal*, 24. Februar 1997.
33. Man beachte, dass es für die Ärzte hier nicht darum geht, die Patientinnen zur Wahl einer bestimmten Alternative, sondern zur sorgfältigen Auseinandersetzung mit den Optionen zu bewegen. Wie Michael Kearns in *Acting = Life* (S. 43) erklärt: »Viele Darsteller verwechseln das Resultat mit der Intention. Wenn ich eine klare Intention fordere, erhalte ich durchwegs ein Resultat: glücklich, traurig, tragisch, ausgelassen, eifersüchtig, wütend. Diese Emotionen resultieren aus der Umsetzung einer Intention, doch sie sind keine Intentionen... Ein Schauspieler, der versucht, zornig, verletzt oder ekstatisch zu spielen, stellt ein Resultat dar. Die Folge ist schlechtes Schauspiel, das üblicherweise durch Grimassenschneiden verstärkt wird (häufig in Sitcoms zu beobachten). Ein Schauspieler, der eine Intention darstellt, sodass sich die Emotionen natürlich entfalten können, ist auf dem Weg zu gutem Schauspiel.«
34. Zitiert nach Edward Felsenthal, »Lawyers Learn How to Walk the Walk, Talk the Talk«, *The Wall Street Journal*, 3. Januar 1996.
35. Richard B. Schmitt, »Judges Try Curbing Lawyers' Body-Language Antics«, *The Wall Street Journal*, 11. September 1997.
36. Barb Myers ging im Jahr 1997 in den Ruhestand. Sie wurde nicht durch eine Maschine ersetzt, sondern durch ihre frühere Assistentin Joyce Lewis, die einer neuen Generation von Studenten im Gedächtnis bleiben wird.

Kapitel 7

1. Obwohl es im Text nicht immer ausdrücklich dargelegt wird, enthält diese Beschreibung eines Schauspielers bei der Arbeit folgende Elemente des Theaters:
   · Als-ob
   · Planung
   · Kostümierung
   · Streichung von 95 Prozent
   · Verzögerung
   · Fesseln von Anfang an
   · Intention
   · Guter Auftritt
   · Requisiten
   · Rollen und Charakterisierung
   · Subtext: Körpersprache, Requisiten, Kostüme
   Man beachte, dass einige dieser Techniken (beispielsweise der Einsatz von Requisiten) mehrfach auftauchen. Wenn Sie diese Anmerkung lesen, bevor Sie sich der Lektüre der Vignette zuwenden,

möchten wir Ihnen raten, sich genau anzusehen, bei welcher Gelegenheit Linda die einzelnen Techniken einsetzt.

2. Anthony Rooley fordert die Darsteller auf, diese Technik vor jedem Auftritt anzuwenden. Vgl. Rooley, *Performance: Revealing the Orpheus Within* (Longmead, England: Element Books, 1990), S. 50: Eine weitere Methode besteht darin, die Augen einzusetzen. Richten Sie den Blick in die hintersten Winkel des Raumes bis zu den mit gedämpfter Beleuchtung gekennzeichneten Ausgängen und lassen Sie den Blick über das Publikum schweifen. Wenn Sie sich näher auf das Publikum zu bewegen, trifft Ihr Blick unter Umständen den eines Zuschauers, der vielleicht in Anerkennung der Bedeutung des Augenblicks lächelt oder die Bestätigung braucht, dass es in Ordnung ist, sich zu entspannen. Dann blicken Sie in die Augen der Zuschauer in der ersten Reihe, die dort sind, weil sie es so wollten – die Wahl eines Platzes in der ersten Reihe ist eine ganz bewusste Entscheidung. Diese Leute verdienen besondere Aufmerksamkeit und vielleicht ein Lächeln (das zumeist eher angebracht ist als eine ernste Begegnung).

3. John Rudin, *Commedia dell' Arte: An Actor's Handbook* (London: Routledge, 1994), S. 51. Vgl. auch *Scenarios of the Commedia dell' Arte: Flaminio Scala's Il Teatro delle favole rappresentative*, Übers. ins Amerikanische von Henry F. Salerno (New York: Limelight Editions, 1996).

4. Vgl. insb. Edward de Bono, *Serious Creativity: Using the Power of Lateral Thinking to Create New Ideas* (New York: HarperBusiness, 1992).

5. Eine gute Einführung in die Improvisationstechniken gibt Brie Jones, *Improve with Improv: A Guide to Improvisation and Character Development* (Colorado Springs: Meriwether Publishing, 1993).

6. Die *Commedia dell' Arte* wurde auch auf einer erhöhten (Freiluft-) Bühne aufgeführt, wobei es allerdings kein förmliches Proszenium, geschweige denn ein ausgearbeitetes Manuskript gab.

7. Eines der besten Bücher über das Plattformtheater hat der Bühnenautor und Regisseur David Mamet geschrieben: *True and False: Heresy and Common Sense for the Actor* (New York: Pantheon Books, 1997).

8. »Prepping the Chief for the Annual Meeting or Other Event Can Mean Practice«, *The Wall Street Journal*, 20. März 1997. Vgl. auch Quentin Hardy, »Meet Jerry Weisman, Acting Coach to CEOs«, *The Wall Street Journal*, 21. April 1998.

9. William Grimes, »Audio Books Open Up a New World for Actors«, *Cleveland Plain Dealer*, 9. Januar 1996. Vgl. auch Rodney Ho, »King of Audio-Book Narrators Makes ,Readers' Swoon«, *The Wall Street Journal*, 10. April 1998.

10. »California Dream$«, *Forbes*, 16. Dezember 1996, S. 114. Während Fernsehsendungen zumeist auf dem Schnitttheater beruhen, handelt es sich bei Live-Produktionen um reines Plattformtheater.

11. Der Begriff »Jump-Cut« hat in der Unterhaltungsbranche eine etwas negative Bedeutung erhalten, was darauf zurückzuführen ist, dass vie-

le Regisseure übermäßigen Gebrauch von der Technik machen, um Mängel des Drehbuchs und/oder schlechte schauspielerische Leistungen zu vertuschen.

12. Richard Dyer MacCann (Hrsg.), *Film: A Montage of Theories* (New York: E. Dutton & Co., 1966), S. 23.
13. Zitiert nach Jeffrey M. Laderman, »Remaking Schwab«, *Business Week*, 25. Mai 1998, S. 128.
14. Thomas W. Babson, *The Actor's Choice: The Transition from Stage to Screen* (Portsmouth, N.H.: Heinemann, 1996).
15. Sally Harrison-Pepper, *Drawing a Circle in the Square: Street Performing in New York's Washington Square Park* (Jackson: University Press of Mississippi, 1990), S. 140.
16. Bim Mason erklärt in *Street Theatre and Other Outdoor Performances* (London: Routledge, 1992): »Eines der Ziele dieses Buches besteht darin zu zeigen, wie viel Handwerkskunst und Sachkenntnis in diesem Arbeitsgebiet erforderlich sind« (S. 4). Mason weist auch darauf hin (S. 5), wie verbreitet das Straßentheater im Alltagsleben ist: »Dort werden zahlreiche Dramen aufgeführt, und Vorführungselemente sind überall dort zu beobachten, wo sich die Teilnehmer der Tatsache bewusst werden, dass sie Zuschauer haben, und beginnen, für diese ,zu spielen'. Beispielsweise wohnte dem Abriss der Häuser in Barcelona ... eine große Menschenmenge bei, weshalb die Bulldozerfahrer begannen, ihr Können mit übertriebener Nonchalance zur Schau zu tragen.« Arbeit ist tatsächlich Theater.
17. Eine ausgezeichnete Einführung in das Verkaufen, die zahlreiche Routineelemente beschreibt, liefert Don Peppers, *Life's a Pitch: Then You Buy* (New York: Currency Doubleday, 1995).
18. Rudin, *Commedia dell'Arte*, S. 23.
19. Mel Gordon, *Lazzi: The Comic Routines of the Commedia Dell'Arte* (New York: Performing Arts Journal Publications, 1983), S. 29, 43, 18, 23 und 18. Interessant ist, dass derartige gut einstudierte Routineelemente mittlerweile als »komisches Bühnenfach« bezeichnet werden (S. 4).
20. Tony Vera, zitiert nach Harrison-Pepper, *Drawing a Circle*, S. xiii.
21. Carl Asche, zitiert nach Harrison-Pepper, *Drawing a Circle*, S. 114.
22. Für weitere Informationen über das *The Hartford's PLIC Callcenter* vgl. B. Joseph Pine II. und Hugh Martin, »Winning Strategies for New Realities«, *Executive Excellence* 10, Nr. 6 (Juni 1993): S. 20.
23. Aufschluss über den Zusammenhang zwischen »Aufnahme- und Reaktionsfähigkeit« in Bezug auf die Umwelt und Individualisierung eines Massenangebots geben Stephan H. Haeckel und Richard L. Nolan, »Managing by Wire«, *Harvard Business Review* 71, Nr. 5, September/Oktober 1993, S. 122-132. Vgl. auch Stephen P. Bradley und Richard L. Nolan (Hrsg.), *Sense and Respond: Capturing Value in the Network Era* (Boston: *Harvard Business School* Press, 1998).
24. Das Modell der vier Theaterformen beruht auf früheren Arbeiten zu einem Modell des individualisierten Massenangebots, das als »The Product-Process Matrix« bezeichnet wird. In dieser Matrix werden

die Achsen als Veränderung des Produktes [= der Vorführung] sowie Veränderung des Prozesses [= des Manuskripts] definiert. Die vier Quadranten bilden die vier grundlegenden Geschäftsmodelle, nach denen sich ein Unternehmen richten kann:

[Erfindung = Improvisationstheater]
[Massenproduktion Plattformtheater]
[Kontinuierliche Verbesserung= Schnitttheater]
[Individualisierung des Massenangebots = Straßentheater]

So wie sich die Personen, welche die Arbeit durchführen, von einer Form des Theaters zur anderen bewegen müssen, um zum Straßentheater zu gelangen, müssen die Unternehmen (durch Entwicklungsaktivitäten) von der Erfindung zur Massenproduktion und anschließend (mittels der Verbindungsaktivitäten) zur kontinuierlichen Verbesserung übergehen, bevor sie (durch Aktivitäten der Modularisierung) zur Individualisierung des Massenangebots gelangen. Wenn ein Unternehmen, das ein Massenangebot individualisiert, mit »Fähigkeitenmängeln« konfrontiert wird – also mit der Tatsache, dass die Kunden Fähigkeiten verlangen, welche das Unternehmen nicht be-

sitzt –, muss es (mit Erneuerungsaktivitäten) zur Erfindung zurückkehren, um eine neue Fähigkeit zu entwickeln, so wie Straßenkünstler ihre Fähigkeiten durch Improvisation vor Ort erneuern. Die Individualisierung eines Massenangebots liefert zwar den höchsten Kundenwert, ist jedoch nicht überall angebracht, so wie das Straßentheater nicht in jeder Situation die geeignete Theaterform darstellt.

Die Produkt-Prozess-Matrix (Abbildung A.1) wurde ursprünglich von Bart Victor und Andy Boynton, zwei Professoren der University of North Carolina entwickelt (die sich zu dem Zeitpunkt, da dieses Buch entstand, am Internationalen Institut für Managemententwicklung in der Schweiz aufhielten), und in Zusammenarbeit mit Joe Pine erweitert. Mittlerweile wird sie vor allem dank der Bemühungen von Jim Gilmore auf das Theater angewandt. Die Matrix hat sich im Lauf der Zeit wesentlich weiterentwickelt und stellt mittlerweile ein

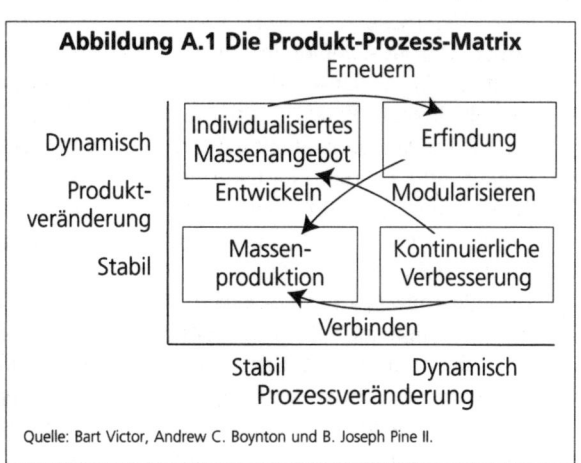

Abbildung A.1 Die Produkt-Prozess-Matrix

Quelle: Bart Victor, Andrew C. Boynton und B. Joseph Pine II.

321

brauchbares Werkzeug zur Analyse des Wettbewerbs zwischen Unternehmen dar. Um diese Entwicklung zurückzuverfolgen, vgl. Andrew C. Boynton und Bart Victor, »Beyond Flexibility: Building and Managing the Dynamically Stable Organization«, *California Management Review* 34, Nr. 1 (Herbst 1991): S. 53-66; B. Joseph Pine II., *Mass Customization: The New Frontier in Business Competition* (Boston: Harvard Business School Press, 1993), S. 215-221; Andrew C. Boynton, Bart Victor und B. Joseph Pine II., »New Competitive Strategies: Challenges to Organizations and Information Technology«, *IBM Systems Journal* 32, Nr. 1 (1993): S. 40-64; B. Joseph Pine II., Bart Victor und Andrew C. Boynton, »Making Mass Custornization Work«, *Harvard Business Review* 71, Nr. 5, September/Oktober 1993, S. 108-119; B. Joseph Pine II., Bart Victor und Andrew C. Boynton, »Aligning IT with New Competitive Strategies«, in: Jerry N. Luftman (Hrsg.) *Competing in the Information Age: Strategic Alignment in Practice* (New York: Oxford University Press, 1996) S. 73-96; James H. Gilmore und B. Joseph Pine II., »Beyond Goods and Services: Staging Experiences and Guiding Transformations«, *Strategy and Leadership*, Mai/Juni 1997, S. 10-18; B. Joseph Pine II., »You're Only as Agile as Your Customers Think«, *Agility and Global Competition* 2, Nr. 2 (Frühjahr 1998): S. 24-35; Bart Victor und Andrew C. Boynton, *Invented Here: Maximizing Your Organization's Internal Growth and Profita-*

bility (Boston: Harvard Business School Press, 1998). Victor und Boynton eliminieren seltsamerweise die Achsen der Matrix, beschreiben jedoch gekonnt, wie eine Organisation lernen und das Wissen einsetzen muss, um den Übergang zum jeweils nächsten Geschäftsmodell zu bewerkstelligen.

25. In *Drawing a Circle* beschreibt Harrison-Pepper, wie Straßenkünstler in einem »Prozess der Überarbeitung, Verfeinerung und Personalisierung« neue Auftritte gestalten (S. 80), das heißt, indem sie vom Improvisations- über das Plattformtheater (Überarbeitung) zum Schnitttheater (Verfeinerung) und schließlich zum Straßentheater (Personalisierung) fortschreiten.

26. Ibid., S. 117.

Kapitel 8

1. Wir teilen die Auffassung unserer Freunde Stan Davis und Bill Davidson, die in ihrem Buch *2020 Vision* (New York: Simon & Schuster, 1991) auf S.113 erklären: »*Nach den Grundlagen für eine Veränderung der Organisation sucht man am besten in der Zukunft. Keinesfalls sollte man in der gegenwärtigen Organisation danach suchen. Allerdings kann die gegenwärtige Organisation wertvolle Aufschlüsse darüber geben, was Sie daran hindern wird*, die angestrebte Organisation zu entwickeln.«

2. James A. Ogilvy erklärt in *The Experience Industry: A Leading Edge Report from the Values and Lifestyles Program* (SRI International, Business Intelligence Program,

Bericht Nr. 724, Herbst 1985), S. 22: »Die schlechte Nachricht ist, dass der Grenznutzen nicht das einzige Konzept ist, das nicht von der Industriewirtschaft auf die Erlebniswirtschaft übertragen werden kann. Auch andere vertraute Kategorien werden dort nicht mehr brauchbar sein... Grundlegende Begriffe wie *Lagerbestände* oder auch *Kapital* werden problematisch. Wie heißt es so schön in Hollywood: ‚Du bist nur so gut wie dein letzter Film.' Wenn diese Redensart bezeichnend dafür ist, wie im Erlebnisgewerbe Wert erzeugt werden kann, dann bedarf das Konzept des Anlagevermögens einer radikalen Überarbeitung.«

3. Edward Felsenthal, »Lawyers Learn How to Walk the Walk, *The Wall Street Journal*, 3. Januar 1996.

4. Jonnie Patricia Mobley, *NTCs Dictionary of Theatre and Drama Terms* (Lincolnwood, Ill.: National Textbook Co., 1992), S. 49. Dieses Buch enthält ausgezeichnete Definitionen der Theaterterminologie.

5. Dieser Mechanismus unterscheidet sich nicht grundlegend von dem Vorgang, in dem die Mechanisierung der Arbeitsplätze im Industriezeitalter zur Entwicklung der zwischenmenschlichen Dienstleistungen führte.

6. Charles Marowitz vertritt in *Directing the Action: Acting and Directing in the Contemporary Theatre* (New York: Applause Theatre Books, 1991) die Auffassung, die Rolle des Regisseurs existiere in der darstellenden Kunst erst seit dem Ende des 19. Jahrhunderts. Anfangs oblag dem Regisseur die Koordination der Kollegen im Ensemble, wobei die Aktivitäten auf und hinter der Bühne einfach von einer Person geleitet wurden, die mit gleichberechtigten Akteuren zusammenarbeitete. Schrittweise wurde die Regie um die Aufgabe erweitert, die Darsteller bei der Interpretation ihrer Rollen zu beraten. Der moderne Regisseur, wie wir ihn kennen – ein Mann, »der dem Stoff sowie den Darstellern seinen Stempel aufdrückt« (S. 2) –, tauchte erst in den zwanziger und dreißiger Jahren in Frankreich und Russland auf. Interessant ist, dass der Aufstieg der Regie als Beruf in den darstellenden Künsten dieser beiden Länder mit dem Aufstieg des professionellen Managers in den Industrieländern Großbritannien, Deutschland und den Vereinigten Staaten einhergeht. Vgl. dazu Alfred D. Chandler, Jr., *Scale and Scope: The Dynamics of Industrial Capitalism* (Cambridge, Mass.: Belknap Press of Harvard University Press, 1990). Hier wie dort betraten die Leiter [im Englischen bezeichnet der Begriff *director* sowohl den *Leiter* – den Manager – als auch den *Regisseur*] die Bühne die beiden Ländergruppen wählten lediglich unterschiedliche Bühnen. In der Erlebniswirtschaft müssen die darstellende Kunst und die Wirtschaftswelt jedoch verschmelzen.

7. Wie Marowitz in *Directing the Action* (S. 6) erklärt: »Wir machen uns zu selten bewusst, dass die zentrale Aufgabe des Menschen darin besteht, das Material, mit dem er arbeitet, neu zu gestalten. Der Regisseur, der das ihm zur Verfügung stehende beseelte und unbeseelte Material nicht einsetzt und in ein Bild seiner selbst verwandelt, tut lediglich so als ob. Für ihn muss man eine andere Bezeichnung suchen. Man kann ihn

323

als Koordinator, Lenker, Vorarbeiter oder Verkehrspolizisten bezeichnen, doch man sollte ihn nicht mit einem Theaterkünstler verwechseln.«

8. Elizabeth Weil, »Report from the Future: Every Leader Tells a Story«, *Fast Company*, Juni/Juli 1998, S. 38. In einem weiteren Artikel aus derselben Zeitschrift, »The Hitchhiker's Guide to the New Economy«, in dem ein Profil von Douglas Adams erstellt wird, weist Harriet Rubin darauf hin, dass »die Kunst des Geschichtenerzählers die Kunst der neuen Wirtschaft ist«. (S. 178).

9. David Kahn und Donna Breed, *Scriptwork: A Director's Approach to New Play Development* (Carbondale, Ill.: Southern Illinois University Press, 1995), S. 20.

10. Gordon Shaw, Robert Brown und Philip Bromiley, »Strategic Stories: How 3M Is Rewriting Business Planning«, *Harvard Business Review* 76, Nr. 3, Mai/Juni 1998: S. 44, 47. Vgl. dazu auch Thomas A. Stewart, »The Cunning Plots of Leadership«, *Fortune*, 7. September 1998, S. 165-166, sowie Rob Wilkens, »Strategic Storytelling«, *Lifework*, 1, Nr. 5 (Oktober 1998): S. 23-25.

11. Hier zwei aufschlussreiche Arbeiten zum Thema Scriptwriting: J. Michael Straczynski, *The Complete Book of Scriptwriting* (Cincinnati: Writer's Digest Books, 1996), sowie Syd Field, *Screenplay: The Foundations of Screenwriting* (New York: MJF Books, 1994). Ein wunderbares Buch darüber, wie man Skripte als Literatur liest und anschließend in fesselnde Vorführungen verwandelt, stammt von Richard Hornby, *Script to Performance: A Structuralist Approach* (New York: Applause Books, 1995). Interessant ist, dass Hornby den von Richard Schechner gewählten Zugang zur Performance Theory ablehnt: »Die Struktur kann nicht von der Substanz getrennt werden, ohne zur Trivialität herabzusinken« (S. xv). Darüber hinaus bezeichnet er Schechners Arbeit als »teilweise kenntnisreich, teilweise jedoch als Rube-Goldberg-Schöpfung.« Wir möchten darauf hinweisen, dass wir nur auf die kenntnisreichen Passagen Bezug genommen haben.

12. Michael Hammer, »Reengineering Work: Don't Automate, Obliterate«, *Harvard Business Review* 68, Nr. 4, Juli/August 1990: S. 104-112.

13. Vgl. auch James H. Gilmore, »Reengineering for Mass Customization«, *Journal of Cost Management* 7, Nr. 3 (Herbst 1993): S. 22-29; ders., »How to Make Reengineering Truly Effective«, *Planning Review* 23, Nr. 3 (Mai/Juni 1995): S. 39; sowie B. Joseph Pine II., »Serve Each Customer Efficiently and Uniquely«, *Network Transformation: Individualizing Your Customer Approach*, Supplement zu *Business Communications Review* 68, Nr. 4 (Januar 1996): S. 2-5.

14. Gary Hamel und C. K. Prahalad, *Competing for the Future: Breakthrough Strategies for Seizing Control of Your Industry and Creating the Markets of Tomorrow* (Boston: Harvard Business School Press, 1994).

15. Andy Serwer, »Michael Dell Rocks«,

Fortune, 11. Mai 1998, S. 62. Vgl. auch Joan Magretta, »The Power of Virtual Integration: An Interview with Dell Computer's Michael Dell«, *Harvard Business Review* 76, Nr. 2, März/April 1998: S. 72-84.

16. Eine gute Beschreibung der Methode, anhand derer *Gallatin Steel* sein Massenangebot – Stahl ist ein Produkt, das beinahe zu den Massengütern gezählt werden kann – individualisiert, finden Sie bei: David H. Freeman, »Steel Edge«, *Forbes ASAP*, 6. Oktober 1997: S. 46-53. Weitere Informationen darüber, wie *Pilkington Brothers* einen arbeitsaufwendigen Glaserzeugungsprozess von fünf auf einen Schritt reduzierte, finden Sie bei James M. Utterback, *Mastering the Dynamics of Innovation: How Companies Can Seize Opportunities in the Face of Technological Change* (Boston: Harvard Business School Press, 1994), S. 104-120. Jeder Prozess- oder Produktentwickler sollte dieses Buch lesen.

17. Bob Thomas, *Walt Disney: An American Original* (New York: Hyperion, 1994), S. 264.

18. Francis Reid, *Designing for the Theatre* (New York: Theatre Art Books/Routledge, 1996), S. 19.

19. Felsenthal, »Lawyers Learn«.

20. Eine ausgezeichnete Quelle ist Angie Michael, *Best Impressions in Hospitality: Your Professional Image for Excellence* (Manassas Park, Va.: Impact Publications, 1995).

21. In seinem klassischen Handbuch über die Kostümierung, *Costume and Make-Up* (New York: Schirmer Books Theatre Manuals, 1988), erläutert Michael Holt die Bedeutung dieser Hinweise: »Das Kostüm ist Teil des Apparates eines Schauspielers. Es hilft ihm dabei, seine Figur zu gestalten. Jedes Element der Kleidung sendet ein bestimmtes Signal an das Publikum. Noch bevor die Darsteller auf der Bühne zu sprechen beginnen, erhält das Publikum zahlreiche Informationen. Aus Form und Farbe des Kostüms kann es schließen, ob es die Figur begrüßen oder fürchten muss. Das gesamte Bild setzt sich aus Zeichen zusammen, auf die das Publikum sowohl bewusst als auch unbewusst reagieren wird« (S. 7).

22. Charles Goldsmith, »British Air's New No-Frills Carrier, Go, to Battle Its Discount Rivals«, *The Wall Street Journal*, 22. Mai 1998.

23. Zitiert nach Toni Mack, »High Finance with a Touch of Theater«, *Forbes*, 18. Mai 1998, S. 146.

24. Erik Hedegaard, »Fools' Paradise«, *Worth*, Juni 1998, S. 76.

25. Ibid.

26. Pauline Menear und Terry Hawkins, *Stage Management and Theatre Administration* (New York: Schirmer Books Theatre Manuals, 1988), S. 7.

27. Julian Fast, *Subtext: Making Body Language Work in the Workplace* (New York: Viking, 1991), S. 13.

28. Leonard A. Schlesinger und James L. Heskett, »Breaking the Cycle of Failure in Services«, *Sloan Management Review* 32, Nr. 3 (Spring 1991): S. 26.

29. In Anbetracht der Tatsache, dass dieser Abschnitt aus Sicht der Begutachter geschrieben ist, verweisen wir Schauspieler, die bei Vorsprechterminen gut abschneiden möchten, auf Michael Shurtleff,

Audition: Everything an Actor Needs to Know to Get the Part (New York: Bantam Books, 1978).

30. The Project on Disney, *Inside the Mouse* (Durham, N.C.: Duke University Press, 1995), S. 214-215.

31. Mark Winegardner, *Prophet of the Sandlots: Journeys with a Major League Scout* (New York: Prentice Hall Press, 1990), S. 97.

32. Robert L. Benedetti, *The Director at Work* (Englewood Cliffs, N.J.: PrenticeHall, 1985), S. 87.

33. Mobley, NTCs *Dictionary of Theatre and Drama Terms*, S. 4.

34. Philip Kotler und Joanne Scheff, *Standing Room Only: Strategies for Marketing the Performing Arts* (Boston: Harvard Business School Press, 1997).

35. Ibid., S. 13.

Kapitel 9

1. Lisa Miller berichtet über das Phänomen der spirituellen Leiter: »Die Amerikaner beschäftigen seit langem Leute, die sich um ihre Kinder, um ihren Körper und um ihre Finanzen kümmern. Nun engagieren sie auch persönliche Trainer für ihre Seelen.« Vgl. Miller, »After Their Checkup for the Body, Some Get One for the Soul«, *The Wall Street Journal*, 20. Juli 1998.

2. Bemerkenswert ist, dass Drillcamps, Flugsimulatoren, Unternehmensspiele und Virtual-Reality-Schulungsinstrumente durchwegs bewusst dazu übergehen, Erlebnisse zu Massengütern zu machen, um Menschen zu verändern. Indem ein Mensch wieder und wieder durch Simulationen realer Erfahrungen geschleust wird, werden ihm seine Reaktionen zur zweiten Natur, was seine Fähigkeiten zur Reaktion auf sich rasch ändernde, häufig lebensgefährliche Situationen beträchtlich erhöht. Tom Orton, Mitbegründer des in Mesa, Arizona, ansässigen Unternehmens *Modis Training Technologies*, erklärte gegenüber *Industry Week*, die Benutzer des Halbleiterfabriksimulators seines Unternehmens hätten »das Gefühl, tatsächlich bereits über Erfahrung in diesem Bereich zu verfügen«. (»25 Winning Technologies«, *Industry Week*, 15. Dezember 1997, S. 52).

3. Wir freuen uns auf den Tag, an dem die Verbreitung von *FedEx*-Paketen, Fax und E-Mail den Erhalt einer guten alten Postsendung wieder zu einem einprägsamen Erlebnis macht, so wie es ein Ausflug zu einer Farm bereits heute ist.

4. David Bacon, zitiert nach Susan Warren, »Parents Are on a Kick for Tae Kwon Do as a Disciplinary Art«, *The Wall Street Journal*, 3. Oktober 1997.

5. Tim W. Ferguson, »Let's Talk to the Master«, *Forbes*, 23. Oktober 1995, S. 142.

6. Mark Wolfenberger, zitiert nach Nikhil Hutheesing, »Reducing Sticker Shock«, *Forbes*, 3. November 1997 S. 151.

7. Zitiert nach David Kirkpatrick, »This Tough Guy Wants to Give You a Hug«, *Fortune*, 14. Oktober 1996, S. 178.

8. Zitiert nach J. R Donlon, »The P&G of Prisons«, *Chief Executive*, Mai 1998, S. 28-29.

9. *Kairos*, eine in Orlando ansässige, nicht Gewinn orientierte christliche

Betreuungsorganisation, hat speziell für diese widerspenstige Gefängnispopulation eine Reihe von Veranstaltungen entwickelt und versucht, die Herzen der Häftlinge zu erreichen, wobei sie sich zunächst auf die hartgesottenen Anführer konzentriert. Da *Kairos* um die Schwierigkeit dieser Aufgabe weiß, bedient es sich des Plattformtheaters. Seine Mitarbeiter halten jedes Wort in einem Skript fest und studieren ihren Text drei Tage lang ein.

10. Donlon, »The P&G of Prisons«, S. 29.
11. Zitiert nach Sara Terry, »Genius at Work«, *Fast Company*, September 1998, S. 176.
12. Die vier Elemente im alten 3-S-Modell haben weiterhin Gültigkeit. Erstens die Kundenzufriedenheit in Relation zu den Erwartungen: Wie gut hat mir der Wandlungsmoderator dabei geholfen, meine Bestrebungen zu verwirklichen? Zweitens die Kundenzugeständnisse: Welche Lücke klafft zwischen dem, was der Kunde wirklich anstreben sollte, und dem, was er erreichen konnte? Drittens die Kundenüberraschung: Wurden die Bestrebungen des Kunden übertroffen, indem ihm eine Wandlung ermöglicht wurde, die er nie erwartet hätte? Und schließlich die Kundenspannung: Wird beim Kunden Vorfreude auf die nächste Wandlung geweckt, die ihm der Moderator ermöglichen wird?
13. Vgl. Leif Edvinsson und Michael S. Malone, *Intellectual Capital: Realizing Your Company's True Value by Finding Its Hidden Brainpower* (New York: HarperBusiness, 1997).
14. Skandia, *A Proposal for a Competence Insurance Plan* (Stockholm: Skandia, 1996), S. 6.
15. Stößt dem Patienten etwas zu, was möglicherweise zu einem Gerichtsverfahren führen könnte, so reagiert *MMI* unter anderem, indem es die Pflegeeinrichtung dazu bewegt, Kontakt zu der Familie aufzunehmen – etwas, was die meisten Rechtsanwälte strikt ablehnen würden –, nicht um sich zu entschuldigen, sondern um zu erklären, was geschehen ist. Diese reinigende Erfahrung genügt vielfach, um die Familie so weit zufrieden zu stellen, dass sie auf eine Klage verzichtet.
16. Wie in Kapitel 6 erwähnt, weist Brenda Laurel in *Computers as Theatre* (Reading, Mass.: Addison-Wesley, 1993), S. xviii, darauf hin, dass an der Schnittstelle zwischen Mensch und Computer ein »gestaltetes Erlebnis« stattfinden sollte. Eric Justin Gould, Leiter von *MONKEY media*, einem Studio, das Schnittstellen gestaltet, geht sogar noch weiter und ermutigt Schnittstellendesigner, über das Wandlungspotential der Technologie nachzudenken: »Wenn Sie eine neue Technologie in das Leben eines Menschen bringen (sei es die neueste Hardware oder einfach eine neue Methode der Interaktion), hat dies zwangsläufig Auswirkungen auf ihn. Respekt für eine Kultur zeigt sich darin, dass man während des Designprozesses darüber nachdenkt, wie sich das Produkt auf die Menschen auswirken wird, die damit interagieren werden.« Vgl. Gould, »Interface Design: Diversity in Your Audience«, *Interactivity*, Februar 1997, S. 69.

17. Jim Mateja zitiert in einer Kolumne der *Chicago Tribune*, die in der *St. Paul Pioneer Press* (25. Oktober 1997) unter dem Titel »OnStar Diagnostic System Brings Aid with a Call« abgedruckt wurde, den technischen Leiter von *OnStar*, Walt Dorfstatter: »Wir betrachten die Ferndiagnostik als Methode, um den Autofahrern ihren Seelenfrieden zu geben.«

18. Stan Davis und Bill Davidson schwebt eine »Bio-Wirtschaft« vor, in der sich die Unternehmen darauf konzentrieren werden, wie sie die Biotechnologie einsetzen können, um die menschliche Spezies zu verändern. Die Autoren prognostizieren, dass es in Anbetracht des Verlaufs des technologischen Fortschritts möglich sein wird, »Nahrungsmittel, Kleidung, Maschinen und sämtliche materiellen Güter biologisch zu überwachen, zu warten und zu verbessern. In der Bio-Wirtschaft wird sich ein Unternehmen, das heute Kühlschränke herstellt, möglicherweise von der Kühlung auf die Erhaltung und Verbesserung von Nahrungsmitteln verlegen.« Vgl. Davis und Davidson, *2020 Vision* (New York: Simon & Schuster, 1991), S. 195.

19. Yumiko Ono, »Marketers Walk Thin Line, Selling Food Products with Medicinal Lure«, *The Wall Street Journal*, 23. September 1996. Vgl. auch Joseph Weber, »Now, Campbell's Makes House Calls«, *Business Week*, 16. Juni 1997, S. 144-146.

20. Associated Press, »New Margarine May Spur Healing-Food Trend«, *St. Paul Pioneer Press*, 22. Juli 1998.

21. Björn Wolrath, »Competence Insurance – An Insurance Innovation in its Time«, in: A *Proposal for a Competence Insurance Plan*, S. 10.

22. Hillel M. Finestone und David B. Conter, »Acting in Medical Practice«, *The Lancet* 344, Nr. 8925 (17. September 1994): 801.

23. Mark DePaofis, »Doctors Can Act as If All the World's a Stage«, *Minneapolis Star-Tribune*, 27. Januar 1995.

24. Vgl. z.B. Gregory W. Lester und Susan G. Smith, »Listening and Talking to Patients: A Remedy for Malpractice Suits?« *The Western Journal of Medicine*, März 1993; Jerry E. Bishop, »Studies Conclude Doctors' Manner, Not Ability, Results in More Lawsuits«, *The Wall Street Journal*, 23. November 1994; Daniel Goleman, »All Too Often, The Doctor Isn't Listening, Studies Show«, *The New York Times*, 13. November 1991.

25. Milton Mayeroff, *On Caring* (New York: HarperPerennial, 1971), S. 1-2.

26. C. William Pollard, »The Leader Who Serves«, *Strategy & Leadership*, 25, Nr. 5 (September/Oktober 1997): S. 50.

27. C. William Pollard, *The Soul of the Firm* (New York: HarperBusiness and Grand Rapids, Mich.: ZondervanPublishingHouse, 1996), S. 130. Aus dem letzten von Pollards 21 Führungsprinzipien (S. 166) geht die Kraft einer dienenden Einstellung hervor: »Wir wurden alle nach Gottes Ebenbild geschaffen, und die Resultate unserer Führungsarbeit werden auch jenseits des Arbeitsplatzes bewertet. Die Veränderung im Leben der Menschen wird die Geschichte unserer

Führung erzählen.« Um Missverständnisse auszuschließen: Ein derartiges Dienen bringt nicht einfach Dienstleistungen hervor, sondern fürsorgliche Wandlungen.

Kapitel 10

1. Jeremy Rifkin, *The End of Work: The Decline of the Global Labor Force and the Dawn of the Post-Market Era* (New York: G. Putnam's Sons, 1995), S. xvi.
2. Ibid., S. xvii. Rifkins »Lösung« besteht zum Teil darin, die »Unterhaltungs- und Erholungsbranchen, die zu den am schnellsten wachsenden Wirtschaftssektoren zählen«, mit einer Mehrwertsteuer zu belegen. Begründet wird diese Forderung folgendermaßen: »Nur wenige Arme in den Vereinigten Staaten können sich Computer, Mobiltelefone und ausgedehnte Reisen in Themenparks, zu Erholungsorten und Kasinos leisten« (S. 271). Es ist ein Axiom, dass die Wirtschaft dort schrumpft, wo sie besteuert wird, womit diese Maßnahmen bedeuten würden, sich ins eigene Fleisch zu schneiden – indem man die Erlebnisse besteuert, obwohl gerade dort neue Arbeitsplätze entstehen. Doch es überrascht nicht, dass jemand, der den Mechanismen des Marktes nicht traut, nach Möglichkeiten sucht, den am stärksten wachsenden Wirtschaftssektor zu regulieren und zwecks Finanzierung staatlicher Programme anzuzapfen.
3. Ibid., S. 247.
4. Was die BIP-Daten anbelangt, handelt es sich bei den Gesundheits-, Rechtspflege- und Sozialdiensten um jene Wandlungsbranchen, die klar von den Dienstleistungen getrennt werden konnten. Was die Daten bezüglich der Beschäftigung in der Industrie anbelangt, wurden diese drei zuzüglich der Engineering- und Managementdienste als Wandlungen erfasst. Wie bei den Erlebnissen verblieben auch unter den Wandlungsbranchen einige (Fitnesscenter, manche Ausbildungsstätten, persönliche Trainer jeder Art usw.) in der Dienstleistungsstatistik, da sie nicht separat aufgeschlüsselt werden konnten. Auch hier muss darauf hingewiesen werden, dass das Wandlungsgewerbe von einer sehr viel schmaleren Basis ausgeht als die Dienstleistungen, da nur wenige Branchen als Wandlungsanbieter ausgewiesen wurden. Doch bereits im Jahr 1996 entfielen auf jene Branchen, die eindeutig als Erlebnisse oder Wandlungen identifiziert wurden, fast zehn Prozent des BIP und fast 20 Prozent der Beschäftigten (in der Beschäftigungsstatistik konnten mehr Branchen identifiziert werden). Auf diese Sektoren entfällt zweifellos bereits ein großer Teil der wirtschaftlichen Aktivität, wobei der Anteil der Wandlungen (aufgrund des Gesundheitswesens) sogar noch höher ist als jener der Erlebnisse.
5. Tatsächlich wuchsen die Ausgaben im Gesundheitswesen bis 1994, als sie infolge politischen Drucks gedrosselt wurden, ein Jahrzehnt lang mit zweistelligen Raten, womit dieses alle anderen Branchen weit hinter sich ließ. Mittlerweile scheinen die Ausgaben erneut zu steigen, da der politische Druck nachgelassen hat.

329

6. *The Digest of Education Statistics 1996* (Jessup, Md.: National Center for Education Statistics, 1997), Tabelle 309 (http://nces.ed.gov/pubs/d96/D96T309.html). So wie das Gesundheitswesen, wo es in den letzten Jahren zu Rückgängen kam, werden auch die Statistiken zum Bildungswesen von der Politik beeinflusst. Insbesondere der Anstieg der staatlichen Studentenbeihilfen erleichtert es den Hochschulen, die Betreuung auszuweiten.

7. Virginia I. Postrel, »It's All in the Head«, *Forbes ASAR* 26. Februar 1996, S. 118. Um sich unmissverständlich auszudrücken, Postrel führt weiter aus: »Die Menschen kaufen immer häufiger nicht einfach Güter und Dienstleistungen, sie kaufen Erlebnisse.«

8. *The New Shorter Oxford English Dictionary*, Bd. 2, N-Z, Eintrag »Wisdom«.

9. Es gibt weitere Versionen des Fortschritts des Informationswerts, beispielsweise Haeckels Hierarchie, die nach Stephan H. Haeckel vom *IBM Advanced Business Institute* benannt ist. In diesem Modell stellt die nutzbare Information eine Stufe zwischen Dateninformation und Wissen dar. Vgl. Vincent P. Barabba und Gerald Zaltman, *Hearing the Voice of the Market: Competitive Advantage through Creative Use of Market Information* (Boston: Harvard Business School Press, 1990), S. 37-58.

10. Das Wort *computer* (Rechner) diente ursprünglich zur Bezeichnung jener Fachkräfte, die im Zweiten Weltkrieg Berechnungen für Waffensysteme anstellten.

11. Beispielsweise veröffentlichte die *California Management Review* eine Sonderausgabe über »Knowledge and the Firm«. Vgl. CMR 40, Nr. 3 (Frühjahr 1998).

12. Diane Senese befasst sich mit der Frage, wie »Informationsfachleute« »eine besondere Rolle bei der Vorbereitung ihrer Unternehmen auf die Erlebniswirtschaft spielen können«, indem sie »ihre Aufgabe neu definieren« und es sich zum Ziel machen, Unternehmenskunden dabei zu helfen, »Wissen zu erfahren«. Vgl. Senese, »The Information Experience«, *Information Outlook*, Oktober 1997, S. 29-33.

13. Michael Schrage schreibt über die Notwendigkeit, die Technologie unter dem Gesichtspunkt ihrer Auswirkungen auf die Beziehungen statt auf die Information zu betrachten. Vgl. Schrage, *No More Teams! Mastering the Dynamics of Creative Collaboration* (New York: Currency Doubleday, 1995).

14. John Dalla Costa, *Working Wisdom: The Ultimate Value in the New Economy* (Toronto: Stoddart Publishing Co., 1995), S. 24.

15. Taichi Sakaiya, *The Knowledge Value Revolution, or A History of the Future* (Tokio: Kodansha International, 1991), S. 20-21.

16. Ibid., S. 235.

17. Ibid., S. 57-58.

18. Wie der Berater und Autor Robert H. Schaffer sagt: »Damit eine Beratungsaktivität als erfolgreich betrachtet werden kann, genügt es nicht, einen Bericht mit den richtigen Lösungen abzugeben oder ein neues System einzurichten. Das Projekt muss tatsächlich messbare Resultate für den Kunden zeitigen,

und der Kunde muss die Fähigkeit entwickeln, diesen Nutzen aufrechtzuerhalten.« Vgl. Ian White-Thomson und Robert H. Schaffer, »Getting Your Money's Worth«, *Chief Executive*, November 1997, S. 41. Vgl. auch Robert H. Schaffer, *High-Impact Consulting: How Clients and Consultants Can Leverage Rapid Results into Long-Term Gains* (San Francisco: Jossey-Bass Publishers, 1997).

19. Zitiert nach Thor Valdmanis, »Consultants Opt for Stakes in Clients' Firms«, *USA Today*, 21. April 1998.

20. Erving Goffman, *The Presentation of Self in Everyday Life* (New York: Anchor Books, 1959), S. 20.

21. Harold Clurman, *On Directing* (New York: Collier Books, 1972), S. 154-155.

22. Samuel Hughes, »Lucid Observations«, *The Pennsylvania Gazette*, Oktober 1996. Zu den Orten innerhalb eines Ortes, die Dr. Lucid als Übungsbeispiel für seine Schauspielschüler auswählte, zählte der Hill House Pit Stop, ein von den Studenten betriebener Krämerladen, der in Hill House mit Supermärkten wie *WaWa Food Market* konkurrierte und von einem der Autoren in seinen ersten Jahren an der Universität gemanagt wurde.

23. Dieser Abschnitt beruht auf: James H. Gilmore und B. Joseph Pine II., »Beyond Goods and Services: Staging Experiences and Guiding Transformations«, *Strategy & Leadership* 25, Nr. 3 (Mai/Juni 1997): S. 18. Diese vier universellen Elemente – Hervorbringung, Durchführung, Korrektur und Anwendung – beruhen auf demselben Rahmen, der auch Abbildung 7.1 zugrunde liegt (Die vier Formen des Theaters, auch als Produkt-Prozess-Matrix bezeichnet, vgl. Kapitel 7, Anm. 24). Das Achterschleifenmuster dieser Darstellung ist ein Fraktal, ein Muster, das auf jeder Ebene der Analyse zu beobachten ist, wobei hier die allgemeinste Analyseebene angewandt wurde.

24. Henry Petroski, *The Evolution of Useful Things* (New York: Vintage Books, 1992), S. 86.

25. Gary Hamel und C. K. Prahalad, *Competing for the Future* (Boston: Harvard Business School Press, 1994), S. 133-134. Dazu ist anzumerken, dass die von ihnen zitierten Worte Jesu nicht in der angeführten Passage, sondern in Markus 16:15 zu finden sind.

Zugabe

1. Peter Haynes und Dolly Setton, »McKinsey 101«, *Forbes*, 4. Mai 1998, S. 130-135.

2. Diese Definition des Fortschritts des wirtschaftlichen Werts beruht auf James Brian Quinn, *Intelligent Enterprise: A Knowledge and Service Based Paradigm for Industry* (New York: Free Press, 1992), der auf S. 7 genau dieselbe Definition gibt, die wir hier für Güter verwenden, mit der einzigen Ausnahme, dass er das Wort »Produkt« verwendet.

3. Die Nachfrage nach Möglichkeiten zur Verlängerung des biologischen Lebens hat bereits eine Reihe von Fragen aufgeworfen. Vgl. Andrew Kimbrell, *The Human Body Shop: The Engineering and Marketing of*

Life (New York: HarperCollins, 1993) sowie Margaret Jane Radin, *Contested Commodities: The Trouble with Trade in Sex, Children, Body Parts, and Other Things* (Cambridge, Mass.: Harvard University Press, 1996). Bei beiden Arbeiten handelt es sich um gut durchdachte Vorgriffe auf das, was uns bevorsteht. Wir möchten darauf hinweisen, dass es hier um die Frage geht, was zum Kauf und Verkauf freigegeben werden *sollte*, nicht darum, was erlaubt sein *könnte*. Mit politischen Eingriffen und dem Einsatz anderer Mittel, die außerhalb des Marktes liegen, kann versucht werden, die Entwicklung derartiger Wirtschaftsbereiche zu beschränken, doch nur die individuelle Seelenerforschung und eine Wandlung der menschlichen Herzen wird die Nachfrage beseitigen.

4. Epheser 2:8.

Danksagungen

Jedes Unternehmen ist also eine Bühne, und all unsere Worte dienen nur dazu, diese Realität zutage zu fördern. Viele Menschen haben unsere berufliche Inszenierung bereichert und ihren Beitrag zu dieser schriftlichen Vorführung geleistet. Wie viele Dankesreden bei einer Oscar-Verleihung wird auch die folgende Aufzählung mit Sicherheit manch einen auslassen, der eigentlich Erwähnung verdient hätte. Dennoch möchten wir versuchen, all jenen zu danken, die mit Herz, Hand und Verstand zu unserem Projekt beigetragen haben.

Die Grundgedanken, auf denen dieses Buch beruht, entwickelten sich etwa ein Jahr, nachdem Joe *IBM* verlassen hatte, während Jim noch für *CSC Consulting & Systems Integration* tätig war. In einem Vortrag über die Maßanfertigung von Massenangeboten am *IBM Advanced Business Institute* wies Joe darauf hin, dass diese Maßanfertigung Güter automatisch in Dienstleistungen verwandle. Ein aufmerksamer Zuhörer hob die Hand und stellte folgende Zwischenfrage: »Sie haben erklärt, ein Unternehmen könne auch sein Massenangebot an Dienstleistungen individualisieren. Worin verwandelt sich denn dann eine Dienstleistung?« Joes intuitive Antwort lautete: »Die Massanfertigung verwandelt eine Dienstleistung automatisch in ein *Erlebnis.*« Joe war sich sofort der Bedeutung seiner Antwort bewusst und rief noch am selben Abend Jim an: »Stell dir vor, was ich heute gesagt habe! ... Lass uns darüber nachdenken, was das bedeutet.« Nachdem wir monatelang nachgedacht, gelesen und diskutiert hatten, gelangten wir zu dem Schluss, dass die Erlebnisse tatsächlich ein eigenständiges wirtschaftliches Angebot darstellten. Wir schulden diesem unbekannten Mitarbeiter von *IBM* also großen Dank für seine Frage, die nicht nur eine unmittelbare Antwort erforderlich machte, sondern letztes Endes den Anstoß zu diesem Buch gab.

Auch stehen wir in der Schuld von *CSC* und dem *IBM Advanced Business Institute*, wobei wir uns insbesondere bei Dave DeRoulet, Gary Cross und Roger Kallock (*CSC*) und bei Al Barnes (*IBM ABI*) für die (intellektuelle wie finanzielle) Unterstützung unserer Forschungsarbeit zur Mass Customization und später zur Erlebniswirtschaft bedanken möchten. Unsere Kollegen bei *Diamond Technology Partners*, zu deren Fellows wir seit einigen Jahren gehören, haben ebenfalls wesentliche Beiträge geleistet, insbesondere Mel Bergstein, Jim Spira, Barry Uphoff, Chap Kistler und Chunka Mui. Rachel Parker von *Diamond* durchforstete das Dickicht der staatlichen Statistiken und half uns dabei, herauszufinden, wie sich die Verschiebung der wirtschaftlichen Aktivität in den Zahlen niedergeschlagen hat. Rachel, herzlichen Dank dafür, dass du dich in die Daten vertieftest, als wir uns dagegen sträubten!

Menschen in einer Reihe von Unternehmen fanden Gefallen an den Ideen, die wir gerade erst formulierten, luden uns in ihre Organisationen zur Arbeit ein und wandten unsere Konzepte in ihren Beziehungen zu ihren eigenen Kunden an. Unser Dank gilt insbesondere *ARAMARK* (vor allem Lynn McKee), *Scudder Kemper Investments* (insbesondere Mark Casady und Lin Coughlin), *Hillenbrand Industries* (vor allem Fred Rockwood, Chris Ruberg, Brad Reedstrom, Brian Leitten und Rob Washburn), *enable* (Mort Aaronson), *Lutron Electronics* (Joel Spira und Mike Pessina), *CompuCom* (Ed Anderson), *Chem-Station* (George Homan und Russ Gilmore), *UCLA Executive Education* (Jim Aggen, Grace Siao und noch einmal Al Barnes), *Penn State Exec Ed* (Al Vicere, Gini Tucker, Maria Taylor, Bob Prescott, unter anderen) sowie dem *Institute for Organization Management* der U.S. Chamber of Commerce (Maggie Elgin und Nancy Turnbull). Rohan Champion, der mittlerweile bei *Federal Express* tätig ist, verdient eine besondere Erwähnung, weil er seinen früheren Arbeitgeber *AT&T* dazu bewegte, über seine in Massenwaren verwandelten Dienstleistungen hinauszugehen; tatsächlich war es Rohan, der als Erster darüber nachdachte, Erlebnisse und Wandlungen in ein Kontinuum des fortschreitenden wirtschaftlichen Werts einzuordnen.

Eine Reihe von Personen trug zu unseren Entdeckungen bei und beeinflusste die Erweiterung unserer Konzepte. Hier sind vor allem folgende Personen zu nennen: Jim Utterback von der MIT Sloan School of Management, Shlomo Maital vom MIT und der Technion University, Marvin Zonis von der University of Chicago, David Reed, ein unabhängiger Unternehmer, der früher für *Lotus* und *Interval Research* tätig war, Mark Dehner von *Dehco*, Jim Rogers von *IBM*, Lew Carbone von *Experience Engineering*, Stephan Haeckel vom *IBM Advanced Business Institute*, Randy White von *White Hutchinson*, Larry Keeley von der *Doblin Group*, Dave Wright von *General Motors/HE Microwave*, David Anderson und Stephen Fraser von *GAT X Corporation*, Hugh Martin von *The Hartford*, Alan Hald von *MicroAge*, John Sviokla von *Diamond Technology Partners* und Jeffrey Rayport von der *Harvard Business School*, Tim Gallwey (Autor der *Inner Game*-Bücher) und Mark Hatch von *Avery Dennison*. Unsere Väter Haydn Gilmore und Bud Pine sahen die Entwürfe das Manuskripts durch und gaben uns wertvolle Anregungen und nützliches Feedback, und Julie Pine half bei der ersten Beschreibung der Unterschiede zwischen den wirtschaftlichen Angeboten.

Wir müssen auch einer Reihe von Denkern und Autoren, die schon vor langer Zeit verblüffenden Vorausblick bezüglich der von uns beschriebenen Trends bewiesen, den verdienten Respekt zollen. Die Arbeiten all dieser Theoretiker waren uns unbekannt, bis wir uns dem Studium der entstehenden Erlebniswirtschaft widmeten. Bereits im Jahr 1970 widmete der Zukunftsforscher Alvin Toffler in seinem Buch *Future Shock* den »Erlebnismachern« ein Kapitel. Und noch ein Jahrzehnt früher, im Jahr 1959, wandte der Soziologe Erving Goffman in *The Presentation of Self in Everyday Life* die Prinzipien des Theaters auf die Arbeit und auf soziale Situationen an. In den siebziger Jahren sah Philip Kotler, Marketingprofessor an der Northwestern University, voraus, dass Bildung und Reisen zunehmend zu Erlebnissen werden würden. In jüngerer Zeit haben die Professoren Mary Jo Bitner von der Arizona State University, Raymond Fisk von der University of New Orleans und Stephen Grove von der Clemson University große Anstrengungen unternommen, um das Konzept der Erlebnisumgebungen zu erforschen und zu verbreiten (Dr. Bitner spricht in diesem

Zusammenhang von *servicescapes*) und die Dienstleistungsangebote aus dramaturgischer Perspektive zu betrachten. Die besten Autoren zum Thema Dienstleistungen weisen in vielerlei Hinsicht auf die Verschiebung zu den Erlebnissen hin; zu nennen sind hier vor allem Chris Hart, Christopher Lovelock, Leonard Berry, Earl Sasser, James Heskett und Leonard Schlesinger. Brenda Laurel, die früher für *Interval Research* tätig war und nun den Spieleentwickler *Purple Moon* leitet, wandte in ihrem wunderbaren Buch *Computers as Theatre* das Drama auf die Interaktion zwischen Mensch und Computer an. Jay Ogilvy vom *Global Business Network* schrieb im Jahr 1985 für *SRI International* einen Bericht mit dem Titel *The Experience Industry*, in dem er nachwies, dass die Nachfrage nach »intensiven Erlebnissen« bereits geringfügig zum Wirtschaftswachstum in den Vereinigten Staaten beitrug. Es gibt mit Sicherheit noch weitere Autoren, die eine Erwähnung verdient hätten, und wir hoffen, dass sie die angemessene Anerkennung für ihren Beitrag zur Beschreibung der entstehenden Erlebniswirtschaft erhalten werden.

Eine Reihe von Personen, die keine Arbeiten verfassten und sich auch nicht direkt am Meinungsaustausch über den Inhalt dieses Buches beteiligten, nahmen dennoch beträchtlichen Einfluss auf unsere Vorstellungen zu verschiedenen Bereichen, die während unserer Arbeit zwangsläufig zutage traten. Zu diesen Person zählen Stan Davis, Edward de Bono, Joel Barker, Don Peppers und Martha Rogers, Michael Schrage, Peter Drucker, George Gilder, James Brian Quinn, Taichi Sakaiya, Virginia Postrel, Larry Downes und Chunka Mui, Donald Norman, David Gelernter, Henry Morris, James Boice, und R. C. Sproul. Unsere Kenntnisse über das Theater und über die Anwendung seiner Grundlagen auf die Arbeit bezogen wir zum Großteil aus den Schriften von Autoren wie David Mamet, Peter Brook, Richard Schechner, Richard Hornby, Michael Kearns, Michael Shurtleff, Eric Morris, Thomas Babson, Anthony Rooley, Charles Marowitz, David Kahn und Donna Breed, Harold Clurman sowie Sally Harrison-Pepper, deren Arbeit unser Verständnis des Straßentheaters wesentlich erweiterte – jener Form des Theaters, die Jim seit seiner Kindheit liebt, als er auf den Straßen von San Francisco einem Pantalone namens Robert Armstrong zusah.

Selbstverständlich wäre der Grundgedanke dieses Buches rasch in Vergessenheit geraten, hätte nicht eine Reihe von Personen aus einer

Vielzahl von Disziplinen zu seiner Entwicklung beigetragen. Unser Agent Rafe Sagalyn half uns, genau den richtigen Verleger zu finden, und stand uns in entscheidenen Augenblicken mit Rat und Tat zur Seite. Bei der Harvard Business School Press erhielten wir von vielen Seiten von Anfang an große Unterstützung. Nick Phillipson war der Erste, der die Begeisterung für das Projekt weckte. Unsere wunderbare Lektorin Kirsten Sandberg wies uns auf zahlreiche Mängel in den ersten Entwürfen hin und drängte uns unermüdlich zur Verbesserung jeder Version. Sarah Merrigan und Morgan Moss trugen mit ihrer sorgfältigen Bearbeitung wesentlich zur Verbesserung des endgültigen Manuskripts bei. Und die Verlagsleiterin Carol Franco, die vor vielen Jahren bereits an der Veröffentlichung von *Mass Customization* beteiligt gewesen war, trat unerschütterlich für unser Konzept ein. Ein Großteil unserer Gedanken wurde erstmals in der *Harvard Business Review* veröffentlicht; daher möchten wir uns bei unserem langjährigen Herausgeber Steve Prokesch bedanken, der mittlerweile für die *Boston Consulting Group* tätig ist, uns jedoch immer noch mit wertvollem Feedback zur Seite steht. Dasselbe gilt für Tom Richman, Cathy Olofson, Regina Fazio Maruca und selbstverständlich für Nan Stone. Die freiberuflichen Mitarbeiter Robin Schoen und Chris Roy waren für die Lektoratsbetreuung des Manuskripts beziehungsweise für die Branchenanalyse zuständig, während *Word Plus Project Support* aus Cleveland die grafischen Darstellungen des Datenmaterials gestaltete; unser Dank gilt Ruthanne Fait, Petra Haut und Tim McCluskey.

Selbstverständlich hätten wir keine Daten, kein Manuskript, kein Geschäft gehabt, wäre unser Managing Partner Doug Parker nicht gewesen, der so große Bereiche unserer Geschäftstätigkeit managt und zusätzliche undankbare Aufgaben auf sich nahm, damit wir über ausreichend Zeit und Energie verfügten, um das Buch zu schreiben. Er ist auch für sämtliche Marketingaktivitäten zuständig, die unser Unternehmen am Leben erhalten. Wir sind Doug zu großem Dank verpflichtet. Scott Lash, der ebenfalls für *Strategic Horizons LLP* tätig ist, hat zahlreiche unverzichtbare Beiträge zur Fertigstellung dieser Arbeit geleistet und unter anderem die Grundlagenforschung über eine Reihe der beschriebenen Unternehmen auf sich genommen.

Und großer Dank gilt unseren Familien – Julie, Rebecca und Elizabeth Pine sowie Beth, Evan und Anna Gilmore – die unsere Fixierung auf unser Projekt ertragen und uns die Möglichkeit gegeben haben, dieses Buch zu schreiben. Unseren Eltern – Marilou und Norman Burnett und Bud Pine sowie Haydn und Marlene Gilmore und der verstorbenen Jean Gilmore – möchten wir für die liebevolle Unterstützung danken, die sie uns unser ganzes Leben lang angedeihen ließen. Schließlich danken wir der Vorsehung eines dreieinigen Gottes, der uns mit all diesen Menschen umgeben und uns mit der notwendigen Neugierde und den Fähigkeiten ausgestattet hat, um zu entdecken, was er als Erster gezeigt hat.

Über die Autoren

B. Joseph Pine II. und James H. Gilmore haben gemeinsam das in Aurora (Ohio) ansässige Unternehmen Strategic Horizons LLP gegründet, ein Konzeptstudio, das Unternehmen dabei hilft, neue Wege zu finden, um den Wert ihrer wirtschaftlichen Angebote zu erhöhen. Sie arbeiten mit Managementteams zusammen, die dem Wesen der entstehenden Erlebniswirtschaft auf den Grund gehen und ihre Rolle darin zu definieren versuchen – sei es, dass sie Erlebnisse inszenieren, Wandlungen leiten oder ein wirtschaftliches Massenangebot individualisieren. Pine und Gilmore sind vielbeschäftigte Redner bei Zusammenkünften von Berufsverbänden und Handelskammern und halten Vorträge in Managementschulungen von Unternehmen. Sie haben (vielfach gemeinsam) eine Reihe von Artikeln zu den Themenbereichen Unternehmensstrategie und Innovation verfasst, unter anderem für Publikationen wie die *Harvard Business Review*, das *Wall Street Journal*, *Strategy & Leadership*, *Context*, *The Journal of Cost Management*, *CIO* und *Chief Executive*. Pine und Gilmore waren zu Gast bei *Good Morning America*, *ABC News*, *CNBC* und dem *American Business Journal* und werden regelmäßig in Publikationen wie *Forbes*, *Fortune*, *Business Week*, der *New York Times*, *Business 2.0*, *Information Week* und USA *Today* zitiert.

Joseph Pine ist der Autor des mehrfach ausgezeichneten Buches *Mass Customization: The New Frontier in Business Competition* (Boston: Harvard Business School Press, 1993). Er ist Fakultätsmitglied im Executive Education Program der Pennsylvania State University, Mitglied der Fakultät für Managementausbildung an der UCLA Anderson Graduate School of Management, außerordentliches Fakultätsmitglied des IBM Advanced Business Institute und häufiger Gastvortragender an der MIT Sloan School of Management. Bevor er gemeinsam mit James Gilmore Strategic Horizons gründete, bekleidete Pine eine Reihe von Positionen bei IBM und trug dazu bei, dass die in Rochester (Minnesota) ansässige Anlage des Konzerns den Malcolm Baldrige National Quality Award gewann. Er ist ein Absolvent der Sloan School of Management am MIT.

James Gilmore begann seine Laufbahn bei Procter & Gamble und war anschließend mehr als zehn Jahre als Berater für Cleveland Consulting Associates und Computer Sciences Corporation tätig; bei CSC Consulting leitete er die Abteilung Prozeßinnovation. James Gilmore ist ausgebildeter Lehrer für die laterale Denkmethode von Dr. Edward de Bono und Mitglied der Creative Education Foundation sowie der Creative Thinking Association of America. Darüber hinaus ist er als Lehrer am Institute for Organization Management der U.S. Chamber of Commerce tätig und arbeitet mit Unternehmen mit und ohne Gewinnzweck zusammen, um das kreative Denken zu fördern. James Gilmore ist Absolvent der Wharton School der University of Pennsylvania.

Register